믿음으로 떠나는
쉽고 재미있는 성경여행

쏙쏙 이해되는 성경 이야기

데이브 스트렐러 지음 • 전나리 옮김

토기장이

The Bible Made Easy for Kids

Originally published by Christian Art Publishers ⓒ 2014
Under the title: *The Bible Made Easy for Kids*
Published by permission of Three Streams Publishers
through rMaeng2, Seoul, Republic of Korea.
Artwork ⓒ by Laura Tucker
This Korean translation edition ⓒ 2024 by Togijangi Publishing House, Seoul, Republic of Korea

특별한 표기가 없는 모든 성경 구절은 개역개정성경을 인용한 것입니다.

추천의 글

「쏙쏙 이해되는 성경 이야기」는 초등학교 어린이들이 성경의 이야기들을 쉽게 이해할 수 있도록 회화체로 쓴 책입니다. 다양한 그림과 지도, 도표가 있어서 어린이들이 성경을 입체적으로 이해할 수 있게 해주고, 재미있는 성경 지식과 깊이 있는 묵상까지 담고 있어서 우리 자녀들에게 성경 읽기에 대한 즐거움을 배가시켜 줄 수 있는 책입니다. 또한 본문 속 그림이 흑백으로 되어 있어서 어린이들이 컬러링을 하며 책에 더 몰입할 수 있습니다. 이 책의 저자는 어린이 말씀 교육에 오랫동안 헌신해 온 분이라서 신뢰가 갑니다. 우리의 다음 세대 자녀들이 이 책을 통해 말씀과 친밀한 삶이 되도록 이 책을 적극 추천드립니다.

이상준 목사, 「보라통독」 저자, 1516교회 담임

들어가는 글

어린이 여러분에게

이 책은 여러분이 재미있고 새로운 여러 가지 성경 이야기들을 발견할 수 있도록 도와주기 위해 쓴 것입니다. 하지만 어떤 보석들은 숨겨진 보물을 찾듯 더 깊이 파고 들어가야 캘 수 있습니다. 그리고 그 보석은 바로 하늘의 보물이 숨겨진 이 땅의 유일한 장소인 성경 안을 들어다봐야만 찾을 수 있습니다.

「쏙쏙 이해되는 성경 이야기」는 여러분이 이미 알고 있는 성경 이야기의 여러 소각을 맞춰볼 수 있게 해줄 것입니다. 여러분은 퍼즐을 다 맞춘 완성된 그림을 보는 것처럼 성경의 큰 그림을 볼 수 있습니다. 그래서 이미 아는 그 이야기를 정확한 자리에 올바른 방식으로 넣어서 볼 수 있을 것입니다.

이 책을 통해 부디 성경을 더 잘 이해하고 알 수 있기를, 그래서 주님을 더욱더 사랑하는 어린이가 될 수 있기를 바랍니다.

부모님들께

아이들은 대개 익숙한 성경 이야기들은 잘 알고 있습니다. 하지만 그 이야기 사이의 연관성을 이해하고 또 인류를 향하신 하나님의 크신 계획을 알아보기란 쉽지 않습니다.

하지만 아이들도 얼마든지 성경의 숨은 보물과 같은 놀라운 진리들을 캐어 자신에게 적용할 수 있습니다. 예수님은 누가복음에서 다음과 같이 말씀하셨습니다. “그때에 예수께서 성령으로 기뻐하시며 이르시되 천지의 주재이신 아버지여 이것을 지혜롭고 슬기 있는 자들에게는 숨기시고 어린 아이들에게는 나타내심을 감사하나이다 옳소이다 이렇게 된 것이 아버지의 뜻이니이다”(누가복음 10:21).

이 책은 아이들이 성경을 종합적으로 이해하는 데 목적을 두고 있습니다. 하지만 이것이 결코 성경의 대체물이 될 수 없다는 점을 꼭 기억해 주세요. 가능하다면 성경책과 함께 활용하여 필요할 때마다 성경구절과 본문을 함께 찾아볼 수 있도록 하십시오.

구약

태초에 4
하나님이 우주를 창조하셨습니다 5
하나님이 사람을 창조하셨습니다 6
하나님의 명령 7
에덴동산의 나무들 8
하나님의 창조 질서 9
사탄이 놓은 덫 10
죄가 세상에 들어오다 11
죄를 다루신 하나님 12
죄가 하나님과 인간을 갈라놓다 13
돌아갈 수 있는 길이 있을까요? 14
하나님의 구원 계획 15
방주에서의 삶 16
가족, 하나님이 주신 축복 17
대홍수 18
하나님이 하늘에 주신 징조 19
하나님의 약속 20
하나님 말씀 속에 담긴 약속 21
하나님이 기뻐하시지 않은 탑 23
하나님은 우리의 견고한 망대(탑) 24
흩어진 사람들 25
하나님이 아브라함에게 주신 약속 26
아브라함의 믿음을 시험하시다 27
믿음은 무엇일까요? 28
일상의 믿음 29
하나님은 왜 우리 믿음을 시험하실까요? 30
성경 팩트 체크 31
야곱과 에서 32
축복을 가로챈 야곱 33
하나님의 축복은 무엇일까요? 34
하나님 아버지의 축복 36
나이가 정말, 정말, 정말 많아요! 37
하란으로 간 야곱 38
고향으로 돌아간 야곱 39
야곱이 용서를 구하다 40
용서를 구하세요 41
용서를 구하는 법 42
노아의 후손 43
요셉이 구덩이에 던져지다 44
요셉이 노예가 되다 45
하나님의 계획 46
우리 인생을 향한 하나님의 계획 47
하나님이 인도자를 예비하시다 48
타지 않는 떨기나무 49
하나님은 어떤 분이신가 50
모세를 부르신 하나님 51
재앙을 보내신 하나님 52
유월절 54
궁금해요1 55
궁금해요2 56
바다를 건너다 57
모세의 노래 58
이스라엘 백성을 인도하신 하나님 59
이스라엘 백성을 돌보신 하나님 60
매일 신선한 빵을 주신 하나님 61
시내 산의 이스라엘 백성들 62
십계명 63
우리 삶 속의 규칙들 64
가장 큰 계명 66
십계명 67
만들고 실천해요 68
왜 우리에게는 규칙이 필요할까요? 69
하나님이 그분의 백성 가운데 거하시다 70
거룩한 예배의 장소 71
성막 외부 71
성막 짓기 72
여호와께 드림 73
성막 내부 74
단어의 의미를 알아봅시다 77
하나님께서 내려오시다 79
가나안을 향해… 그런데 과연 갈 수 있을까? 80
가나안 땅을 정탐하다 81
길을 잃어버린 이스라엘 백성들 82
드디어 정상궤도에 오르다 83
새로운 인도자 84
여호수아에게 주신 지침 85
우리에게 교훈해 주시는 하나님 86
두 명의 정탐꾼 87
요단강을 건너다 88
우리의 적 89
우리의 갑옷 90
전신갑주 사용법 91
적의 성벽 95
성벽을 무너뜨리신 하나님 96
진영에서 지은 죄 97
하나님을 경외함 98

속임을 당한 여호수아 99
멈춰 버린 시간 100
성경 스냅사진 101
전략 102
땅의 분배 103
사사들 104
새로운 적 105
표징을 구한 기드온 106
올바른 결정 107
삼백 명의 용사들 108
승리의 밤 110
강한 힘을 가진 구원자 111
삼손과 블레셋 사람들 112
신전을 무너뜨린 삼손 113
룻 이야기 114
사랑은 어디에서 오는 걸까요? 115
룻이 보아스의 밭에서 일하다 116
룻과 보아스가 결혼하다 117
사랑은 무엇일까요? 118
욥 이야기 119
욥의 세 친구 120
하나님이 말씀하시다 121
일이 잘 안 풀릴 때 122
나쁜 것에서 좋은 것으로 123
한 여인의 기도를 들으심 124
저도 간구할 수 있나요? 125
하나님의 음성을 들은 사무엘 126
블레셋 사람들이 언약궤를 가져가다 127
적의 손에 들어간 언약궤 128
성경 시대의 동물 129
이스라엘이 하나님께로 돌아오다 130
이스라엘이 왕을 원하다 131
잃어버린 나귀들 132
사울이 왕이 되다 133
사울의 첫 번째 도전과제 134
왕 중의 왕 135
성급한 사울 136
하나님께 불순종한 사울 137
사무엘이 다윗에게 기름 붓다 138
수금을 타는 다윗 139
다윗의 생각은 시편 노래 가사가 되었어요 140
시편의 시 142
골리앗이 위협하다 143
다윗이 싸우겠다고 나서다 144
다윗이 거인과 맞서다 145
사울이 다윗을 시기하다 146
사울이 다윗을 죽이기로 계획하다 147
원수와 관련된 지혜의 말씀 148
다윗과 요나단 149
나발이 다윗을 모욕하다 150
아비가일의 지혜 151
다윗이 사울의 생명을 구하다 152
두려움을 느낄 때 153
사울의 죽음 154
다윗이 왕이 되다 155
언약궤를 가져오다 156
하나님이 어떤 분인지 알고 그분을 경외해요 157
다윗이 하나님의 약속을 받다 158
다윗이 므비보셋에게 친절을 베풀다 159
다윗이 죄를 짓다 160
다윗이 후회하고 회개하다 161
죄 162
하나님의 용서 163
다윗 왕의 가족 164
솔로몬이 지혜를 구하다 165
지혜로운 자, 솔로몬 166
지혜의 말씀 167
성전을 건축하다 168
이스라엘 백성이 왕에게 반역하다 169
이스라엘의 왕들 170
유다의 왕들 171
하나님의 선지자 엘리야 172
엘리야와 과부 173
하늘로부터 내려온 불 174
누가 참된 신입니까? 175
엘리야가 살고자 달아나다 176
하나님이 엘리야에게 말씀하시다 177
하나님은 우리에게 어떻게 말씀하시나요? 178
엘리사가 엘리야의 뒤를 잇다 180
물이 깨끗해지다 181
음식의 독이 없어지다 182
고침을 받은 나아만 장군 183
하나님을 섬기는 아이들 184
요나가 도망가다 185
요나가 하나님의 말씀을 전하다 186
하나님의 사람들이 다시 노예가 되다 187
바벨론으로 간 하나님의 백성 188
하나님을 경외한 다니엘 189

왕의 꿈 190
다니엘의 친구들 191
두 왕들의 교만 192
충성된 다니엘 193
다니엘이 사자 굴에 들어가다 194
천사가 사자의 입을 막다 195
유다로 돌아온 백성들 196
하나님의 말씀을 전한 사람들 197
성전에서 공사가 시작되다 198
적들이 공사를 중단시키다 199
성전이 재건되다 200
에스라가 예루살렘으로 돌아가다 201
고아 소녀 에스더 202
왕비가 된 에스더 203
왕비가 된 이유 204
에스더의 각오 205
망신을 당한 하만 206
민족을 구원한 에스더 207
느헤미야의 요청 208
느헤미야와 성벽 209
적과 장애물들 210
살아있는 돌 211
침묵의 시대 212

신약

구약 도서관 214
신약 도서관 215
예수님께서 무대 중앙에 오르시다 216
천사가 전해 준 메시지 217
마리아에게 나타난 천사 218
마리아의 노래 219
이 땅에 오신 예수님 220
모두가 깜짝 놀랄 소식 221
동방 박사들의 여정 222
헤롯의 명령 223
성전에 가신 소년 예수님 224
세례 요한 225
유혹을 받으신 예수님 226
예수님의 제자들 227
예수님의 첫 번째 기적 228
거듭남 229
어떻게 거듭날 수 있습니까? 230
우물가의 여인 231
참된 예배 232
하나님께 어떻게 예배해야 할까요? 233
예수님의 두 번째 기적 234
제자들이 모든 것을 버려두고 따르다 235
연못가에서 병을 고치심 236
예수님이 열두 명의 제자를 선택하시다 237
팔복 238
원수를 사랑하라 239
이렇게 기도하라 240
구하고 찾고 두드리라 241
반석 위에 지은 집 242
백부장의 믿음 243
많은 병자를 고치신 예수님 244
씨 뿌리는 자 245
하나님 나라에서 자라남 246
하나님 나라의 씨앗 248
진리의 씨앗을 뿌려요 249
어떻게 다른 사람들에게 복음을 전할까요? 250
예수님이 바다를 잔잔케 하시다 251
제자들이 보냄을 받다 252
예수님이 오천 명을 먹이시다 253
예수님께서 물 위를 걸으시다 254
예수님은 누구신가? 255
산 위의 예수님 256
베드로가 용서에 대해 묻다 257
다른 사람을 용서함 258
선한 사마리아인의 비유 259
준비하는 삶에 대한 비유 260
열매 맺는 삶에 대한 비유 261
하나님 나라에 대한 비유 261
잔치와 손님에 관한 비유 262
큰 잔치 비유 263
잃어버린 양과 동전의 비유 264
잃어버린 아들의 비유 265
기도에 관한 비유 266
성전에서 일하는 사람들 267
예수님과 아이들 268
하늘나라 269
흑암의 권세 270
빛의 나라 272
나사로가 다시 살아나다 274
예수님이 삭개오 집을 방문하시다 275
향유 부은 마리아 276

예수님이 예루살렘에 나귀를 타고 가시다 277
성전의 예수님 278
유월절 식사 279
새로운 언약 280
겟세마네 동산에서 기도하시다 281
유다가 예수님을 배신하다 282
예수님을 심문하다 283
예수님에게 형을 선고하다 284
성경 시대의 시간을 알아봐요! 285
예수님이 십자가에 못 박히시다 286
예수님이 돌아가시다 287
예수님이 장사되시다 288
예수님이 죽음에서 부활하시다 289
예수님에 대한 예언들 290
예수님을 처음으로 목격한 사람들 291
제자들이 예수님을 다시 만나다 292
도마도 예수님을 보다 293
디베랴 바닷가의 기적 294
예수님께서 베드로에게 말씀하시다 295
예수님께서 하늘로 올라가시다 296
새로 뽑힌 제자 맛디아 297
성령이 임하시다 298
성령님 299
교회의 탄생 300
못 걷는 사람이 치유를 받다 301
위험에 처한 베드로 302
믿는 자들이 기도하고 함께 나누다 303
교회 304
아나니아와 삽비라 305
스데반 306
에디오피아에서 온 사람 307
예수님께서 사울에게 나타나시다 308
다메섹의 사울 309
고넬료와 베드로의 환상 310
베드로가 고넬료를 방문하다 311
세례란 무엇인가요? 312
감옥에서 도망친 베드로 313
바나바와 사울 314
첫 전도여행 315
바울의 설교 316
이방인들에게도 전해진 복음 317
두 번째 전도여행 318
감옥에 갇힌 바울과 실라 319
어떻게 해야 구원을 얻을 수 있습니까? 320
바울이 마게도냐에서 말씀을 전하다 321
바울이 아가야에서 말씀을 전하다 322
바울의 세 번째 전도여행 323
바울이 체포되다 324
재판을 받게 된 바울 325
아그립바 왕 앞에 선 바울 326
바울이 배를 타고 로마를 향해 가다 327
파선 328
섬에 좌초되다 329
마침내 로마에 간 바울 330
서신서 소개 331
로마서 332
고린도전서 334
고린도후서 336
성령의 은사 338
갈라디아서 340
신약의 용어들 342
에베소서 344
빌립보서 346
골로새서 348
데살로니가전서 350
데살로니가후서 351
디모데전서 352
디모데후서 353
디도서 354
빌레몬서 355
히브리서 356
야고보서 358
베드로전서 360
베드로후서 361
요한일서 362
요한이서 363
요한삼서 364
유다서 365
요한계시록 366

색인 377

창세기 1:1-31, 이사야 45:18

태초에

그 어떤 것도 존재하기 이전에 하나님이 계셨습니다. 하나님은 시작도 끝도 없으십니다. 태초에 하나님께서 하늘과 땅을 만드셨지만, 여전히 지구는 공허하고 어떠한 형태도 없었습니다. 그때 하나님은 그곳에 질서를 만드시고 여러 가지 것들을 말씀으로 탄생시키셨습니다. 그분은 온 우주와 모든 생명체, 우리가 눈으로 볼 수 있는 모든 것과 볼 수 없는 모든 것까지 다 만드셨습니다.

우리 주변에는 하나님께서 만드신 그대로의 것들, 예를 들면 꽃과 동물, 달과 별과 같은 것들이 있습니다. 혹은 하나님이 주신 재료를 가지고 인간이 만든 것들, 가령 목재나 금속(히브리서 3:4)과 같은 것들도 볼 수 있습니다.

"만물이 그로 말미암아 지은 바 되었으니 지은 것이 하나도 그가 없이는 된 것이 없느니라"(요한복음 1:3)라는 말씀처럼 하나님이 없다면 그 어떤 것도 존재할 수 없었을 것입니다.

하나님이 창조하신 것들

첫째 날	빛	창세기 1:3-5
둘째 날	하늘 (궁창)	창세기 1:6-8
셋째 날	바다, 육지, 식물들	창세기 1:9-13
넷째 날	해, 달, 별들	창세기 1:14-19
다섯째 날	물고기와 새들	창세기 1:20-23
여섯째 날	동물들과 인간	창세기 1:24-31
그리고 일곱째 날	하나님은 안식하셨습니다	창세기 2:2-3

4페이지의 첫째 날~여섯째 날을 보세요.

하나님이 우주를 창조하셨습니다

창세기 1:26-27, 2:15-25

하나님이 사람을 창조하셨습니다

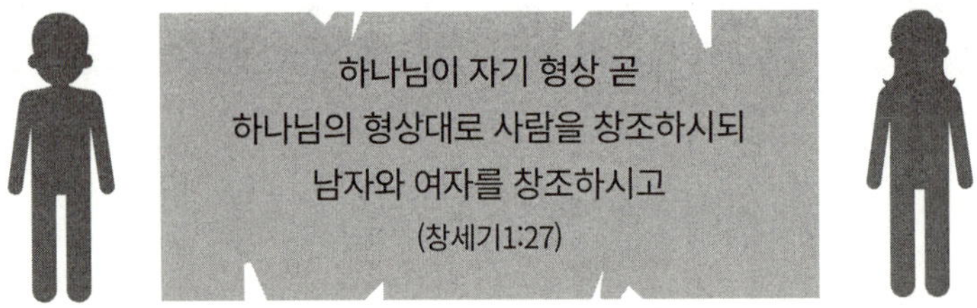

하나님이 사람을 창조하실 때 그분은 자신의 손으로 첫 사람인 아담을 빚어 만드셨습니다. 그런 다음 그분은 아담에게 생기를 불어넣으셨고 그 안에 하나님의 영을 넣어 주셨습니다.

하나님은 영이시기에 우리에게 있는 영은 하나님과 같은 속성을 가지고 있습니다. 그래서 성경은 우리가 하나님의 형상을 따라 지어졌다고 말하고 있습니다. 하지만 우리는 피조물이므로 하나님과 모든 면에서 같다고 할 수 없습니다. 그 누구도 하나님이 가진 능력과 힘을 가질 수 없습니다. 하나님은 전능하시고 시작도 끝도 없으신 분이니까요.

하나님은 아담에게 동산을 돌볼 책임을 맡기셨습니다. 아담은 모든 동물의 이름을 지어 줬습니다. 하나님은 아담에게 함께 대화를 나눌 특별한 친구가 없음을 보셨습니다. 그러나 하나님은 따로 계획이 있으셨죠. 그분은 아담을 깊은 잠에 빠지게 하셨습니다.

아담이 잠들어 있는 동안, 하나님은 아담의 갈비뼈 하나를 가져다가 그것으로 여자를 만드셨습니다. 아담이 깨어났을 때 그는 하나님이 이끌어 오신 여자를 보고 매우 기뻐하며 말했습니다. "남자에게서 나왔으니 여자라고 부를 것이다."

창조의 첫날 전에는 존재하는 것이 있었을까요?
(창세기 1:2, 5 참조)

하나님의 명령

그리고 하나님은 아담에게 한 가지 규칙을 알려 주셨습니다.

여호와 하나님은 아담에게 명하셨습니다. “동산 각종 나무의 열매는 네가 임의로 먹되 선악을 알게 하는 나무의 열매는 먹지 말라. 네가 먹는 날에는 반드시 죽으리라.”

이 나무는 동산 중앙에 있는 생명 나무 옆에 있었습니다(창세기 2:9).

창세기 1:11-12, 2:8-9

에덴동산의 나무들

하나님은 보기에 아름답고 먹기에 좋은 열매를 맺는 온갖 나무를 땅에서 자라게 하시고, 동산 한가운데는 생명 나무와 선과 악을 알게 하는 나무를 자라게 하셨습니다(창세기 2:9).

과일 나무	선악과 나무	생명 나무
✔	✖	!
먹기에 좋다 (창세기 2:16)	먹으면 반드시 죽게 된다 (창세기 2:17)	영생하게 한다 (창세기 3:22)

성경에서 금지된 나무의 열매가 사과라고 했나요?
(창세기 2:16, 3:2-3 참조)

로마서 1:20, 고린도전서 11:7-12

하나님의 창조 질서

태초부터 하나님은 그의 아들을 통해 모든 창조를 주관하셨습니다.

“만물이 그에게서 창조되되 하늘과 땅에서 보이는 것들과 보이지 않는 것들과 … 또한 그가 만물보다 먼저 계시고 만물이 그 안에 함께 섰느니라”(골로새서 1:16-17). 모든 작은 원자들을 다 붙들고 서 있게 하시는 분이 바로 예수님입니다. 우리가 밤과 낮을 맞이하고 여름과 겨울을 겪을 수 있도록, 지구를 완벽한 궤도로 태양 주위를 돌게 하시는 분이 바로 예수님입니다. 그분은 모든 생명체에게 생명을 주시고 자라나게 하시는 분입니다.

하나님의 모든 피조물이 어떻게 하나의 큰 그림을 완성하는지 볼까요?

하나님과 그분이 만드신 세계

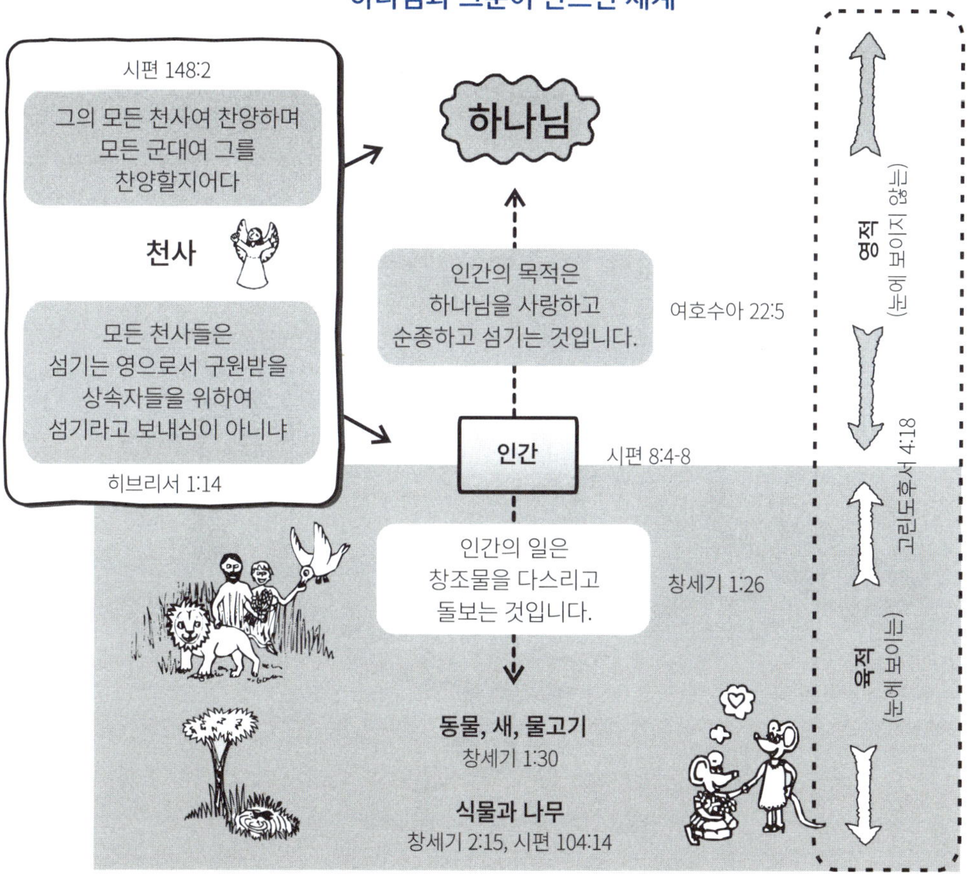

창세기 3:1-4

사탄이 놓은 덫

사탄은 교만해져서 하나님과 같이 되려고 했기 때문에 하늘에서 쫓겨났습니다. 사탄은 하늘에서 전능하신 하나님에 대항하여 싸우기에는 자신이 얼마나 무능력한지 잘 알았습니다. 하지만 지구에서는 하나님이 만든 창조물을 무너뜨릴 기회가 있었습니다. 그것은 바로 인간에게서 창조 세계를 다스릴 권리를 빼앗는 것이었습니다.

아담과 하와는 하나님이 동산 한가운데 있는 나무에 대해 하신 말씀을 잘 알고 이해하고 있었습니다(창세기 3:2-3). 그래서 사탄은 교활한 방법으로 계획을 시행했습니다. 그는 모든 동물 중 가장 간교한 뱀의 모습으로 가장하여 여자(하와)에게 말했습니다. "하나님이 참으로 너희에게 동산 모든 나무의 열매를 먹지 말라 하시더냐?"

하와가 대답했습니다. "우리는 동산 나무의 열매는 먹을 수 있어. 하지만 하나님은 동산 한가운데 있는 나무의 열매는 먹지도 말고 만지지도 말라고 하셨어. 어기면 우리가 죽는다고 하셨어."

그러자 사탄이 말했습니다. "너희는 절대 죽지 않아. 너희가 그것을 먹으면 너희 눈이 밝아져 하나님과 같이 되어서 선과 악을 알게 되기 때문에 그렇게 말씀하신 거야."

옳고 그른 것 사이에서 선택하기

창세기 3:5-7

죄가 세상에 들어오다

여자가 그 나무의 열매를 보니, 먹음직도 하고 보암직도 하였습니다. 그뿐만 아니라, 사람을 슬기롭게 할 만큼 탐스럽기도 한 나무였습니다. 여자가 그 열매를 따서 먹고 함께 있는 남편에게도 주니, 그도 그것을 먹었습니다(창세기 3:6).

아담과 하와는 즉각 자기들이 벗었음을 깨닫고 무화과 잎으로 몸을 가렸습니다.

＊＊＊

사탄은 처음 하와에게 썼던 수법과 거의 똑같은 방식으로 우리를 유혹합니다. 그래서 우리는 삶에서 이런 영역을 알고 잘 지켜나가는 것이 중요합니다.

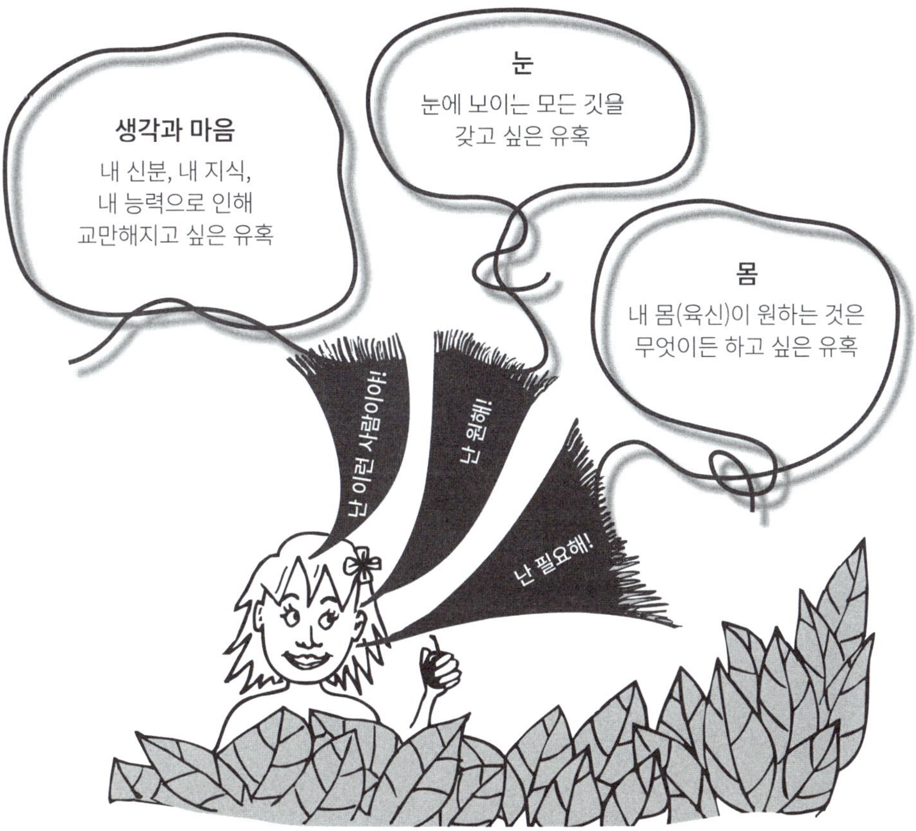

창세기 3:8-19

죄를 다루신 하나님

하나님은 그날 오후 아담과 하와와 동산을 거니시기 위해 오셨습니다. 그들이 하나님의 소리를 들었을 때 그들은 두렵고 부끄러워 재빨리 숨었습니다.

그러나 하나님은 그들이 어디에 있는지 아셨습니다. 또한 그들이 한 일도 알고 계셨습니다. 하나님이 그들에게 금지된 나무의 열매를 먹었는지 물어보셨을 때 그들은 진실을 말하지 않고 핑계를 댔습니다.

아담과 하와의 핑계들

- 아담은 말했습니다. “하나님이 주셔서 나와 함께 있게 하신 여자 그가 그 나무 열매를 내게 주므로 내가 먹었나이다”(창세기 3:12).
- 하와는 말했습니다. “뱀이 나를 꾀므로 내가 먹었나이다”(창세기 3:13).

아담과 하와의 불순종에 대한 형벌

- 땅은 저주받아 잡초를 내고 아담은 먹을 것을 얻기 위해 많은 수고를 해야만 합니다(창세기 3:7-19).

- 하와는 아이를 낳을 때 많은 고통을 겪을 것이며 남편이 그녀를 다스리게 됩니다(창세기 3:16).

- 뱀은 모든 짐승보다 더욱 저주를 받아 배로 기어 다녀야 합니다(창세기 3:14-15).

죄로 인해 무슨 일이 일어났습니까?

- 아담과 하와의 죄된 본성은 그들의 자녀와 이 땅의 모든 인간에게 이어졌습니다.
- 하나님과 인간의 친밀한 우정은 끝났습니다.
- 고난, 고통, 그리고 사망이 모든 사람에게 임했습니다.

이사야 59:2, 하박국 1:13, 로마서 5:12

죄가 하나님과 인간을 갈라놓다

하나님은 아담에게 동산 한가운데 있는 나무의 열매를 먹으면 죽을 것이라고 말씀하셨습니다. 하지만 아담과 하와가 하나님께 불순종하여 그 열매를 먹었음에도, 그들은 계속 살았고 자녀도 낳았습니다. 그렇다면 아담이 하나님께 불순종한 날 정확히 무슨 일이 일어난 것일까요?

아담이 금지된 열매를 한 입 베어 문 순간, 하나님이 그에게 불어넣어 주신 영이 죽게 되었습니다. 아담은 즉각적으로 뭔가 잘못되었음을 깨달았습니다. 뭔가가 바뀌었습니다. 기분이 정말 끔찍해졌습니다!

마음에 들어온 죄로 인해 아담은 죄책감과 수치심을 느꼈습니다. 그는 이전에 느꼈던 기쁨과 평안을 더 이상 누릴 수 없었습니다. 아담의 죄가 아담과 하나님 사이로 들어왔습니다. 그것은 크고 어두운 장벽과 같았습니다.

거룩하고 완전하신 하나님은 죄를 바라볼 수조차 없으십니다. 그래서 더 이상 죄인이 된 인간과는 함께하실 수 없었습니다.

아담은 영은 죽은 채로, 그저 육신만 계속 움직이고 있었습니다. 하나님이 처음에 만드셨던 그 온전한 인간이 아니었습니다. 저주를 받은 아담의 몸 역시 병이 날 수밖에 없었습니다. 그리고 결국 죽음에 이르게 되었습니다.

로마서 11:32

돌아갈 수 있는 길이 있을까요?

문제

하나님은 거룩하십니다. 즉, 그분은 완전히 순전하시고 선하신 분입니다. 누구든 죄가 있는 자는 그분께 가까이 갈 수 없고 살아 있을 수 없습니다. 더욱이 하나님은 의로우신 분이기 때문에(그분은 정의를 행하시는 분입니다) 반드시 죄를 벌하셔야 하며 죄의 형벌은 바로 사망입니다. **이사야 59:2** 말씀을 찾아보세요.

계획

그러나 하나님은 또한 사랑의 하나님이십니다. 그분에게는 계획이 있었습니다. 하나님은 인간을 죄에서 구하시고, 또 그분의 원칙대로 죄에 대한 형벌을 내리실 것입니다. 죄가 없는 누군가가 온 세상의 죄를 스스로 짊어져야 할 것입니다.

하나님의 계획은 바로 그분의 독생자이신 예수님이 지상에 내려와 그 누군가가 되는 것이었습니다. 예수님이 모든 사람의 죄에 대한 책임을 지고 마치 자신이 죄를 지었던 것처럼 그 죄에 대한 형벌을 감당하실 것입니다. **요한복음 3:16** 말씀을 찾아보세요.

약속

하나님은 인간으로 태어나신 예수님을 통해 사탄의 권세를 무너뜨리겠다고 약속하셨습니다. 예수님은 성령으로 그의 어머니 마리아에게서 태어나셨습니다.

하나님은 뱀, 즉 사탄에게 이렇게 말씀하셨습니다. "내가 너로 여자와 원수가 되게 하고 네 후손도 여자의 후손과 원수가 되게 하리니 여자의 후손은 네 머리를 상하게 할 것이요 너는 그의 발꿈치를 상하게 할 것이니라"(창세기 3:15).

이 약속은 예수님께서 십자가 위에서 우리 죄를 위해 돌아가시고 죄와 사망, 그리고 인간을 다스리던 사탄의 권세를 없애신 날에 이뤄졌습니다! **요한복음 6:40** 말씀을 찾아보세요.

창세기 6장, 7:1-16

하나님의 구원 계획

지상의 사람들은 점점 더 사악해졌고 그들의 생각은 악으로 가득했습니다(창세기 6:5). 하나님은 인간을 만든 것을 후회하셨습니다. 사방에서 목격되는 죄는 하나님을 매우 슬프게 했습니다. 그분은 지면에서 모든 생명체를 쓸어버림으로 악과 부패가 퍼지는 것을 막고자 하셨습니다.

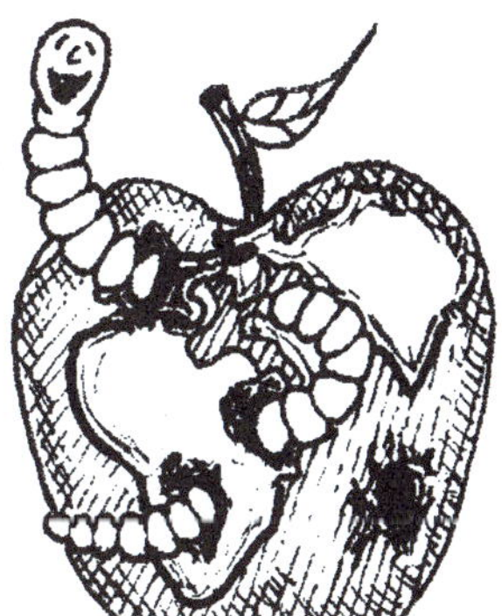

그러나 그들 중에 하나님을 믿었던 단 한 사람이 있었습니다. 그의 이름은 노아였습니다.

하나님은 넘쳐나는 죄로부터 세상을 구해내고 싶으셨습니다. 그런데 죄를 제거하면서도 아직 선한 부분, 바로 노아와 그의 가족들은 남기고자 하셨습니다.

그래서 하나님은 노아에게 방주(큰 배)를 지으라고 말씀하셨습니다. 하나님은 방주를 짓는 정확한 방법과 크기에 대해서, 목재의 종류에 대해서도 말씀해 주셨습니다(창세기 6:14-16).

또 하나님은 방주에 들어갈 동물들을 위해 음식을 준비하라고 하셨습니다. 모든 동물은 한 쌍씩 노아에게 나아와서 방주로 들어갔습니다. 모든 종의 암컷과 수컷이었습니다.

노아는 하나님께 순종했고 하나님이 하라고 하신 모든 일을 다 했습니다. 방주가 지어졌을 때, 하나님은 노아에게 그의 가족들과 함께 방주로 들어가라고 말씀하셨습니다. 그리고 하나님은 모든 동물과 새와 기어 다니는 짐승들 한 쌍씩을 모아 방주에 들어가게 하셨습니다. 그리고 방주의 문을 닫으셨습니다.

방주에는 몇 사람이 탔을까요?
(창세기 7:7, 베드로후서 2:5 참조)

방주에서의 삶

방주 안에서의 생활이 어땠을지 상상이 가나요? 성경에서는 방주 안이 어땠는지는 얘기해 주지 않습니다. 단지 하나님께서 그분을 믿은 노아 가족을 구원하셨다는 것만 말해 줍니다. 방주에 탄 사람이 바로 여러분 가족이었다면 어땠을까요?

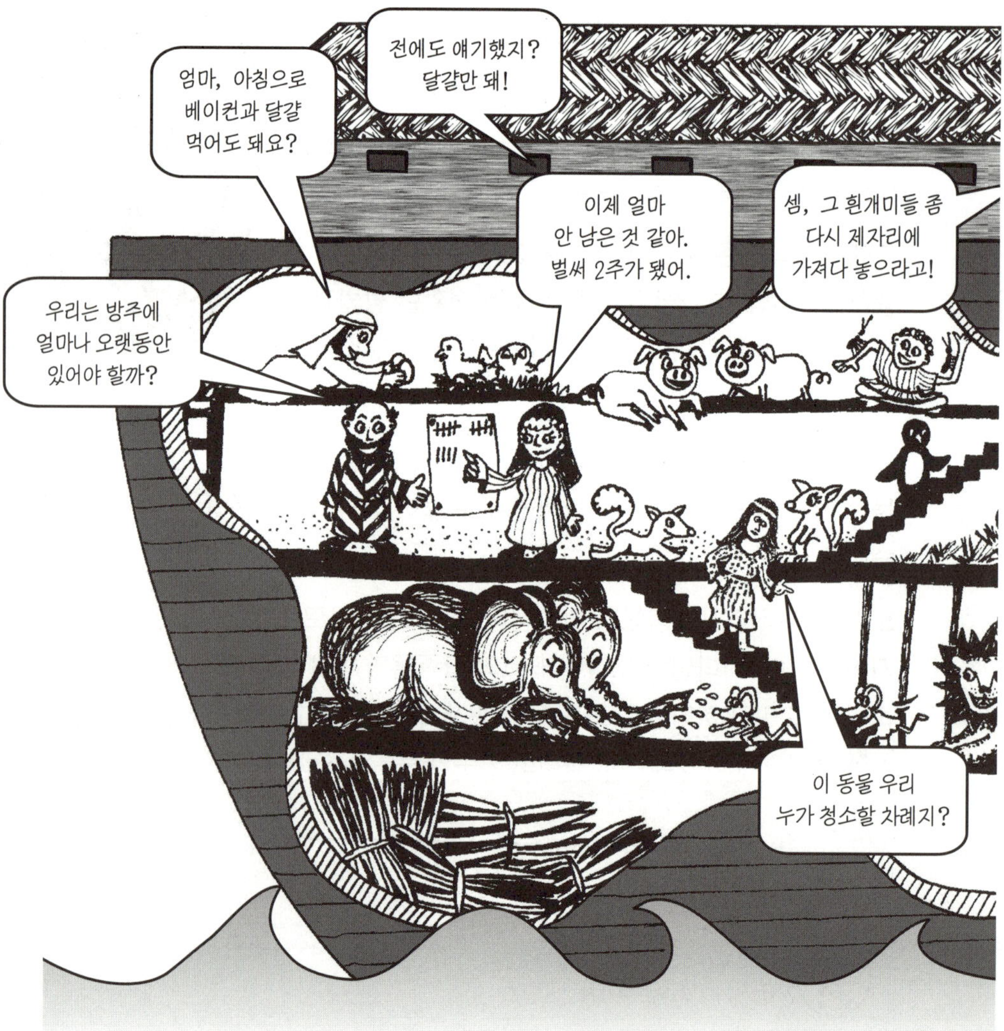

가족, 하나님이 주신 축복

우리는 다른 사람들과의 친밀함과 사랑이 필요한 존재입니다. 그래서 하나님은 우리에게 가족을 주셨습니다. 그분은 어떤 다른 동물들처럼 우리가 혼자 자라지 않고 부모님이 우리를 돌보시도록 계획하셨습니다. 하나님은 고독한 자들이 가족과 함께 살게 하셔서(시편 68:6) 그 누구도 혼자가 되지 않도록 하셨습니다. 우리는 서로에 대해 하나님께 감사하며 서로 도와야 합니다.

히브리서 11:7

대홍수

노아가 방주를 짓다 — 창세기 6:13-14

오랜 시간이 지난 후 ↓

노아는 가족과 함께 방주에 들어갔습니다. 동물들은 짝을 지어 방주 안으로 들어갔습니다. — 창세기 7:6-10

7일 후 ↓

비가 내리기 시작하고 샘이 터지기 시작했습니다. — 창세기 7:11-12

40일 후 ↓

물이 높은 산을 덮었습니다. — 창세기 7:20, 24

150일 후 ↓

물이 줄어들면서 방주는 아라랏 산에 머무르게 되었습니다. — 창세기 8:3-4

6개월 후 ↓

땅이 마르고 노아와 가족들, 모든 동물들은 방주에서 나왔습니다. — 창세기 8:14-17

제일 먼저 한 일 ↓

노아는 제단을 쌓고 하나님께 제사를 드렸습니다. — 창세기 8:20

창세기 8:18-22, 9:8-17

하나님이 하늘에 주신 징조

일 년 넘게 방주에서 보낸 후, 마침내 노아와 가족들 그리고 모든 동물이 방주를 나갈 수 있게 되었습니다. 해는 어느 때보다 밝게 빛나고 있었고 누구도 본 적 없는 뭔가가 하늘을 가로질러 걸쳐 있었습니다. 그것은 거대한 활 같았고 빛나는 부드러운 색들로 채워져 있었습니다.

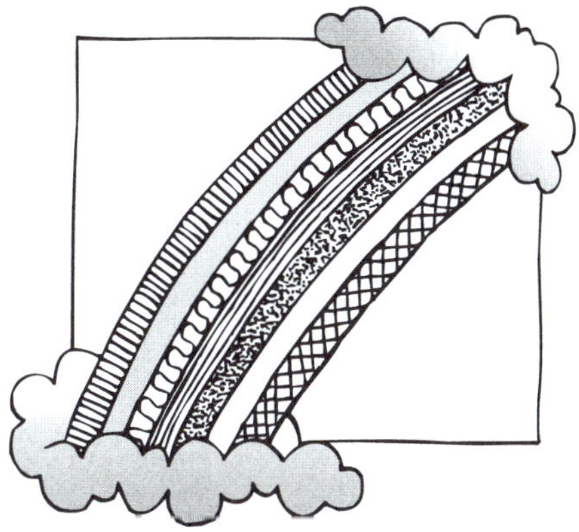

방주에서 내려 마른 땅에 발을 디딘 노아는 제일 먼저 돌을 모아 제단을 쌓았습니다. 그리고 그 위에 불을 피우고 하나님을 위해 특별히 준비한 동물과 새들을 태워 번제로 올렸습니다. 하나님은 노아의 제물을 기뻐하시며 다시는 홍수로 모든 생물을 멸망시키지 않겠다고 약속하셨습니다.

하나님은 말씀하셨습니다. "내가 내 무지개를 구름 속에 두었나니 이것이 나와 세상 사이의 언약의 증거니라"(창세기 9:13).

하나님의 약속은 영원한 언약이었습니다. 다시 말해서, 이 특별한 약속은 하나님께서 세상 끝날 때까지 지키신다는 뜻입니다.

무지개는 **우리에게** 하나님의 신실하심과 인자하심을 생각나게 합니다. 또한 **하나님께는** 이 땅과 맺은 언약을 생각나게 해줍니다(창세기 9:16).

하나님의 약속

하나님은 우리를 사랑하시며 그 큰 사랑을 우리가 알기 원하시기에 약속하십니다. 또한 우리가 모든 일에서 하나님을 신뢰할 수 있다는 것을 알려 주시려고 약속을 주십니다. 하나님을 신뢰하는 것을 '믿음'이라고 합니다. 우리가 하나님을 믿으면, 그분은 그 약속들을 우리 삶 속에 이루십니다.

"주님이 하시는 말씀은 모두 다 진실하고, 그 모든 업적에는 사랑이 담겨 있다."(시편 145:13, 새번역).

일반 약속

하나님의 여러 약속은 모든 사람을 위한 것입니다. 하나님은 인간을 사랑하기 위해 창조하셨습니다. 또한 하나님은 모든 인간이 그분을 사랑하기를 원하십니다. 하지만 비록 사람들이 하나님을 사랑하지 않고 노아의 시대와 같이 악해질지라도 하나님은 지상의 모든 생명체를 다시는 홍수로 멸망시키지 않겠다고 약속하셨습니다. 하나님의 또 다른 약속은 누구든지 주의 이름을 부르는 사람은 다 구원받는다는 것입니다(로마서 10:13).

조건 약속(약속의 성취가 우리에게 달린 경우)

어떤 약속은 우리의 역할을 통해서 성취됩니다. 즉 하나님이 약속을 이루시기 전에 우리의 행동이나 올바른 태도가 필요할 수 있습니다. 예를 들면, 순종과 믿음, 용서와 같은 것들입니다.

하나님 말씀 속에 담긴 약속

우리를 위한 약속은 무엇이 있을까요?

어떤 성경의 약속은 특정한 사람, 특별한 사람들에게만 주어졌습니다. 그들은 아주 오래전에 살았던 사람들이고 삶의 방식도 지금과 많이 달랐을 것입니다. 그렇다면 그때의 약속이 오늘날 우리에게도 여전히 적용될까요?

성경은 과거에 있었던 사건을 알려 주는 단순한 역사책이 아닙니다. 그분의 말씀은 살아있고 운동력이 있습니다(히브리서 4:12). 하나님은 글로 쓴 말씀을 통해 우리가 알아야 할 모든 것을 알려 주십니다. 말씀에는 개인적인 약속들이 포함되어 있습니다. 예를 들면 우리에게 안전감을 주는 약속, 우리가 하나님 계획의 일부임을 알려 주는 약속, 또 우리에게 소망을 주는 약속들입니다. "하나님의 약속은 얼마든지 그리스도 안에서 예가 되니"(고린도후서 1:20).

우리는 삶에서 하나님께서 다음 약속들을 이루실 것을 신뢰할 수 있습니다. 성경에서 해당 구절을 찾아보고 표시해 두세요. 혹은 카드나 노트에 말씀 구절을 기록해 보세요.

성경의 약속	
하나님은 그분을 섬기는 자들을 귀하게 여기십니다.	요한복음 12:26
하나님은 그분의 양 떼를 돌보십니다.	이사야 40:11
하나님은 무거운 짐 진 자들을 도와주십니다.	시편 55:22
하나님은 우리를 두려움에서 자유롭게 해주십니다.	시편 34:4
하나님은 우리의 모든 필요를 채워 주십니다.	빌립보서 4:19
하나님의 눈은 우리를 향하십니다.	베드로전서 3:12
하나님은 그분을 찾는 자들에게 상을 주십니다.	히브리서 11:6
하나님은 우리를 변호해 주십니다.	시편 72:4
하나님은 우리에게 지혜를 주십니다.	잠언 2:6
하나님은 마음이 슬픈 자들 가까이에 계십니다.	시편 34:18
하나님은 재앙으로부터 우리를 보호해 주십니다.	시편 91:9-11
하나님은 악한 자에게서 우리를 지켜주십니다.	데살로니가후서 3:3

성경의 약속	
하나님은 우리를 인도하십니다.	시편 25:9
하나님은 우리를 축복하십니다.	시편 115:12-13
하나님은 우리를 듣고 응답하십니다.	이사야 65:24
하나님은 우리를 구원하십니다.	시편 50:15
하나님은 우리를 들어 올리십니다.	시편 145:14
하나님은 우리를 용서하시고 깨끗하게 해주십니다.	이사야 43:25
하나님은 우리에게 힘을 주시고 도와주십니다.	이사야 41:10
하나님은 결코 우리를 떠나지 않으십니다.	신명기 31:8
하나님은 우리를 돌보십니다.	시편 121:7
하나님은 우리를 구원하십니다.	예레미야 1:8
하나님은 우리를 완전한 평안 가운데 있게 하십니다.	이사야 26:3
하나님은 우리가 깊이 갈망하는 것을 주십니다.	시편 37:4
하나님은 마음이 상한 사람들을 치유하십니다.	시편 147:3
하나님은 우리 가까이에 계십니다.	시편 145:18
하나님은 우리에게 잠(쉼)을 주십니다.	시편 127:2
하나님은 우리의 눈물을 닦아 주십니다.	요한계시록 21:4
하나님은 우리에게 영생을 주십니다.	요한일서 2:25
하나님은 모든 일을 합력하여 선을 이루십니다.	로마서 8:28
하나님은 우리를 그분의 왕국으로 안전히 인도하십니다.	디모데후서 4:18
예수님의 약속	
내게로 와라. 내가 너에게 쉼을 주겠다.	마태복음 11:28
너의 적에게 대답할 수 있도록 너에게 지혜를 주겠다.	누가복음 21:15
내게로 오는 자는 누구든지 쫓아내지 않을 것이다.	요한복음 6:37
나는 다시 돌아와서 너희를 나와 함께 데려갈 것이다.	요한복음 14:3
내 이름으로 무엇이든 구하면 내가 행할 것이다.	요한복음 14:14
나는 너희를 고아와 같이 내버려 두지 않고 너희에게 돌아올 것이다.	요한복음 14:18
내 안에 거하라. 나도 너희 안에 거할 것이다.	요한복음 15:4

하나님이 기뻐하시지 않은 탑

홍수 사건 후, 지상에 사는 사람들은 모두 하나의 언어를 사용했습니다.

어떤 이들은 동쪽으로 이동해서 새롭게 살 장소를 마련했습니다. 그들은 서로 말했습니다. "하늘에 닿는 탑이 있는 도시를 만듭시다. 그러면 우리는 유명해지고 서로 흩어지지 않을 것입니다."

인간이 지은 성읍과 탑을 보러 내려오신 하나님께서 말씀하셨습니다. "이 사람들이 같은 말을 쓰기 때문에 이런 일을 시작하였으니 이제 그들은 원하는 거의 모든 일을 할 수 있게 될 것이다."

그래서 하나님은 그들이 서로 다른 언어를 사용하게 만드셨고, 사람들은 서로의 말을 이해할 수 없게 되었습니다. 모두 혼란에 빠졌습니다. 결국 그들은 성읍과 탑을 짓는 것을 멈추고 각기 다른 방향으로 흩어졌습니다.

하나님이 언어를 혼잡하게 하시고 사람들을 다 흩어 버리셨으므로 사람들은 그곳을 *바벨이라 불렀습니다.

*바벨(Babel)은 영어의 바블(Bobble, 횡설수설하다)과도 발음이 비슷합니다.

하나님은 우리의 견고한 망대(탑)

우리는 하늘까지 닿을 탑을 짓는 대신 하나님이 계신 탑(망대)으로 달려가야 합니다. 그곳은 안전하며 사랑과 용납이 있습니다. 하나님의 탑에는 그분의 다양한 이름이 쓰여 있습니다.

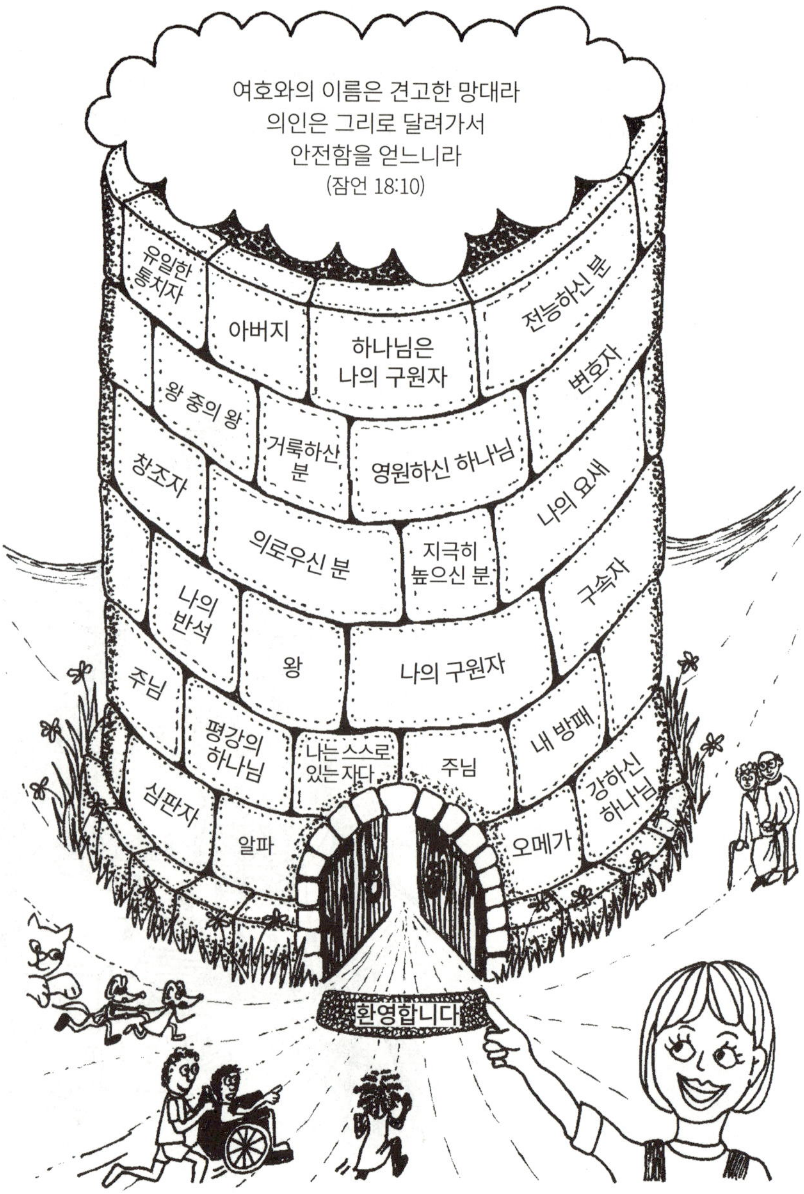

창세기 9:18-19, 10장

흩어진 사람들

노아에게는 세 아들, 셈, 함, 야벳이 있었습니다.

그들의 후손은 바벨탑을 떠나 각기 다른 방향으로 흩어졌습니다. 그들은 각각 큰 나라를 이루었고 서로 다른 언어를 말하게 되었습니다.

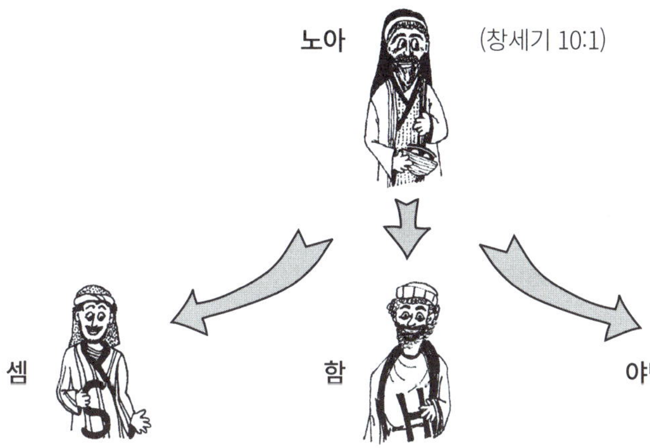

셈의 후손은
앗수르와 그 중심부에
거주하였습니다.
(창세기 10:22)

함의 후손은 남쪽으로
이주해서 가나안, 이집트,
아프리카에 거주하였습니다.
(창세기 10:6)

야벳의 후손은 북쪽으로
이주해서 소아시아와
유럽에 거주하였습니다.
(창세기 10:2)

하나님이 아브라함에게 주신 약속

노아의 때로부터 많은 시간이 흐른 후, 마치 홍수 전처럼 죄가 다시 온 세상에 퍼졌습니다. 사람들은 하고 싶은 온갖 나쁜 짓을 하며 하나님을 잊고 살았습니다.

그런데 하나님의 눈은 항상 온 땅을 향하여 그분을 찾는 자가 있는지 보십니다(역대하 16:9). 그리고 바로 그런 사람이 있었습니다.

아브람은 계속 하나님을 믿었고 그분의 길을 따랐습니다.

하나님은 아브람에게 말씀하셨습니다. "너는 너의 고향과 친척과 아버지의 집을 떠나 내가 네게 보여 줄 땅으로 가라."

그리고 하나님은 아브람에게 약속해 주셨습니다. "내가 너로 큰 민족을 이루고 네게 복을 주어 네 이름을 창대하게 하리니 너는 복이 될지라"(창세기 12:2). (나중에 하나님은 아브람의 이름을 많은 무리의 아버지라는 뜻의 '아브라함'으로 바꾸어 주셨습니다.)

그래서 75세의 나이에 아브람은 그의 아내와 조카 롯과 함께 하란을 떠났습니다. 그들은 가나안 땅에 이르러 세겜이라는 곳에 정착하게 되었습니다.

또 하나님은 아브람에게 다음과 같이 말씀하셨습니다. "네 주변을 둘러보아라. 네가 서 있는 곳에서 동서남북을 다 둘러보아라. 네 눈에 보이는 이 모든 땅을 내가 영원히 너와 네 자손에게 줄 것이다. 내가 네 자손을 땅의 티끌만큼 많게 해주리니, 누구든지 땅 위의 티끌을 셀 수 있는 사람이 있다면, 그 사람은 네 자손도 셀 수 있을 것이다"(창세기 13:14-16, 새번역).

그 후, 아브람은 장막을 옮겨 헤브론이라는 곳에 가서 살게 되었고 그곳에서 하나님 앞에 제단을 쌓았습니다.

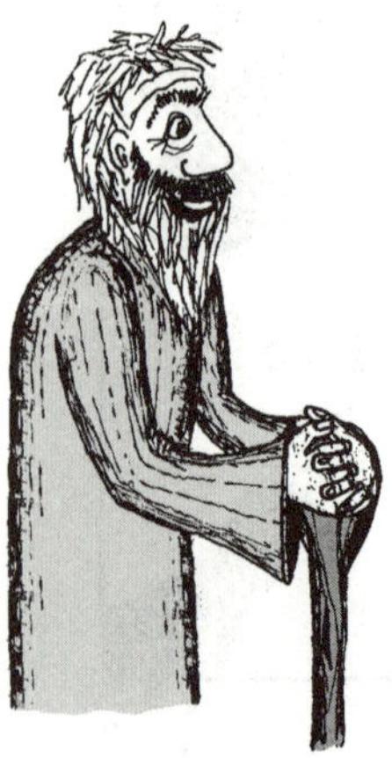

창세기 22:1-19

아브라함의 믿음을 시험하시다

아브라함이 100세가 되었을 때, 그의 아내 사라는 하나님이 약속하신 그대로 아들을 낳았습니다. 아브라함과 사라는 그 아이를 이삭이라 불렀습니다.

몇 년이 흐른 후, 하나님은 아브라함에게 매우 어려운 일을 시키셔서 아브라함의 믿음을 시험하셨습니다. 아브라함은 이삭을 데리고 모리아 땅으로 가서 하나님이 보여 주신 산꼭대기에서 그를 제사로 드려야 했습니다.

아브라함은 하나님께 순종하여 다음 날 아침 일찍 나귀에 안장을 얹고 이삭과 두 종과 함께 출발했습니다. 사흘째 되던 날, 정한 장소에 도착하자 아브라함은 종들에게 말했습니다. “여기서 기다려라. 내가 아이와 함께 저기 가서 예배하고 너희에게로 돌아오겠다.”

이삭은 아브라함과 함께 걸어가는 중에 아버지에게 질문했습니다. “불과 나무는 있는데 번제로 드릴 어린 양은 어디 있습니까?”

아브라함이 대답했습니다. “하나님께서 자신을 위하여 친히 준비하실 것이다.”

그들이 하나님께서 보여 주신 곳에 이르렀을 때, 아브라함은 제단을 마련하고 그 위에 나무를 쌓았습니다. 그리고 이삭을 묶어 제단 위에 눕혔습니다. 아브라함이 칼로 손을 뻗을 때, 주님의 천사가 그를 불렀습니다. “아브라함아, 아브라함아!”

“제가 여기 있나이다.” 아브라함이 답했습니다.

“그 아이를 해하지 말라. 내가 이제 네가 하나님을 경외하고 순종하는 줄 아노라.”

고개를 들자 아브라함의 눈에 뿔이 덤불에 걸린 숫양 한 마리가 보였습니다. 아브라함은 그 양을 가져다가 하나님께 제사를 드렸습니다. 그 양이 아들을 대신하였고, 아브라함은 그 장소를 ‘하나님이 공급하실 것이다’라는 뜻의 ‘여호와 이레’라고 불렀습니다.

믿음은 무엇일까요?

성경은 우리에게 믿음을 가지라고 말합니다. 그리고 많은 믿음의 사람들의 본을 보여 주고 있습니다. 그런데 믿음은 과연 무엇일까요? 믿음은 매우 거룩한 사람들에게만 있는 것일까요?

믿음은 하나님을 믿는 것입니다.

성경은 아브라함이 하나님을 믿었음을 얘기해 주고 있습니다. "아브라함이 바랄 수 없는 중에 바라고 믿었으니 이는 네 후손이 이같으리라 하신 말씀대로 많은 민족의 조상이 되게 하려 하심이라. … 믿음이 없어 하나님의 약속을 의심하지 않고 믿음으로 견고하여져서 하나님께 영광을 돌리며 약속하신 그것을 또한 능히 이루실 줄을 확신하였으니"(로마서 4:18, 20-21).

또 다른 구절에서는 다음과 같이 말하고 있습니다. "믿음은 바라는 것들의 실상이요 보이지 않는 것들의 증거니"(히브리서 11:1).

믿음과 신뢰

믿음: 믿음은 하나님께서 그분의 약속을 이루실 것을 믿는 것입니다. 또는 우리의 간구를 하나님께서 들어주실 수 있음을 믿는 것입니다. 다시 말해서, 믿음은 하나님께서 어떤 구체적인 일을 해주실 것을 믿는 것입니다.

우리의 믿음은 소망과 묶여 있습니다. 소망은 하나님께서 우리의 기대하는 바를 이루실 것이라는 확신을 가진 믿음입니다. 소망은 하나님이 하실 일과 방법을 기대하는 마음에서 나옵니다.

신뢰: 하나님을 신뢰한다는 것은, 그분의 계획을 알 수 없고 지금 일어나는 일을 이해할 수 없을 때 하나님을 붙드는 것입니다. 때로 우리는 무엇을 기도해야 할지도 모를 수 있습니다. 그때 우리는 하나님이 나를 사랑하고 돌보신다는 것, 그리고 그분이 모든 것을 다스리신다는 사실을 붙잡아야 합니다.

믿음 없이 하나님을 기쁘시게 할 수 있을까요?
(히브리서 11:6 참조)

일상의 믿음

매일의 믿음, 그 이상

여러분이 의자를 끌어당겨 그 위에 앉았다면 의자가 내 몸을 버텨 줄 것을 믿고 그것에 내 믿음을 두고 있는 것입니다. 의자를 사용할 때마다 믿을 만했다면, 그 의자가 항상 나를 받쳐 준다는 전적인 확신이 생길 것입니다.

이것은 마치 우리가 하나님을 매일 매일 믿는 것과 같습니다. 과거에 하나님의 신실하심을 계속 보아 왔다면 우리는 앞으로도 항상, 어디서나, 심지어 우리가 한 번도 경험한 적 없는 상황에서도, 하나님이 우리를 붙들어 주실 것을 자신 있게 믿을 수 있을 것입니다.

그런데 때로 그 이상의 더 큰 믿음이 필요할 때도 있습니다. 마치 눈을 가린 채, 의자가 어디에 있는지도 모르는데 앉으라는 명령을 받는 그런 상황과 같이 말입니다. 그때 우리는 인도하는 분을 신뢰하고 실제 나를 위한 의자가 있음을 믿어야 합니다. 눈에 보이지 않아도 의자는 분명히 존재한다는 것, 비록 하나님의 임재를 느낄 수 없다 하더라도 그분은 여전히 신뢰할 만한 분이라는 사실을 믿어야 합니다. (보는 것과 믿는 것에 대해 예수님이 도마에게 하신 말씀이 있습니다. 요한복음 20장 29절을 찾아보세요).

더 큰 믿음을 갖기 위해 우리는 무엇을 할 수 있을까요?

- 내 삶의 모든 세세한 부분을 하나님께 말씀드리고 그분을 가까이하세요(요한복음 15:7).
- 하나님이 내 삶에서 행하신 일, 도와주시는 방법에 주목해 보세요. 과거에 나에게 해주셨던 일들에 대해 하나님께 감사하는 것도 잊지 마세요(빌립보서 4:7).
- 믿음은 성경을 읽고 믿을 때 생겨납니다. 하나님에 대한 말씀을 읽으면 그분을 더 잘 알게 되고 하나님을 향한 믿음도 자라날 것입니다(로마서 10:17).

하나님은 왜 우리 믿음을 시험하실까요?

성경에서는 하나님께서 우리 마음을 보실 수 있고 또 생각도 읽으실 수 있다고 말하고 있습니다(시편 139:2). 그렇다면 왜 하나님은 우리의 믿음을 시험하려고 하실까요? 분명 그분은 우리에게 믿음이 있는지 없는지 알고 계십니다. 우리는 그분 앞에서 어떤 것도 숨길 수 없습니다.

때로 하나님은 우리가 결코 이해하거나 알 수 없는 이유로 시험하시기도 합니다. 하나님의 생각과 길은 우리 생각과 길보다 훨씬 높기 때문입니다(이사야 55:8-9). 이때 우리는 우리가 아는 그 하나님을 붙들고 그분을 신뢰해야 합니다.

하지만 우리는 믿음의 시험을 받았던 성경 인물들을 통해 우리가 왜 슬픔과 고난, 여러 문제로 인해 압박감을 느껴야 하는지 그 이유를 배울 수 있습니다.

그중 하나가 베드로입니다. 베드로는 고난(시험)이 우리 믿음을 불로 연단한 금처럼 순전하게 해준다고 했습니다(베드로전서 6:7). 고난의 때에 우리가 계속 하나님을 신뢰한다면, 아브라함처럼 우리의 믿음도 더 굳세고 순전해질 것입니다.

주님을 믿음으로 인해 매우 힘든 고난을 겪었던 바울도 문제가 닥칠 때 기뻐해야 한다고 말했습니다(로마서 5:3-4). 고난은 우리가 계속 나아갈 수 있도록 우리에게 힘을 주는데 그것은 바로 인내입니다. 이를 통해 우리는 고난의 때에 하나님이 우리 가까이에 계시며, 그 시험의 끝이 있다는 것과 우리를 기다리는 영원한 보상이 있음을 분명히 확신할 수 있습니다(야고보서 1:12).

성경 팩트 체크

성경의 첫 번째 책의 이름 창세기(Genesis)는
'태초에'라는 뜻의 히브리어에서 온 말입니다.
창세기의 대부분은 모세에 의해 쓰였다고 합니다.

대단해요!

에덴동산에서 흘러나온 강이
네 개의 다른 강으로
갈라졌습니다.
(이런 일은 무척 드문 일이죠)

창세기 2:10-14

엘(El)은 하나님을 일컫는
히브리어로, 종종
다른 단어의 앞이나 뒤에
붙어서 사용됩니다.

모세는 지상에서 가장
온유한 사람이었습니다.
(민수기 12:3)

하나님과 씨름하고 나서
야곱의 이름은
이스라엘로 바뀌었습니다
(창세기 32:28).
이스라엘 민족은 야곱
(혹은 이스라엘)의
직속 후손들입니다.

롯의 아내는 하나님의 말씀에 불순종하여
소금 기둥으로 변하고 말았습니다.
(창세기 19:26)

창세기 25:19

야곱과 에서

아브라함의 아들 이삭은 청년으로 자랐고 리브가와 결혼했습니다. 그리고 리브가는 쌍둥이 아들, 야곱과 에서를 낳았습니다.

에서는 첫째였습니다. 당시 관습에서 큰아들(첫 번째로 태어난 아들)은 아버지로부터 특별한 축복을 받았습니다. 큰아들은 아버지가 돌아가시면 그 집안의 가장이 되었습니다. 그리고 그는 다른 형제들보다 두 배나 많은 땅과 가축을 받을 수 있었습니다. 이것은 **장자가 태어날 때부터 받는 권리**였습니다.

두 아이는 성장했고, 에서는 능숙한 사냥꾼이 되었습니다. 하루는 사냥에서 돌아온 에서가 죽을 끓이는 야곱을 보았습니다. 에서는 매우 배가 고파서 죽 냄새를 맡자 "당장 그 죽을 좀 먹어야겠어!"라고 했습니다.

야곱은 그 순간 자신이 오랫동안 원했던 장자권을 에서에게서 가져올 수 있는 기회라고 생각했습니다. "좋아." 야곱이 말했습니다. "하지만 먼저 형의 장자권을 내게 팔아야 해."

에서가 대답했습니다. "지금 배가 고파서 죽겠는데 장자권이 무슨 소용이야?"

그래서 야곱은 에서에게 장자권을 두고 특별한 서약을 하라고 했고, 에서는 그 말대로 했습니다.

수년이 흐르고, 나이가 들어 제대로 볼 수 없게 된 이삭은 장자에게 특별한 축복을 해줄 때가 되었음을 알았습니다. 그래서 이삭은 에서에게 야생 동물을 사냥해서 맛있는 음식을 만들어 오라고 했습니다.

축복을 가로챈 야곱

리브가는 이삭이 에서에게 하는 말을 듣게 되었습니다. 그런데 야곱을 편애한 리브가는 야곱이 그 축복을 받기를 바랐습니다. 그래서 그녀는 야곱에게 말했습니다. "염소 떼 있는 데로 가서 좋은 염소 새끼 두 마리를 가져오렴. 내가 그것으로 아버지를 위해 별미를 만들면 네가 그것을 아버지께 갖다 드리고 아버지의 축복을 받도록 하여라."

"하지만 에서 형은 털이 많고 저는 매끈매끈한데요." 야곱이 말했습니다. "아버지가 날 만지시면 어떡하죠? 아버지를 속였다는 걸 아시고 저에게 축복이 아니라 저주를 내리실지도 몰라요."

그러나 리브가에게는 계획이 있었습니다. 그녀는 에서의 옷을 가져다 야곱에게 입히고 손과 목을 염소 가죽으로 덮었습니다. 그리고 자신이 만든 맛있는 음식을 야곱에게 주었습니다.

야곱은 음식을 아버지에게 가져가서 말했습니다. "맏아들 에서입니다. 아버지께서 말씀하신 대로 했습니다."

이삭은 에서가 그렇게 빨리 돌아올 줄 모르고 깜짝 놀라 말했습니다. "가까이 오너라. 네가 진짜 내 아들 에서인지 만져봐야겠다."

이삭이 말했습니다. "네 음성은 야곱 같지만, 손은 에서의 손이구나." 결국 이삭은 별미를 먹고 야곱을 에서라 생각하며 축복했습니다.

야곱이 떠난 후 에서가 음식을 준비해서 들어왔습니다. 눈이 보이지 않는 이삭이 물었습니다. "너는 누구냐?" "아버지의 맏아들 에서입니다." 에서가 대답했습니다.

비로소 이삭은 자신이 에서가 아닌 야곱에게 축복했다는 사실을 깨달았지만 이미 한 축복을 되돌릴 수는 없었습니다. 이로 인해 에서는 매우 화가 났고 그때부터 자신의 축복을 가로챈 야곱을 미워했습니다.

하나님의 축복은 무엇일까요?

히브리서에서는 교회(하나님을 믿는 사람들)는 맏아들이며 우리 이름은 천국에 기록되어 있다고 했습니다(히브리서 12:22-23). 하나님 가정에 태어난 각 사람은 하나님의 특별한 책에 그 이름이 기록되어 있고, 그 누구도 우리를 하나님 손에서 빼앗을 수 없습니다(요한복음 10:28-29).

하나님 가정에서 장자가 된다는 것은 우리가 하늘 아버지이신 하나님으로부터 모든 축복을 받았다는 뜻입니다.

"찬송하리로다. 하나님 곧 우리 주 예수 그리스도의 아버지께서 그리스도 안에서 하늘에 속한 모든 신령한 복을 우리에게 주시되 곧 창세 전에 그리스도 안에서 우리를 택하사 우리로 사랑 안에서 그 앞에 거룩하고 흠이 없게 하시려고"(에베소서 1:3-4). 하나님은 아주 오래전에 이미 여러분을 그분의 자녀로 선택하셨습니다. 그리고 여러분이 하나님의 길을 따르겠다고 결정하고 하나님의 가족이 되었을 때 그분의 축복은 여러분에게 임했습니다.

하나님은 우리를 어떻게 축복하시나요?

하나님의 축복이란, 하나님이 우리에게 많은 것을 주신다는 의미일까요? 하나님은 진정 모든 온전하고 좋은 선물을 우리에게 주시는 분입니다. 하지만 축복받는 삶이란 단순히 여러 가지 것들을 소유하는 것 이상을 뜻합니다. 하나님은 무엇이 중요하고 영원한지 알고 계시며, 하나님이 주시는 축복 중에 많은 경우 눈에 뚜렷이 보이지 않을 수도 있습니다.

[하나님의 축복으로] 내 잔이 넘치나이다 (시편 23:5)

몸이 건강하고 음식과 옷이 있다면 여러분은 축복받은 것입니다. 사랑하는 가족과 친구들이 있다면 여러분은 하나님의 축복을 받았습니다. 하나님의 자녀인 여러분을 천사가 지켜주고 하나님은 그분의 강력한 손으로 보호하십니다. 그것이 참된 축복입니다!

사실, 하나님은 거대한 축복 창고를 가지고 계시기 때문에 우리가 감당할 수 없는 복을 쏟아주셔서 다른 사람들에게 그 축복을 흘려보내게 하십니다.

또한 하나님은 우리 마음에 축복을 주십니다. 하늘 아버지의 자녀 안에 성령을 살게 하셔서 우리가 아주 친밀하게 하나님을 알아가는 **기쁨**을 누리게 하셨습니다. 우리는 용서받았다는 것과 더 이상 정죄와 수치를 당하지 않는다는 것을 앎으로 **평안**을 누릴 수 있습니다(로마서 4:17). 우리 안에는 천국에서 하나님 아버지와 함께하게 될 그때를 기대하는 소망이 있습니다.

우리 자신을 위한 축복을 구할 수 있나요?

네, 할 수 있습니다. 역대상 4:10에서 야베스가 했던 것처럼 우리도 하나님께 구체적으로 간구할 수 있습니다.

하나님이 여러분을 어떻게 축복해 주셨으면 좋겠습니까? 하나님께 간구할 때는, 무엇을 받든지 받은 그것을 값없이 나눠 주는 것이 중요합니다. 그것이 하나님께서 일하시는 방식입니다. 내게 주신 것이 너무 중요해서 포기할 수 없다는 이기심은 하나님이 원하시는 모습이 아닙니다.

다른 사람을 축복해 달라고 구할 수 있나요?

"하나님의 축복이 있기를!"이라는 말은 다정한 인사말 이상의 말입니다. 우리가 진심을 담아 믿음으로 이 말을 한다면, 이 축복은 강력한 힘을 발휘할 수 있습니다. 성경의 인물들에게 했던 축복의 말과 같이 말이죠.

하나님의 축복은 고난 없는 삶을 뜻하나요?

축복을 받았다고 하면 완전한 만족과 필요한 모든 것을 가진 삶을 뜻한다고 생각할 수도 있습니다. 하나님의 축복에는 분명히 좋은 것들이 들어 있습니다. 하지만 충분히 갖지 못하고, 일이 잘 안 풀리거나 기분이 우울할 때에도 우리는 축복을 받은 자입니다. 어떤 축복은 우리 삶에서 나중에 오기도 합니다. 그리고 가장 최고의 축복은 오직 영원한 때에만 얻을 수 있습니다. 예수님은 제자들에게 하나님 나라를 가르치시며, 이 축복에 대해 말씀해 주셨습니다(마태복음 5:3-12).

하나님 아버지의 축복

마태복음 5:3-12

심령이 가난한 자는 **복이 있나니** 천국이 그들의 것임이요(3절)

애통하는 자는 **복이 있나니** 그들이 위로를 받을 것임이요(4절)

온유한 자는 **복이 있나니** 그들이 땅을 기업으로 받을 것임이요(5절)

의에 주리고 목마른 자는 **복이 있나니** 그들이 배부를 것임이요(6절)

긍휼히 여기는 자는 **복이 있나니** 그들이 긍휼히 여김을 받을 것임이요(7절)

마음이 청결한 자는 **복이 있나니** 그들이 하나님을 볼 것임이요(8절)

화평하게 하는 자는 **복이 있나니** 그들이 하나님의 아들이라 일컬음을 받을 것임이요(9절)

의를 위하여 박해를 받은 자는 **복이 있나니** 천국이 그들의 것임이라(10절)

나로 말미암아 너희를 욕하고 박해하고 거짓으로 너희를 거슬러 모든 악한 말을 할 때에는 너희에게 **복이 있나니**(11절)

기뻐하고 즐거워하라 하늘에서 너희의 상이 큼이라 너희 전에 있던 선지자들도 이같이 박해하였느니라(12절)**.**

여러분 삶에 주어진 모든 축복을 써 보세요. 주변에 있는 아름다운 것들, 가족과 친구들, 하나님이 여러분을 어떻게 만드셨는지, 여러분이 하나님께 얼마나 특별한 존재인지 적어 보세요.

나이가 정말, 정말, 정말 많아요!

여러분은 노아나 무드셀라처럼 900살이 넘도록 아주 오래 살고 싶은가요?

우리 삶의 하루하루는 모두 하나님의 계획 안에서 목적이 있습니다. 그러니 얼마나 오래 사느냐는 그렇게 중요하지 않습니다. 정말 중요한 것은 하나님을 위해 매일을 사는 것입니다! 하나님은 우리 인생을 향한 하나님의 온전한 계획이 이루어질 때까지 우리를 그분의 집으로 데려가지(우리를 죽게 하지) 않으실 것입니다(시편 139:15-16). 아래 그림을 보면 아담이나 노아와 같은 홍수 이전의 사람들은 아주아주 오래 살았다는 것을 알 수 있어요.

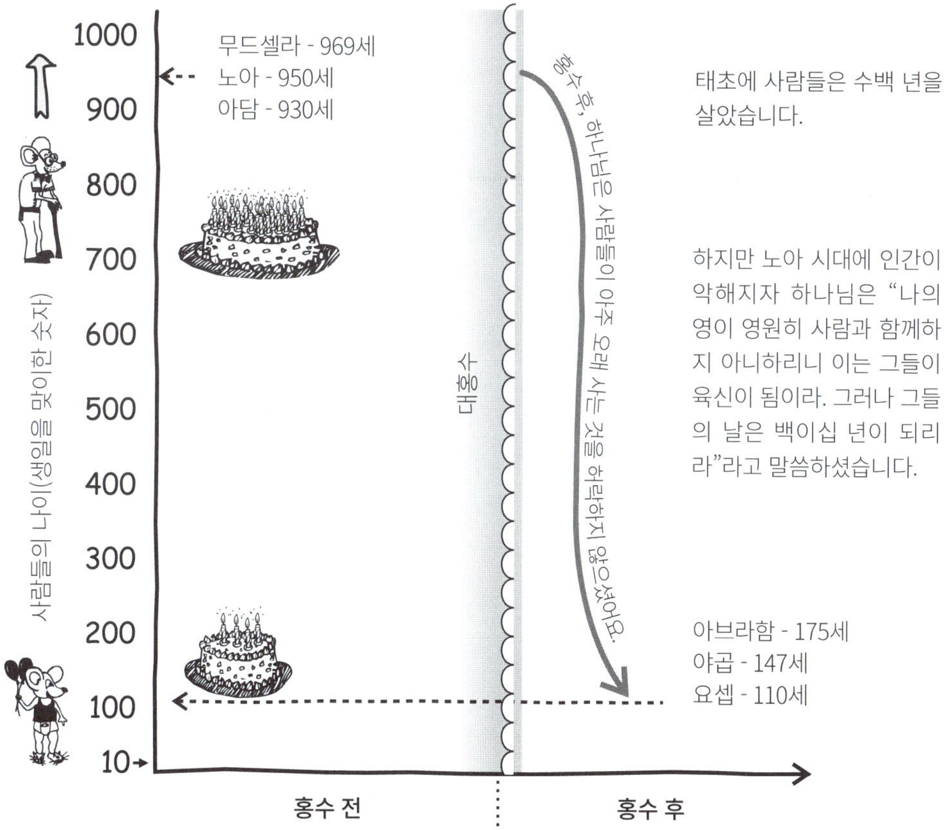

"네 아버지와 어머니를 공경하라. 이것은 약속이 있는 첫 계명이니 이로써 네가 잘 되고 땅에서 장수하리라"(에베소서 6:2-3).

창세기 27:41-28:5, 29:1-20

하란으로 간 야곱

에서는 동생 야곱이 아버지가 주실 축복을 가로챈 것을 알고 스스로에게 다짐했습니다. "아버지가 돌아가시면 야곱을 죽여야겠어."

어머니 리브가는 야곱의 생명이 위험한 것을 깨닫고 야곱에게 말했습니다. "네 형 에서가 너를 죽이려 하니 형의 화가 풀릴 때까지 라반 삼촌에게 가 있어라."

그래서 야곱은 짐을 쌌습니다. 이삭은 야곱을 다시 축복하고 하란으로 떠나보냈습니다.

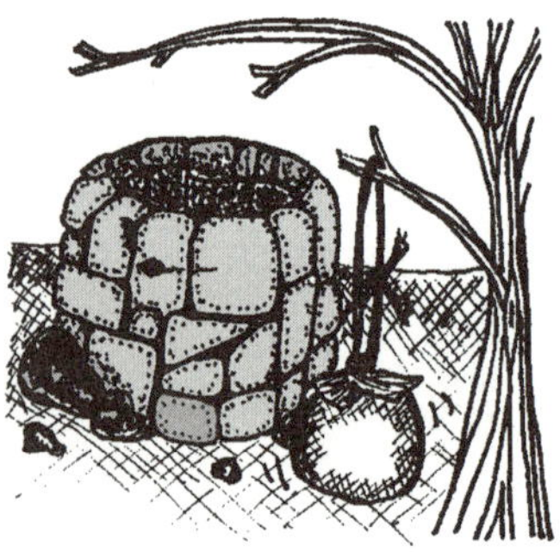

하란에 도착한 야곱은 한 우물가에 이르렀고 그곳 목동들에게 말을 걸었습니다. 바로 그때 라반의 딸 라헬이 아버지의 양 떼를 이끌고 우물가로 왔습니다. 라헬도 목동이었습니다.

야곱은 양 떼와 함께 있는 라헬을 보고 즉각 그쪽으로 다가가서 우물 위에 있는 큰 돌을 옮기고 라헬의 양 떼가 물을 마실 수 있도록 도왔습니다.

대화를 하다가 라헬은 야곱이 그녀의 친척임을 알고 집으로 가서 그 소식을 아버지에게 알렸습니다.

라반은 즉시 야곱을 자신의 집으로 맞아들였고 한 달간 야곱은 거기 머물며 일을 도왔습니다. 라반이 그에게 품삯을 주려고 하자, 야곱은 말했습니다. "제가 라헬과 결혼할 수 있게 허락해 주시면 외삼촌을 위해 7년을 일하겠습니다."

라반은 야곱의 조건에 동의했고 7년은 금방 흘렀습니다. 야곱은 라헬을 매우 사랑했기 때문에 그 시간이 며칠처럼 짧게 느껴졌습니다.

창세기 29:15-32:21

고향으로 돌아간 야곱

하지만 결혼식 날이 되었을 때 야곱은 속아서 라헬의 언니 레아와 결혼하게 되었습니다. 야곱이 불평하며 라반에게 둘이 했던 약속을 이야기하자, 라반은 관습상 큰 딸이 먼저 결혼해야 한다고 설명했습니다. 라반은 말했습니다. "나를 위해 7년 더 일해 주면 라헬도 너에게 주겠다."

그래서 야곱은 7년을 더 일하기로 하고 며칠 뒤에 라헬과 혼례를 올릴 수 있었습니다. 7년이 더 흘렀고 라반은 야곱에게 계속해서 자신을 위해 일해 달라고 부탁했습니다. 그는 야곱에게 양과 염소로 삯을 지불했습니다. 하나님은 야곱을 축복하셨고 수년이 흐른 뒤 야곱은 엄청난 양 떼와 낙타, 당나귀를 소유하게 되었습니다.

어느 날 하나님께서 야곱에게 말씀하셨습니다. "네 고향과 가족들이 있는 곳으로 돌아가라. 내가 너와 함께하겠다."

그래서 야곱은 라반에게 말하지 않고 두 아내와 자녀들, 종과 동물들을 데리고 떠났습니다. 얼마 후 고향 가까이 다다랐을 때, 야곱은 에서에게 사자(누군가의 뜻을 상대방에게 전하는 사람)를 보내서 잘못을 바로잡기 위해 집에 간다는 것을 알렸습니다.

그런데 사자들이 돌아와 에서가 400명을 이끌고 오고 있다고 야곱에게 말했습니다.

야곱은 에서가 무엇을 할지 두려워하며 매우 걱정했습니다. 그래서 하나님께 자신을 보호해 달라고 간절히 기도했습니다. 그리고 모래와 같이 수많은 후손을 주시겠다고 하신 그 약속을 하나님께 다시 말씀드렸습니다.

야곱의 열두 아들 중 라헬의 후손은 누구인가요?
(창세기 30:22-24, 35:16-18 참조)

창세기 32:13-18, 33:1-17

야곱이 용서를 구하다

야곱은 에서를 위해 특별한 선물을 준비했습니다. 야곱은 염소와 양 떼, 낙타와 소, 당나귀 떼까지 앞서 보냈습니다. 각 동물의 무리는 야곱보다 앞서간 종들이 끌고 갔습니다. 야곱은 제일 앞에 있는 종에게 말했습니다. "에서가 너를 만나 어디를 가는지, 누구의 가축인지 물으면, 야곱이 그의 형 에서에게 주는 선물이라고 대답하여라."

그리고 그 말대로 되었습니다! 야곱은 에서가 400명의 장정을 이끌고 오는 것을 보았습니다. 야곱은 아내와 아이들을 자신보다 앞서 보낸 후 에서가 다가오자 엎드려 절했습니다.

에서는 그에게 달려와 끌어안았고 둘은 함께 울었습니다. 이윽고 에서는 얼굴을 들어 다른 모든 사람들, 야곱의 종들과 그의 아내들과 자녀들이 오는 것을 보았습니다. 그들도 모두 엎드려 절했습니다.

에서가 "이 모든 가축들이 다 무엇이냐?"라고 묻자 야곱이 대답했습니다. "그것들은 형님께 은혜를 얻고자 제가 드리는 선물입니다."

에서가 대답했습니다. "내 동생아, 나도 풍족하다. 네 소유는 네가 갖도록 해라."

하지만 야곱이 계속 권하자 마침내 에서는 그 선물을 수락했습니다. 에서는 "같이 가자. 내가 길을 이끌어 주겠다"라고 말했지만 야곱은 에서와 함께 가는 것은 사양했습니다. 야곱은 숙곳이라는 장소로 가서 그곳에 정착했습니다.

용서를 구하세요

다른 사람을 실망시키거나 상처 주었을 때, 혹은 화나게 했을 때 우리는 돌이켜서 잘못된 것을 바로잡아야 합니다. 아무 일도 일어나지 않은 것처럼 모른 척하고 저절로 상황이 좋아지기를 기대해서는 안 됩니다.

여러분과 다른 사람 사이에 문제가 생겼을 때 하나님의 도우심과 은혜를 구하고 그 사람에게 가서 미안하다고 말하세요.

내 할 일을 하며 잘 지내다가,
갑자기, 앗 조심해!
그만 문제가 터집니다.
그런 일이 생겼다면
에서 이야기의 본을 따라
용서의 길을 떠나 봐요.

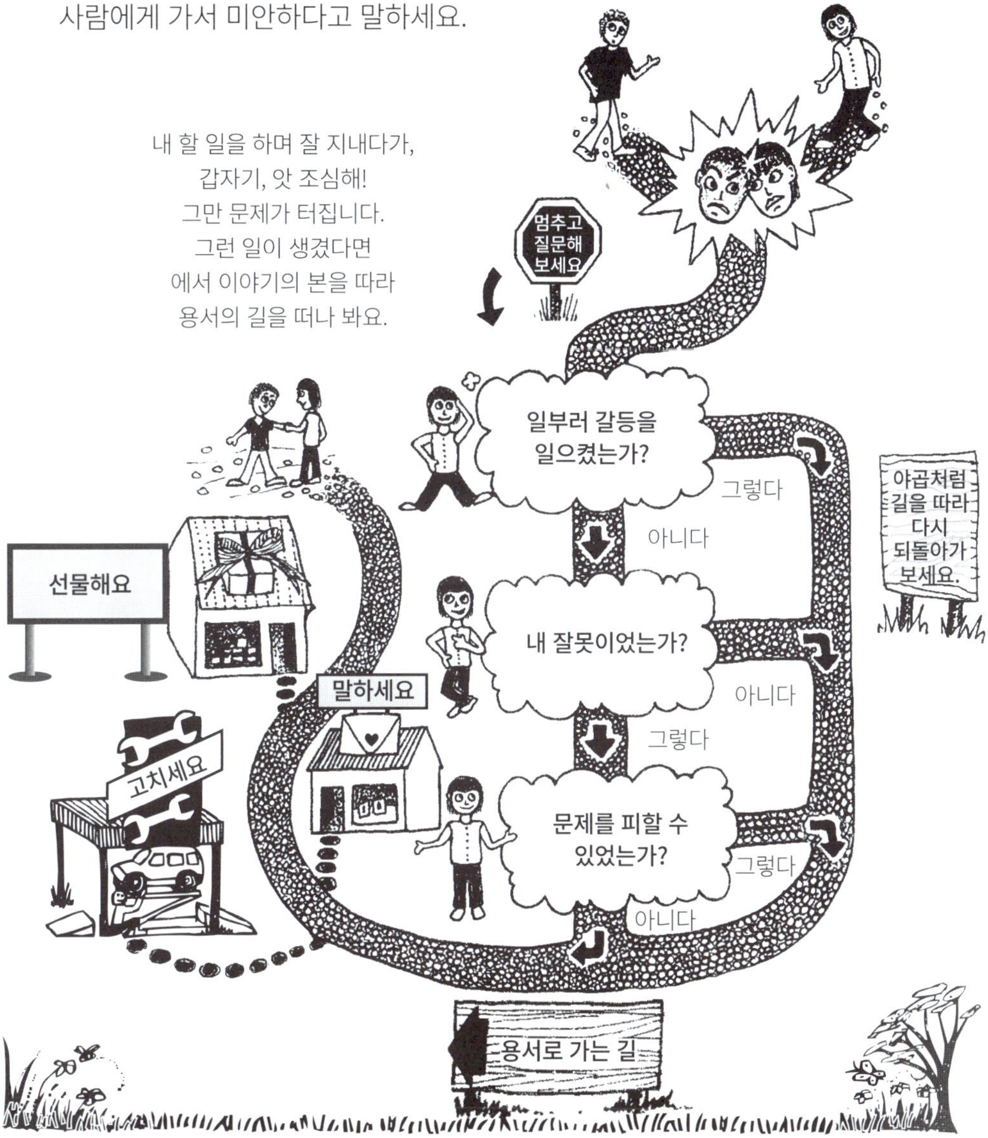

용서를 구하는 법

누구도 완벽하지 않습니다. 따라서 우리는 서로 의견이 맞지 않을 수도 있고 누군가의 마음을 상하게 할 수도 있습니다.

일이 터지고 난 후(누구의 잘못이었는지, 누가 먼저 시작했는지는 중요하지 않습니다), 우리는 그 상황을 바로잡을 필요가 있습니다. 이를 위해서는 용기가 필요합니다. 다행인 점은 미안하다고 말하거나 누군가를 용서하는 것이 관계를 더 견고하게 해주고 인격 단련에도 도움이 된다는 것입니다.

잘못된 것을 바로잡기 전까지 우리는 하나님께 가까이 갈 수 없고 또 하나님도 그분이 원하시는 대로 우리를 축복하실 수 없습니다(마태복음 5:23-24).

화가 났다면, 먼저 하나님께 여러분 마음에 평안을 달라고 기도하세요. 또 상처 준 사람에게 가서 문제를 해결할 수 있도록 여러분에게 사랑과 용서를 달라고 구해 보세요.

- **미안하다고 말해요.** 여러분이 무례하고 못된 말이나 행동을 했다면 그 사람에게 미안하다고 말하세요. 다른 사람이 여러분에게 그렇게 했다면 그들에게 용서하겠다고 말해 보세요.
- 문제가 생긴 지 오래되어 어디서부터 시작해야 할지 모르겠다면 서로에게 있는 안 좋은 감정에 대해서 미안하다고 말하세요. 그리고 그 사람에게 지난 일을 잊고 다시 친구가 되자고 말해 보세요.
- 여러분이 물건을 망가뜨리거나 잃어버렸다면 그것을 **바꿔 주거나 고쳐 주어야** 해요. 아니면 다른 방식으로 보상하겠다고 해보세요. 어질러졌다면 청소하는 것을 도와주세요.
- 말하기 어려울 때는 작은 **선물**이나 직접 쓴 카드를 주면 미안한 마음을 잘 보여 줄 수 있어요. 그 사람을 안아 주면 "미안해"라는 말을 더 쉽게 할 수 있을지도 몰라요.

노아의 후손

후손은 자녀들, 손자 손녀들, 증손자 증손녀들 그리고 그 이후에 이어지는 자손들을 뜻하는 말입니다. 노아의 족보를 따라가다 보면 유다에게로 이어집니다. 여러분은 예수님이 유다 지파의 자녀에게서 태어나셨다는 것을 알고 있었나요?(히브리서 7:14).

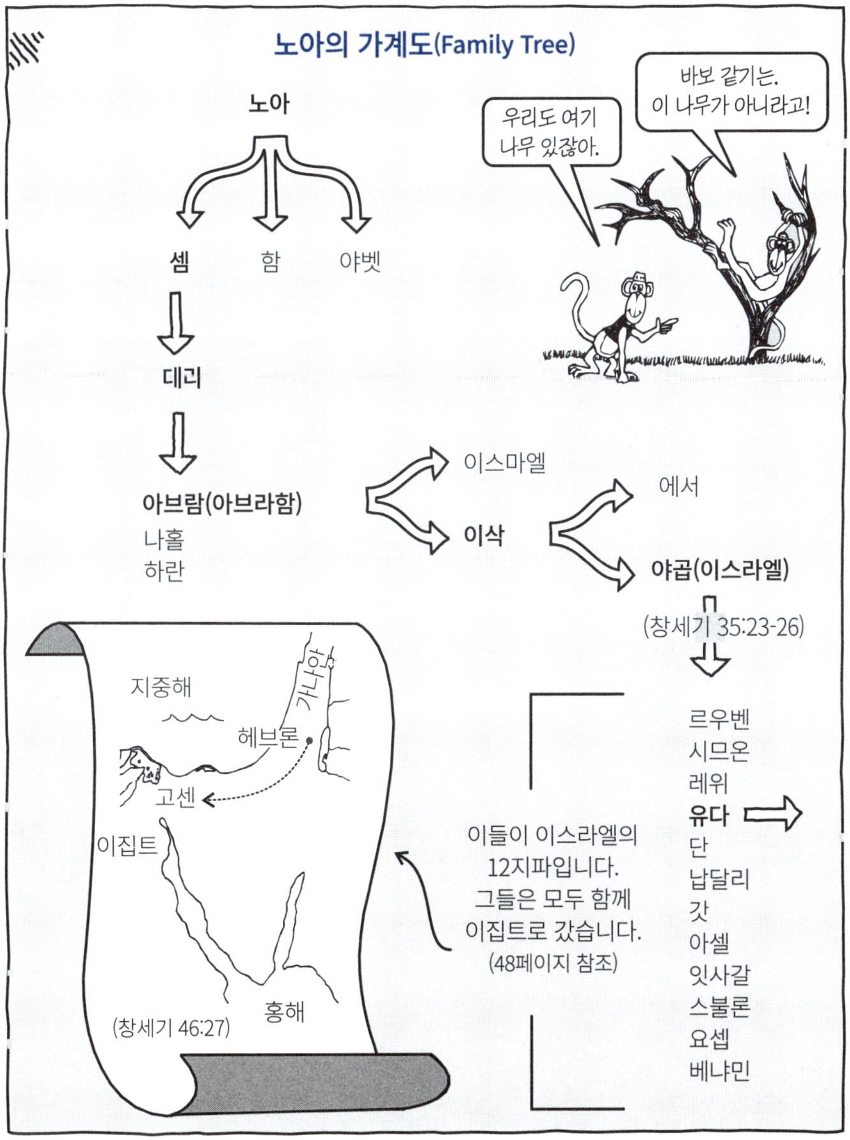

창세기 37장

요셉이 구덩이에 던져지다

야곱은 아들이 많았습니다. 사실, 열두 명이나 되었습니다. 여러분이 만약 그렇게 많은 형제들과 산다고 생각해 보세요!

열일곱 살로 밑에서 두 번째 아들인 요셉은 아버지 양 떼를 돌보는 일을 도왔습니다. 형들은 아버지가 요셉만 너무 사랑했기 때문에 요셉을 미워하고 질투했습니다. 요셉이 가족들 모두가 자기에게 절하는 것처럼 보이는 (다소 이상한) 꿈을 두 차례나 꾸자 상황은 더 나빠졌습니다.

하루는 야곱이 먼 곳에서 양 떼의 풀을 먹이고 있는 형들에게 요셉을 보내 상황을 확인하고자 했습니다. 도단이라는 장소 근처까지 간 요셉은 거기서 형들을 발견했습니다. 형들은 멀리서 요셉이 오는 것을 보고 말했습니다.

그래서 형들은 물이 말라 버린 깊은 구덩이에 요셉을 던졌습니다. 가장 큰형 르우벤은 동생들이 요셉을 죽이는 것을 막고 나중에 요셉을 구출하여 아버지에게로 데려갈 계획이었습니다.

창세기 37장, 39장

요셉이 노예가 되다

요셉의 형들이 자리에 앉아 음식을 먹고 있을 때 한 무리의 사람들이 낙타에 향품을 가득 싣고 지나가고 있었습니다. 그들은 이집트로 가는 길이었습니다.

문득 유다에게 아이디어가 떠올랐습니다. "요셉을 죽이지는 말자. 차라리 저 상인들에게 노예로 팔아 버리자."

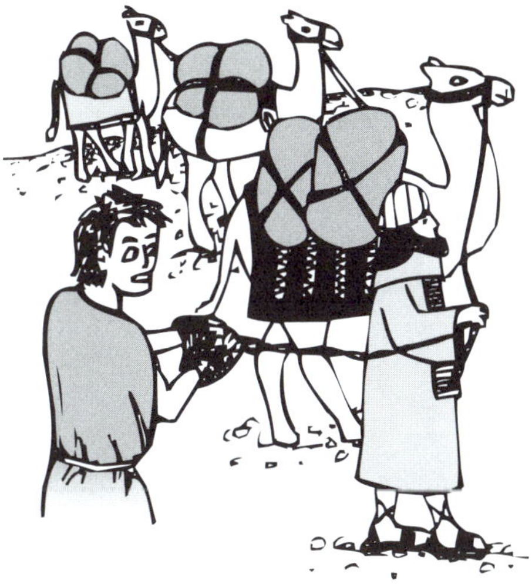

그래서 그들은 그렇게 했습니다. 그들은 구덩이에서 요셉을 끌어내어 상인들에게 팔아 버렸습니다. 집으로 돌아온 형들은 아버지에게 요셉이 사나운 짐승에게 죽임을 당했다고 말했습니다.

상인들은 요셉을 이집트로 데리고 가서 왕의 친위대장인 보디발에게 팔았습니다.

그래서 요셉은 보디발의 집에서 일하게 되었습니다. 요셉은 열심히 일하며 자신이 맡은 일을 성실하게 해냈습니다. 곧 보디발은 요셉의 좋은 자세와 하나님께서 그와 함께하심을 보고 요셉을 모든 종을 관리하는 자리에 앉혔습니다. 그리고 중요한 일을 다 맡겼습니다.

보디발의 아내는 잘생긴 요셉을 보고 "같이 침실로 가자"라고 말했습니다.

하지만 요셉은 거절했습니다. 요셉은 그것이 잘못된 일임을 알았습니다. 어느 날, 보디발의 아내는 요셉에 대해 거짓으로 이야기를 꾸며 그를 큰 어려움에 빠뜨렸습니다. 보디발은 아내의 말을 믿고 화가 나서 요셉을 감옥에 가두어 버렸습니다.

하지만 감옥에서도 하나님은 요셉과 함께하셨고, 얼마 안 가 그는 다른 죄수들을 다스리는 위치에 서게 되었습니다.

창세기 37-46장

하나님의 계획

요셉의 삶에는 많은 우여곡절이 있었습니다. 그러나 하나님은 우리에 대한 계획을 갖고 계신 것처럼 요셉의 인생에 대해서도 계획이 있으셨습니다. 초창기 요셉은 헤드라인 뉴스에 나올 만한 삶을 살지 않았습니다. 하지만 하나님은 요셉의 충성됨을 보시고 많은 사람을 구원하는 데 그를 사용하셨습니다. 성경에 나온 다음 내용을 읽어 보세요.

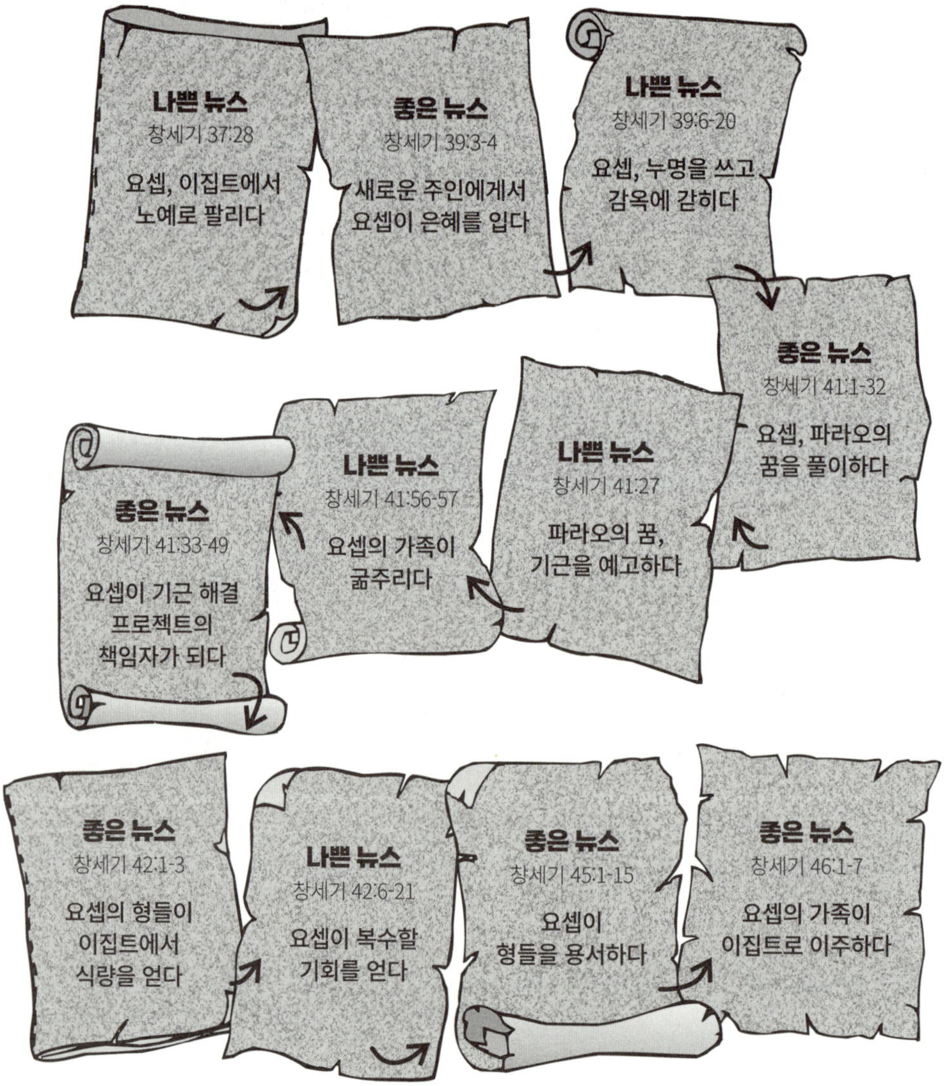

우리 인생을 향한 하나님의 계획

하나님은 우리 인생의 기쁘고 좋은 일들을 보시며 흐뭇해하십니다. 또 우리에게 일어나는 안 좋은 일들도 다 보고 계시며 이에 대해 걱정해 주십니다.

매일의 상황이 어떻게 될지 우리는 알 수 없습니다. 어떤 큰 변화가 생길지, 오늘 하루가 좋을지, 나쁠지 알 수 없습니다. 하지만 하나님은 다 아십니다.

형들을 찾으러 떠난 날, 요셉은 자신이 집으로 돌아가지 못하고 이집트에서 노예로 살게 될 줄 전혀 몰랐을 것입니다. 보디발의 집에서 열심히 일하던 날 아침, 그날 저녁에 감옥에 갇히게 될 줄 요셉이 알았겠습니까? 또 음침한 감옥에서 수년을 보내는 동안, 하루아침에 이집트 전체를 다스리게 될 줄 상상이나 했을까요?

여러분 인생의 여러 가지 변화는 요셉의 경우처럼 극적이지는 않을 것입니다. 하지만 그 모든 일이 하나님께는 똑같이 중요합니다. 하나님은 우리에게 일어나는 모든 일을 다 꿰고 계시며 우리 삶의 그림이 완성될 때까지 좋은 일과 나쁜 일을 모두 다 사용하십니다.

지금 여러분의 상황은 어떤가요? 아무 근심이 없는 밝은 상황인가요, 아니면 빠져나갈 구멍이 없는 어두운 웅덩이에 있는 것 같은 상태인가요? 다음 내용을 기억하세요.

- 하나님이 우리 삶에 나쁜 일들을 일어나게 하시는 것은 아닙니다. 하지만 그분은 우리의 유익을 위해 나쁜 상황도 사용하실 수 있고 그렇게 하시는 분입니다(로마서 8:28).
- 그 어떤 것도 우리를 하나님의 사랑과 보호에서 빼앗을 수 없습니다(로마서 8:35, 38-39).
- 하나님은 능력이 있으십니다. 그분은 우리를 능히 구원하실 수 있습니다(스바냐 3:17).

출애굽기 1:1-14, 2장, 3:1-6

하나님이 인도자를 예비하시다

가나안 땅에 기근이 들어 요셉의 모든 가족들, 그의 형제들과 아버지 야곱은 충분한 식량이 있는 이집트로 내려왔습니다. 이집트의 왕 바로가 그들에게 가장 좋은 땅을 주어서 온 가족은 그곳에 정착했습니다.

수년이 흘러, 결국 요셉과 그의 형제들은 다 죽었습니다. 하지만 하나님은 아브라함에게 큰 나라가 되게 하고 그의 후손들에게 가나안 땅을 주겠다고 하신 약속을 잊지 않으셨습니다. 그리하여 아브라함에게서 나온 자녀들과 손자 손녀들, 그들의 가족은 큰 나라를 이루게 되었습니다. 그 나라가 이스라엘이었습니다.

한편, 요셉을 모르는 새로운 왕이 이집트의 권력을 잡았습니다. 바로는 이스라엘이 이집트를 대항해 싸우는 강한 나라가 될까 두려워했습니다. 그래서 그는 이스라엘 백성들에게 품삯도 주지 않고 억지로 힘든 일을 시켰습니다. 하지만 이집트 왕이 하나님의 사람들을 해하려고 할수록, 하나님은 이스라엘 백성들에게 더 많은 자녀를 주시며 복을 주셨습니다.

어느 날, 바로는 갓 태어난 이스라엘의 사내아이를 모두 나일 강에 버리라는 명령을 내렸습니다. 그런데 모세의 부모는 특별한 바구니에 아기를 넣어 강둑의 갈대 사이에 숨겼습니다. 그 당시 모세는 3개월 정도의 아기였습니다. 누나 미리암이 조금 떨어진 곳에서 어떻게 될지 지켜보고 있었습니다.

아기가 나일 강둑에 숨겨져 있을 때 바로의 딸이 강가로 씻으러 내려왔습니다. 곧 그녀는 갈대 사이에서 바구니를 발견하였고, 바구니를 열어 아이를 본 공주는 그를 불쌍히 여겼습니다.

타지 않는 떨기나무

미리암은 재빨리 공주에게로 가서 "제가 가서 아이를 돌볼 사람을 구해 올까요?"라고 물었습니다.

바로의 딸은 대답했습니다. "그래, 가거라."

그래서 미리암은 어머니를 부르러 갔습니다. 공주는 그녀가 모세의 어머니인 줄 모른 채, 삯을 주고 아기를 돌보게 했습니다. 이렇게 모세는 어느 정도 성장할 때까지 친어머니의 보살핌을 받았습니다. 아기가 자라 바로의 딸에게 데려가자 그녀는 그를 자기 아들로 삼았습니다.

수년이 흘러, 청년이 된 모세는 밖에 나가 자기 족속이 고되게 노동하는 것을 보았습니다. 모세는 우연히 한 이집트인이 이스라엘 사람을 때리는 것을 보았고, 아무도 없을 때 그 이집트인을 죽여 모래 속에 감추었습니다.

바로는 모세가 저지른 일을 알게 되어 그를 죽이려고 했지만 모세는 달아나서 미디안 땅에서 살았습니다.

그곳에서 모세는 양치기가 되었고 후에 장인이 된 이드로라는 사람의 양 떼를 돌보았습니다.

어느 날 모세는 광야에 나갔다가 불이 붙었으나 타서 없어지지 않는 떨기나무를 보았습니다. 자세히 보려고 다가가자, "모세야, 이리로 가까이 오지 말라. 네가 선 곳은 거룩한 곳이니 신발을 벗어라"라는 음성을 들었습니다.

모세는 하나님을 보기 두려워하며 얼굴을 가렸습니다.

하나님은 어떤 분이신가

하나님의 위대하심을 말로 다 묘사하기란 쉽지 않습니다. 그리고 이 땅에 있는 동안에는 하나님이 얼마나 대단하신 분인지 제대로 다 알 수 없을 것입니다. 하지만 우리는 우리가 잘 아는 하나님의 모든 경이로운 성품에 대해 찬양할 수 있습니다.

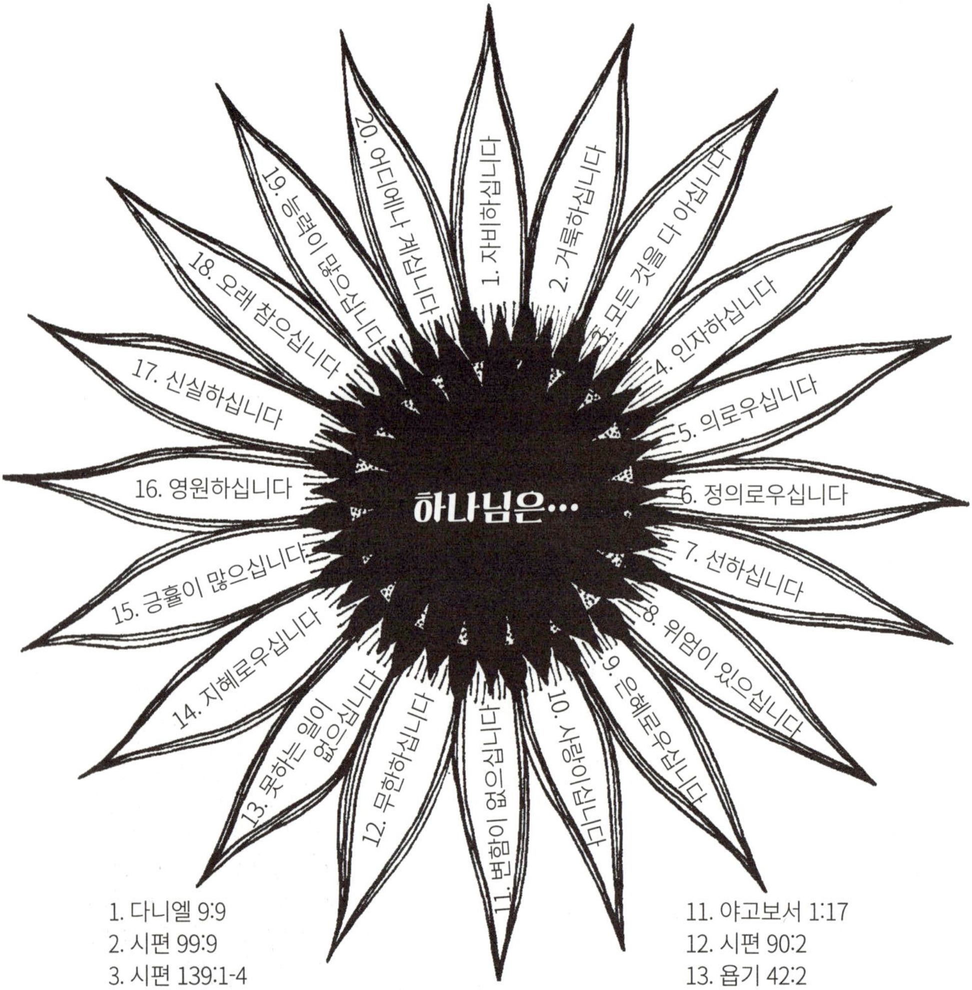

1. 다니엘 9:9
2. 시편 99:9
3. 시편 139:1-4
4. 로마서 11:22
5. 시편 71:19
6. 데살로니가후서 1:6
7. 시편 145:9
8. 출애굽기 15:11
9. 시편 145:8
10. 예레미야 31:3
11. 야고보서 1:17
12. 시편 90:2
13. 욥기 42:2
14. 로마서 11:33
15. 시편 103:8
16. 이사야 26:4
17. 신명기 7:9
18. 베드로후서 3:9
19. 시편 89:8
20. 시편 139:7-12

문구 위의 숫자와
성경구절을
연결시켜 보세요.

출애굽기 3:4-4:17

모세를 부르신 하나님

하나님은 거룩하십니다. 그분은 **완전하시고** 모든 면에서 **선하시기에** 하나님을 본 사람은 아무도 살 수 없습니다(출애굽기 33:20).

하나님이 불타는 떨기나무 가운데에서 모세에게 말씀하셨을 때 그 덤불 주변의 땅조차 거룩하게 되었습니다.

하나님께서 모세에게 말씀하셨습니다. "나는 아브라함의 하나님, 이삭의 하나님, 야곱의 하나님이다. 내 백성이 이집트에서 겪는 고난을 다 보았다. 도와달라는 그들의 부르짖음을 들었고 그 고통을 알고 있다. 그러므로 내가 내려가서 그들을 이집트인의 손에서 구해내고 넓고 풍요로운 땅으로 인도해 내겠다. 내가 너를 바로에게 보내어 내 백성을 이집트에서 인도하여 내겠다."

그러나 모세가 말했습니다. "제가 누구이기에 이집트 왕에게 가며 이스라엘 백성을 이집트에서 인도하여 내겠습니까?"

"내가 너와 함께 있을 것이다." 하나님이 대답하셨습니다.

그러자 모세가 하나님께 말했습니다. "그러나 제가 이스라엘 백성에게 가서 그들의 조상 하나님이 나를 보내 너희를 이집트에서 이끌어 내라고 하셨다고 말하면 그들은 이렇게 물을 것입니다. '그의 이름이 무엇이냐?' 그럼 제가 뭐라고 대답해야 합니까?"

그러나…

하나님이 모세에게 말씀하셨습니다. "**나는 스스로 있는 자다.** 너는 이스라엘 백성에게 말하기를 스스로 있는 자가 나를 너희에게 보내셨다고 하여라. 이것이 나의 영원한 이름이니, 내 백성은 이제부터 그 이름을 사용하라."

그러나 모세는 핑계를 대기 시작했습니다. "그들이 저를 믿지 않으면 어떡합니까? 그리고 저는 말을 잘 하지 못합니다."

그래서 하나님은 모세가 그의 지팡이로 여러 특별한 이적과 기적을 행하는 동안 모세의 형인 아론이 말을 하게 하셨습니다.

모세는 바로에게 가서 이스라엘 백성을 놓아 달라고 말했습니다. 그러나…

재앙을 보내신 하나님

바로는 모세의 말을 듣지 않았고 그의 마음은 강퍅해졌습니다. 바로는 이스라엘 백성을 보내라는 하나님의 명령에 순종하지 않았습니다.

1

출애굽기 7:20

그래서 하나님은 나일강물을 **피**로 바꾸셨고 모든 물고기가 죽었습니다. 아무도 악취가 나는 물을 마실 수 없었습니다. 그러나 바로는 듣지 않고 하나님의 백성을 보내주려 하지 않았습니다.

2

그래서 하나님은 이집트 모든 강과 연못에서 **개구리**가 기어 나와 온 땅에 덮이게 하셨습니다. 그러나 바로는 여전히 듣지 않고 하나님의 백성을 보내주려 하지 않았습니다.

출애굽기 8:6

3

출애굽기 8:17

그래서 하나님은 땅의 티끌을 **이**로 변화시키셨고 모든 사람과 동물에게 이가 생겼습니다. 그러나 바로는 여전히 듣지 않고 하나님의 백성을 보내주려 하지 않았습니다.

4

그래서 하나님은 온 이집트 땅을 파리 떼로 가득하게 하셨습니다. 그런데 **파리 떼**는 이스라엘 백성의 집 근처에는 가지 않았습니다. 그러나 바로는 여전히 듣지 않고 하나님의 백성을 보내주려 하지 않았습니다.

출애굽기 8:24

5

출애굽기 9:6

그래서 하나님은 이집트인들의 가축에게 **돌림병**이 생기게 하셨습니다. 그런데 이스라엘 백성들의 가축은 병이 생기지 않았습니다. 그러나 바로는 여전히 듣지 않고 하나님의 백성을 보내주려 하지 않았습니다.

6

출애굽기 9:10

그래서 하나님은 모든 이집트 사람과 짐승에게 악성 **종기**가 나게 하셨습니다. 그러나 바로는 여전히 듣지 않고 하나님의 백성을 보내주려 하지 않았습니다.

그래서 하나님은 엄청난 **우박**을 보내셔서 짐승들과 농작물을 치시고 하나님의 경고를 듣지 않은 자들을 죽이셨습니다. 그러나 바로는 여전히 듣지 않고 하나님의 백성을 보내주려 하지 않았습니다.

7

출애굽기 9:23

8

출애굽기 10:14

그래서 하나님은 **메뚜기 떼**를 보내셔서 우박을 피해간 나머지 식물과 나무를 먹어치우게 하셨습니다. 그러나 바로는 여전히 듣지 않고 하나님의 백성을 보내주려 하지 않았습니다.

그래서 하나님은 온 이집트 땅을 삼 일간 짙은 **흑암**으로 덮으셨습니다. 하지만 이스라엘 백성이 사는 곳에는 빛이 있었습니다. 그러나 바로는 여전히 듣지 않고 하나님의 백성을 보내주려 하지 않았습니다.

9

출애굽기 10:22

10

출애굽기 12:29

그래서 하나님은 모든 이집트 가정의 첫째 아들을 **죽게** 하셨습니다. 바로의 아들도 예외는 아니었습니다. 그러나 문 앞에 피를 바른 이스라엘 가정은 죽음을 피했습니다. 그제야 바로는 이스라엘 백성을 보내주었습니다!

출애굽기 12장

유월절

이집트에 마지막 재앙을 보내시기 전에 하나님은 이스라엘 백성들에게 이집트를 떠날 채비를 하라고 명하셨습니다. 하나님의 지시는 다음과 같았습니다.

- 이 달 14일에 각 가정은 흠 없는 1년 된 어린 양을 취하여 잡아야 한다.
- 모든 가족은 그들의 집 문틀 위와 옆에 양의 피를 발라 표시를 해야 한다(출애굽기 12:3-7).

- 그날 밤 그 가정은 양을 구워 먹어야 한다.
- 양고기를 먹을 때는 쓴 나물과 누룩을 넣지 않은 얇은 빵을 함께 먹어야 한다(출애굽기 12:8).
- 고기는 원하는 만큼 먹되, 남은 고기는 반드시 다음 날 아침 불태워야 한다.
- 유월절 음식을 먹을 때는 옷을 입고 여행 떠날 준비를 한 채로 먹어야 한다. 허리띠를 매고 신발을 신고 서둘러 먹어야 하며 손에 지팡이를 쥐고 있어야 한다(출애굽기 12:11).

이것은 주님의 유월절입니다

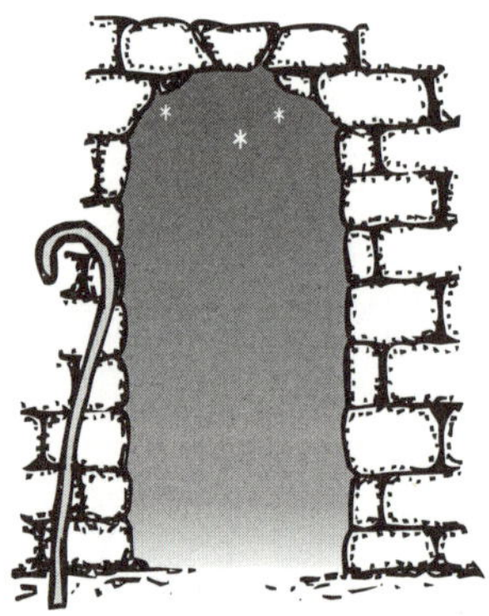

궁금해요1

바로는 왜 이스라엘 백성들을 보내려고 하지 않았을까요?

바로는 이스라엘 백성들에게 이집트의 모든 힘든 노동을 시키고 있었습니다. 그들을 풀어준다면 이집트 백성이 그 일을 해야만 했을 것입니다(출애굽기 1:14, 14:5).

바로는 하나님을 믿지 않았습니다. 그는 자신이 데리고 있는 마술사들이 최고라고 생각했습니다. 하나님의 위대한 역사를 목격했음에도 바로는 마음이 딱딱해졌고 점점 더 고집을 피웠습니다(출애굽기 7:22).

문틀에 양의 피를 펴 바르는 것이 왜 중요했나요?

하나님은 마지막 심판으로 모든 가정의 장자를 죽게 하실 참이었습니다. 하나님은 이 집에서 저 집으로 온 땅을 두루 다니셨지만, 문틀에 있는 피를 본 집은 **지나쳐** 주셨습니다. 그러면 그 가정의 아들은 살 수 있었습니다(출애굽기 12:23).

피를 펴 바르는 것은 믿음과 순종의 행위입니다. 이것은 예수님께 우리를 용서해 주시고 구원해 달라고 구하는 것과 같습니다. 하나님께서 어린 양이신 예수님의 피가 우리를 덮고 있음을 보시면 우리는 영원한 죽음에서 구원받을 수 있으며 죄의 노예가 되지 않고 자유로워집니다(요한복음 1:29, 로마서 6:17-18).

유월절 기간에 왜 쓴 나물과 누룩을 넣지 않은 빵을 먹어야 했나요?

대대로 쓴 나물은 이집트에서 이스라엘 백성들이 겪었던 고난과 고통을 상기시켜 주는 역할을 할 것입니다(출애굽기 1:14).

떠날 준비를 한 상태였기 때문에, 그들은 누룩을 넣어 발효시킨 빵을 만들 시간이 없었습니다(출애굽기 12:34).

이것은 하나님께서 모세를 통해 백성들에게 특별히 지시하신 내용이었습니다(출애굽기 12:8-11).

궁금해요2

이집트 백성들은 떠나는 이스라엘 백성들을 보며 어떤 생각을 했을까요?

드디어 이집트 땅에 재앙이 끝날 것이라 생각하며 이스라엘 민족이 떠나는 것을 기뻐했을 것입니다(시편 105:38). 이집트인들은 바로의 고집 때문에 열 개의 끔찍한 재앙을 견뎌야 했습니다. 그들은 다 죽기 전에 이스라엘 백성들이 빨리 그 땅을 떠나 주기 원했습니다.

이스라엘 백성들이 떠날 때 이집트 사람들은 옷이든 금이든 은이든 그들이 원하는 것은 무엇이든 내주었습니다(출애굽기 12:33, 36).

이스라엘 백성들이 떠날 때 다른 사람들도 같이 갈 수 있었나요?

하나님은 은혜로우신 분입니다. 하나님은 그분을 믿는 모든 사람에게 인자하시며, 그들을 사랑으로 대하십니다. 그가 어떤 사람인지, 어디 출신인지는 상관없습니다.

이스라엘 백성들이 이집트를 빠져나갈 때, 다른 사람들도 그 행렬에 동참했습니다. 다른 노예들이었을 수도 있고, 이번에 바로에게 질려 버린 이집트 사람들이었을 수도 있습니다(출애굽기 12:38 참조). 하나님의 법을 따르고자 한다면 그들도 역시 이스라엘 사람들과 함께 유월절 만찬을 즐길 수 있었습니다(출애굽기 12:48).

유월절은 왜 특별한 기념일이 되었을까요?

하나님은 모세에게 유월절은 연례적인 규례가 되어야 한다고 지시하셨습니다. 유월절을 기념하는 것은 하나님께 희생제사를 드리는 것입니다. 유월절을 통해 하나님의 백성들은 주께서 어떻게 그들을 구원하시고 약속하신 땅으로 인도하셨는지 기억하게 될 것입니다(출애굽기 12:24-27).

많은 시간이 흐른 후, 예수님은 유월절 주간에 우리를 위해 죽으셨습니다. 예수님은 우리가 하나님으로부터 분리되어 멸망하지 않도록 죽임을 당하신 어린 양이 되셨습니다(고린도전서 5:7).

출애굽기 13:17-18, 14:5-31

바다를 건너다

마침내 바로는 사백 년이 넘도록 이집트 땅에서 노예로 살았던 이스라엘 백성들을 풀어주었습니다.

하나님은 이를 위해 많은 기적을 행하셨습니다. 그런데 하나님은 이스라엘 백성들을 블레셋 땅을 통과해야 하는 지름길로 인도하지 않으셨습니다. 하나님은 말씀하셨습니다. "이 백성이 전쟁을 하게 되면 마음을 돌이켜 애굽으로 돌아갈까 하셨음이라"(출애굽기 13:17).

그래서 하나님은 광야를 돌아 홍해로 그들을 인도하셨습니다.

한편, 이집트 왕은 이스라엘 백성을 풀어준 것을 후회하고 군대를 보내 그들의 뒤를 쫓았습니다.

왕의 군대가 쫓아오는데 그들 앞에 바다가 있음을 보고 이스라엘 백성은 두려워하며 하나님께 구해 달라고 부르짖었습니다.

모세가 말했습니다. "두려워하지 마라. 하나님께서 오늘 너희를 구원하실 것이다."

그리고 모세가 팔을 바다로 뻗자 바다가 열렸습니다. 그리고 모든 이스라엘 백성은 좌우에 벽으로 세워진 물 사이로 마른 땅을 걸어갔습니다.

하지만 바로가 이끄는 이집트 군대가 그들을 쫓아오자, 하나님은 벽이 된 물을 그들 위로 쏟으셨고 모든 군대는 물에 잠겨 버렸습니다.

출애굽기 15:1-18

모세의 노래

홍해 바다의 건너편에 안전하게 다다른 이스라엘 백성들은 하나님이 그들을 이집트 군대로부터 구원하심을 보고 하나님께 찬양의 노래를 올려 드렸습니다.

“내가 여호와를 찬송하리니
그는 높고 영화로우심이요
말과 그 탄 자를 바다에 던지셨음이로다.
여호와는 나의 힘이요 노래시며 나의 구원이시로다.
그는 나의 하나님이시니 내가 그를 찬송할 것이요
내 아버지의 하나님이시니 내가 그를 높이리로다.”

이스라엘 백성을 인도하신 하나님

이스라엘 백성들은 드디어 안전해졌습니다. 이제 이집트 땅과 그들 사이에는 거대한 바다가 있었습니다.

하지만 수많은 백성들에게는 물과 음식이 필요했습니다. 그들은 어떻게 했을까요?

그런데 하나님은 계획이 다 있으셨습니다. 사실, 수백 년 전에 하나님은 아브라함에게 이 사실을 미리 알려 주셨습니다. 다음은 하나님께서 아브라함에게 말씀하셨던 내용입니다.

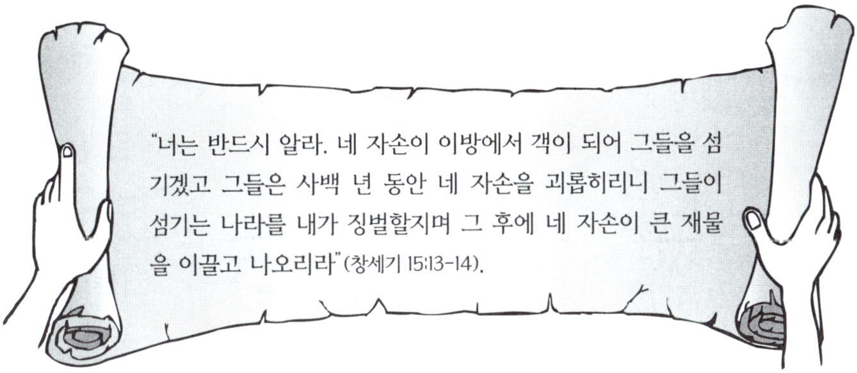

하나님은 이스라엘 백성을 이렇게 인도해 주셨습니다

(출애굽기 13:21-22, 14:19-20)

낮에는 움직이는 **구름**으로 인도하시며 시원하게 해주셨습니다.

밤에는 움직이는 **불 기둥**이 그들을 인도했습니다. 불 기둥은 밤에도 볼 수 있게 밝혀 주었고 추운 저녁에 따뜻한 온기를 주었을 것입니다(출애굽기 40:38).

불 구름 불 구름

이스라엘 백성을 돌보신 하나님

하나님은 이스라엘 백성의 필요를 이렇게 공급해 주셨습니다.

하나님은 '만나'라고 하는 건강한 음식이 하늘에서 내려오게 하셨고, 때로는 고기도 주셨습니다. 하나님은 퀴퀴하고 쓴 물을 깨끗한 물로 바꾸셨으며, 심지어 바위 틈에서도 물이 나오게 해주셨습니다! 사십 년간, 이스라엘 백성들의 신발과 옷은 닳아지지 않았습니다!

출애굽기 16:4-30

매일 신선한 빵을 주신 하나님

하나님은 매일 하늘에서 만나라는 빵을 보내 주셨고 이스라엘 백성에게 만나에 대한 특별한 지시사항도 알려 주셨습니다.

그들은 매일 원하는 만큼 만나를 거두어 먹을 수 있었지만, 안식일 전날에는 두 배의 양을 거두어야 했습니다. 그래서 그날에는 쉬는 날에 빵을 거두지 않아도 되게끔 이틀 치의 충분한 빵을 거둘 수 있었습니다.

그러나 다른 날에는 그날에 필요한 만큼만 거둬야 했습니다. 다음 날을 위해서 만나를 남겨 두면 안 되었습니다.

어떤 사람들은 하나님을 신뢰하지 않고 다음 날 혹시 만나가 없을 때를 대비해 더 많이 모으기도 했습니다. 잘못 생각한 것이죠! 그렇게 쌓아 놓은 만나는 아침에 썩어서 벌레가 생겼습니다.

그러나 안식일 전날 추가로 거둔 만나는 다음 날까지 온전한 상태로 남아 있었습니다.

이스라엘 백성들이 약속의 땅에 들어간 후 많은 시간이 흘러 하나님은 세상에 영원한 생명을 주실 진정한 생명의 떡(그분의 아들, 예수님)을 보내셨습니다(요한복음 6:33). 예수님은 말씀하셨습니다. "진실로 진실로 너희에게 이르노니 믿는 자는 영생을 가졌나니 내가 곧 생명의 떡이니라"(요한복음 6:47-48).

우리가 예수님을 믿고 그분을 우리 안에 거하시도록 초청할 때, 그분의 생명이 우리에게 새 생명을 주십니다. 그것은 결코 끝나지 않는 영생입니다!

만나는 어떤 방법으로 먹었을까요?
(출애굽기 16:23 참조)

출애굽기 17:8-16, 19장

시내 산의 이스라엘 백성들

이스라엘 백성이 르비딤이란 곳에 진을 쳤을 때, 아말렉 사람들이 와서 그들과 싸웠습니다. 그래서 모세는 여호수아에게 전투에 나갈 사람들을 준비시키라고 일렀습니다.

모세는 근처 산꼭대기로 가서 지팡이를 높이 들었습니다. 그때 여호수아는 아말렉 사람들과 싸우고 있었는데 모세가 하나님을 향해 지팡이를 들고 있는 동안에는 이스라엘이 승리했습니다. 그러나 모세의 손이 내려갈 때는 아말렉 사람들이 이기기 시작했습니다. 결국 모세의 손이 피곤해지자 아론과 훌이 옆으로 와서 모세의 팔을 붙들었습니다. 해가 질 무렵 아말렉은 전쟁에서 패하였습니다. 그때 모세는 하나님 앞에 제단을 쌓고 그곳을 **'여호와는 나의 깃발이시다'**(여호와 닛시)라고 불렀습니다.

이집트를 떠나고 정확히 두 달 후, 이스라엘 사람들은 르비딤을 떠나 시내 산기슭에 진을 쳤습니다.

그리고 모세는 하나님과 만나기 위해 산으로 올라갔습니다. 하나님은 모세로 하여금 백성들에게 다음과 같이 말하게 하셨습니다. "너희는 내가 이집트 사람에게 한 일을 보았고, 또 어미독수리가 그 날개로 새끼를 업어 나르듯이 내가 너희를 인도하여 내게로 데려온 것도 보았다. 너희가 내 말을 잘 듣고 내 언약을 지키면 너희는 내 백성이 될 것이다. 너희는 거룩한 나라와 제사장 나라가 되어 나를 섬길 것이다."

그리고 하나님은 백성들에게 특별한 지시를 내리라고 모세에게 말씀하셨습니다. 이스라엘 백성들은 하나님께서 내려오실 것에 대한 준비를 했습니다. 백성들이 하나님의 말씀을 듣고 또 모세의 말을 항상 믿을 수 있도록 하나님은 모세에게 직접 말씀하셨습니다.

삼 일째 되는 날, 번개와 천둥이 치고 빽빽한 구름이 산을 덮었습니다. 모든 백성은 두려워 떨었습니다. 그때 모세는 백성들을 산기슭으로 끌고 갔고 그곳은 연기로 덮였습니다. 그러자 모세는 산으로 올라가 하나님의 말씀, 즉 백성들이 지킬 계명을 받았습니다.

십계명

하나님은 백성들에게 열 가지 계명을 주셨습니다. (다음은 그 계명을 짧게 요약한 것입니다.) 십계명은 **출애굽기 20:1-17**에 나와 있습니다.

십계명

1. 나는 네 하나님 여호와다. 너는 나 외에는 다른 신들을 네게 두지 말라.
2. 너는 어떤 우상이나 형상을 만들거나 섬기지 말라.
3. 너는 네 하나님 여호와의 이름을 망령되게 부르지 말라.
4. 안식일은 나에게 속하였으니 거룩하게 지키라. 안식일에는 아무 일도 하지 말라.
5. 네 부모를 공경하라.
6. 살인하지 말라.
7. 네가 결혼한 사람에게 충실하라(간음하지 말라).
8. 도둑질하지 말라.
9. 네 이웃에 대하여 거짓 증거하지 말라.
10. 네 이웃의 소유를 탐내지 말라.

우리 삶 속의 규칙들

각 계명과 그림 속의 모습을 연결해 보세요.

안 돼.
난 너
싫어!
게 다가 아니라고…
그리고 걔가…
6. 살인하지 말아요.
7. 결혼생활에 충실해요.
8. 도둑질하지 말아요.
9. 거짓말하지 말아요.
10. 다른 사람 물건을 탐내지 말아요.
거다!
그거 나 줘.
난 내
곰 인형이
좋은데.

가장 큰 계명

이스라엘 사람들은 하나님의 계명을 대체로 잘 지켜 착하게 살면 하나님이 그들을 받아 주실 것이라고 생각하기 시작했습니다. 그러다 보니 '규칙을 잘 지키는 것'이 하나님과 다른 사람들을 사랑하는 것보다 더 중요해졌습니다.

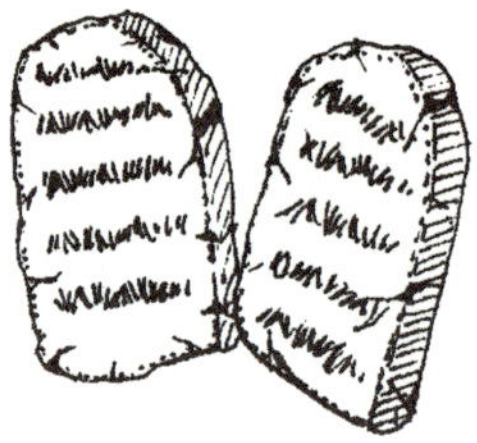

많은 시간이 흐른 후, 예수님이 이 땅에 오셨을 때 한 남자가 예수님께 와서 질문했습니다. "선생님, 율법에서 가장 큰 계명은 무엇입니까?"

예수님이 대답하셨습니다. "'네 마음을 다하고, 네 목숨을 다하고, 네 뜻을 다하여, **주 너의 하나님을 사랑하여라**' 하였으니, 이것이 가장 중요하고 으뜸 가는 계명이다. 둘째 계명도 이것과 같은데, '**네 이웃을 네 몸과 같이 사랑하여라**' 한 것이다"(마태복음 22:36-39, 새번역).

두 계명 모두 우리 마음의 자세와 관련이 있습니다. 이 두 계명이 가장 큰 이유는 우리가 이 두 계명이 하라는 대로 할 때, 나머지 다른 계명도 잘 지킬 수 있기 때문입니다.

이스라엘 백성들은 하나님과 약속한 언약에서 자신들이 해야 할 부분, 즉 하나님께 순종하라는 부분을 지키지 않았습니다. 그래서 하나님은 다음과 같이 말씀하셨습니다. "보라, 날이 이르리니 내가 이스라엘 집과 유다 집에 새 언약을 맺으리라. 이 언약은 내가 그들의 조상들의 손을 잡고 애굽 땅에서 인도하여 내던 날에 맺은 것과 같지 아니할 것은 내가 그들의 남편이 되었어도 그들이 내 언약을 깨뜨렸음이라. 여호와의 말씀이니라. 그러나 그 날 후에 내가 이스라엘 집과 맺을 언약은 이러하니 곧 내가 나의 법을 그들의 속에 두며 그들의 마음에 기록하여 나는 그들의 하나님이 되고 그들은 내 백성이 될 것이라"(예레미야 31:31-33, 히브리서 8:10).

모든 계명을 다 순종하면 우리가 하나님 앞에 온전해질 수 있을까요?
(갈라디아서 3:11, 24 참조)

십계명

예레미야 선지자가 말한 '그 날'은 바로 예수님께서 하나님 백성의 마음에 성령을 보내시는 날을 뜻했습니다. 다시 말해, 예수님을 믿고 성령님이 우리 안에 들어와 거하실 때, 그 성령님이 하나님의 사랑을 우리 마음에 부어 주시기 때문에 옳은 일을 하고 싶어질 것이라는 뜻입니다(로마서 5:5).

하나님과 다른 사람들을 사랑하면 우리는 옳은 일을 할 수 있게 되고, 그렇게 함으로써 계명을 규칙이라고 생각하지 않고 그냥 지킬 수 있게 됩니다. 하지만 십계명을 알아두는 것은 좋습니다. 십계명은 하나님께서 우리가 어떻게 살기 원하시는지 실제적으로 보여 주는 것이기 때문입니다.

하나님의 계명은
이제 돌판이 아니라
우리 마음에 새겨집니다.

"하나님을 사랑하는 것은 이것이니 우리가 그의 계명들을 지키는 것이라. 그의 계명들은 무거운 것이 아니로다"(요한일서 5:3).

만들고 실천해요

만들기

지금부터 만들 모빌은 두 가지 새 계명을 순종하면 십계명도 지킬 수 있다는 것을 이해하고 기억하는 데 도움이 될 거예요. 예수님은 "이 두 계명에 온 율법과 예언서의 본 뜻이 달려 있다"(마태복음 22:40, 새번역)고 말씀하셨습니다.

카드 두 장에 십계명을 쓰세요. 다른 더 작은 크기의 카드에 두 가지 새 계명을 적으세요. 그리고 아래 그림과 같이 얇은 막대, 실, 카드를 이용해서 모빌을 만들어 보세요. 막대에 묶은 실의 위치를 옮기면서 균형을 맞출 수 있습니다. 그런 다음, 자유롭게 움직일 수 있는 곳에 모빌을 매달아 보세요.

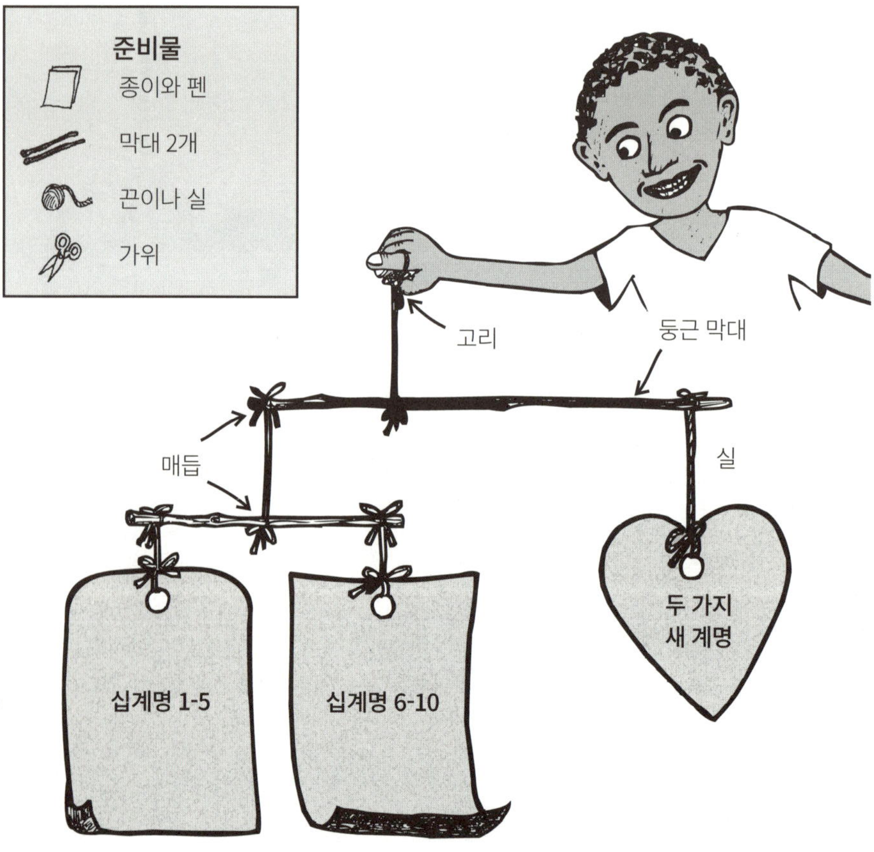

로마서 3:20

왜 우리에게는 규칙이 필요할까요?

우리 인생에 정말로 규칙이 꼭 필요한 것인지 궁금한 사람도 있을 것입니다. 규칙이나 법이 없다면 사는 게 훨씬 더 쉬울지 모릅니다. 우리가 하고 싶은 대로 자유롭게 살 수 있다면야 얼마나 좋을까요!

하지만 이렇게 생각해 보면 어떨까요. 여러분은 안전하게 살고 싶나요? 공정하게 대우받고 신실한 친구도 갖고 싶은가요? 언젠가 하나님과 함께 살게 될 것을 확신하고 싶나요? 성경에서는 말합니다.

- **하나님께 순종하세요.** 그리고
- 다른 사람이 우리를 대하기 원하는 방식대로 **다른 사람을 똑같이 대하세요.** 그리고 이를 위해 우리는 규칙을 지켜야 합니다.

규칙과 법이 우리를 어떻게 도와주나요?

- 규칙은 우리에게 위험을 경고해 주고 우리를 안전하게 지켜줍니다.
- 규칙은 모든 사람이 공정한 대우를 받게 도와줍니다.
- 규칙은 좋은 관계를 유지하는 데 지침이 됩니다.
- 규칙은 길을 따라가는 데 필요한 표지판과 같습니다. 규칙을 통해 우리는 올바른 길, 생명의 길로 갈 수 있습니다(시편 16:11).
- 하나님의 법은 거룩함이 무엇인지 알 수 있게 도와줍니다(하나님을 기쁘시게 하기 위해 어떻게 살아야 하는지 알려 줍니다).
- 하나님의 법은 우리가 하나님의 은혜와 용서가 필요한, 불순종한 죄인임을 인정할 수 있게 해줍니다.

규칙은 어디에나 존재합니다. 가정과 학교, 그리고 도로 위에도 있습니다. 우리는 그 규칙을 순종하고, 그것을 지킬 수 있도록 하나님이 세우신 사람들을 존중해야 합니다. "너희를 인도하는 자들에게 순종하고 복종하라"(히브리서 13:17).

에스겔 37:26-28

하나님이 그분의 백성 가운데 거하시다

하나님은 모세를 통해 말씀을 전하셨지만, 이스라엘 백성들 가까이에 거하시며 사랑을 보여 주기 원하셨습니다. 그러나 영광 중에 계신 하나님은 죄 가까이에는 가실 수 없었습니다. 또한 죄인인 사람들도 하나님의 영광이 둘러싼 곳에 가까이 다가갈 수 없었습니다(출애굽기 33:18-23).

그래서 하나님은 모세에게 다음과 같이 명하셨습니다. "내가 그들 중에 거할 성소를 그들이 나를 위하여 짓되 무릇 내가 네게 보이는 모양대로 장막을 짓고 기구들도 그 모양을 따라 지을지니라"(출애굽기 25:8-9).

다음은 하나님께서 모세에게 알려 주신 지시사항과 설계도입니다. (이 부분에 대해 더 알고 싶다면, 아래 성경구절을 찾아보세요.)

각 설계도

언약궤	출애굽기 25:10-22
상	출애굽기 25:23-30
등잔대	출애굽기 25:31-39
성막	출애굽기 26:1-37
번제단	출애굽기 27:1-8
성막 뜰	출애굽기 27:9-19
분향단	출애굽기 30:1-10
물두멍	출애굽기 30:17-21

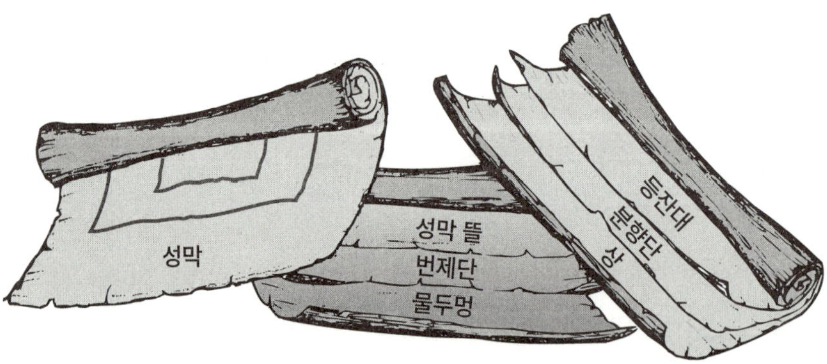

거룩한 예배의 장소

하나님은 모세에게 거룩한 예배의 장소를 지으라고 말씀하셨습니다. 하나님은 하늘에서 내려와 그곳에서 백성과 만나기 원하셨습니다.

성막이라고 불리는 그 장소는 이스라엘 백성들이 이동할 때마다 세웠다가 접었다가 할 수 있는 사각형 모양의 장막이었습니다.

위에서 내려다보면, 성막 내부와 그 주변의 모습은 아래와 같습니다.

성막과 성막 뜰

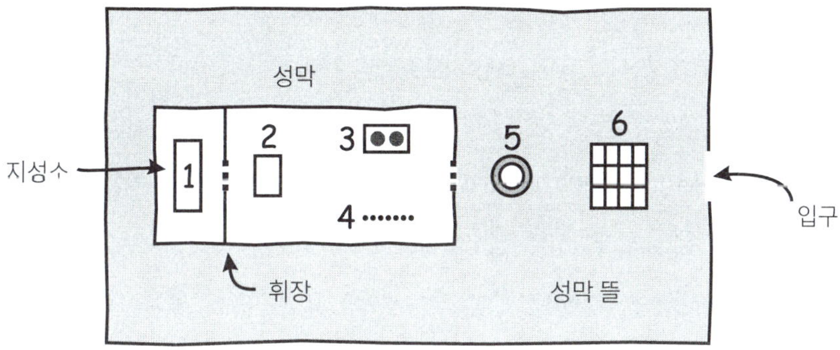

성막 외부

번제단(6)

이 제단에서는 동물을 죽여 하나님께 속죄의 제물을 드렸습니다(출애굽기 27:1-8). 그러나 동물의 희생이 죄를 없애는 것은 아닙니다. 오직 완전한 제물이신 예수님만이 우리 죄를 없애실 수 있습니다(히브리서 10:10-12).

물두멍(5)

이곳은 제사장들이 하나님의 임재 가운데 들어가기 전, 자신의 손과 발을 씻는 장소입니다(출애굽기 30:17-21).

출애굽기 25:1-9, 35:4-29

성막 짓기

모세가 성막의 도면을 받았으므로 이제는 성막을 짓기 위한 재료들을 모아야 할 때였습니다.

성막은 이 땅에서 가장 거룩한 장소이지만, 성막을 짓기 위해 필요한 것들은 누구든지 드릴 수 있었습니다. (대부분의 이스라엘 백성들은 이집트를 나오며 많은 선물을 받았는데 이제 그 선물의 일부를 하나님께 돌려드릴 기회가 생겼습니다.) 하나님은 모세에게 말씀하셨습니다. "이스라엘 자손에게 명령하여 내게 예물을 가져오라 하고 기쁜 마음으로 내는 자가 내게 바치는 모든 것을 너희는 받을지니라"(출애굽기 25:2).

사람들이 가져올 수 있는 물건의 목록
(출애굽기 25:3-7)

금, 은, 동, 실(청색, 자색, 홍색),
에봇, 염소털, 양가죽,
해달의 가죽,
조각목(아카시아 나무),
기름과 향품, 호마노와 보석

그러자 사람들은 성막의 여러 부분을 만드는데 필요한 모든 것들을 가져왔습니다.

또 하나님은 사람들이 각자 재능과 능력을 발휘하여 섬길 수 있다고 말씀하셨습니다. "너희 가운데 정교한 기술을 가진 자는 와서 하나님이 명하신 모든 것을 만들어라."

그리하여 사람들은 하나님이 주신 저마다의 기술을 사용할 수 있었습니다.

성막을 만드는 데 필요한 모든 것에 대해 알고 싶다면 출애굽기 35장 11-19에 잘 나와 있습니다. 와, 대단하죠!

여호와께 드림

"마음에 자원하는 남녀는 누구나 여호와께서 모세의 손을 빌어 명령하신 모든 것을 만들기 위하여 물품을 드렸으니 이것이 이스라엘 자손이 여호와께 자원하여 드린 예물이니라"(출애굽기 35:29).

성막 내부

성막(회막이라고도 합니다)은 휘장으로 나뉜 두 개의 방으로 이뤄져 있습니다. **성소**라고 불리는 첫 번째 방은 다른 방보다 조금 더 큽니다. 이곳은 제사장들만 자기 차례에 출입할 수 있습니다.

다른 방은 **지성소**라는 곳입니다. 여기는 오직 대제사장만 일 년에 한 번 들어갈 수 있는 매우 특별한 장소입니다. 누구든지 감히 여기 들어가려고 하면 죽게 됩니다!

성소 안에는 무엇이 있을까요?

진설병을 두는 상(3)

금으로 싼 이 조각목 상 위에는 열두 개의 떡이 안식일마다 놓여 있었습니다(레위기 24:5-9). 이 떡은 생명의 떡이신 예수님을 떠올리게 합니다(요한복음 6:33, 35). 예수님은 그분을 믿는 모든 자에게 영생을 주십니다.

분향단(2)

이곳은 아침, 저녁에 제사장이 향을 사르는 곳입니다(출애굽기 30:1-10). 향기로운 분향의 냄새는 하나님 앞에 올리는 우리의 기도와 같습니다(시편 141:2). 우리의 대제사장이신 예수님은 하늘에서 항상 우리를 위하여 아버지 하나님께 간구하고 계십니다(히브리서 7:23-25).

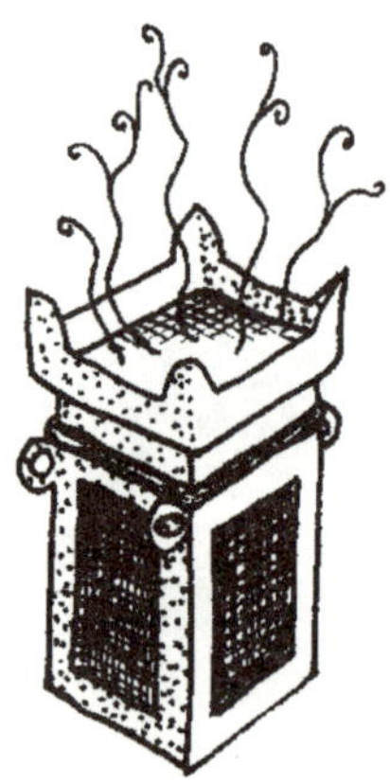

금 등잔대(4)

등잔대는 순금으로 만들어졌는데 일곱 개의 가지가 나 있고 그 위에 불을 붙일 수 있습니다(출애굽기 25:31-40). 등잔에 항상 기름을 채워 그 불은 절대 꺼뜨리지 않아야 합니다. 이 등잔대는 세상의 빛이신 예수님을 생각나게 합니다(요한복음 8:12).

지성소에는 무엇이 있을까요?

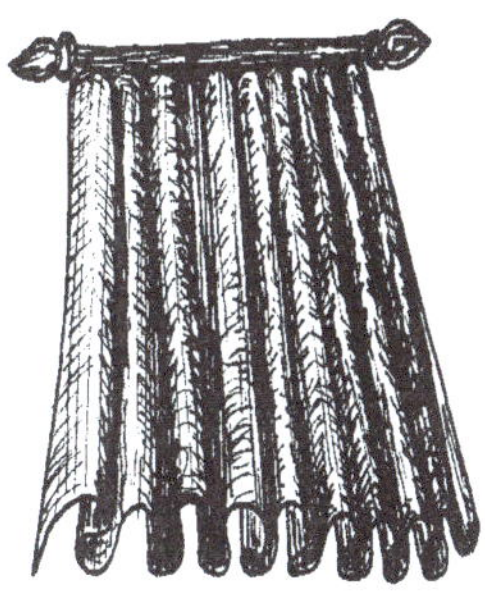

휘장

휘장은 성소와 지성소를 구분하는 커튼으로 하나님의 임재로 가는 길을 닫아 놓은 것입니다(출애굽기 26:31-33). 휘장에 쓰인 색은 청색, 자색, 홍색입니다. 휘장은 예수님의 육체를 상징합니다. 십자가 위에서 예수님의 육체가 우리를 위해 찢기셨을 때, 성소의 휘장이 위에서 아래로 찢어졌습니다(마태복음 27:51). 예수님이 휘장을 대신하셨으므로 우리는 이제 하나님의 임재 가운데로(그분 가까이로) 나갈 수 있게 되었습니다. 예수님의 죽음으로 우리는 그분을 통해 하나님께 나아갈 수 있게 되었습니다(히브리서 10:19-20).

증거궤(1)

증거궤는 조각목으로 만들어 금으로 덮어 싼 아름다운 모양의 상자입니다(출애굽기 25:10-22).

증거궤 안에는 이스라엘 백성들이 광야를 통과하는 과정에서 하나님에 대해 배운 교훈을 기억하게 해주는 물건 세 가지가 있었습니다. 이 세 개의 물건은 지금 우리에게도 예수님이 우리를 위해 무엇을 해주셨고 또 되어 주셨는지 알려 주는 역할을 합니다.

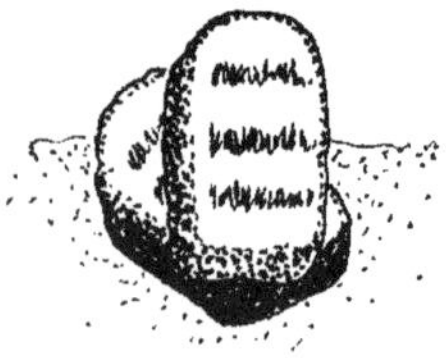

• 십계명이 적힌 돌판

돌판은 이스라엘 백성들이 하나님의 거룩한 기준을 잊지 않도록 해줍니다. 십계명을 완벽하게 지킨 유일한 분은 예수님입니다(베드로전서 2:21-24). 그분의 죽음으로 우리는 율법과 그로 말미암은 형벌에서 자유롭게 되었습니다(로마서 8:1-2).

• 만나가 담긴 항아리(출애굽기 16:32-34)

만나는 광야에서 하나님이 이스라엘 백성들을 어떻게 먹이셨는지 기억할 수 있도록 대대로 보관되었습니다. 예수님은 자신이 세상에 생명을 주는 하늘에서 내려온 참 떡이라고 말씀하셨습니다(요한복음 6:31-33).

• 아론의 싹 난 지팡이(민수기 17:1-10)

하나님은 마르고 죽은 막대 지팡이를 살리시고 싹이 나게 하셔서 살구꽃 열매를 맺게 하셨습니다. 이것은 하나님께서 아론과 아론의 후손, 그리고 레위 자손들을 택하사 성막을 다스리게 하셨음을 보여 주는 기적이었습니다. 싹이 난 지팡이는 죽은 후 하나님께서 다시 살리신 예수님을 상징합니다. 예수님은 말씀하셨습니다. “나는 부활이요 생명이니 나를 믿는 자는 죽어도 살겠고”(요한복음 11:25).

단어의 의미를 알아봅시다

제단(출애굽기 20:24)

제단은 사람들이 자신의 제물을 하나님께 드리는 곳입니다. 제단은 보통 거대한 돌로 만들어졌습니다. 그 위에서 제물을 태우기 위해 나무로 불을 피웠습니다. 때때로 제단은 특별한 사건이 발생한 곳을 기념하기 위해 사용되기도 했습니다. 이것은 하나님이 그곳에서 행하신 위대한 일을 기억하기 위해 만든 기념비와 같은 용도였습니다.

거룩하게 구별하라(출애굽기 30:29, 40:9)

거룩하게 구별한다는 것은 특별한 목적을 위해 뭔가를 따로 구별하여서 다른 목적으로 사용하지 않는 것입니다. 우리가 죄를 멀리하고 하나님을 기쁘시게 하는 삶을 산다면, 하나님께서 원하시는 대로 사용하실 수 있도록 그분을 위해 우리를 구별하는 것입니다(디모데후서 2:20-21).

하나님을 위해 특별한 일을 할 때 우리는 언제나 자신을 하나님께 구별하여 드리고 깨끗한 마음으로 그분을 섬길 수 있도록 해야 합니다.

언약(출애굽기 19:5)

언약은 두 사람 사이의 진지한 약속과 합의를 말합니다. 언약은 두 개의 단체 혹은 두 나라 사이에서도 맺을 수 있습니다. 하나님은 그분의 백성과 확실한 언약을 맺으시고 그들이 하나님의 길을 따를 때 백성을 축복하고 보호하겠다고 약속하셨습니다.

제사장(출애굽기 29:44)

제사장은 하나님과 백성 사이에 '서서' 일을 하도록 특별히 선택된 사람입니다. 제사장은 성전이나 성막에서 특정한 업무를 수행하며 백성의 죄를 위해 제사를 드립니다. 비록 제사장도 온전하지 않은 인간이지만 그들은 매우 경건한 삶을 살아야 했습니다. 예수님은 이 땅에 오셔서 유일한, 온전한 제사장이 되셨습니다. 인간의 삶이 어떤 것인지 아시면서 동시에 하나님 앞에 설 수 있는 온전히 거룩한 분이 되어 주셨습니다(히브리서 4:13-15).

안식일(출애굽기 20:8)

온 우주의 창조를 마치시고, 하나님은 일곱째 날을 안식일로 정하셨습니다. 이것은 하나님이 피곤하셔서 쉬기 위함이 아니라 만드신 것을 기뻐하시기 위해 정한 것입니다.

하나님이 주신 계명 중 하나는 우리도 일곱째 날을 쉬는 날로 삼아 안식을 누려야 한다는 것입니다. 이날을 안식일이라고 부릅니다.

예수님께서 죽음에서 부활하신 이래로 대부분의 그리스도인들은 이제 그분이 다시 살아나신 일요일을 안식일로 지킵니다. 그래서 이날 창조주 하나님을 예배하고 그분을 즐거워합니다.

성소(출애굽기 25:8)

성소는 하나님께서 백성을 만나 주시는 장막이나 건물과 같이 매우 특별한 장소를 말합니다. 성전과 교회 건물은 성소의 한 예라고 할 수 있습니다.

하나님께는 만나는 장소보다 사람들이 훨씬 더 중요합니다. 사실, 하나님의 영이 우리 안에 거하시기 때문에 모든 믿는 자는 이제 하나님 성전의 중요한 일부가 되었습니다(고린도전서 6:19, 에베소서 2:21-22).

출애굽기 40:34-38, 민수기 9:15-23

하나님께서 내려오시다

드디어 그날이 되었습니다. 두 번째 해의 시작인 첫째 달, 첫째 날입니다. 성막 안에 모든 물건을 제자리에 놓고 온 백성은 준비를 마쳤습니다. 이제 그들은 숨을 죽이고 기다립니다.

그때 구름이 회막을 덮었고 하나님의 영광이 성막을 가득 채웠습니다.

하나님의 엄청난 임재의 구름이 성막을 휘감자, 모세조차 성막 안으로 들어갈 수 없었습니다.

그날부터 구름이 성막 위로 떠오르면 이스라엘 백성들은 장막을 접고 구름이 이끄는 대로 따라갈 준비를 했습니다. 구름이 성막에 그대로 머물러 있으면 이스라엘 백성들도 그 주변에 진을 치고 움직이지 않았습니다.

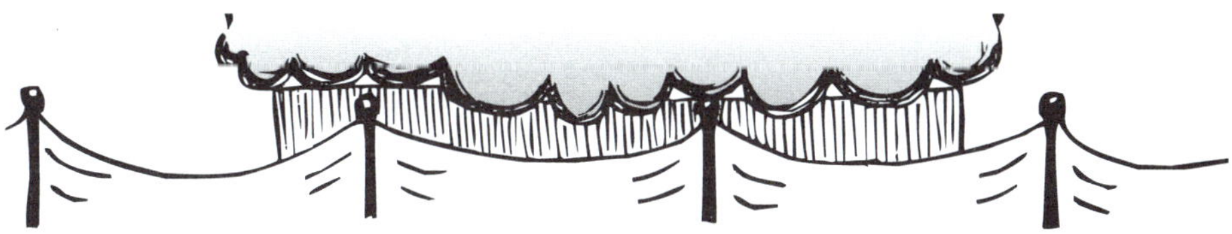

성막은 예수님께서 지상에 오셔서 하실 일을 이해하도록 도와줄 중요한 상징입니다. 성막(이후에 성전)이 있어도 백성들은 지성소에는 들어갈 수 없었습니다(히브리서 9:8). 그러나 예수님께서 대제사장으로 오셔서 온전한 제물로 우리를 위해 죽으셨을 때, 그분은 우리가 지성소로 곧장 들어가서 죄가 없고 깨끗한 마음으로 하나님께 가까이 갈 수 있게 길을 열어 주셨습니다(히브리서 10:19-22).

지성소에 들어가는 것이 허락된 유일한 사람은 누구였나요? 그 사람은 언제 들어갈 수 있었나요?
(레위기 16:2, 34 참조)

민수기 10:11-12

가나안을 향해… 그런데 과연 갈 수 있을까?

이스라엘 백성들이 시내 광야에 진을 치고 있던 어느 날, 성막 위에 머물러 있던 구름이 걷혔습니다. 구름과 함께 이동할 준비를 하라는 뜻이었죠.

그들은 언약궤를 멘 제사장들을 제일 앞에 세우고 이동을 시작했습니다. 그리고 바란 광야에 이를 때까지 구름을 따라갔습니다.

그런데 가데스에 이르렀을 때, 이스라엘 백성은 하나님을 불신하여 죄를 짓고 말았습니다.

하나님께 반역한 그들은 결국 약속에 땅에 이르기까지 무려 38년의 시간을 광야에서 보내게 되었습니다. 민수기 33장은 그들의 길고 긴 여정을 자세히 보여 주고 있습니다.

(다음 페이지에서 가데스에서 무슨 일이 일어났는지 알아봅시다.)

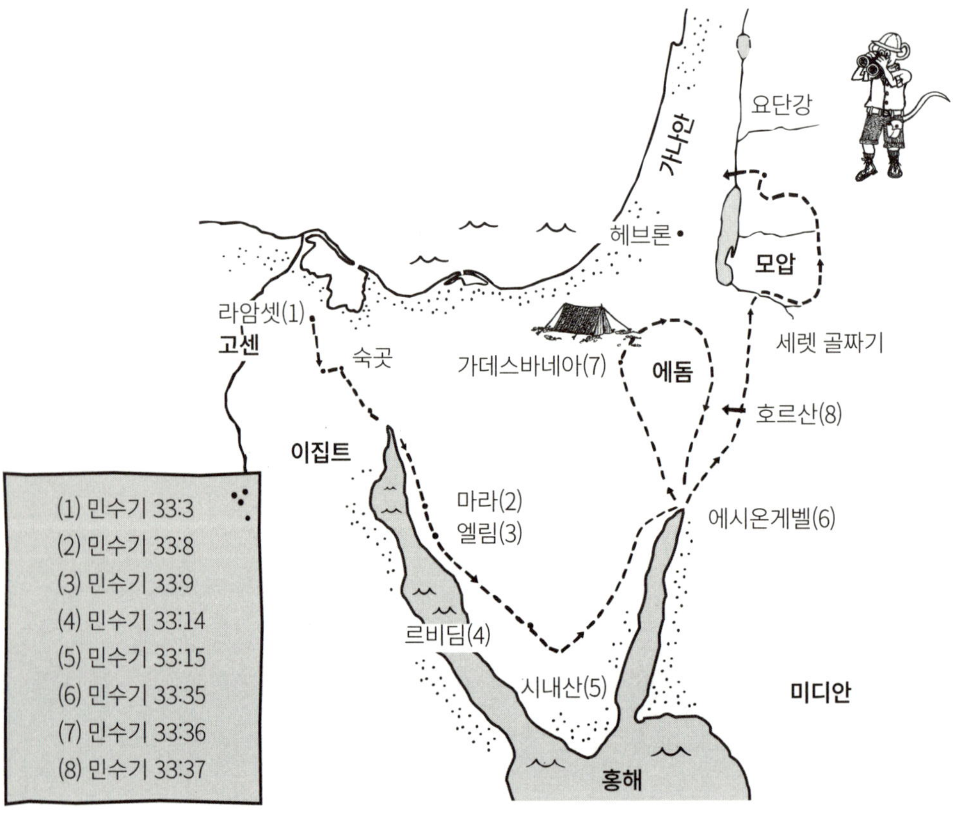

민수기 13:1-29

가나안 땅을 정탐하다

이스라엘 백성들이 가데스에 진을 치고 있는 동안, 하나님께서 모세에게 말씀하셨습니다. "사람을 보내어 내가 이스라엘 자손에게 주는 가나안 땅을 정탐하게 하라."

그래서 모세는 열두 지파에서 한 사람씩 지휘관을 뽑아 열두 명의 사람을 보냈습니다. 모세는 그들에게 그 땅이 어떤 곳인지, 그곳 사람들이 강한지 약한지, 또 토지가 비옥한지, 나무가 많은지 등을 살펴보라고 일렀습니다. 그리고 가능하면 그 땅의 열매를 가지고 오라고 했습니다.

정탐꾼들은 출발하여 적들의 영역 깊숙한 곳, 헤브론까지 나아갔습니다. 그곳 어느 골짜기에서 그들은 엄청난 크기의 열매가 맺힌 포도나무를 발견했습니다. 포도가 너무나 무거워서 두 사람이 막대에 꿰어 들어야 할 정도였습니다.

40일이 지난 후, 정탐꾼들이 이스라엘 진영으로 돌아왔을 때 백성들은 흥분으로 가득 찼습니다. 모두들 약속의 땅이 어떤 곳인지 궁금해했습니다.

그때 정탐꾼들이 모세와 백성들에게 그들이 본 것을 보고했습니다. "가나안 땅은 정말 열매가 풍성했습니다." 이어서 그들은 말했습니다. "하지만 그곳에 사는 사람들은 강력하고, 성읍은 높은 벽으로 둘러싸여 있습니다."

사람들은 그들이 싸워야 할 대상에 대해 듣고, 두려워하며 낙담했습니다.

민수기 13:30-33, 14:1-25

길을 잃어버린 이스라엘 백성들

약속의 땅에 대한 이야기는 사람들이 기대했던 것과는 달랐습니다. 그곳 사람들은 정말 정말 거대했습니다.

그러나 갈렙은 그들을 격려하며 말했습니다. "올라가서 약속의 땅을 취해야 합니다. 우리는 분명히 할 수 있습니다."

그러나 가나안 땅을 정탐했던 열두 명 중 열 명이 말했습니다. "우리는 그 사람들을 공격할 수 없습니다. 그들은 우리가 싸우기에는 너무 강해요! 그 거인들 앞에서 우리는 메뚜기와 같은 존재들이에요."

그리고 열 명의 정탐꾼들은 백성들 사이에 가나안 땅에 대한 무서운 소문을 퍼뜨렸습니다.

그날 밤, 모든 백성이 울며 통곡했습니다. 그리고 모세에게 불평하며 말했습니다. "이집트나 여기 광야에서 죽는 것이 차라리 좋았을 것을, 도대체 왜 하나님은 우리를 이집트에서 끌고 나온 것입니까?"

이스라엘 백성은 다른 지도자를 세워서 이집트로 돌아갈 것을 얘기하기 시작했습니다. 심지어 모세와 아론을 죽이려고까지 했습니다. 그러나 모세가 있는 성막 위로 하나님의 영광이 임하자 백성들은 모세 가까이에 갈 수 없었습니다.

그때 하나님께서 모세에게 말씀하셨습니다. "백성들에게 이르라. 너희가 계속해서 불평하는 것을 들었으니, 이십 세 이상 된 사람 중 누구도 약속의 땅에 들어가지 못할 것이다. 너희는 이 광야에서 죽을 것이다. 광야에서 사십 년을 방황한 후에, 너희 자녀들을 내가 약속의 땅으로 인도할 것이다. 내게 충성된 갈렙과 여호수아만 그 땅에 들어갈 수 있을 것이다"(민수기 14:27-31 참조).

그래서 이스라엘 백성은 하나님이 그들을 홍해 바다로 다시 인도하실 때까지 가데스에 오랫동안 머물러 있었습니다(신명기 1:46, 2:1). 80페이지의 지도를 참조하세요.

신명기 2:2-9

드디어 정상궤도에 오르다

광야에서 수십 년이 지난 후, 마침내 하나님께서 모세에게 말씀하셨습니다. “너희가 이곳에 거한 지 오래 되었으니 북쪽으로 돌이켜 모압을 향해 나아가라. 하지만 그곳 사람들과 싸우지는 말아라.”

그래서 세렛 골짜기에 다다랐을 때 이스라엘 백성은 모압 땅을 돌아서 이동했습니다(사사기 11:18).

하나님은 모세에게 새 땅에 대해 말씀하시고 그들이 세울 나라의 정확한 국경선을 알려 주셨습니다(민수기 34장). 하나님은 또 이스라엘 백성들이 그곳에 사는 주민들을 다 몰아내고 그들이 섬기는 우상을 완전히 멸망시킬 것을 분명히 지시하셨습니다. 그때 하나님은 말씀하셨습니다. “너희가 그 땅의 주민을 다 쫓아내지 아니하고, 너희와 함께 있도록 허락하였다가는, 그들이 너희 눈에 가시가 되고, 옆구리를 찌르는 바늘이 되어서, 너희가 살아갈 그 땅에서 너희를 괴롭힐 것이다”(민수기 33:55, 새번역).

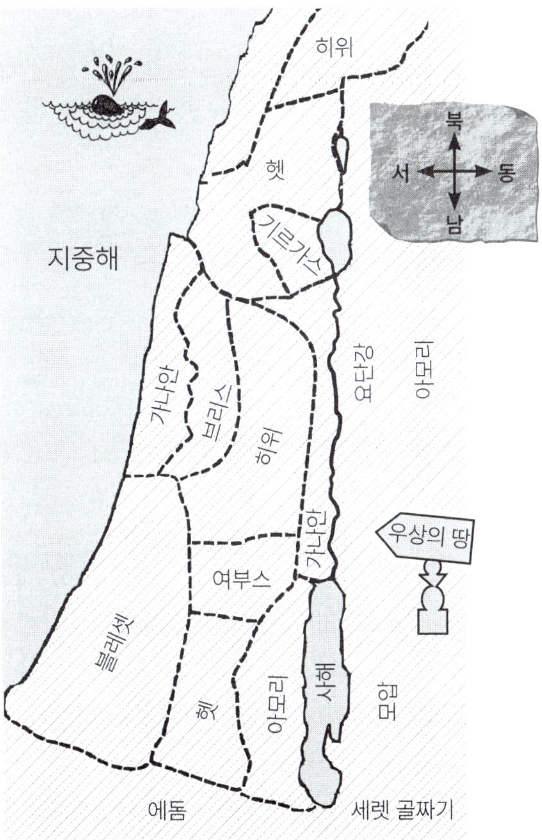

왼쪽 지도에는 당시 가나안에 살고 있는 이방(하나님을 믿지 않는) 나라들이 표시되어 있습니다.

출애굽기 3:8에서 하나님이 불타는 떨기나무 가운데 모세에게 말씀하실 때, 이 모든 나라에 대해 이야기하시며 이스라엘 백성에게 이 땅을 주겠다고 하셨습니다.

그리고 마침내 그때가 왔습니다!

민수기 27:18-23, 신명기 31:1-8

새로운 인도자

이제 누군가가 모세의 뒤를 이어받아야 할 때가 되었습니다. 그는 하나님의 백성을 이끌고 약속의 땅으로 인도할 사람이었습니다.

하나님께서 모세에게 말씀하셨습니다. "여호수아는 그 안에 영이 머무는 자이니 그에게 안수하라." (여호수아는 오랫동안 모세를 보조하며 섬겼습니다.) 그래서 모세는 백성들을 모으고, 하나님이 여호수아를 그들의 새 인도자로 세우셨다고 말했습니다.

하나님은 모세에게 산에 올라가 백성들에게 줄 그 땅을 바라보라고 하셨습니다. 그러나 모세 자신은 그 땅에 들어가는 것이 허락되지 않았습니다. 그 이유는 모세가 하나님을 온전히 신뢰하지 못하고 반석에게 명령하는 대신 반석을 치며, 백성들 앞에서 하나님께 영광을 돌리지 않았기 때문입니다(민수기 20:2-12).

드디어 모세는 그 약속의 땅을 바라보았습니다. 120세의 나이에 모세가 죽자 하나님은 모압 땅에 그를 묻으셨습니다. 하지만 그 누구도 모세가 묻힌 곳을 알 수 없었습니다(신명기 34장).

가나안 땅에 사는 사람들은 어디에서 왔나요?
노아의 아들 함에게는 세 아들이 있었습니다. 그중 한 명이 가나안입니다. 그의 후손들이 가나안 땅에 거주했습니다(창세기 10:15-18).

왜 하나님은 이스라엘 백성들로 하여금 그 땅에서 가나안 사람들을 몰아내라고 하셨을까요?
그들은 하나님이 아닌 우상을 섬겼습니다.

가나안의 자손:

헷,
여부스,
아모리,
기르가스,
히위,
그리고 다른 족속들

가나안의 우상과 이방신들:

바알,
아세라,
다곤,
몰렉

여호수아 1:1-9

여호수아에게 주신 지침

모세가 죽은 후, 하나님은 여호수아에게 명하여 백성들이 요단강을 건너 약속의 땅에 들어갈 준비를 하게 하셨습니다. 하나님은 동서남북으로 어디까지가 그들의 땅인지 정확하게 말씀해 주셨습니다(여호수아 1:4).

또한 여호수아가 기억해야 할 세 가지 중요한 사항이 있었습니다. 하나님은 여호수아에게 이렇게 말씀하셨습니다.

- **강하고 담대하라(용기를 가져라).** 두려워하지 말며 놀라지 말라. 네가 어디로 가든지 네 하나님 여호와가 너와 함께하느니라(여호수아 1:9).
- **모세가 네게 준 계명과 율법에 순종하라.** 그러면 어디를 가든지 네가 형통하리라(여호수아 1:7).
- **율법책을 읽고 말하는 것을 멈추지 말라.** 밤낮으로 그것을 묵상하여 그 안에 기록된 대로 다 지켜 행하라(여호수아 1:8).

하나님 말씀

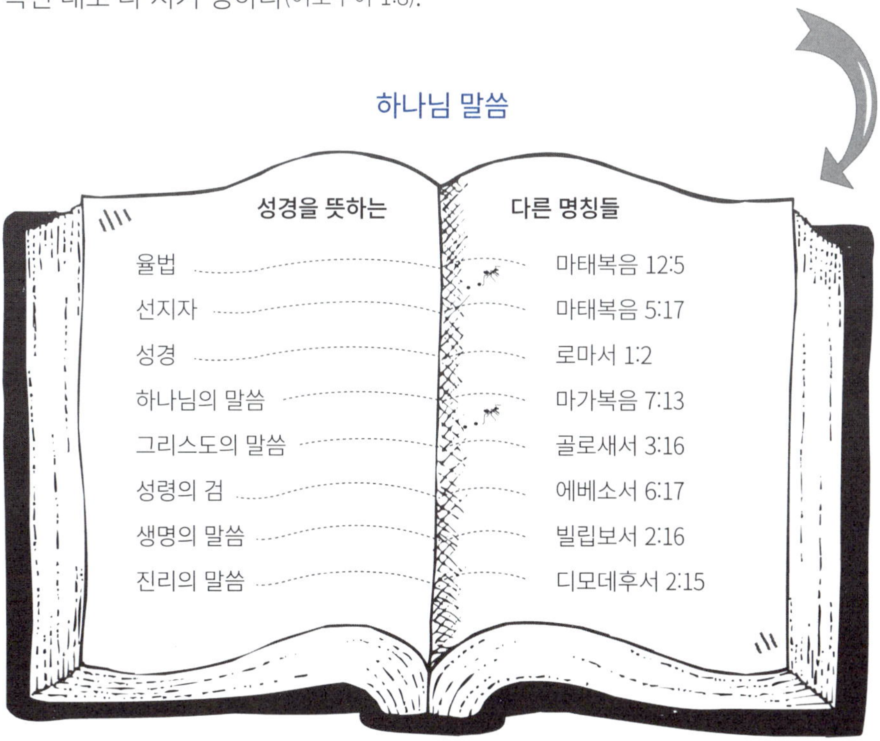

시편 32:8

우리에게 교훈해 주시는 하나님

여러분은 하나님께서 여호수아나 성경의 다른 인물들에게 말씀하시듯 우리에게도 말씀해 주실까 궁금해한 적이 있나요? 정말 하나님께서 그렇게 말씀해 주신다는 것을 알면 참 기쁠 거예요. 보통 하나님은 우리가 성경을 읽을 때 말씀해 주십니다. 성령님이 말씀을 살아나게 하셔서 마치 하나님이 우리에게 직접 말씀해 주시는 것처럼 해주시지요.

성경은…

- 우리가 잘못된 것에 유혹을 받을 때 죄를 거절할 수 있게 도와줍니다(시편 119:11).
- 우리의 믿음이 자라게 도와줍니다(로마서 10:17).
- 옳고 그름을 알려 주어서 진리의 길을 걸을 수 있게 도와줍니다(시편 119:30, 105).
- 하나님을 더 잘 알아감으로 우리의 영이 더 튼튼해지게 해줍니다(히브리서 5:13-14).
- 우리의 믿음에 대해 궁금해하는 사람들에게 이유(답)를 알려 주는 데 도움을 줍니다(베드로전서 3:15).
- 하나님의 약속과 그분의 성실하심을 기억할 수 있게 도와줍니다(시편 138:2).
- 선택의 순간에 하나님이 원하시는 것이 무엇인지 알게 도와줍니다(시편 25:4-5).

아래와 같이 기다란 책갈피를 만들어 보세요.

그림을 붙여 꾸미고 그 위에 성경구절을 써 보세요.

두 명의 정탐꾼

모세의 뒤를 이은 여호수아가 한 첫 번째 일은 약속의 땅에 갈 두 명의 정탐꾼을 뽑는 것이었습니다. 그곳에 가기 위해 그들은 요단강을 건너야 했습니다.

건너편에 도착하자, 정탐꾼들은 여리고 성으로 향했습니다. 여리고 성은 거대한 벽으로 둘러싸인 곳이었습니다. 그들은 성문으로 잠입해서 라합이라는 여성에게 그 집에 하룻밤 묵을 수 있는지 물었습니다.

하지만 여리고 왕이 정탐꾼들이 온 것을 알고 사람을 보내 그들을 체포하려 했습니다. 라합은 자기 집 지붕에 펼쳐 놓은 삼대(마 줄기—역주) 밑에 그들을 숨겨 주었습니다.

라합은 왕의 사자들에게 두 남자가 이미 떠났다고 말했습니다. 그리고 "서둘러 따라가면 잡을 수 있을지 모릅니다"라고 했습니다. 그래서 왕의 사자들은 정탐꾼을 찾아 요단강까지 가게 되었습니다.

그 후 라합은 두 명의 정탐꾼에게 가서 말했습니다. "저는 하나님이 이 땅을 당신들에게 주셨다는 것을 압니다. 당신들이 이집트에서 나올 때 하나님께서 어떻게 홍해를 마르게 하셨는지 들었습니다. 제가 당신들을 친절히 대해 주었으니 부디 우리 가족들에게도 친절을 베풀어주십시오."

이에 정탐꾼들은 그러겠다고 하고 라합이 창문에 붉은 줄을 매달아 놓으면 그녀와 가족들은 안전할 것이라고 말했습니다.

라합의 집은 여리고 성벽에 있어서 그녀는 창문에 줄을 내려 정탐꾼들이 창문으로 도망갈 수 있게 해주었습니다.

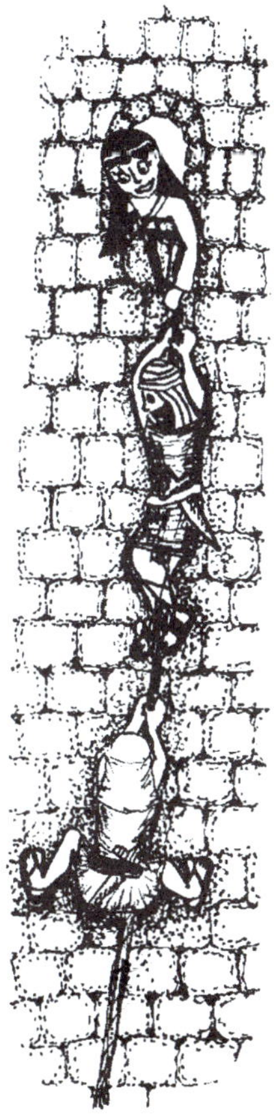

여호수아 3장, 4:1-9

요단강을 건너다

두 정탐꾼은 무사히 돌아왔고 여호수아에게 여리고 성 사람들이 우리를 두려워하고 있다고 보고했습니다(여호수아 2:24).

이튿날 아침 일찍, 여호수아와 이스라엘 백성들은 요단강 근처에 진을 쳤습니다. 여호수아는 백성들에게 말했습니다. "제사장들이 언약궤를 메고 가는 것을 보면 여러분은 그 뒤를 따라가십시오. 그러나 너무 가까이는 가지 마십시오. 가서 스스로를 거룩하게 하십시오. 내일 하나님께서 여러분에게 놀라운 일을 행하실 것입니다." 그래서 백성들은 자신을 거룩하게 하고 짐을 싸기 시작했습니다.

다음 날, 언약궤를 멘 제사장들이 요단강을 건널 때 그들의 발이 물에 닿자 강물의 흐름이 그쳤습니다. 하나님은 강물이 아담이라는 곳까지 둑처럼 쌓이게 하셨습니다. 언약궤를 멘 제사장들이 요단강 한가운데 서 있는 동안 백성들은 마른 땅 위로 건너갔습니다.

이스라엘 백성이 다 건넌 뒤에, 하나님은 여호수아에게 각 지파에서 열둘을 뽑도록 명하셨습니다. 각 사람은 강 한가운데서 큰 돌을 들고 와서 그들이 진을 친 곳에 그 돌들을 쌓았습니다. 그 돌들은 하나님께서 어떻게 요단강을 마르게 하셨는지 이스라엘 백성들이 기억할 수 있게 해주는 기념비와 같은 것이었습니다.

그 후 언약궤를 멘 제사장들이 강을 나와 백성들과 합류하자 강물이 전처럼 다시 넘쳐흐르기 시작했습니다.

디모데후서 6:12

우리의 적

하나님은 여호수아에게 가나안 땅 사람들이 악하므로 그들을 모두 몰아내라고 말씀하셨습니다. 그들은 우상을 섬겼고 매우 악한 일들을 행했기 때문입니다(민수기 33:51-53, 신명기 9:4). 하나님은 그들을 쫓아낼 다른 방법도 사용하겠다고 하셨습니다… 아야!(출애굽기 23:28-30)

하나님은 이스라엘 백성들이 가나안 땅의 사람들과 섞여 살기를 원하지 않으셨습니다. 만약 그렇게 되면 머지않아 이스라엘 백성들도 우상을 섬기고 그들처럼 나쁜 일을 하게 될 것을 아셨기 때문입니다.

* * *

우리에게도 쫓아내야 할 적이 있나요?

지금 이 시대 우리의 삶에도 여전히 우리에게 나쁜 영향을 주는 것들이 존재합니다. 그러나 우리의 적은 다른 사람들이 아닙니다. 우리의 적은 눈으로 볼 수 없는 것입니다. "우리의 씨름은 혈과 육을 상대하는 것이 아니요 … 하늘에 있는 악의 영들을 상대함이라"(에베소서 6:12).

그렇다면 눈에 보이지 않은 악한 힘과 어떻게 싸울 수 있을까요? 그리고 우리 자신을 어떻게 지킬 수 있을까요?

- 먼저, 여호수아가 온전히 하나님을 의지했듯이 우리도 우리를 도우시는 하나님을 의지해야 합니다. 우리는 혼자가 아닙니다. 하나님께서 여호수아에게 하신 약속을 기억하세요. "강하고 담대하라. 두려워하지 말며 놀라지 말라. 네가 어디로 가든지 네 하나님 여호와가 너와 함께하느니라"(여호수아 1:9).
- 둘째, 하나님은 우리에게 영적 싸움에 필요한 영적 갑옷을 주셨습니다. 그 갑옷은 하나님께서 주신 것이므로 **하나님의 전신 갑주**라고 불립니다. 다음 페이지에서 그 갑옷에 대해 더 자세히 알아봅시다.

디모데후서 2:3

우리의 갑옷

갑옷의 목록은 **에베소서 6:13-17**에 잘 나와 있습니다.

"하나님의 전신 갑주를 취하라. 이는 악한 날에 너희가 능히 대적하고 모든 일을 행한 후에 서기 위함이라.

그런즉 서서 **진리로 너희 허리 띠**를 띠고

의의 호심경(가슴막이)을 붙이고

평안의 복음이 준비한 것으로 신을 신고

모든 것 위에 **믿음의 방패**를 가지고 이로써 능히 악한 자의 모든 불화살을 소멸하고

구원의 투구와

성령의 검 곧 하나님의 말씀을 가지라."

전신갑주 사용법

우리가 하나님 편에 서 있다면* 우리의 대적 사탄과 대항해 싸울 모든 것이 준비된 셈입니다. 사탄은 우리가 이제 자기를 섬기지 않아서 매우 화가 나 있습니다.

따라서 우리는 전신 갑주를 입고 하나님이 주신 무기(검)를 사용할 준비가 되어 있어야 합니다.

진리의 허리띠

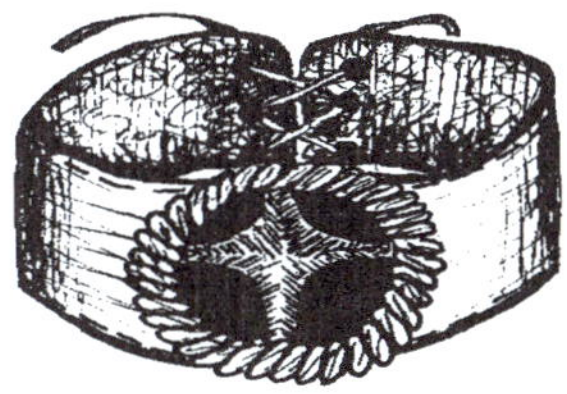

허리띠는 몸 가운데를 보호해 주는 넓은 띠입니다. 이것은 갑옷의 다른 부분이 몸에 잘 자리 잡도록 도와주는 역할도 합니다.

우리가 진리, 즉 성경의 중요한 교훈을 배울 때 우리는 진리의 허리띠를 착용하는 것입니다. 예수님은 말씀하셨습니다. "아버지의 말씀은 진리니이다"(요한복음 17:17).

또한 우리는 정직하게 행하고 진실을 말함으로써 진리 안에서 살아갈 필요가 있습니다.

의의 호심경

호심경은 우리 가슴을 보호해 주는 갑옷입니다. 호심경은 목에서 허리까지, 특히 심장을 보호해 주는 단단한 판입니다.

*여러분은 하나님 편에 서 있나요?

아직 하나님 편에 서지 않았다고요? 그렇다면 예수님을 믿고 그분의 길을 따르며 그분을 삶의 주인으로 모시겠다고 결정하면 됩니다. 그러면 사탄은 더 이상 여러분을 조종할 수 없습니다(구원에 대한 내용은 332페이지 참조).
예수님은 여러분을 해방시켜 주시고 하나님의 가족이 되게 해주십니다. 그분은 여러분을 죄에서 구원해 주시고 여러분이 하나님과 영원히 함께할 수 있도록 여러분 안에 새 영을 부어 주십니다.

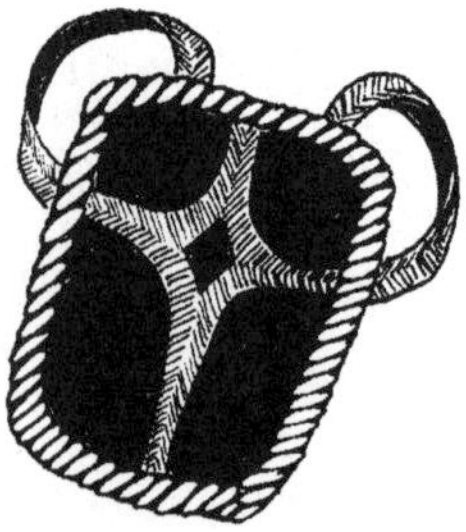

사람의 마음이 가장 중요하고 민감한 부분임을 적들은 알고 있습니다. 그러므로 우리는 마음을 잘 지켜야 합니다. 분노의 감정, 시기나 교만은 우리 마음을 오염시키고 잘못된 일을 하게 만들 수 있습니다. 죄책감, 상처와 낙담은 우리를 통해 하나님의 축복이 흐르는 것을 막을 수 있습니다(잠언 4:23).

반면에 우리 마음에서 사랑과 평안, 기쁨이 넘쳐 다른 사람들에게 흘러갈 수도 있습니다. 그것은 하나님께 올려드리는 빛나는 찬양의 샘처럼 흘러넘칠 것입니다.

그러므로 사탄이 날카로운 화살을 우리 마음에 쏠 때, 우리는 그에 맞서 갑옷으로 무장해야 합니다. 그것은 바로 하나님의 의(순전함)로, 우리 마음을 깨끗하게 해주시는 예수님을 통해 나오는 것입니다(로마서 3:22).

평안의 복음의 신

신발은 발을 보호해 주고 미끄러운 표면이나 울퉁불퉁한 땅을 잘 걸을 수 있게 도와줍니다. 하나님의 길로 걸어가는 것이 항상 쉬운 것은 아닙니다. 우리가 복음, 즉 예수님께서 하나님과 인간 사이에 평화를 주기 위해 이 땅에 오셨다는 것(누가복음 2:10-14)을 전파할 때 우리를 단단히 붙들어 주고 그 발을 보호해 줄 하나님의 평안이 필요합니다.

믿음의 방패

방패는 보통 팔뚝에 끈으로 묶어서 적들의 날카로운 화살을 막는 데 쓰입니다. 성경이 쓰인 당시에는 불화살을 쏘곤 했는데 그것은 나무로 만든 방패에 불을 붙이기 위함이었습니다. 방패가 타는 것을 막기 위해 군인들은 불꽃이 꺼지도록 젖은 천으로 방패를 감쌌습니다.

우리의 적, 사탄은 예상치 못할 때 우리에게 불화살을 쏩니다. 그것은 눈에 보이는 화살이 아닙니다. 거짓말, 안 좋은 생각들, 나쁜 일을 하게 만드는 유혹의 화살입니다.

이 화살들을 막을 수 있는 유일한 방법은 하나님을 온전히 신뢰하고 성경이 진리임을 믿는 것입니다. 성경을 읽고 말씀대로 행하는 것은, 의심의 불화살이 꺼지도록 젖은 천을 방패에 싸는 것과 같습니다(에베소서 6:16, 로마서 10:17).

구원의 투구

마음에서 자라나는 잘못된 생각이나 패배의식이 우리를 삼키지 못하면, 사탄은 더 높은 곳(머리)을 노릴 것입니다. 머릿속에서 떠나지 않을 나쁜 것들을 보고 듣게 함으로써 사탄은 우리 생각에 접근하려고 합니다.

이때 투구가 우리 머리를 보호해 줍니다. 우리 눈과 귀와 입과 생각을 지켜줍니다.

예수님을 나의 구세주로 영접하여 구원받으면 우리는 구원의 투구를 받게 됩니다.

- 예수님은 우리 안에 새 영을 넣어 주셔서, 우리 **마음**을 새롭게 해주십니다(에스겔 11:19).
- 우리의 역할은 **마음**을 새롭게 하는 것입니다. 이를 위해서 무엇을 보고 들을지 잘 결정해야 합니다(로마서 12:2).

우리 안에서 역사하시는 하나님은 우리가 잘 생각해서 선한 선택을 하기 원하십니다.

성령의 검

검은 우리가 사탄을 공격하기 위해 사용할 수 있는 것입니다. 성령의 검은 하나님의 말씀(성경)입니다. 우리는 사람들과 싸우기 위해 성경을 사용하지 않습니다. 보이지 않는 악한 세력과 싸우기 위해 능력 있는 성경 말씀을 사용합니다.

예를 들어, 사탄이 잘못된 행동을 하라고 우리를 유혹할 때, 우리는 무엇이 옳은지 알려 주는 성경구절들을 기억해 낼 수 있습니다. 예수님조차도 그렇게 하셨습니다(마태복음 4:1-10). 또 낙담이 될 때 우리는 하나님의 위대하심, 우리에 대한 그분의 사랑에 대해 읽을 수 있습니다.

성경을 읽는 것은 사탄이 거짓말로 우리를 속이지 못하게 막는 확실한 방법입니다. 그리고 감정에 휘둘려 의심이 생길 때 성경은 우리에게 진리에 대한 확신을 줍니다.

하나님의 힘으로 싸우기

우리 스스로(우리 힘을 의지해서) 사탄과 싸우려고 하면 반드시 패하게 됩니다. 우리는 각자의 삶에서 믿음의 싸움, 악에 대항하는 선한 싸움을 하고 있습니다. 우리는 하나님께 도와달라고 간구하면서 항상 주님을 의지해야 합니다. 성경은 "주 안에서와 그 힘의 능력으로 강건하여"지라고 했습니다(에베소서 6:10).

하나님께서 여호수아에게 주신 승리를 통해 우리는 하나님이 그분의 일을 하신다는 것을 믿고 우리의 일을 한다는 것이 무슨 의미인지 잘 알 수 있습니다. 예수님께서 이미 우리를 위해 전쟁에서 승리하셨다는 것을 알면 기쁨과 자신감이 생깁니다. 그래서 우리는 다음과 같이 말할 수 있습니다. "여호와는 나의 힘이요 노래시며 나의 구원이시로다"(출애굽기 15:2).

여호수아 6:1-14

적의 성벽

요단강을 건넌 후, 이스라엘 백성들은 이제 약속의 땅에 들어서게 되었습니다. 그러나 하나님의 백성은 지금 편하게 앉아서 쉴 때가 아니었습니다.

그 땅에 사는 이교도 나라들이 성읍과 농장을 순순히 넘겨주고 평화롭게 떠날 리는 없었습니다. 하나님은 분명 이스라엘을 도와 그들을 몰아내실 것이지만 백성들도 자기 역할을 해야 했습니다.

하나님께서 이스라엘 백성들에게 정복하라고 하신 첫 번째 성읍은 여리고 성이었습니다. 바로 라합이 두 명의 정탐꾼들을 숨겨 주었던 그곳입니다.

여리고 주변에는 크고 두꺼운 벽이 세워져 있었습니다. 이스라엘 백성들은 어떻게 그 안에 들어갈 수 있을까요?

이스라엘 백성들에게는 하나님이 함께 계셨습니다. 하나님께 순종하면 그분은 분명 백성들을 도와주실 것입니다.

하나님은 여호수아에게 말씀하셨습니다. "너희 모든 군사는 그 성을 둘러 성 주위를 매일 한 번씩 돌되 엿새 동안을 그리하라. 제사장 일곱은 일곱 양각 나팔을 잡고 언약궤 앞에서 걸어야 한다. 일곱째 날에는 그 성을 일곱 번 돌아라. 제사장들이 양각 나팔을 한 번 길게 불면 백성은 모두 큰 함성을 질러라. 그리하면 그 성벽이 무너져 내리리니 그때에 백성은 곧장 성 안으로 진격하여라."

여호수아 6:15-27

성벽을 무너뜨리신 하나님

첫째 날, 제사장들은 나팔을 불며 여리고 성 주변을 돌았습니다. 그 뒤는 언약궤를 멘 제사장들이 따랐습니다. 여호수아는 백성들에게 조용히 하고 한마디 말도 하지 말라고 명했습니다.

제사장들은 하나님이 말씀하신 대로 하루에 한 번씩 6일 동안 성을 돌았습니다.

일곱째 날, 해가 떠오르자 그들은 성벽을 돌았습니다. 이번에는 한 번이 아니라 일곱 번이었습니다.

여리고 성을 일곱 번째 돌 때 여호수아는 백성들에게 말했습니다. "외치라. 하나님께서 너희에게 이 성을 주셨다. 그리고 라합과 그 집에 함께하는 자는 모두 살려 주어라. 이는 우리가 보낸 사자들을 숨겨 주었기 때문이다. 성읍 안에 있는 모든 것을 다 없애고 너희 자신을 위해 물건을 취하지 말라. 은금과 동철로 만든 모든 것은 하나님께 속한 것이니 하나님의 곳간에 두어야 한다."

그때 제사장들이 나팔을 길고 크게 불자, 모든 백성은 최대한 크게 소리를 질렀습니다. 그리고 그 거대한 성은 무너졌습니다.

모든 군사가 성을 향해 돌진하고 그 안에 있는 모든 것을 없앴습니다.

무너지지 않았던 유일한 부분은 바로 라합이 살았던 곳이었습니다. 두 정탐꾼은 라합을 지켜주기로 약속했기 때문에 그 집에 가서 그녀와 가족들을 구해 주었습니다. 그리고 라합은 그날부터 이스라엘 백성과 함께 살았습니다.

진영에서 지은 죄

하나님은 이전에 그의 종 여호수아를 통해 백성들이 여리고 성에서 그들 자신을 위해 물건을 가져가면 안 된다고 말씀해 주셨습니다. 이를 통해 백성들은 승리를 주신 하나님께 순종과 감사를 올려드릴 수 있었습니다.

여리고 성 정복 후, 그다음은 아이 성이었습니다. 아이 성은 더 작았고, 여리고 성만큼 중요한 곳이 아니었기 때문에 승리는 확실해 보였습니다. 백성들이 다 가서 싸울 필요도 없어서, 몇 천 명의 사람들만 출발했습니다.

그러나 아이 성 사람들은 맹렬하게 반격했습니다. 그들은 이스라엘 군인들을 추격하며 따라왔습니다.

여호수아와 지도자들은 패했다는 소식을 듣고 매우 상심하며 옷을 찢었습니다. 여호수아는 언약궤 앞에 엎드려 하나님께 기도드렸습니다. "어찌하여 이런 일이 일어났습니까?" 여호수아가 물었습니다. "차라리 저희가 요단강 저편에 그대로 살았더라면 좋을 뻔했습니다. 다른 나라들이 이 일을 들으면 그들은 우리를 에워싸고 몰아낼 것입니다."

그때 하나님께서 여호수아에게 말씀하셨습니다. "이스라엘이 범죄하여 내게 온전히 바치지 않고 스스로를 위해 가져갔다. 그래서 이스라엘이 원수 앞에 대적할 수 없었다. 가서 스스로 거룩하게 하라. 아침에 누가 죄를 범했는지 내가 보여 주겠다."

이튿날, 하나님은 여호수아에게 어느 지파, 어느 가족의 누가 죄를 지은 것인지 보여 주셨습니다. 여리고 성에서 금과 은과 외투를 훔친 사람은 바로 아간이었습니다. 결국 아간은 죽음을 맞이했고 그가 소유한 모든 것은 파괴되었습니다.

하나님을 경외함

하나님께서 여호수아에게 말씀하셨습니다. “두려워하지 말고 놀라지 말라. 군대를 데리고 가서 아이 성을 공격하라. 네가 승리할 것이다. 이번에는 그곳에 있는 물건과 가축을 원하는 대로 가져도 된다.”

그래서 여호수아와 군인들은 매복하였다가 적을 꾀어 아이 성의 모든 군대가 나와서 그들을 쫓아오게 만들었습니다. 아이 사람들이 뒤를 돌아보니 이스라엘 사람 몇이 성에 불을 붙이고 있었습니다. 이렇게 해서 이스라엘 백성들은 하나님의 도우심으로 아이 성을 정복하였습니다.

약속의 땅 바깥쪽에 살고자 했던 족속들

이스라엘 백성들이 요단강을 건너기 전에 갓, 르우벤, 므낫세 지파의 반은 약속의 땅이 아니라 요단강 동편에 살고 싶다고 말했습니다. 그래서 그들은 계약을 맺었습니다.

모세와 계약을 맺은 지파들

(43페이지 12지파의 이름을 보세요)

갓 지파 르우벤 지파 므낫세 지파의 반 모세

(83페이지 지도를 보세요)

1. 지휘관들이 모세에게 그들의 계획을 말했습니다. - 민수기 32:1-5
2. 모세는 그들이 요단강 동쪽에 머물 수는 있지만 먼저 다른 지파들을 도와야 한다고 말했습니다. - 민수기 32:20-22
3. 세 지파는 다른 이스라엘 백성과 함께 요단강을 건너갔습니다. - 여호수아 1:16, 4:12-13
4. 그들은 그 땅에 평화가 임할 때까지 다른 지파를 도와 적들과 싸웠습니다. - 여호수아 11:23
5. 그들은 요단강 동편으로 돌아가서 그곳에 정착하는 것을 허락받았습니다. - 여호수아 22:1-9
6. 그들은 하나님을 기억하기 위한 제단을 쌓았습니다. - 여호수아 22:10, 26-27

속임을 당한 여호수아

기브온 사람들은 여호수아가 여리고 성과 아이 성을 패배시켰다는 소식을 듣고 여호수아를 속일 계획을 짜냈습니다.

몇몇 사람들이 마치 먼 곳에서 온 사신처럼 꾸몄습니다. 그들은 해어진 가방을 나귀에 싣고 찢어지고 마른 가죽 포도주 부대를 가지고 갔습니다. 그리고 낡은 신발과 너덜너덜한 옷을 입었습니다.

그들은 길갈에 있는 이스라엘 진영으로 가서 여호수아와 그 지도자들에게 말했습니다. "우리는 먼 나라에서… (한숨과 신음소리를 내며) 당신들과 조약을 맺으러 왔습니다."

하지만 이스라엘 지도자들이 말했습니다. "당신들이 이 땅 근처에 살고 있는 것은 아닌지 어떻게 압니까? 만약 그렇다면 우리는 조약을 맺을 수 없습니다."

"우리는 당신들의 종입니다." 그들이 말했습니다. "보십시오, 이 떡은 따뜻할 때 싸 온 것이지만 지금은 말랐고 곰팡이가 났습니다. 또 우리 신발과 옷을 보십시오. 오랜 여행으로 이렇게 낡아졌습니다."

지도자들은 그들을 보고 믿었습니다. 하지만 하나님께 물어보지는 않았습니다. 결국 여호수아는 그들과 평화 조약을 맺고 싸우지 않기로 합의했습니다. 이스라엘 지도자들은 그들을 공격하지 않겠다는 약속도 했습니다.

그러나 며칠이 지난 후 그들은 이 사람들이 이스라엘 백성이 있던 곳 근처, 기브온에 살던 자들임을 듣게 되었습니다. 하지만 이스라엘 백성들은 약속을 지켜야 했기 때문에 그들과 싸우지 않았습니다.

여호수아 10:5-15

멈춰 버린 시간

예루살렘 왕은 여리고와 아이 성이 정복되었다는 소식을 들었습니다. 기브온 족속이 이스라엘과 화친을 맺었다는 것도 알게 되었습니다. 그래서 그는 다른 네 명의 왕들에게 다음과 같은 전갈을 보냈습니다. "와서 나를 도와 기브온을 치자. 기브온이 여호수아와 이스라엘 자손과 화친을 맺었다."

그래서 다섯 왕들은 군대를 거느리고 함께 모여 기브온을 공격했습니다. 기브온 사람들은 여호수아에게 급히 소식을 보냈습니다. "저희를 버리지 마소서. 우리가 공격을 당하고 있으니 속히 와서 우리를 구하소서!"

그러자 여호수아와 온 군대는 길갈에서 기브온으로 행진했습니다. 하나님께서 여호수아에게 말씀하셨습니다. "두려워하지 말라. 내가 그들을 네게 넘겨주었다."

다음 날, 하나님이 적들을 혼란스럽고 두렵게 만드셨습니다. 그래서 이스라엘은 쉽게 그들을 제압하고 달아나는 자들을 추격했습니다.

다섯 군대는 그 수가 매우 많았기 때문에 전투는 오랫동안 계속되었습니다. 여호수아는 어두워질 때 적들이 도망가는 것을 원하지 않았기 때문에 해가 계속 기브온 위에 떠 있도록 기도했습니다. 그러자 해가 정말로 머물러 있었습니다! 태양은 계속 하늘 한가운데 있었고 거의 종일토록 내려가지 않았습니다. 바로 하나님께서 이스라엘을 위해 싸우고 계셨기 때문입니다.

하나님께서 태양의 정상적인 행로를 바꾸신 적이 또 있었을까요?
(이사야 38:7-8 참조)

성경 스냅사진

영원하신 하나님

나는 알파와 오메가요
처음과 마지막이요
시작과 마침이라
(요한계시록 22:13)

주께는 하루가 천 년 같고
천 년이 하루 같다는
이 한 가지를 잊지 말라
(베드로후서 3:8)

하나님이 말씀하셨어요

하루 = 365,000일?

때와 계절

땅이 있을 동안에는
심음과 거둠과
추위와 더위와 여름과 겨울과
낮과 밤이 쉬지 아니하리라
(창세기 8:22)

범사에 기한이 있고
천하 만사가 다
때가 있나니
(전도서 3:1)

나의 인생

나를 위하여 정한 날이
하루도 되기 전에 주의 책에
다 기록이 되었나이다
(시편 139:16)

와! 하나님은 내가 태어나기도 전에
내 인생의 모든 날을 다 알고 계셨어요.

영원한 삶

너는 청년의 때에
너의 창조주를 기억하라
(전도서 12:1)

보라 **지금**은 은혜 받을 만한 때요
보라 **지금**은 구원의 날이로다
(고린도후서 6:2)

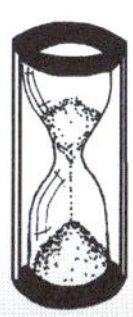

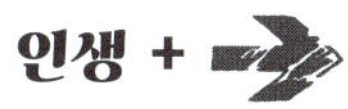

진실로 진실로
너희에게 이르노니
믿는 자는 영생을 **가졌나니**
(요한복음 6:47)

여호수아 12:7-24

전략

적을 향해 진격할 때, 사령관은 그의 군대가 적들과 어떻게 싸울지 계획이 있어야 합니다. 이런 계획을 전략이라고 부릅니다. 정탐꾼들이 적의 군대가 얼마나 강한지, 그 땅의 모양이 어떤지 보고하면, 사령관은 군대를 나누고 각 지휘관들에게 정확한 계획을 알려 줍니다.

그런데 여호수아는 정탐꾼들의 보고나 자신의 지혜에만 의존하지 않았습니다. 그는 인도하시는 하나님을 의지했습니다.

1 먼저 여호수아는 그 땅의 중심부에 있는 성읍들을 정복했습니다. 여리고, 벧엘, 기브온, 아이가 그 성읍들입니다. 이렇게 해서 북쪽과 남쪽의 성읍들을 분리시킬 수 있었고, 그 결과 이들은 더 이상 연합하여 이스라엘에게 대항할 수 없었습니다.

2 그리고 이스라엘은 남쪽에서 온 예루살렘, 헤브론, 야르뭇, 라기스, 에글론 다섯 왕들의 군대와 싸워 이겼습니다(여호수아 10:5).

3 이스라엘의 승리를 들은 북쪽 왕들은 힘을 모아 이스라엘에 대항했습니다(여호수아 11:1-5). 그러나 또다시 하나님은 이스라엘을 도와 이 왕들과 싸워 승리하게 해주셨습니다. 이스라엘은 북쪽의 하솔, 마돈, 시므론, 악삽, 게데스 성읍들을 정복했습니다.

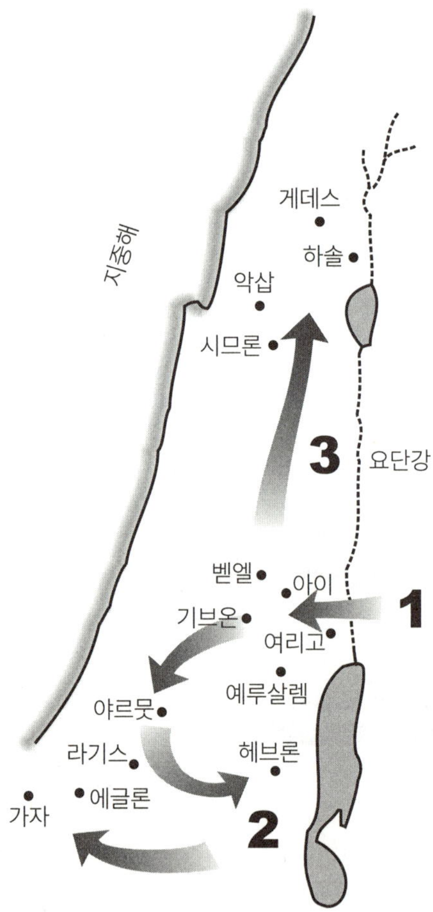

여호수아 13:1-8, 사사기 2:6-7

땅의 분배

여호수아가 나이가 들자, 하나님은 그에게 말씀하셨습니다. “너는 나이가 많고 아직 차지해야 할 땅은 많이 남았다. 하지만 내가 너를 도와주겠다. 너는 이 땅을 아홉 지파와 므낫세 반 지파에게 나누어 분배하도록 하라. 다른 므낫세 반 지파와 르우벤, 갓 지파는 그들이 요구한 대로 요단강 동편에 머물게 하여라.”

열두 지파의 땅은 다음과 같이 분배되었습니다.

야곱의 아들들		이스라엘의 지파
르우벤	⟶	1 르우벤
시므온	⟶	2 시므온
레위		*
유다	⟶	3 유다
단	⟶	4 단
납달리	⟶	5 납달리
갓	⟶	6 갓
아셀	⟶	7 아셀
잇사갈	⟶	8 잇사갈
스불론	⟶	9 스불론
요셉	⟶	10 에브라임(요셉의 아들)
	⟶	11 므낫세(요셉의 아들)
베냐민	⟶	12 베냐민

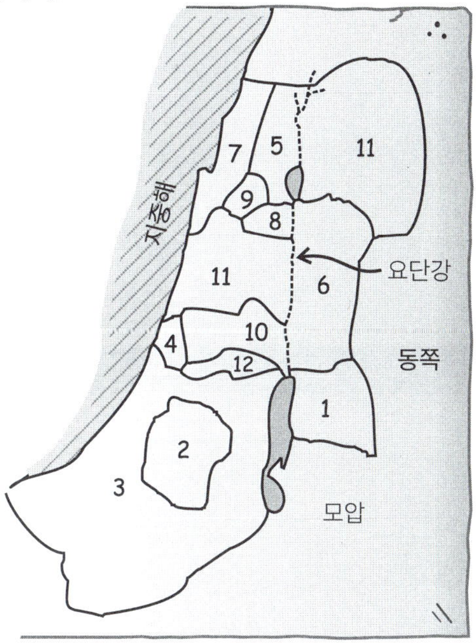

***레위**는 성막에서 섬기며 그곳을 돌보기 위해 선택되었기 때문에 열두 지파에 들지 않았습니다(민수기 3:5-7). 레위 족속은 거주할 성읍과 가축, 목초지를 받았습니다(민수기 35:1-5, 여호수아 14:4).

요셉 족속은 요셉의 두 아들 에브라임, 므낫세 이렇게 두 지파로 새롭게 나뉘었습니다(여호수아 14:3-4).

사사기 2:16, 18

사사들

사사는 모든 사람을 공정하게 잘 대할 수 있도록 하기 위해 이스라엘의 지도자로 선택된 사람입니다. 때로 그들은 이스라엘을 공격하는 주변 나라로부터 백성을 구하기도 했습니다.

사사는 공정해야 했고, 따라서 사람들 사이에 있는 문제를 해결할 수 있는 지혜와 용기가 필요했습니다. 그들은 하나님으로부터 정의와 자비의 기준에 대한 분명한 지침을 받았습니다(출애굽기 23:1-9). 사사가 일하는 모습을 보여 주는 예는 사사기 4:4-5에 잘 나와 있습니다. 기드온과 삼손의 경우는, 중요한 임무를 위해 하나님이 선택하셨습니다.

사사들은 여호수아가 죽고 사울 왕이 나타나기 전까지 이스라엘을 다스렸습니다. 사사기는 여자와 남자 사사들의 용감한 행동을 정리해 놓은 책입니다.

사사	적	성경구절
옷니엘	메소보다미아	사사기 3:7-11
에훗	모압	사사기 3:12-30
삼갈	블레셋	사사기 3:31
드보라와 바락	가나안	사사기 4:1-5:31
기드온	미디안	사사기 6:1-8:35
아비멜렉, 돌라, 야일		사사기 9:1-10:5
입다	암몬	사사기 10:6-12:7
입산, 엘론, 압돈		사사기 12:8-15
삼손	블레셋	사사기 13:1-16:31

이스라엘 백성들이 광야에서 돌아다닐 때 사사가 있었을까요?
(출애굽기 18:13-16 참조)

사사기 2:19-23, 6:1-16

새로운 적

이스라엘 백성들이 항상 형통한 것은 아니었습니다. 사실, 그들이 하나님을 등지고 그 땅의 이방 신들을 섬길 때마다 하나님은 사방의 적들이 이스라엘을 치도록 허용하셨습니다. 하지만 이스라엘이 하나님께 순종하며 따르면 다시 상황은 나아지고 평화가 임했습니다.

이스라엘이 요단강을 건너 약속의 땅으로 들어간 후로 많은 시간이 흘렀습니다. 그들은 많은 전투를 벌였고 여러 기적을 목격했습니다. 하나님은 옷니엘, 에훗, 드보라와 같은 사사들을 사용하셔서 잔인한 적들로부터 이스라엘 백성들을 구하셨습니다.

그러나 이스라엘 백성은 다시 하나님 앞에서 악을 행하였고, 이에 하나님은 미디안 족속들로 하여금 이스라엘을 치고 공격하게 하셨습니다. 그들은 모압 남쪽 미디안 지역에서 올라왔습니다. 칠 년 동안 미디안은 이스라엘의 양과 소를 죽이고 농작물을 파괴했습니다. 그들이 너무 강했기 때문에 이스라엘 사람들은 굴이나 산성을 만들어 산에서 지냈습니다. 그때 이스라엘 백성은 하나님께 도와달라고 부르짖었습니다.

어느 날 밤, 기드온이 밀을 타작(줄기에서 씨를 분리하는 작업)하고 있을 때 하나님의 사자가 그에게 와서 말했습니다. "큰 용사여, 하나님이 너와 함께하신다. 너에게 있는 그 힘을 가지고 가서 이스라엘을 미디안의 손에서 구원하라."

기드온이 답했습니다. "하지만 주님, 제가 어떻게 이스라엘을 구할 수 있겠습니까? 저희 집안은 므낫세 중에 가장 약하고 저는 제 가족 중에서 가장 작은 자입니다."

하나님께서 그에게 말씀하셨습니다. "내가 너와 함께할 것이다. 네가 미디안을 한 사람을 치듯 이길 것이다."

사사기 6:33-40

표징을 구한 기드온

이때 미디안 사람들이 요단강을 건너 약속의 땅에 들어왔습니다. 그들은 다른 군대와 함께 이스라엘을 공격하기 위해 오고 있었습니다.

하나님의 영이 기드온에게 임하자 그는 므낫세 온 지역에 사자들을 보내 모두 나와서 미디안과 싸우도록 불렀습니다.

그리고 기드온은 기도하며 하나님의 도우심에 대한 표징을 구했습니다. 기드온은 말했습니다. "주께서 말씀하신 대로 이스라엘을 구원하실 거라면 저에게 이렇게 보여 주소서. 제가 오늘 밤 타작마당에 양털 한 뭉치를 두겠습니다. 내일 아침 양털에만 이슬이 있고 땅은 마르면 그때 주께서 나를 사용하사 이스라엘을 구원하실 것이라고 제가 알겠습니다."

이튿날 아침 일찍 기드온이 일어났을 때 양털이 흠뻑 젖어서 꽉 짜니 물이 한 그릇에 가득했습니다.

그러자 기드온은 또 기도했습니다. "주여, 저에게 화내지 마옵소서. 제가 한 번 더 구하겠습니다. 양털로 한 번 더 시험하게 해주소서. 이번에는 양털만 마르고 땅은 이슬로 젖어 있게 해주소서."

밤새 하나님은 기드온이 구한 대로 하셨습니다. 아침에 보니, 양털은 마른 상태였지만 주변 땅은 이슬로 덮여 있었습니다.

시편 32:8, 143:8, 야고보서 1:5

올바른 결정

기드온은 자기가 하려는 일이 진실로 하나님의 계획인지 분명히 알고 싶어서 하나님께 표징을 구했습니다. 미디안과 싸울 때 다른 사람들도 함께 참여하게 될 것이고, 만약 일이 잘못되면 아이 성 때처럼 기드온이 책임을 져야 할 것입니다.

비록 이처럼 큰 결정은 아닐지라도, 삶에서 우리가 내리는 여러 결정은 매우 중요한 일입니다. 그렇다면 하나님이 여러분에게 뭔가를 하라고 하시는 것처럼 보일 때, 정말로 나에게 말씀하는 분이 하나님인지 어떻게 확신할 수 있을까요? 그것이 나의 상상이거나 혹은 그냥 내가 느끼는 감정은 아닌지 어떻게 알 수 있을까요?

뭔가를 결정할 때 다음 내용을 생각하고 참고해 보세요

- 여러분이 내려야 할 결정에 대해 기도하세요.
- 하나님의 말씀을 통해 인도해 달라고 간구하세요. 하나님은 종종 성경 속 인물이나 상황을 통해 하나님이 원하시는 것이 무엇인지 보여 주십니다. 그것은 내가 처한 상황에 맞는, 내 마음을 사로잡는 단 한 구절의 말씀일 수도 있습니다.
- 하나님은 환경을 통해서 일하시기도 합니다. 우리가 알아볼 수 있게 여러 상황이 맞아떨어지는 경우처럼 말이죠.
- 우리 안에 계신 성령님은 우리를 인도해 주겠다고 약속하셨습니다. 성령님은 우리 마음속에 생각을 넣어 주시거나 강한 감정을 일으키시는 방식으로 일하실 수 있습니다(요한복음 16:13-14).
- 여러분의 계획에 대해 부모님, 그리스도인 친구들과 함께 이야기를 나눠 보세요. 하나님은 다른 사람의 지혜와 조언을 통해 우리를 인도해 주시기도 합니다.
- 아직 확신이 없다면 기다리세요. 하나님의 뜻대로 하고자 하는 마음이 있다면, 하나님은 적절한 때에 그분의 길을 분명하게 보여 주실 것입니다.

사사기 7:1-8

삼백 명의 용사들

아침 일찍, 기드온과 그의 군대는 샘이 있는 곳에 진을 쳤습니다. 미디안 진영은 북쪽 계곡에 있었습니다.

하나님께서 기드온에게 말씀하셨습니다. "내가 미디안을 너에게 넘겨주기에는 사람이 너무 많다. 이스라엘 백성이 자칫 교만하여 그들 스스로 구원하였다고 생각할지 모른다. 그러니 너는 군사 중 누구든지 두려운 자는 집으로 돌아가라고 명하여라."

이에 2만 2천 명이 집으로 돌아가고 만 명이 남았습니다. 하나님은 기드온에게 또 말씀하셨습니다. "아직도 너무 많다. 이들을 물가로 데리고 가라. 내가 거기서 너를 위해 그들을 시험하겠다." 기드온은 군사들을 데리고 물가로 내려갔습니다.

그러자 하나님이 기드온에게 말씀하셨습니다. "개처럼 혀로 물을 마시는 자는 한쪽으로 불러라. 그리고 무릎을 꿇고 마시는 자를 따로 모아라."

삼백 명의 군사들이 손으로 움켜 물을 핥아 마셨습니다. 나머지는 무릎을 꿇고 엎드려 물을 마셨습니다.

하나님이 기드온에게 말씀하셨습니다. "물을 핥아 마신 삼백 명으로 내가 미디안을 네 손에 넘겨주겠다. 남은 백성은 집으로 돌아가게 하라."

그래서 기드온은 나머지 사람들을 집으로 돌려보냈고 그들에게서 음식과 항아리, 양각 나팔을 받아 놓았습니다. 단 삼백 명의 군사들만 기드온과 함께 남았습니다.

300명의 사람들 중 기드온을 찾아보세요. 기드온은 나팔과 항아리를 들고 있어요.

승리의 밤

기드온과 삼백 명은 아래쪽 계곡에 진을 치고 있는 미디안과 멀지 않은 산등성이에 있었습니다.

기드온은 군사들을 백 명씩 세 그룹으로 나누고 말했습니다. "나를 보고 내가 하는 대로 하여라. 우리가 나팔을 불면 너희 모두 나팔을 불어야 한다. 그리고 '여호와를 위하여, 기드온을 위하여'라고 외쳐라."

세 그룹은 흩어져서 미디안 진영을 둘러쌌습니다.

한밤중에 기드온과 그의 군대는 나팔을 불고 항아리를 깨뜨렸습니다. 그들은 한 손에는 횃불을, 다른 손에는 나팔을 들고 "여호와와 기드온을 위한 칼이다!"라고 소리쳤습니다.

미디안 사람들은 놀라서 급히 뛰어 도망가려고 했습니다. 큰 나팔소리에 그들은 칼을 들고 서로 싸우기 시작했습니다. 그 정신없는 소동에 죽지 않고 살아남은 자들은 도망쳤습니다.

납달리, 아셀, 므낫세 지파에서 나온 이스라엘 사람들은 미디안 군사들을 쫓아갔습니다. 기드온은 에브라임 지파에 앞서 사자들을 보내 요단강을 건너는 곳에서 미디안 사람들을 막으라고 말했습니다.

이렇게 하나님은 이스라엘 백성들에게 승리를 주셨고, 기드온이 살아있는 40년 동안 그 땅에 평화가 찾아왔습니다.

사사기 13:1-5, 24-25

강한 힘을 가진 구원자

기드온이 죽은 후, 이스라엘은 하나님을 떠나 악을 행했습니다. 이에 하나님은 블레셋을 통해 사십 년간 이스라엘을 괴롭게 하셨습니다.

단 지파에 한 사람이 있었는데 그의 아내는 아이를 낳지 못했습니다. 어느 날 하나님의 천사가 그 여인에게 와서 말했습니다. "네가 자녀를 낳지 못했으나 이제 곧 아들을 낳을 것이다. 이 아이는 태어날 때부터 하나님께 바쳐진 사람이다. 나실인으로 구별되었으니 머리를 잘라서는 안 된다. 그가 블레셋에게서 이스라엘을 구원하기 시작할 것이다."

천사의 말대로 여인은 아이를 낳았고 그녀는 아들을 삼손이라 불렀습니다. 삼손이 자라날 때 하나님은 그를 축복하셨고 하나님의 영이 삼손 안에서 역사하기 시작했습니다.

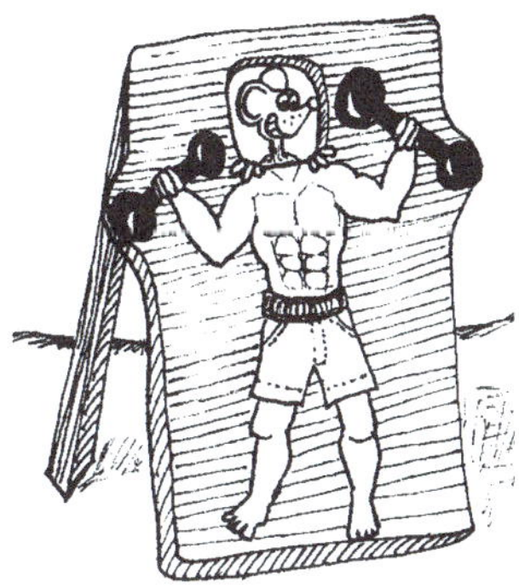

당신은 용감한 사람?
아니면 생쥐?

성인이 된 삼손은 딤나라는 마을에 가서 한 블레셋 여인을 만났습니다. 그는 집으로 돌아와 아버지에게 말했습니다. "딤나에서 한 블레셋 여인을 보았습니다. 그녀를 맞이해 결혼하고 싶습니다."

그러나 부모님은 그 여인이 블레셋 사람이었으므로 삼손의 결정에 기뻐하지 않았습니다. 하지만 삼손은 자기가 원하는 대로 하겠다며 그녀와 결혼하겠다고 고집했습니다.

시간이 흘러, 삼손은 결혼하기 위해 부모님과 함께 딤나로 가고 있었습니다. 가는 길에 그는 전에 자신이 죽인 사자의 시체를 보러 갔습니다. 사자의 몸 안에 벌집이 있어서 삼손은 꿀을 한 움큼 떠서 먹었습니다. 그리고 부모님에게도 꿀을 조금 드렸지만 꿀이 어디서 났는지는 말하지 않았습니다.

사사기 14:20, 15:1-15, 16:1-5

삼손과 블레셋 사람들

칠 일간 계속된 결혼 잔치가 끝난 후 신부의 아버지는 그 여자를 삼손이 아닌 다른 친구와 결혼시켜 버렸습니다. 몹시 화가 난 삼손은 가서 많은 블레셋 사람을 죽였습니다.

블레셋 사람들은 이에 대한 보복으로 유다로 가서 이스라엘 사람들에게 복수를 했습니다. 유다 사람들은 그 블레셋 사람들이 사실 삼손을 노렸음을 알고 삼손을 찾아가 그를 묶어 블레셋 사람들에게 넘겨줘 버렸습니다.

하루는 삼손이 가사(블레셋의 큰 성읍)에 가서 하룻밤을 묵게 되었습니다. 가사 사람들이 삼손이 그곳에 있다는 것을 알고 다음 날 그를 잡기로 했습니다. 그러나 삼손은 한밤중에 성문을 뜯어 그 문을 지고 산꼭대기까지 올라갔습니다.

얼마 후 삼손은 들릴라라는 여자와 사랑에 빠졌습니다. 블레셋 사람들은 그 여인을 이용해 삼손이 강한 이유가 무엇인지 알아내고자 했습니다. 그들은 들릴라에게 많은 돈을 뇌물로 주었습니다.

그래서 들릴라는 삼손에게 물었습니다. “무엇 때문에 당신이 이렇게 강한지 알려 주세요. 당신을 묶어서 풀지 못하게 하려면 어떻게 해야 하는지 말해 봐요.”

삼손이 대답했습니다. “일곱 개의 활줄로 나를 묶으면 나도 다른 사람과 똑같이 약해질 거요.”

사사기 16:6-31

신전을 무너뜨린 삼손

그러자 블레셋 사람들이 들릴라에게 일곱 개의 활줄을 주었고 그녀는 활줄로 삼손을 묶었습니다. 블레셋 사람들이 근처에 숨어 있고 들릴라는 소리쳤습니다. "삼손, 블레셋 사람들이 당신을 잡으러 왔어요!" 하지만 삼손은 쉽게 줄을 끊어 버렸고 삼손의 힘의 비밀은 아무도 알 수 없었습니다.

그때 들릴라가 말했습니다. "당신은 나를 놀렸군요. 어떻게 하면 당신을 결박할 수 있는지 어서 말해 봐요."

삼손이 말했습니다. "새 밧줄을 가지고 나를 묶으면 나도 다른 사람과 같이 약해질 거요."

그러나 역시 같은 일이 일어났습니다. 삼손은 그 줄도 실처럼 끊어 버렸습니다.

세 번이나 삼손은 탈출했습니다. 그래서 들릴라는 매일같이 삼손을 들볶았습니다. 결국 삼손은 더 이상 견디지 못하고 말했습니다. "내 머리를 밀면 나는 모든 힘을 잃을 것이오."

들릴라는 블레셋 사람들에게 삼손의 힘의 비밀을 알려 주었고, 그들은 삼손이 잘 때 삼손의 머리를 다 밀어 버렸습니다. 들릴라가 전과 같이 삼손에게 외쳤지만 이번에는 그 힘이 다 사라져 버렸습니다. 그래서 블레셋 사람들은 삼손을 결박하고 눈을 뽑았습니다. 그들은 삼손을 가사로 데리고 가서 감옥에 가두었습니다.

시간이 흘러, 삼손의 머리가 다시 자라났습니다. 그러던 어느 날 블레셋 사람들이 다곤 신에게 제사를 지내고 있을 때 구경거리를 삼으려고 삼손을 불러냈습니다. 신전의 두 기둥 사이에 선 삼손은 하나님께 다시 힘을 달라고 기도했습니다. 삼손이 온 힘을 다해 기둥을 밀자 신전 전체가 무너져 내렸고 그 안에 모인 블레셋 사람들은 다 죽었습니다.

룻기 1장

룻 이야기

성경에 아름다운 이야기가 하나 있습니다. 슬프지만 결국 행복한 결말로 끝나는 이야기입니다. 그리고 성경의 다른 이야기처럼 실제 있었던 일입니다. 사실, 구약에는 룻 이야기만 적은 책이 따로 있습니다. 제목도 룻의 이름을 딴 것입니다.

룻은 유다 동쪽에 자리한 모압 지역에서 자라났습니다(103페이지 지도 참조). 사사기 시대에 유다에는 기근이 있었습니다. 그곳에는 충분한 음식이 없었기 때문에 어떤 사람들은 짐을 싸서 모압으로 가서 살았습니다.

엘리멜렉과 아내 나오미, 두 아들도 그들 중 하나였습니다. 시간이 흘러, 두 아들은 모압 여인들과 결혼을 했고 그중 한 사람이 룻이었습니다. 모압에 사는 동안 나오미의 남편은 죽고, 십 년 정도가 흘러 두 아들도 모두 죽고 말았습니다.

나오미는 가슴이 찢어졌습니다. 고향이 아닌 그곳에서 외로움을 느꼈습니다. 돌볼 손자나 손녀도 없었습니다. 그래서 나오미는 유다로 돌아가기로 결정했습니다.

룻도 나오미와 함께 가고 싶어 했지만 나오미는 말했습니다. “너희는 차라리 이곳에 남아 다른 사람과 결혼하여라.”

그러나 룻은 간청하며 말했습니다. “저는 어머니의 하나님이 제 하나님이 되기를 원합니다. 그리고 어머니의 백성이 제 백성이 되었으면 좋겠습니다.”

결국 나오미는 룻이 함께 가도록 허락했고 그들은 같이 길을 떠났습니다.

그들이 유다 베들레헴에 도착했을 때, 사람들이 나오미를 알아보고 그녀를 환영해 주었습니다. 하지만 나오미는 말했습니다. “저를 나오미(‘기쁨’이라는 뜻)라 부르지 마세요. 저를 마라(‘쓰다’라는 뜻. 나오미의 감정이 바로 그와 같았습니다)라고 부르세요.”

(116페이지에서 계속됩니다)

사랑은 어디에서 오는 걸까요?

사랑은 마음에서 나옵니다

성경에서 말하는 마음이란 무엇이 중요하고 누가 중요한지 결정하는 우리 내면의 공간입니다. 또한 우리 마음은 누군가를 위해 기꺼이 무엇을 하거나 포기하는 결정도 합니다.

사랑은 우리의 말과 행동에서 가장 잘 드러납니다. 다시 말하면, 사랑의 감정이 있어야만 사랑을 보여 줄 수 있는 것은 아니라는 뜻입니다. 사랑은 일종의 **결심**과 같아서, 내가 좋아하지 않는 사람들에게라도 그들을 친절히 대함으로 우리의 사랑을 보여 줄 수 있습니다.

사랑은 하나님께로부터 나옵니다(요한일서 4:7)

하나님은 우리에게 주신 성령을 통해 우리 마음속에 그분의 사랑을 부어 주셨습니다(로마서 5:5). 하나님은 우리 마음을 그분의 사랑으로 가득 넘치게 채워 주기 원하십니다.

그러나 우리 마음이 잘못된 것들, 가령 용서하지 못함, 시기, 교만과 같은 것들로 가득 차 있으면 하나님의 사랑이 들어올 여유가 없습니다. 하나님의 사랑을 뭔가가 가로막고 있다면, 하나님께 용서를 구하고 일을 바로잡게 해달라고 구해 보세요. 그때 성령님은 하나님의 사랑이 우리를 통해 다른 사람에게 흘러가도록 해주십니다.

하나님은 사랑입니다
(요한일서 4:16)

성령님은 우리가
사랑할 수 있게 도와주십니다.
(로마서 5:5, 갈라디아서 5:22)

하나님의 사랑이
우리 마음에 부어졌습니다.

예수님은 우리에게
사랑하는 법을 보여 주셨습니다.
(요한일서 3:16)

그리고 그 사랑은 다른 사람들에게 넘쳐 흘러갑니다.
(데살로니가전서 3:12)

룻이 보아스의 밭에서 일하다

추수 때가 이르자 룻이 나오미에게 말했습니다. "밭에 나가 이삭을 주워오겠습니다."

그리고 룻은 밖에 나가 보아스에게 속한 밭에서 일을 시작하였습니다. (보아스는 여리고 성에 온 정탐꾼을 도왔던 라합의 아들이었습니다. 87페이지, 마태복음 1:5 참조)

얼마 안 있어 보아스가 도착하여 일꾼들에게 인사했습니다. 그리고 새로 온 여인이 누구인지 물었습니다. 일꾼들은 그녀가 시어머니 나오미와 함께 모압에서 왔다고 말했습니다. 이에 보아스는 룻에게 가서 말했습니다. "이삭을 주우러 다른 밭에 가지 말고 여기에 머무시오." 보아스는 룻을 친절히 대해 주었고 일꾼들에게 곡식 다발에서 이삭을 뽑아 그녀를 위해 남겨두라고 말했습니다.

룻은 보아스에게 매우 고마워했고, 집에 돌아와 나오미에게 그 친절한 분에 대해 말했습니다. 그러자 나오미는 그가 엘리멜렉의 친척임을 깨달았습니다.

추수가 끝날 때까지 룻은 보아스에게 속한 밭에서 곡식을 거두었습니다. 룻과 나오미는 먹을 양식이 풍족했습니다.

어느 날, 나오미는 룻에게 밤에 보아스가 일하는 곳 타작마당으로 가라고 말했습니다. "보아스가 잠이 들면 가서 그의 발밑에 누워라." 나오미가 말했습니다.

룻과 보아스가 결혼하다

그래서 룻은 준비하고 나가 나오미의 말대로 했습니다. 밤중에 잠이 깬 보아스는 발치에 누가 있는 것을 보고 의아해했습니다. 그리고 그 사람이 룻인 것을 알고는 매우 기뻐하며 아침까지 거기 머물러 있으라고 했습니다.

해가 떠오르자마자, 보아스는 나오미와 룻을 돌보아야 할 의무가 있는 사람과 얘기하러 갔습니다. 그가 가장 가까운 친척이었기 때문입니다. 그 친척은 보아스가 자기 대신에 두 사람을 돌보는 것에 합의했습니다. 그 말은 보아스가 룻과 결혼할 수 있다는 의미였습니다.

그래서 보아스와 룻은 결혼하여 오벳이라는 이름의 아들을 낳았습니다. 오벳은 다윗 왕의 할아버지가 됩니다.

여러 세대가 흘러, 보아스와 룻의 집안에 요셉이라는 이름의 남자가 태어났습니다. 요셉은 예수님의 어머니인 마리아와 결혼하였습니다(마태복음 1:5-16).

* * *

룻의 인생은 우리가 어떻게 사랑해야 하는지 그 본을 보여 줍니다

룻의

- **나오미**를 향한 사랑은 충성, 존경, 도움을 보여 줍니다.
- **하나님**을 향한 사랑은 경배, 신실함, 겸손을 보여 줍니다.
- **보아스**를 향한 사랑은 친절, 부드러움, 순전함을 보여 줍니다.

각 사람에 대한 사랑의 **감정**은 조금씩 달랐을지 모릅니다. 그러나 룻의 **행동**은 모두 의지적인 사랑을 보여 주었습니다.

사랑은 무엇일까요?

누군가를 사랑할 때 우리 내면에서 일어나는 감정을 어떻게 설명할 수 있을까요? 사랑의 예시가 없다면 사랑이 무엇인지 어떻게 설명할 수 있겠습니까?

사랑이 행동과 방식으로 어떻게 드러나는지 설명할 수 없다면 사랑이 무엇인지 말하기란 어려운 일입니다.

어쩌면 그 이유로 바울은 무엇이 사랑이고 무엇이 사랑이 아닌지, 또 어떤 행동이 사랑이고 사랑이 아닌지에 대해서 긴 목록을 만들었을 것입니다. 고린도전서 13:4-7을 보세요.

> **여러분의 사랑을 점검해 보세요**
>
> 이 목록을 읽으며
> **사랑**이라는 단어가 보일 때마다
> 여러분의 이름을 넣어 말해 보세요.
>
> 다음 중 여러분이 더 노력해야 할
> 영역이 있나요?

사랑은…

- 사랑은 오래 참고,
- 사랑은 온유하며,
- 사랑은 시기하지 아니하며,
- 사랑은 자랑하지 아니하며,
- 사랑은 교만하지 아니하며,
- 사랑은 무례히 행하지 아니하며,
- 사랑은 자기의 유익을 구하지 아니하며(사랑은 이기적이지 아니하며),
- 사랑은 성내지 아니하며,
- 사랑은 악한 것을 생각하지 아니하며(사랑은 용서하며),
- 사랑은 불의를 기뻐하지 아니하며,
- 사랑은 진리와 함께 기뻐하고,
- 사랑은 모든 것을 참으며,
- 사랑은 모든 것을 믿으며,
- 사랑은 모든 것을 바라며,
- 사랑은 모든 것을 견디느니라(사랑은 계속해서 나아갑니다).

욥기 1장, 2:1-8

욥 이야기

아브라함, 이삭, 야곱과 같은 족장 시대에 욥이라는 한 남자가 살고 있었습니다. 욥은 매우 부유했으며 대가족을 이루고 살았습니다. 욥은 하나님을 신뢰하고 그분을 신실하게 섬겼습니다.

하루는 하나님이 사탄과 이야기하던 중에 말씀하셨습니다. "내 종 욥에 대해 어떻게 생각하느냐? 그와 같이 흠 없고 선한 자가 이 세상에 없다."

사탄이 대답했습니다. "주께서 욥을 보호하고 축복하시니 욥이 하나님을 믿는 것입니다. 그가 가진 모든 것을 치시면 욥은 하나님을 저주할 것입니다."

그러자 하나님은 사탄에게 말씀하셨습니다. "보라, 그가 가진 모든 것을 네게 맡기겠다. 하지만 욥의 몸에는 손대지 마라." 이후 사탄은 하나님 앞을 떠났습니다.

그러던 어느 날, 욥이 소유한 모든 것이 갑자기 사라져 버렸습니다. 사탄은 욥의 소유를 하나씩 가져갔습니다. 일이 터질 때마다 종 하나가 빠져나와 욥에게 나쁜 소식을 전했습니다.

욥의

- **소와 나귀**는 침입자들이 빼앗아 갔습니다. 욥기 1:14-15
- **양**은 불에 타 버렸습니다. 욥기 1:16
- **낙타**도 도적 떼가 훔쳐가 버렸습니다. 욥기 1:17
- **아들과 딸들**도 강풍에 다 죽고 말았습니다. 욥기 1:18-19

욥은 이 모든 일을 듣고 말했습니다. "주신 분도 하나님이시고 가져가신 분도 하나님이시다. 하나님의 이름이 찬양받으리로다."

그때 사탄이 하나님께 말했습니다. "욥은 아직 건강합니다. 몸의 건강을 해치면 하나님을 저주할 것입니다." 그래서 하나님은 욥의 몸을 아프게 하는 것까지 허락하셨습니다. 그러나 그의 생명에는 손대지 못하게 하셨습니다. 그러자 욥의 온몸에 종기가 나기 시작했습니다. 그러나 여전히 욥은 하나님을 신뢰했습니다.

욥기 2:11-25:63

욥의 세 친구

욥의 세 친구들이 그의 고난을 듣고 욥을 보러 왔습니다. 그러나 친구들은 격려의 말 대신 다음과 같은 말을 하며 욥의 마음을 더 힘들게 했습니다.

하나님이 말씀하시다

그때 하나님께서 말씀하셨습니다.

“그렇게 어리석은 말로 내 지혜에 의문을 제기하는 자가 누구냐?” 이때 하나님은 자연의 여러 가지 예를 드시며 그분의 위대하심을 말씀하셨습니다. 이를 통해 욥은 하나님이 계속해서 모든 것을 다스리고 계셨음을 깨닫게 되었습니다. 하나님은 욥에게 말씀하셨습니다. “내가 땅의 기초를 놓을 때 너는 어디에 있었느냐? 너는 우주의 법칙을 아느냐? 네가 그 법칙을 이용해 지구를 움직일 수 있느냐?”(욥기 38-41장)

욥이 대답했습니다. “저는 주님이 모든 것을 다 하실 수 있음을 압니다. 그 누구도 하나님을 막을 수 없습니다. 전에는 하나님에 대해 듣기만 했었는데 이제 제 눈으로 하나님을 뵈었습니다. 제가 했던 모든 말을 거두어들이겠습니다. 그리고 띠끌과 재 가운데 앉아 회개합니다.”

그러자 하나님은 욥의 세 친구들에게 말씀하셨습니다. “내가 너희에게 분노하는 것은 너희가 나에 대해 말할 때 내 종 욥처럼 진리를 말하지 않았기 때문이다. 이제 내 종 욥이 너희를 위해 기도할 것이니 내가 그 기도를 듣고 너희가 마땅히 당할 벌을 내리지 않겠다.”

욥이 그의 친구들을 위해 기도한 후에 하나님은 욥이 잃었던 모든 것을 다시 주셨습니다. 그것도 훨씬 더 많이 주셨습니다.

이전	성경구절	이후	성경구절
7명의 아들	욥기 1:2	7명의 아들	욥기 42:13
3명의 딸들	욥기 1:2	3명의 딸들	욥기 42:13
7000마리의 양	욥기 1:3	14000마리의 양	욥기 42:12
3000마리의 낙타	욥기 1:3	6000마리의 낙타	욥기 42:12
500겨리(1000마리)의 소	욥기 1:3	1000겨리(2000마리)의 소	욥기 42:12
500마리의 나귀	욥기 1:3	100마리의 나귀	욥기 42:12

욥의 딸들은 그 땅에서 가장 아름다웠습니다. 욥은 딸들에게도 아들과 똑같이 유산을 물려주었습니다. 이후 욥은 백사십 세까지 장수하며 손자의 손자까지 볼 수 있었습니다.

일이 잘 안 풀릴 때

안 좋은 일이 일어날 때 그것이 하나님의 시험인지, 아니면 사탄이 우리를 힘들게 하려고 꾸민 계략인지 어떻게 알 수 있을까요?

일이 잘못되는 데는 여러 가지 이유가 있을 수 있습니다. 모든 고난이 시험이라고 할 수 없으며, 또 모든 문제가 다 사탄으로부터 온 것도 아닙니다.

일이 잘 안 풀리는 데에는 다음과 같은 이유가 있을 수 있습니다.

- **우리의 실수.** 우리는 인간으로서 실수를 합니다. 뭔가를 잊어버리기도 하고 물건을 떨어뜨리거나 잃어버리기도 합니다. 실수는 죄가 아니지만, 실수를 통해서 우리가 완전하지 않다는 것을 떠올릴 수 있습니다. (완벽한 사람은 아무도 없으니까요!)
- **세상의 한계.** 우리가 사는 세상은 불완전합니다. 어떤 것도 영원하지 않습니다. 모든 것이 언젠가는 녹이 슬거나 먼지로 변하고 맙니다. 우리는 오직 하늘의 보물만이 영원히 지속된다는 것을 기억해야 합니다(마태복음 6:19-21).
- **다른 사람들이 주는 상처.** 하나님은 사람들에게 자유 의지를 주셨습니다. 그 말은 사람들이 자기가 하고 싶은 것을 선택할 수 있다는 뜻입니다. 안타깝게도 어떤 사람들은 다른 사람들에게 상처를 주는 선택을 합니다. 하나님은 이에 대해 분노하십니다. 특히 아이들과 약한 사람들에게 해를 가할 때 더욱 그렇습니다. 하나님은 하나님께서 소중히 여기는 존재를 상하게 하고 해하는 사람들을 벌하실 것입니다(마태복음 18:5-6).
- **우리의 불순종.** 하나님, 부모님, 학교의 규칙에 불순종하는 것은 항상 문제를 낳습니다. 규칙에는 다 이유가 있습니다. 알면서도 잘못을 저지르는 것은 죄를 짓는 것입니다. 그리고 용서를 구한다 해도, 우리는 보통 불순종해서 일으킨 문제를 감당해야 합니다(베드로전서 2:13-14).
- **하나님의 훈련.** 하나님은 우리가 죄를 짓자마자 일부러 해코지하시는 분이 아닙니다. 하지만 그분은 우리를 사랑하시기 때문에 우리가 죄악된 습관에 빠지지 않도록, 혹은 우리가 상처받지 않도록 우리를 훈련하십니다(히브리서 12:5-11).

나쁜 것에서 좋은 것으로

우리 인생에서 한 가지는 확실합니다. 나쁜 일은 반드시 일어난다는 것입니다. 나쁜 일은 모든 사람에게 다 일어나므로, 중요한 것은 그럴 때 우리가 어떻게 반응하느냐 하는 것입니다. 우리는 불평하거나 원망할 수도 있고, 혹은 그 문제를 하나님께 말씀드릴 수도 있습니다.

우리가 하나님께서 지금 일어나는 일을 돌보고 계심을 믿는다면 하나님은 우리가 인생의 어려움을 잘 이겨낼 수 있도록 도우실 것입니다. 성경의 많은 인물들이 상황이 힘들 때 어떻게 하나님께 기도했는지, 그리고 하나님께서 얼마나 놀랍게 그 부르짖음에 응답하셨는지 생각해 보세요.

이 문제에서 어떻게 선한 것이 나올 수 있을지 의심스러울 때에도 우리는 하나님을 신뢰할 수 있습니다. 하나님은 바로 그 문제까지도, 뒤에서 완성되어 가는 완벽한 계획의 일부로 사용하실 수 있습니다.

항상 이것을 기억하세요. "우리가 알거니와 하나님을 사랑하는 … 자들에게는 **모든 것**이 합력하여 **선**을 이루느니라"(로마서 8:28). 이제 안 좋은 상황에서 나올 수 있는 좋은 것들을 살펴봅시다.

고난과 어려움은

- 우리의 **인격을 연단**해(내면을 강하게) 줍니다(로마서 5:3, 야고보서 1:2-3, 욥기 23:10).
- 우리를 **겸손하게** 해주고 우리에게 하나님이 필요하다는 사실을 깨닫게 해줍니다(신명기 8:3).
- 우리가 **믿음 안에서 자라나게** 도와줍니다(예레미야 17:7-8).
- 우리가 **다른 사람을 더 이해하고 인내하게** 도와줍니다(고린도후서 1:3-4).
- 우리가 **예수님께 영광 돌릴 수 있게** 도와줍니다(베드로전서 4:13).
- **하늘에서 상급을 받게** 해줍니다(야고보서 1:12, 고린도후서 4:17, 요한계시록 21:7).
- **실수로부터 교훈을 배우고** 나중에 더 큰 실수를 하지 않도록 해줍니다.

사무엘상 1장

한 여인의 기도를 들으심

엘가나와 그의 아내 한나는 매년 실로라는 곳으로 가서 하나님께 예배를 드렸습니다. 엘가나는 한나를 매우 사랑했습니다. 그러나 아이가 없던 한나는 성전에 갈 때마다 매우 슬퍼했습니다.

실로에 있었을 때 어느 날 한나는 기도하러 성전에 갔습니다. 그녀는 너무 슬퍼서 눈물이 멈추지 않았습니다. 그리고 하나님께 말했습니다. "전능하신 하나님, 당신의 종의 슬픔을 보시고 제 기도에 응답하사 아들을 주시면, 제가 그 아이를 하나님께 드리겠습니다. 그 아이는 사는 동안 하나님의 것이 될 것입니다. 그리고 그를 하나님께 바친다는 표시로 그의 머리를 결코 자르지 않겠습니다."

한나가 계속해서 조용히 기도하는데, 입구에 앉아 있던 제사장 엘리는 한나가 입술을 움직이는 것을 보고 그녀가 취했다고 생각했습니다. 그래서 그는 한나에게 말하러 갔습니다.

하지만 한나는 엘리에게 말했습니다. "제사장님, 저는 술을 마신 것이 아닙니다. 다만 마음이 너무 힘들어서 하나님께 제 마음을 말씀드리고 있었습니다."

그러자 엘리가 말했습니다. "평안 가운데 가시오. 하나님께서 그대가 구한 것을 들어주시길 원하오."

다음 날 엘가나와 한나는 라마에 있는 집으로 돌아갔습니다. 그리고 하나님은 한나의 기도를 기억하시고 그녀에게 자녀를 허락하셨습니다. 한나는 아이의 이름을 사무엘이라 지었는데 그 뜻은 '하나님께 간구하였다'입니다.

사무엘이 어느 정도 자라나자, 한나는 아이를 데리고 성전에 가서 그를 하나님께 드렸습니다. 그래서 사무엘은 엘리와 함께 성전에 머물러 살았습니다.

마태복음 7:7-9, 18:9, 누가복음 17:6

저도 간구할 수 있나요?

내가 하나님께 무엇을 구할 수 있고 또 무엇을 구할 수 없는지에 대해 궁금해한 적 있나요? 성경에는 사람들이 했던 다양한 기도의 예가 (아래와 같이) 나와 있습니다. 진심으로 구하며 하나님이 그 일을 해주실 수 있다는 것을 믿으면, 하나님은 여러분에게 가장 좋은 것을 주실 것입니다. 아래에 여러분의 기도제목을 기록해 보세요.

예수님께서 말씀하셨습니다. "내 이름으로 무엇이든지 내게 구하면 내가 행하리라"(요한복음 14:14). 그러니 여러분도 구하세요.

" "

인물	기도제목	성경구절
다윗	도우심	시편 30:10
바울	치유	사도행전 28:7-9
솔로몬	지혜	역대하 1:10
예수님	예수님의 친구들	요한복음 17:9, 20
한나	아기	사무엘상 1:27
엘리야	하늘로부터 오는 불	열왕기상 18:36-38
요나	그의 생명	요나서 2:1-2
삼손	힘	사사기 16:28
사무엘	비	사무엘상 12:17
느헤미야	성공	느헤미야 1:11

기도를 뜻하는 다른 말들

- 하나님께 **구하다**(마태복음 7:7)
- 하나님을 **부르다**(시편 55:16, 우리말성경)
- 하나님께 **간구하다**(다니엘 9:3)
- 하나님께 **부르짖다**(시편 118:5)

사무엘상 3:1-18

하나님의 음성을 들은 사무엘

아직 어린 사무엘은 실로의 성전에 살면서 엘리 제사장을 돕고 있었습니다. 이제 하나님은 더 이상 어느 누구에게도 직접 말씀하지 않으셨고 그런 지도 오래되었습니다.

나이가 많고 눈도 잘 보이지 않던 엘리는 밤이 되어 쉬려고 들어갔습니다. 사무엘은 하나님의 언약궤가 있는 성전(성막) 안에 누워 있었습니다. 그런데 갑자기 사무엘은 누군가 자신을 부르는 소리를 들었습니다.

사무엘은 일어나서 엘리에게 달려갔습니다. "제가 여기 있습니다. 저를 부르셨어요?"

그러나 엘리가 말했습니다. "나는 너를 부르지 않았다. 가서 다시 자거라." 그래서 사무엘은 다시 누웠습니다.

그때 하나님께서 두 번째로 사무엘을 부르셨습니다. 또 사무엘은 일어나서 엘리에게 갔습니다. 그러나 엘리가 말했습니다. "나는 너를 부르지 않았다. 가서 눕거라."

하나님께서 사무엘을 세 번째로 부르셨습니다. 사무엘은 전처럼 일어나서 엘리에게 갔습니다. "저를 부르셨어요?" 사무엘이 물었습니다.

그때 엘리는 하나님이 사무엘을 부르고 계신다는 것을 깨달았습니다. 그래서 엘리는 말했습니다. "가서 누워라. 누가 너를 다시 부르면, 그때 '말씀하소서, 주님. 주의 종이 듣겠습니다'라고 말하여라." 그래서 사무엘은 다시 침실로 갔습니다.

하나님이 오셔서 그 앞에 서서 사무엘을 부르셨습니다. 그때 사무엘이 대답했습니다. "말씀하소서, 주의 종이 듣겠습니다." 하나님은 사무엘에게 말씀하셨습니다. "엘리의 아들들은 이곳 성전에서 계속 죄를 지었다. 그것을 내버려 둔 엘리를 내가 벌할 것이다. 어떤 희생제사로도 그의 죄를 없애지 못할 것이다."

아침에 사무엘은 평소대로 성전 문을 열었지만, 하나님이 하신 말씀을 엘리에게 전하는 것을 두려워했습니다.

사무엘상 3:19-21, 4:1-11

블레셋 사람들이 언약궤를 가져가다

시간이 흘러 사무엘은 하나님의 선지자가 되었습니다. 사무엘은 하나님이 하신 모든 말씀을 백성들에게 전했고 모든 사람이 하나님께서 사무엘을 통해 말씀하심을 알았습니다.

어느 날, 이스라엘 사람들이 블레셋 사람들과 싸우러 나갔습니다. 하지만 그들은 크게 패배했습니다. 수천 명의 이스라엘 백성이 죽었습니다. 남은 자들이 진영으로 돌아오자, 지휘관들은 서로 물었습니다. "어찌하여 하나님이 우리를 패하게 하셨을까?"

그때 그들은 한 생각을 떠올렸습니다. "만약 우리가 전투할 때 언약궤를 들고 가면, 분명 이기는 데 도움이 될 거야." (그들은 하나님의 도우심을 믿기보다 언약궤가 행운을 가져다줄 것으로만 생각했습니다.) 그래서 그들은 실로에 있는 언약궤를 가지러 갔습니다.

진영에 언약궤를 들고 오자, 이스라엘 군대는 크게 소리를 질렀고 블레셋 사람들은 무슨 일이 일어날지 두려워했습니다. "큰일 났군." 그들이 말했습니다. "신이 그들의 진영에 들어왔다. 이제 누가 우리를 구원하겠는가?"

그래서 블레셋 사람들은 이길 기회가 있기를 바라면서, 온 힘을 다해 이스라엘을 공격하기로 했습니다. 그리고 실제로 그렇게 싸웠습니다.

그날 수천 명의 이스라엘 백성들이 죽었고 나머지는 진영으로 도망갔습니다. 엘리 제사장의 두 아들도 죽임을 당했습니다. 설상가상으로 블레셋은 언약궤를 가지고 가 버렸습니다. 이 일을 듣고는 엘리 역시 의자에서 넘어져 죽음을 맞이했습니다.

사무엘상 5-6장, 7:1

적의 손에 들어간 언약궤

블레셋 사람들은 언약궤를 가지고 아스돗으로 가서 다곤 신전까지 들고 갔습니다. (다곤은 블레셋 사람들의 신이었습니다.)

이튿날, 아스돗 사람들이 일어나 보니 그들의 신 다곤이 바닥에 얼굴을 박고 있었습니다! 그들은 우상을 들어 올려 원래 있던 자리에 다시 세웠습니다. 그런데 다음 날 아침, 다곤은 또 언약궤 앞에서 얼굴을 바닥에 박고 있었습니다. 이번에는 그 머리와 손이 끊어져 있었습니다.

하나님은 질병으로 블레셋 사람들을 벌하셔서 성읍 안과 주변에 병이 퍼지게 하셨습니다. 블레셋 사람들은 그 일어난 일을 보고 말했습니다. "우리가 다 죽기 전에 저 언약궤를 없애야 해." 그래서 그들은 하나님의 궤를 가드로 가져갔습니다. 하지만 가드에서도 같은 일이 벌어졌고 어린 사람부터 나이든 사람까지 성의 모든 사람이 다 병이 났습니다. 그래서 사람들은 궤를 에글론으로 가져갔습니다. 그러나 그곳 사람들이 말했습니다. "우리 역시 끔찍한 질병을 겪기 전에 저걸 돌려보내자."

마침내 블레셋 사람들은 궤를 실을 특별한 수레를 만들어 두 마리의 소가 그 수레를 끌고 가게 했습니다. 소들은 유다의 벧세메스까지 똑바로 걸어갔습니다. 그곳에서 레위 제사장들은 수레에서 궤를 들어 올리고 수레의 나무로 불을 피워 소를 제물로 바쳤습니다.

그러나 마을의 어떤 사람들은 궤 안을 들여다보다 죽었습니다. 그래서 하나님의 궤는 기럇여아림으로 가게 되었는데 그곳에서 아비나답의 집에 보관되었습니다.

일반 백성들은 언약궤 안을 들여다보는 것이 허락되었나요?
(민수기 4:5-6 참조)

성경 시대의 동물

동물은 성경 시대에 여러 가지 다른 용도로 쓰였습니다. 그런데 때로는 잘못된 목적으로 사용되기도 했습니다. 예를 들어, 이스라엘 백성이(더 잘 알았어야 할 그들이) 하나님의 궤를 수레에 놓고 소가 끌게 하였던 것같이 말이죠(사무엘하 6:6-7). 하나님은 제사장들만이 언약궤를 들 수 있다고 명하셨습니다. 성경은 어떤 동물이 어떤 목적으로 사용될 수 있는지 이야기하고 있습니다.

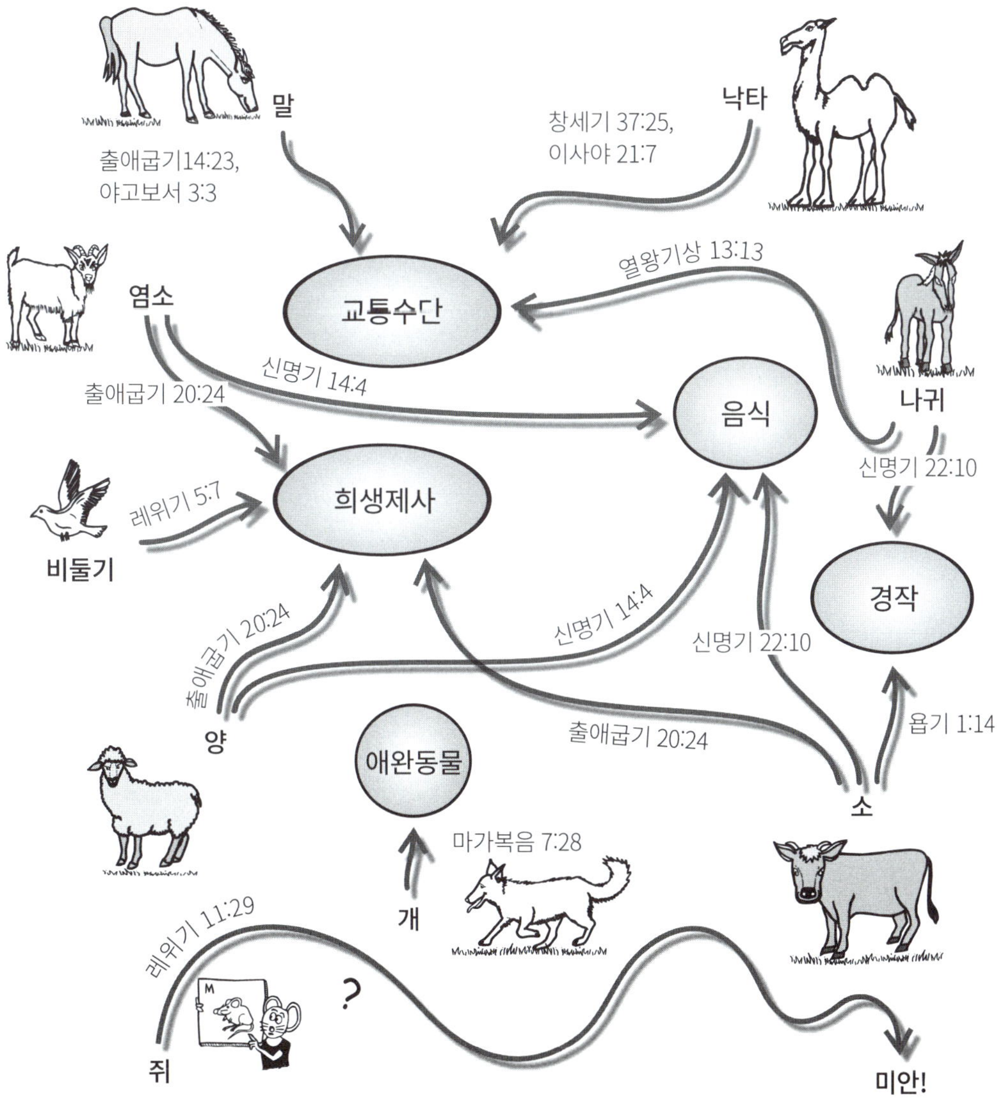

사무엘상 7:2-13

이스라엘이 하나님께로 돌아오다

이십 년간, 하나님의 궤는 아비나답의 집에 보관되어 있었습니다.

한편 이스라엘 백성들은 하나님을 떠난 것을 후회하기 시작했습니다. 그러자 사무엘이 백성들에게 말했습니다. "만일 너희가 전심으로 하나님께 돌아오려거든 이방 신들을 너희 중에서 제거하고 하나님만 섬기기로 마음을 정하라. 그리하면 너희를 블레셋 사람의 손에서 건져내시리라."

이에 이스라엘 백성들은 바알과 아스다롯 신들을 없애고 하나님만 섬겼습니다. 그들은 자신들의 죄악과 하나님께 불순종하고 우상을 섬긴 죄에 대해 잘못했다고 하나님께 고백했습니다.

블레셋 사람들은 이스라엘 백성이 미스바라는 곳에 모였다는 소식을 듣고 공격하러 왔습니다. 이스라엘 사람들은 두려워하며 사무엘에게 쉬지 않고 기도해 달라고 간청했습니다. 그러자 사무엘은 하나님께 희생 제사를 드리고 이스라엘을 위해 기도했습니다. 그리고 하나님은 그의 기도에 응답하셨습니다.

블레셋 사람들은 어떤 사람들이었나요?

블레셋인들은 가슬루힘(창세기 10:14)의 후손으로 노아의 아들 함에게서 나왔습니다(창세기 10:1, 6). 그들의 나라는 필리스티아라 불렸습니다. 그곳에는 가자, 아스돗, 아스글론, 가드, 에그론, 이렇게 다섯 개의 큰 도시가 있었습니다.

그때 하나님은 엄청난 천둥소리로 블레셋 사람들을 공포에 떨게 하셨고 그렇게 이스라엘은 블레셋을 쉽게 이길 수 있었습니다.

블레셋 사람들은 다시는 이스라엘을 공격할 엄두를 내지 못했습니다. 사무엘이 사는 날 동안 하나님은 이스라엘을 지켜주셨고 블레셋 사람들은 힘든 삶을 살았습니다.

사무엘상 8:1-18

이스라엘이 왕을 원하다

사무엘은 나이가 들자 그의 아들들을 이스라엘의 사사로 삼았습니다. 그러나 사무엘의 두 아들은 사무엘과 같지 않았습니다. 그들은 부정직하고 욕심이 많았습니다. 공정하게 판결하지 않았고 종종 뇌물을 받기도 했습니다.

장로들(지도자들)이 사무엘에게 말했습니다. "당신 아들들은 당신처럼 하나님을 따르지 않습니다. 우리도 다른 나라처럼 왕이 있었으면 좋겠습니다. 그러면 그 왕이 우리의 재판관이 될 것입니다."

그러나 사무엘은 백성이 왕을 구하는 것에 언짢아했습니다. 그것이 잘못된 일이라고 생각했습니다. 사무엘은 하나님께 기도하며 여쭤보았습니다.

하나님께서 사무엘에게 말씀하셨습니다. "백성들의 말을 들어라. 그들이 너를 버린 것이 아니라 나를 버려 자기들의 왕이 되지 못하게 한 것이다. 이것이 이집트에서 나온 날부터 지금까지 그들이 해오던 행동이다. 너는 그들에게 분명히 경고하고 왕의 권한에 대해 말해 주어라."

그러자 사무엘은 사람들에게 하나님의 말씀을 전하고 왕을 세운다는 것이 어떤 의미인지 경고했습니다.

사무엘상 8:11-17

왕은…

- 제일 좋은 밭을 가져갈 것이다 ☑
- 너희 곡식의 십분의 일을 가져갈 것이다 ☑
- 가장 좋은 소와 나귀를 가져갈 것이다 ☑
- 너희 양 떼의 십분의 일을 가져갈 것이다 ☑
- 너희 아들들을 데려다가 경작을 시킬 것이다 ☑
- 너희 딸들을 데려다가 요리를 시킬 것이다 ☑
- 너희를 종과 노예로 삼을 것이다! ☑

사무엘상 9:1-4, 14-27, 10:1

잃어버린 나귀들

베냐민 지파에 기스라는 사람이 있었습니다. 그의 아들 사울은 키가 크고 용모가 훌륭했습니다.

어느 날 기스는 아들 사울과 종을 보내며 잃어버린 나귀들을 찾으라고 했습니다. 그들은 집을 나서서 에브라임과 베냐민 일대를 다 뒤졌습니다. 하지만 어디에서도 나귀를 찾을 수 없었습니다.

결국 사울은 종에게 말했습니다. “자, 아버지께서 이제 나귀보다 우리를 더 걱정하시겠다. 그 전에 집으로 돌아가자.”

그러나 종이 말했습니다. “보소서, 이 마을에 지극히 존경받는 한 분이 계십니다. 그분이 말한 것은 반드시 이루어진다고 합니다. 어쩌면 그분이 어디로 가야 할지 알려 주실지 모릅니다.”

그들이 마을로 올라갈 때 사무엘이 그들을 향해 걸어왔습니다. (그 전날, 하나님은 이미 사무엘에게 베냐민 땅에서 오는 사람을 만날 것이라고 말씀하셨습니다. 사무엘은 하나님께서 그를 이스라엘의 왕으로 삼으셨다는 것을 알리기 위해 그의 머리에 기름을 부을 계획이었습니다.)

사무엘이 사울을 보자 하나님께서 말씀하셨습니다. “내가 말한 사람이 그다. 그가 내 백성을 다스릴 것이다.”

그래서 사무엘은 사울을 식사에 초대했습니다. 그리고 말했습니다. “나귀들은 걱정하지 마시오. 이미 찾았소. 그리고 당신은 이스라엘이 당신에게 소망을 품고 있다는 것을 알아야 할 것이오.”

사울이 대답했습니다. “저는 이스라엘에서도 가장 작은 지파인 베냐민 사람입니다. 그리고 제 가족은 저희 지파에서도 가장 작은 집안입니다. 왜 이런 말씀을 저에게 하십니까?”

사무엘은 이에 대답하지 않았습니다. 그리고 식사 후 사울과 함께 지붕에 올라가서 대화를 나눴습니다. 다음 날 아침 일찍 사무엘은 사울을 축복하고 그를 돌려보냈습니다.

사무엘상 10:17-25

사울이 왕이 되다

사무엘은 이스라엘 백성들을 미스바로 불러 모아 말했습니다. "하나님께서 이같이 말씀하십니다. '내가 이스라엘을 이집트에서 인도하여 내었다. 그러나 너희는 오늘 모든 재난과 고통에서 너희를 구원한 하나님을 버리고 왕을 세우기로 선택했다.' 이제 지파와 가족별로 나와 하나님 앞에 서십시오."

1

2

3

4

사무엘이 하나님 앞에 열두 지파를 부르자 그중 베냐민 지파가 뽑혔습니다. 다음에 그 지파에서 사울의 가족이 뽑혔습니다(그림 1). 마침내 그 가족에서 사울이 뽑혔습니다.

그런데 사람들이 사울을 찾자, 그는 사라져 버렸습니다(그림 2). 그때 하나님께서 사람들이 놓은 짐 보따리 사이를 찾아보라고 하셨습니다(그림 3). 사람들은 그곳에서 사울을 발견하고 그를 데리고 나왔습니다. 사울이 사람들 사이에 서자 그는 다른 사람들보다 머리와 어깨 위만큼 더 컸습니다(그림 4).

그때 사람들은 "왕께 만세!"를 외쳤습니다.

그 후 사무엘은 왕의 의무와 권리에 대해 설명했습니다. 사무엘은 그 규칙을 두루마리에 적고 하나님 앞에 놓았습니다.

그리고 사람들을 집으로 돌려보냈습니다.

사무엘상 10:27, 11:1-11

사울의 첫 번째 도전과제

대부분의 이스라엘 백성은 사울이 왕으로 선택된 것을 기뻐했습니다. 하지만 다 그런 것은 아니었습니다. 어떤 사람들은 "이 사람이 어떻게 우리를 구할 수 있겠어?"라고 말했습니다. 그들은 사울을 존중하지 않고 선물도 가져오지 않았습니다. 하지만 사울은 이에 반응하지 않고 아무런 말도 하지 않았습니다.

그 후, 암몬 사람들이 요단강 동편 지파를 공격했습니다(98페이지에 나온 지파들과 83페이지 지도 참조). 그곳에 거주하는 이스라엘 백성은 약속의 땅에 사는 사람들이 자신들을 도와주리라는 기대가 거의 없었습니다. 그래서 야베스 길르앗 마을 사람들은 암몬 왕과 기꺼이 조약을 맺고 그들의 노예가 되려고 했습니다.

잔인한 암몬 사람들은 마을 주변에 진을 치고 모든 남자의 오른쪽 눈을 없애 버리겠다고 위협했습니다. 길르앗 사람들은 절박함 가운데 혹시라도 그들을 도울 자가 있을까 하여 온 땅에 사자들을 보냈습니다.

암몬 사람들의 협박을 들은 사울은 매우 화가 났습니다. 하나님의 영이 사울에게 강력하게 임했습니다. 사울은 온 이스라엘에 자신을 따라 전투에 나가자고 엄중한 메시지를 보냈습니다. 그러자 사람들이 모두 나아왔습니다!

사울은 야베스 길르앗의 사람들에게 사자를 보내 다음과 같이 말했습니다. "내일 태양이 뜨거워질 때쯤, 우리가 너희를 구해 주겠다." 이 소식을 들은 그들은 크게 안도하며 기뻐했습니다.

이튿날, 사울은 이스라엘 사람들을 크게 세 그룹으로 나누었습니다. 그들은 밤새 사방에서 암몬 사람들을 공격했고 해가 뜰 때쯤 암몬 사람들은 패하여 흩어졌습니다.

왕 중의 왕

이스라엘은 하나님이 아니라 이 땅의 왕이 그들을 다스려 주기를 원했습니다. 수많은 세월이 흐른 뒤, 하나님은 왕 중의 왕이신 예수님을 이 땅에 보내셔서, 한 인간의 모습을 통해 하나님의 사랑을 볼 수 있게 하셨습니다. 그러나 사람들은 하나님의 아들이 그들의 왕이 되기를 원하지 않아서 그분을 십자가에서 죽게 했습니다.

 세상의 왕	종 되신 예수님 - 이 땅의 왕	하늘에 계신 왕 중의 왕이신 예수님
보석과 금으로 된 왕관을 썼습니다.	가시관을 쓰셨습니다. (마태복음 27:29)	영광과 존귀의 왕관을 쓰셨습니다. (히브리서 2:9)
보통 자색 가운을 입었습니다.	그분의 옷은 찢겨지고 나뉘었습니다. (마가복음 15:24)	금띠를 띤 긴 옷을 입으셨습니다. (요한계시록 1:12-13)
말, 낙타, 마차를 타거나 사람들이 드는 가마를 탔습니다.	어린 나귀를 타셨습니다. (마태복음 21:7)	정복자와 같이 흰 말을 타셨습니다. (요한계시록 19:11)
보통 수도에 있는 왕궁에 살았습니다.	집이라 불릴 만한 장소가 없었습니다. (마태복음 8:20)	하늘 아버지의 옆에 앉으셨습니다. (히브리서 12:2)
정해진 땅의 왕국을 정해진 기간 동안 다스렸습니다.	이 땅에 자신의 왕국은 없었습니다. (요한복음 18:36)	영원한 하늘 왕국을 가지셨습니다. (시편 145:3)
그 나라 백성과 종들을 지배했습니다.	자원해서 그분을 따르는 자들과 제자가 있었습니다. (마가복음 1:18)	상속자인 자녀들이 있습니다. (로마서 8:16-18)

사무엘상 13:1, 5-15, 14:6-23

성급한 사울

사울이 이스라엘 왕이 되었을 때 그는 삼십 세였습니다. 그는 왕이 되어 이스라엘을 사십 년간 다스렸습니다. 이때 사무엘은 늙고 머리가 희었습니다.

또다시 블레셋 사람들이 이스라엘로 쳐들어왔습니다. 그들은 수천 대의 전차와 엄청난 군대를 끌고 왔습니다. 사무엘을 기다리고 있던 이스라엘 백성들은 굴, 웅덩이, 수풀 뒤에 숨어 있었습니다. 칠 일이 지나도 사무엘이 오지 않자 두려움에 빠진 사울의 부하들이 하나 둘씩 흩어지기 시작했습니다.

"번제물과 화목제물을 내게 가져오라!" 절박해진 사울이 말했습니다. 그전에 사무엘은 사울에게 자신을 기다리고 있으라고 했습니다. 그러나 사울은 그냥 번제를 드렸습니다.

바로 그때 사무엘이 도착했습니다.

"무슨 일을 하신 겁니까?" 사무엘이 물었습니다. "왕이 어리석게 행하셨습니다. 당신은 하나님의 명령에 순종하지 않으셨습니다. 당신의 왕조가 이스라엘을 영원히 다스릴 수도 있었겠지만, 이제 그 왕국은 끝나게 될 것입니다. 하나님은 이미 그분 마음에 맞는 자를 발견하셨습니다. 그 사람을 주의 백성을 다스릴 자로 선택하셨습니다."

한편 사울의 아들 요나단은 은밀하게 가파른 언덕을 타고 올라가 블레셋 진영에 이르렀습니다. 그는 자신의 병기를 든 자에게 말했습니다. "하나님께서 우리를 도우실지 모른다. 하나님께서 주시는 승리는 사람의 많고 적음에 달려 있지 않다."

요나단은 먼저 하나님께 징조를 구했습니다. 그리고 병기 든 자와 함께 기어 올라가서 여러 명의 블레셋 사람들을 죽였습니다. 이와 동시에 하나님께서 지진을 일으키시자 블레셋 사람들은 두려움에 떨었습니다. 그들은 살고자 도망쳤고 그렇게 하나님은 그날에 이스라엘 백성을 구원하셨습니다.

사무엘상 15:1-23

하나님께 불순종한 사울

사무엘이 사울에게 가서 말했습니다. "하나님께서 이렇게 말씀하십니다. '아말렉이 이스라엘에게 행한 일로 내가 그들을 벌하겠다. 가서 아말렉 사람들을 쳐라. 그리고 그들에게 속한 모든 것을 완전히 전멸하라.'"

그래서 사울은 온 이스라엘 사람들을 전투에 불러 모아 아말렉을 쳐서 승리했습니다. 하지만 사울과 그의 군대는 아말렉을 모두 멸하지 않고 가장 좋은 양과 소, 모든 좋은 것은 그대로 남겼습니다.

하나님께서 사무엘에게 말씀하셨습니다. "내가 사울을 왕으로 삼은 것을 후회하노라. 사울은 나에게서 돌이키고 불순종했다."

그러자 사무엘은 사울을 찾아가 물었습니다. "저에게 들리는 이 동물들의 울음소리는 무엇입니까?"

사울이 대답했습니다. "당신의 하나님께 제사를 드리기 위해 군사들이 동물들을 끌고 왔습니다."

그때 사무엘이 말했습니다. "왕은 정말로 하나님께서 순종보다 제사를 원하신다고 생각합니까? 아닙니다! 순종이 제사보다 낫습니다."

다양한 종류의 제사

번제(레위기 1:3-17)
하나님께 순종과 헌신을 보여 주는 제사(로마서 12:1)

소제(레위기 2:1-11)
하나님의 선하심을 생각하며 감사드리는 제사(히브리서 13:15)

화목제(레위기 3:1-17)
하나님과 친밀한 교제에 대한 열망을 나타내는 제사(골로새서 1:20)

속죄제(레위기 4:1-35, 5:13)
자신의 죄에 대해 용서를 구하는 제사(히브리서 9:12-14)

속건제(레위기 5:1-19)
특정한 죄에 대해 용서를 구하는 제사(요한일서 2:1-2)

사무엘상 16:1-13

사무엘이 다윗에게 기름 붓다

하나님께서 사무엘에게 말씀하셨습니다. "언제까지 사울에 대해 슬퍼하고 있을 것이냐? 그를 대신할 사람을 내가 선택해 두었다. 너는 뿔에 기름을 채워 베들레헴에 사는 이새에게로 가라. 그의 아들 중 하나가 왕이 될 것이다."

사무엘은 하나님의 말씀대로 했습니다. 그는 이새의 집으로 가서 온 가족을 제사에 초청했습니다. 이새의 아들들이 도착하자 사무엘은 엘리압을 보고 그가 분명 하나님께서 선택한 자라고 생각했습니다.

그러나 하나님은 사무엘에게 말씀하셨습니다. "그의 큰 키나 준수한 외모를 보지 마라. 나는 그를 선택하지 않았다. 나는 사람들이 보는 것처럼 판단하지 않는다. 사람들은 외모를 보지만 나는 중심을 본다."

이새의 일곱 아들이 한 사람씩 사무엘 앞을 지나갔습니다. 하지만 그때마다 하나님은 "나는 그를 택하지 않았다"라고 말씀하셨습니다.

그때 사무엘이 이새에게 물었습니다. "아들들이 다 왔습니까?" 이새가 대답했습니다. "아직 막내가 있긴 합니다만, 그 아이는 양 떼를 돌보고 있는 중입니다."

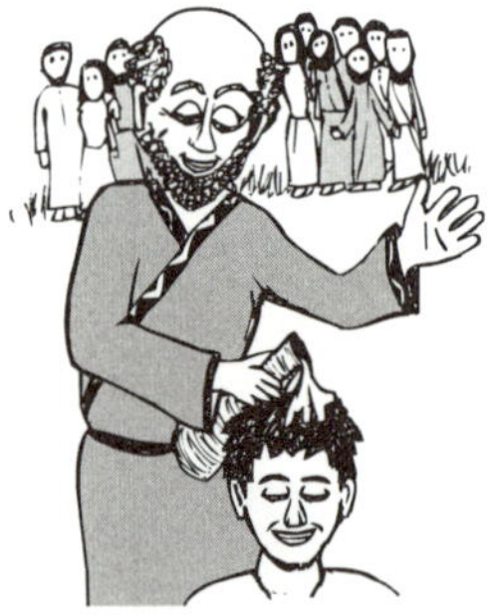

"사람을 시켜 그 아이를 불러 이리로 데리고 오시오." 사무엘이 말했습니다.

막내아들이 도착하자 하나님께서 사무엘에게 말씀하셨습니다. "바로 이 사람이다. 일어나서 그에게 *기름을 부어라."

이에 모두가 보는 가운데 사무엘은 그의 머리에 기름을 부었습니다. 그러자 하나님의 영이 다윗에게 크게 임하였습니다.

*'기름 부음'은 누군가의 머리에 기름을 붓는 것입니다. 이것은 그 사람 위에 임하는 하나님의 축복과 보호하심, 권능을 상징합니다. 제사장들과 왕들은 하나님의 특별한 임무를 맡은 자로서 기름 부음을 받았습니다.

사무엘상 16:14-23

수금을 타는 다윗

비록 어린 소년이었지만 다윗은 강하고 용감한 목동이었습니다. 그는 들판에서 양 떼와 함께 머물며 가장 좋은 목초지와 조용한 시냇가로 양들을 이끌었습니다. 또 야생 동물들로부터 양 떼를 지켜내기도 했습니다.

평화로운 자연 속에서 다윗은 많은 시간을 하나님과 대화하거나 시편 23편과 같은 아름다운 시를 쓰며 보냈습니다. 또한 그는 수금(많은 현이 달린 악기)도 켤 줄 알았습니다.

고집스러운 불순종 사건 후 하나님의 영은 사울을 떠났습니다. 악한 영이 사울에게 올 때마다 그는 매우 우울하고 화가 났습니다. 그래서 사울의 종들이 그에게 말했습니다. “왕을 위하여 수금을 잘 타는 자를 찾아오겠습니다. 그러면 훨씬 기분이 나아지실 것입니다.”

그러자 사울이 그들에게 명령했습니다. “연주 잘 하는 자를 찾아 내게로 데려오라.”

어느 종이 다윗이 수금을 잘 타며 용감하고 하나님이 함께하는 자임을 알게 되었습니다. 그래서 그들은 다윗을 사울 왕에게 데려왔습니다.

그때부터 다윗은 악한 영이 사울을 괴롭힐 때마다 수금을 타서 사울의 기분을 좋게 해주었습니다.

여러분도 시인이나 음악가가 되어 보세요

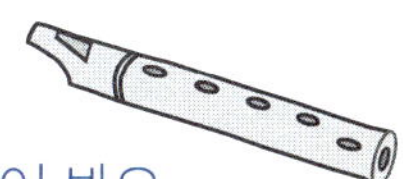

나만의 **시편**(하나님을 찬양하고 경배하는 가사)을 만들어 봐요

- 주위의 아름다운 것들, 하나님이 만드신 아름다운 세계를 보세요.
- 하나님의 위대하심과 그분이 나를 위해 하신 모든 일을 생각해 보세요.
- 시편을 보기로 삼아 거기에서 영감을 받아 보세요.
- 가사를 간단한 선율에 맞춰 보세요.
- 꼭 운율을 맞출 필요는 없어요. 짧아도 괜찮아요.

다윗의 생각은 시편 노래 가사가 되었어요

네 의를 빛같이 나타내시며
네 공의를 정오의 빛같이 하시리로다
(시편 37:6)
주의 의는
하나님의 산들과 같고
(시편 36:6)
인생은 그 날이 풀과 같으며
그 영화가 들의 꽃과 같도다
그것은 바람이 지나가면 없어지나니
그 있던 자리도 다시 알지 못하거니와
(시편 103:15-16)
여호와는 나의 반석이시요
나의 요새시요
나를 건지시는 이시요
(시편 18:2)

시편의 시

성경의 시는 글을 쓴 자의 감정뿐 아니라 아름다운 진리를 보여 줍니다. 시편을 쓴 사람들은 말로 마음속 생각을 그림처럼 그려냅니다. 히브리 사람들이 시를 쓰는 방식은 노래로 부르기에 적합하게 되어 있습니다. 그래서 시편은 찬양으로 부르기에 좋습니다.

히브리어(구약의 언어)로 된 시는 우리에게 익숙한 일반 시와는 다릅니다. 히브리어 시에서는 문장의 마지막 단어의 운(라임)을 맞추지 않습니다.

다음은 성경에 나온 병렬 구조의 예를 보여 줍니다. 시편의 다양한 양식을 발견해 보세요.

- 첫 번째 줄과 두 번째 줄은 **비슷한** 내용이 담겨 있습니다.
  (예: 시편 51:2)

균형

나의 죄악을 말갛게 씻으시며
나의 죄를 깨끗이 제하소서

- 두 번째 줄은 첫 번째 줄과 **반대되는** 내용을 보여 줍니다.
  (예: 시편 34:10)

대조

젊은 사자는 궁핍하여 주릴지라도
여호와를 찾는 자는 모든 좋은 것에 부족함이 없으리로다

- 첫 번째 줄은 간단한 말로 시작합니다. 그 다음 몇 줄부터 내용이 **더해지면서** 절정에 이릅니다. (예: 시편 1:3)

절정

그는 시냇가에 심은 나무가 철을 따라 열매를 맺으며
그 잎사귀가 마르지 아니함 같으니
그가 하는 모든 일이 다 형통하리로다

골리앗이 위협하다

블레셋 사람들은 다시 군대를 모아 이스라엘을 대적했습니다. 블레셋 군대는 한 언덕에 진을 치고 있었고, 다른 편에는 이스라엘이 있었습니다. 그들 사이에는 계곡이 있었습니다.

블레셋 편에는 키가 매우 커서 다른 사람들 위로 솟아오른 엄청난 전사가 있었습니다. 그 거인은 무거운 갑옷을 입었고 그 앞에는 방패를 든 다른 군사가 함께 있었습니다. 그는 블레셋 가드 출신으로 이름은 골리앗이었습니다.

골리앗은 계곡 건너편에서 이스라엘을 향해 소리쳤습니다. "이리 나와서 나와 싸울 한 사람을 너희 중에서 골라라. 그가 나를 죽이면 우리가 너희 종이 되겠다. 그러나 내가 그를 죽이면 너희가 우리 종이 되어야 하리라!" 사십 일간 아침저녁으로 골리앗은 이스라엘 군대를 위협하고 조롱했습니다.

사울과 그의 군대는 그 소리를 들을 때마다 두려워하며 낙담했습니다. 다윗의 형 세 명도 사울의 군대에 군인으로 이스라엘 진영에 있었습니다.

한편 다윗의 아버지 이새는 다윗에게 음식을 가지고 가서 군에 있는 세 형에게 주라고 하였습니다. 다음 날, 다윗은 양 떼를 다른 양치기에게 맡기고 짐을 챙겼습니다.

다윗이 형들이 있는 전쟁터에 도착했을 때 마침 골리앗이 나와 평소대로 골짜기 너머에서 위협을 가했습니다. 다윗은 골리앗을 죽인 자에게 사울이 상을 준다는 다른 병사들의 말을 우연히 듣게 되었습니다. 골리앗을 죽이면 사울의 딸과 결혼할 수 있고 큰 부자가 될 것이며 그 사람의 가족은 더 이상 세금을 내지 않아도 된다고 했습니다.

사무엘상 17장

다윗이 싸우겠다고 나서다

그때 다윗이 말했습니다. “이 블레셋 사람은 자기가 누구라고 생각하기에 하나님의 군대에 도전하는 것입니까?”

그러나 다윗의 큰 형 엘리압은 다윗이 다른 병사들과 하는 말을 듣고 화가 나서 말했습니다. “왜 여기까지 왔느냐?” 그가 물었습니다. “네가 얼마나 교만하고 악한지 내가 안다. 그저 전쟁을 구경하러 온 것이구나.”

“제가 무엇을 잘못했습니까?” 다윗이 물었습니다. “사람들과 말은 할 수 있지 않습니까?”

어떤 이가 다윗이 골리앗에 대해 한 말을 듣고 사울에게 가서 고했습니다. 사울은 즉시 다윗을 그 앞에 데려오라고 명했습니다.

그래서 다윗은 사울 앞에 가서 말했습니다. “블레셋 사람들로 인해 누구도 사기가 떨어져서는 안 됩니다. 왕의 종인 제가 가서 그와 싸우겠습니다.”

사울이 대답했습니다. “너는 그 블레셋 사람과 싸울 수 없다! 너는 소년인데 그자는 오랜 시간 전투를 치른 사람이다.”

그러나 다윗이 사울에게 말했습니다. “저는 예전부터 아버지의 양 떼를 돌보았습니다. 양 한 마리를 구하기 위해 사자도 죽이고 곰도 죽였습니다. 짐승이 저를 덮칠 때는 그 수염을 잡고 죽였습니다. 이 블레셋 사람이 살아계신 하나님의 군대에 도전하였으니 분명 그 짐승처럼 될 것입니다.”

“가라, 하나님이 너와 함께하시기를 원하노라.” 사울이 말했습니다. 그리고 다윗에게 자신의 갑옷을 주었습니다. 그러나 사울의 갑옷은 너무 크고 불편해서 다윗은 갑옷을 다시 벗었습니다.

다윗이 거인과 맞서다

다윗은 계곡 아래로 내려가 시냇가에서 다섯 개의 매끈한 돌멩이를 주워 목동이 차는 주머니에 넣었습니다. 그리고 양치는 막대와 물매를 가지고 블레셋 사람에게 나아갔습니다.

"나를 개로 생각해서 막대기를 가지고 나왔느냐?" 다윗이 가까이 오자 골리앗은 비웃었습니다.

"너는 칼과 창을 가지고 나아왔으나, 나는 이스라엘의 하나님, 전능하신 주님의 이름으로 너에게 나아간다."

골리앗이 공격하려고 가까이 오자, 다윗은 재빨리 돌을 하나 꺼내 골리앗을 향해 물매로 던졌습니다. 그 돌이 골리앗의 이마에 맞자 그는 얼굴을 땅에 대고 엎드러졌습니다.

그러자 다윗은 골리앗에게 달려가서 그의 칼을 잡고 골리앗을 죽였습니다.

블레셋 사람들은 그들의 영웅이 죽은 것을 보고 모두 돌아서서 도망쳤습니다. 그리고 이스라엘은 그들을 쫓아가 달려가는 그들을 죽였습니다.

전투가 끝난 후 골리앗의 칼은 어떻게 되었나요?
(사무엘상 21:8-9 참조)

사무엘상 18:1-16

사울이 다윗을 시기하다

사울 군대가 블레셋과의 전투에서 돌아오자 온 마을에서 여인들이 나와 사울과 그의 군대를 맞이했습니다.

그들은 춤추며 기쁨의 노래를 지어 불렀습니다. 그중 하나는 사울은 수천 명을 죽였고 다윗은 수만 명을 죽였다는 내용이었습니다.

사울은 다윗이 더 위대한 영웅이라는 여인들의 노래를 듣고 매우 화가 났습니다. '이 다음에는 다윗이 왕이 되기를 바라겠군.' 사울은 생각했습니다. 사울은 다윗을 시기하였고 그를 가까이서 지켜보았습니다. 그때부터 사울은 다윗을 궁정에 두고 그가 집으로 돌아가는 것을 허락하지 않았습니다.

다음 날, 악한 영이 사울을 사로잡자 그는 기분이 매우 나빠졌습니다. 사울은 궁궐을 돌아다니며 헛소리를 하였는데 다윗은 평소처럼 조용히 수금을 탔습니다. 사울은 다윗을 지켜보다가 손에 창을 꼭 쥐었습니다. 그리고 갑자기 창을 들어 올려 다윗을 향해 던졌습니다.

그러나 다윗은 재빨리 피하여 다치지 않았습니다. 나중에 사울이 다시 시도했지만 두 번째도 다윗을 맞추지 못했습니다. 그러자 사울은 하나님이 다윗과 함께하심을 알고 그를 매우 두려워했습니다. 그래서 사울은 다윗에게 큰 군대를 맡기고 이스라엘의 적들과 싸우라고 보냈습니다. 그러면서 그 적들이 다윗을 죽여 주기를 바랐습니다.

이 모든 일이 일어나는 가운데, 사울의 아들 요나단은 다윗과 가장 친한 친구가 되었습니다. 요나단과 다윗은 서로 굳건한 약속을 맺었습니다. 그 의리의 표시로 요나단은 입던 옷을 찢어 자신의 칼과 활, 허리띠와 함께 다윗에게 주었습니다.

사무엘상 19:8, 11-18

사울이 다윗을 죽이기로 계획하다

블레셋 사람 골리앗을 죽인 상으로, 사울은 딸 미갈을 다윗에게 아내로 주었습니다.

그러나 얼마 안 가 블레셋 사람들이 다시 싸움을 걸어왔습니다. 그러나 다윗은 계속해서 블레셋을 상대로 승리했습니다.

사울은 다윗을 더욱 시기하여 그를 죽이기로 계획했습니다. 하루는 사울이 다윗의 집에 사람들을 보내 다음 날 그를 죽이라고 했습니다. 그러나 미갈이 아버지의 계획을 알고 다윗에게 경고하며 도망치라고 했습니다. 그녀는 창문을 통해 다윗이 도망가게 하고, 그의 침대에 우상을 놓고 옷을 입힌 다음 머리는 염소 털로 덮어 놓았습니다.

아침에 사울이 다윗을 잡으러 사람들을 보냈을 때 미갈은 그가 아프다고 말했습니다. 사울이 듣고 침상에 있는 다윗을 데려오라고 했습니다. 그러나 사람들이 다윗을 잡으러 와서 보니 침대에는 우상이 있었습니다.

이에 사울은 화가 나서 딸에게 따졌습니다. "왜 나를 속여 내 적을 도망가게 하였느냐?"

미갈이 대답했습니다. "다윗이 자기를 도망치게 하지 않으면 저를 죽이겠다고 했어요."

이 모든 일이 일어나는 동안, 다윗은 사무엘이 있는 라마로 가서 사울이 자기를 죽이려고 한 일을 고했습니다.

원수와 관련된 지혜의 말씀

"네 원수가 배고파하거든 음식을 먹이고 목말라하거든 물을 마시게 하라. 그리 하는 것은 핀 숯을 그의 머리에 놓는 것과 일반이요 여호와께서 네게 갚아 주시리라"(잠언 25:21-22).

"나는 너희에게 이르노니 너희 원수를 사랑하며 너희를 박해하는 자를 위하여 기도하라"(마태복음 5:44).

"사람의 행위가 여호와를 기쁘시게 하면 그 사람의 원수라도 그와 더불어 화목하게 하시느니라"(잠언 16:7).

"내가 너희에게 종이 주인보다 더 크지 못하다 한 말을 기억하라. 사람들이 나를 박해하였은즉 너희도 박해할 것이요"(요한복음 15:20).

"우리가 사방으로 욱여쌈을 당하여도 싸이지 아니하며 답답한 일을 당하여도 낙심하지 아니하며 박해를 받아도 버린 바 되지 아니하며 거꾸러뜨림을 당하여도 망하지 아니하고"(고린도후서 4:8-9).

"나로 말미암아 너희를 욕하고 박해하고 거짓으로 너희를 거슬러 모든 악한 말을 할 때에는 너희에게 복이 있나니"(마태복음 5:11).

"할 수 있거든 너희로서는 모든 사람과 더불어 화목하라"(로마서 12:18).

"오직 너희는 원수를 사랑하고 선대하며 아무것도 바라지 말고 꾸어 주라. 그리하면 너희 상이 클 것이요 또 지극히 높으신 이의 아들이 되리니 그는 은혜를 모르는 자와 악한 자에게도 인자하시니라"(누가복음 6:35).

"여호와께서 내 편이 되사 나를 돕는 자들 중에 계시니 그러므로 나를 미워하는 자들에게 보응하시는 것을 내가 보리로다"(시편 118:7).

다윗과 요나단

라마로 도망간 뒤 다윗은 다른 장소로 옮겼다가 다시 친한 친구 요나단이 있는 곳으로 돌아왔습니다. 다윗은 친구에게 물었습니다. "내가 무슨 짓을 했기에 자네 아버지가 나를 죽이려고 하는 건가?"

요나단은 아버지가 다윗에게 어떤 해도 끼칠 생각이 없다고 확신했습니다. 하지만 다윗이 사정을 더 잘 알았습니다.

마침 이스라엘이 초하루 절기(민수기 10:10 참조)를 지키는 때가 되었습니다. 다윗은 사울의 특별 손님으로 초대가 되어 있었습니다.

다윗은 요나단에게 말했습니다. "나는 내일 모레가 될 때까지 들에 나가 숨어 있겠네. 자네 아버지가 내가 어디 있는지 물어보면 집에 갔다고 말해 주게. 만약 왕이 별로 신경 쓰지 않는다면 나는 안전할걸세. 하지만 화를 낸다면 왕이 나를 해하려 한다는 것이 확실하네."

"그럼 이렇게 하겠네." 요나단이 말했습니다. "일단 아버지가 자네에 대해 어떻게 생각하는지 알게 되면, 내가 이 들판에 나와 자네에게 은밀한 신호를 주어서 돌아와도 되는지, 아니면 반드시 떠나야 하는지 알려 주겠네."

그래서 다윗은 들판에 숨어 있었습니다. 절기가 시작되어 모두 왕의 식탁에 모였는데 다윗의 자리는 비어 있었습니다. 사울은 첫날에는 아무 말도 하지 않았지만 둘째 날에는 요나단에게 다윗이 어디 있는지 물었습니다. 요나단이 다윗은 베들레헴의 집으로 갔다고 하자, 사울은 분노하며 요나단을 죽이려고 하였습니다. 그래서 요나단은 일어나 자리에서 나왔습니다.

다음 날 아침, 요나단은 다윗이 숨어 있는 들로 나가서 그에게 은밀한 경고 신호를 보냈습니다. 그는 화살을 쏜 뒤 아이에게 화살을 가져오라 하며, "화살이 저 멀리 네 앞에 있지 아니하냐?"라고 말했습니다. 그리고 요나단은 그 아이를 집으로 보냈습니다.

요나단과 다윗은 울며 작별을 고했습니다.

사무엘상 25:1-42

나발이 다윗을 모욕하다

얼마의 시간이 흐른 후 사무엘이 죽자 온 이스라엘은 그를 장사하기 위해 사무엘의 고향 라마에 모였습니다.

한편, 다윗은 바란 광야로 이동하였습니다. 광야에 있을 때, 다윗과 그의 부하 600명은 나발이라는 사람의 양 떼와 같이 있었습니다.

양털을 깎을 때가 되자 다윗은 부하들에게 말했습니다. “나발에게 가서 내 이름으로 그에게 안부를 전하여라. 그리고 이렇게 말하여라. ‘당신의 양치기들이 갈말에 있는 동안, 그들은 해를 입지 않고 양을 잃어버린 일도 없었습니다. 잔치를 벌일 때가 되었으니 당신의 종들과 친구 다윗에게 뭐든 필요한 것을 베풀어주셨으면 합니다.’”

그들이 나발에게 가서 다윗의 말을 전하자 나발이 말했습니다.

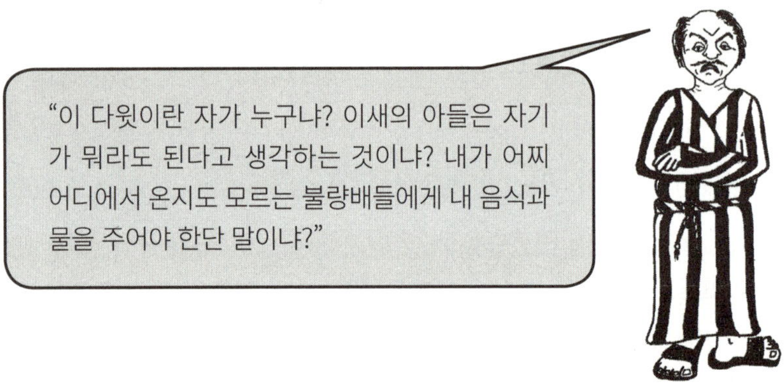

부하들은 다윗에게 돌아와서 나발이 한 말을 전했습니다.

“칼을 차라!” 다윗이 말했습니다. 그리고 다윗은 400명의 군사를 데리고 출발했습니다.

한편 종 하나가 나발의 아내 아비가일에게 나발이 다윗의 부하들을 모욕한 일을 전했습니다. “그들이 밤낮으로 울타리가 되어 우리를 지켜주었습니다. 마님께서 뭔가 해주시지 않으면 이제 우리 주인과 이 집에 화가 닥칠 것 같습니다.”

아비가일의 지혜

아비가일은 시간을 지체하지 않았습니다. 재빨리 이백 덩이의 빵과 다섯 마리의 양, 곡식과 건포도, 무화과 뭉치를 준비했습니다. 그리고 음식을 모두 나귀에 싣고 종에게 말했습니다. "어서 가라. 나도 뒤따라가겠다." 아비가일은 나발에게는 알리지 않고 나귀를 타고 출발했습니다.

아비가일이 산골짜기에 이르렀을 때 다윗과 그의 부하들이 그쪽을 향해 내려오고 있었습니다. 아비가일은 급히 나귀에서 내려와 땅에 엎드려 절하였습니다.

"내 주여, 이 일은 저의 잘못입니다. 그 악한 나발의 말은 듣지 마소서. 당신의 부하들이 나발에게 말한 것을 저는 몰랐습니다. 그러니 당신과 부하들을 위해 가져온 이 선물을 받으시고 제가 잘못한 일이 무엇이든 용서하소서. 하나님이 당신을 이스라엘의 왕으로 세우실 때 후회하게 될 그 어떤 일도 하지 마소서. 누가 당신을 죽이려 한다 해도 당신의 생명은 하나님께서 그 생명 보자기에 싸서 지켜주실 것입니다."

그러자 다윗이 아비가일에게 말했습니다. "하나님이 그대를 보내 오늘 나를 만나게 하시고 복수하지 않도록 막으심에 찬양드리오."

다윗은 아비가일의 선물을 받고 평안 가운데 그녀를 집으로 돌려보냈습니다.

열흘 정도 지나서 나발은 죽었습니다. 다윗은 나발의 사망 소식을 듣고 아비가일에게 자신의 아내가 되어 달라고 했습니다.

사무엘상 26:1-21

다윗이 사울의 생명을 구하다

사울은 다윗과 그의 부하들이 십 광야에 있다는 얘기를 들었습니다. 그래서 그는 3000명의 정예 군사를 데리고 다윗을 찾아 광야로 향했습니다.

다윗은 그 군사들을 보고 정찰병을 보내 사울이 아직도 자신을 잡으려 하는지 알아보게 했습니다. 그것은 사실이었습니다. 밤이 되자 다윗과 부하 한 명이 사울의 진영으로 몰래 들어갔습니다. 사울은 군 사령관 아브넬 옆에서 자고 있었습니다. 그들 주변에는 3000명의 사람들이 있었습니다.

다윗과 함께 간 아비새가 속삭였습니다. "하나님이 분명 적을 당신의 손에 넘기셨습니다. 이제 창으로 그를 찔러 땅에 꽂게 하소서."

그러나 다윗이 말했습니다. "그러지 마라! 하나님이 기름 부으신 자를 해하는 자는 죄를 짓는 것이다. 언젠가 하나님께서 그의 생명을 가져가실 테니 그는 나이 들어 죽거나 전장에서 죽을 것이다."

하지만 다윗은 사울 머리맡에 있는 창과 물병은 챙겼습니다. 그리고 깊이 잠든 사람들을 두고 나왔습니다. 하나님께서 그들을 깊은 잠에 빠지게 하신 것입니다.

그리고 다윗은 반대편 진영의 언덕에 올라서서 아브넬을 향해 소리쳤습니다. "너는 어째서 네 왕을 지키지 않았느냐? 왕의 창과 물병이 어디 있느냐?"

사울이 다윗의 목소리를 듣고 외쳤습니다. "내 아들, 다윗아. 너냐?"

"네, 맞습니다!" 다윗이 답했습니다. "왜 아직도 저를 쫓으십니까? 제가 무슨 잘못을 저질렀습니까?"

사울은 다윗이 자신의 생명을 지켜준 것을 깨닫고 말했습니다. "돌아와라, 내 아들 다윗아. 내가 너를 더 이상 해하지 않겠다."

그러자 다윗은 자기의 갈 길을 가고 사울도 집으로 돌아갔습니다.

두려움을 느낄 때

생명의 위협을 느낀 다윗의 두려움을 우리는 이해할 수 있습니다. 사울과 그의 거대한 군대가 다윗을 쫓고 있었으니까요. 다윗은 전에도 두 번이나 사울의 창을 피했습니다.

우리가 고난이나 위험에 부딪힐 때 두려움을 느끼는 것은 자연스러운 감정입니다. 그러나 우리는 하나님이 언제나 우리와 함께하시고 우리를 도우신다는 것을 기억해야 합니다(시편 46:1). 또 앞으로 어떤 일이 일어날지에 대해서도 걱정할 필요가 없습니다. 왜냐하면 하나님께서 우리의 모든 필요를 돌보아주겠다고 약속하셨으니까요.

알 수 없는 미래에 대한 두려움

두려워하지 말라. 내가 너와 함께함이라. 놀라지 말라. 나는 네 하나님이 됨이라. 내가 너를 굳세게 하리라. 참으로 너를 도와주리라. 참으로 나의 의로운 오른손으로 너를 붙들리라.

(이사야 41:10)

잘못될 수 있는 일에 대한 걱정

아무것도 염려하지 말고 다만 모든 일에 기도와 간구로, 너희 구할 것을 감사함으로 하나님께 아뢰라.

(빌립보서 4:6, 또는 로마서 8:28 참조)

두려움

걱정

사람에 대한 두려움

너희는 강하고 담대하라. 두려워하지 말라. 그들 앞에서 떨지 말라. 이는 네 하나님 여호와 그가 너와 함께 가시며 결코 너를 떠나지 아니하시며 버리지 아니하실 것임이라.

(신명기 31:6, 또는 31:8)

필요에 대한 걱정

그러므로 내가 너희에게 이르노니 목숨을 위하여 무엇을 먹을까 무엇을 마실까 몸을 위하여 무엇을 입을까 염려하지 말라. 목숨이 음식보다 중하지 아니하며 몸이 의복보다 중하지 아니하냐.

(마태복음 6:25, 또는 6:26)

사무엘상 31:1-6, 사무엘하 1:1-12, 2:1-3

사울의 죽음

블레셋 사람들이 다시 쳐들어왔습니다! 그들은 이스라엘과 싸워 길보아 산에서 많은 사람들을 죽였습니다. 그때 그들은 사울과 그의 아들들을 바싹 추격하여 사울의 아들 셋을 죽였습니다. 그중에는 다윗의 친한 친구 요나단도 있었습니다. 전투가 치열해졌고 얼마 안 있어 활 쏘는 자들이 사울을 따라잡아 상처를 입혔습니다.

사울은 자신의 무기를 든 자에게 말했습니다. "블레셋 사람들이 와서 나를 고문하기 전에 네 칼을 뽑아 나를 죽여라."

그러나 그 병사는 두려워서 그렇게 하지 못했습니다. 그래서 사울은 자신의 칼을 뽑아 그 위에 엎드렸습니다. 그러자 그 병사도 사울의 옆에서 자기 칼에 엎드러져 죽었습니다.

다윗이 아멜렉과의 싸움에서 승리하고 돌아왔을 때 사울의 군대에서 한 사자가 왔습니다. 그는 다윗의 발밑에 엎드려 절을 했습니다.

"너는 어디에서 왔느냐?" 다윗이 물었습니다.

"저는 이스라엘 진영에서 왔습니다. 온 군대가 다 도망갔고 많은 사람들이 죽었습니다. 사울과 그의 아들 요나단도 죽었습니다."

그 소식을 듣고 다윗과 그의 부하들은 깊은 슬픔 가운데 옷을 찢었습니다. 그들은 하루 종일 울고 저녁까지 아무것도 먹지 않았습니다.

이 일이 있고 나서 다윗은 하나님께 여쭈었습니다. "유다의 한 성읍으로 제가 가야 하겠습니까?"

"가거라." 하나님께서 대답하셨습니다. "헤브론으로 가라."

그래서 다윗은 짐을 싸고 두 아내와 함께 헤브론으로 갔습니다. 그의 부하와 가족들도 함께 헤브론에 거주하였습니다.

사무엘하 5:1-10, 역대상 11:1-9

다윗이 왕이 되다

이스라엘 온 지파가 헤브론에 있는 다윗에게 와서 말했습니다. “당신도 우리와 같이 이스라엘 사람입니다. 사울이 왕이었을 때도 당신은 우리를 위해 전쟁을 이긴 분입니다. 하나님께서 당신에게 그의 백성 이스라엘의 목자가 되고 다스리는 자가 되라고 하셨습니다.”

그리고 이스라엘 장로들은 다윗을 이스라엘의 왕으로 기름 부었습니다. 다윗이 왕이 되었을 때 그의 나이는 삼십 세였습니다. 그리고 그는 사십 년간 통치했습니다. 처음 칠 년은 유다를 다스렸고 삼십삼 년간은 예루살렘에서 이스라엘 전체를 다스렸습니다.

다윗이 예루살렘에서 왕위에 오르기 전, 여부스 사람들이 그 성읍을 요새로 삼고 있었습니다. 그들이 다윗에게 말했습니다. “너희는 결코 이 성읍에 들어올 수 없다. 보지 못하는 사람이나 다리 저는 사람이라도 너희를 물리칠 수 있다!”

높고 두꺼운 벽이 그 성읍을 둘러싸고 있었습니다. 하지만 벽 아래에는 물을 공급하는 데 쓰이는 좁은 터널이 하나 있었습니다. 다윗이 말했습니다. “우리가 그 성에 들어가는 유일한 길은 저 터널을 이용하는 것이다.” 다윗이 또 말했습니다. “여부스 사람을 제일 먼저 공격하는 자는 내 군대의 지휘관이 될 것이다.” 요압이 첫 번째로 나서서 공격했고 그는 다윗 군대의 지휘관이 되었습니다.

여부스 사람들과의 전쟁에서 승리한 후, 다윗은 그 요새를 자신의 집으로 삼았습니다. (그래서 예루살렘은 다윗의 성이라 불립니다.) 하나님께서 다윗과 함께하며 도와주셨기에 다윗은 매우 강대해졌습니다.

사무엘하 6:1-19

언약궤를 가져오다

블레셋과 싸웠을 때 이스라엘 백성은 하나님의 인도하심을 기다리지 않고 무작정 언약궤를 전장으로 가져왔습니다. 그러나 이스라엘은 전쟁에서 지고 언약궤도 블레셋에게 빼앗기고 말았습니다. 이후 언약궤는 블레셋에서 돌아와 기랴여아림에 있는 아비나답의 집에 임시 보관되어 있었습니다.

이제 다윗은 이스라엘의 왕이 되었고 그가 첫 번째로 계획한 일은 언약궤를 다시 가져오는 것이었습니다. 그래서 다윗과 부하들은 언약궤가 보관되어 있는 아비나답의 집으로 가서 소가 끄는 수레에 언약궤를 실었습니다.

그들이 걸어갈 때 다윗과 온 이스라엘 백성은 노래를 부르며 하나님 앞에 기쁨의 음악을 올려 드렸습니다. 그런데 그때 문제가 생겼습니다.

소가 비틀거리자, 아비나답의 아들 중 하나인 웃사가 궤를 붙잡으려고 손을 뻗었습니다. 하지만 하나님은 거룩한 하나님의 궤를 손으로 만진 웃사에게 노하셨습니다. 그래서 웃사는 바로 그 궤 옆에서 죽고 말았습니다.

다윗은 그날 하나님을 두려워하며 궤를 예루살렘으로 가져가는 대신 오벧에돔의 집으로 가져갔습니다.

하나님은 궤가 있는 동안 오벧에돔을 축복하셨습니다. 삼 개월이 지난 후 다윗은 궤를 가지러 갔습니다. 이번에는 하나님이 명령하신 대로 제사장들이 언약궤를 메게 하고, 다윗은 하나님께 희생제사를 드렸습니다.

그때 다윗은 궤를 자신이 세운 장막에 두고 언약궤가 돌아온 것을 축하하는 큰 잔치를 벌였습니다.

하나님이 어떤 분인지 알고 그분을 경외해요

하나님은 하늘과 땅과 살아있는 모든 생명체의 창조주이십니다. 그분은 전능하시고 영원하시고 거룩하십니다. 하지만 우리는 죄를 짓는 연약한 인간으로 하나님을 경외하지 않고 그분 앞에서 감히 죄를 짓는 존재입니다.

마침내 자신이 그렇게 대단한 존재가 아님을 (너무 늦게) 깨달은 사람들의 이야기를 들어보세요.

아론의 아들들은 여호와께서 명령하시지 않은 다른 불을 가지고 성막에 들어갔습니다. 그래서 불이 나와 그들을 삼켜 여호와 앞에서 죽었습니다(레위기 10:1-2, 16:1-3).

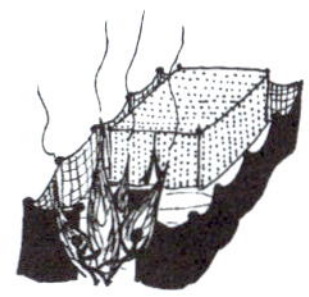

엘리의 아들들은 사람들이 제사를 드리기 전에 제물을 받아 고기를 먹었습니다. 두 아들 모두 전투에서 사망했습니다(사무엘상 2:12-17, 4:11).

벨사살 왕은 성전에서 훔쳐 온 컵을 사용했습니다. 갑자기 어떤 손이 나와서 벽에 왕의 사망선고를 적었습니다. 그날 밤 벨사살 왕은 죽었습니다(다니엘 5:1-4, 5:30).

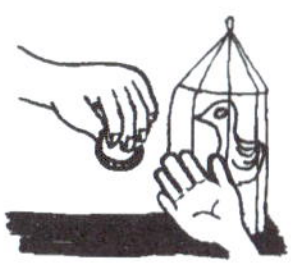

몇몇 상인들이 성전에서 장사를 하고 있었습니다. 그래서 예수님은 채찍을 만들어 그들을 내쫓으셨습니다(요한복음 2:13-16).

헤롯 왕이 연설을 하고 나서 사람들은 그를 신이라 불렀습니다. 헤롯은 교만에 가득 차서 하나님께 영광을 돌리지 않았습니다. 즉시 벌레가 그를 먹어 헤롯은 죽고 말았습니다(사도행전 12:21-23).

아나니아와 삽비라는 자신들이 하나님께 가져온 선물에 대해 거짓말을 했습니다. 그들은 모두 그 자리에서 죽었습니다(사도행전 5:1-11).

여러분은 하나님을 사랑하고 예배하는 곳을 귀히 여기고 있나요? 그렇다면 내 삶 속에서 그것이 어떻게 나타나고 있나요?

다윗이 하나님의 약속을 받다

다윗이 성전 건축에 대해 생각했습니다(사무엘하 7:1-3)

시간이 흘러, 다윗 왕은 궁전에 거하고 그 땅에는 평화가 찾아왔습니다. 그는 선지자 나단에게 말했습니다. "나는 백향목 궁에 살거늘 하나님의 궤는 장막에 있도다."

> "나는 백향목 궁에 살거늘
> 하나님의 궤는
> 휘장 가운데에 있도다"

나단이 대답했습니다. "하나님께서 왕과 함께하시니 마음에 있는 모든 것을 행하소서."

다윗은 하나님으로부터 약속을 받았습니다(사무엘하 7:4-17)

하나님은 다윗의 마음을 보시고 그 생각을 아셨습니다. 그래서 하나님은 나단에게 말씀하셨습니다. "가서 내 종 다윗에게 말하라."

- 내가 이스라엘 백성을 이집트에서 인도하여 낸 날부터 나는 성전에 살지 않고 장막에서 이동하며 다녔다.
- 네가 가는 모든 곳에 함께하였고 네 원수를 멸하였다.
- 이제 내가 네 이름을 위대하게 할 것이며, 내 백성 이스라엘을 위해 한 곳을 정하겠다.
- 네 아들, 너의 뒤를 이은 왕이 나를 위해 집을 건축할 것이다.

이 말을 듣고 다윗은 하나님을 찬양하며 말했습니다. "위대하신 주 하나님! 주와 같은 이가 없습니다. 주의 약속대로 행하사 주의 이름을 영원히 높이게 하소서. 주의 말씀은 참되십니다. 그리고 당신은 주의 종에게 좋은 것을 약속하셨습니다."(사무엘하 7:18-29)

 사무엘하 5:1-10, 역대상 11:1-9

다윗이 므비보셋에게 친절을 베풀다

다윗의 승리(사무엘하 8:1-14)

이스라엘의 적들

부족(the tribe)	**족속**(the people)
에돔	에돔 사람들
모압	모압 사람들
암몬	암몬 사람들
블레셋	블레셋 사람들
아말렉	아말렉 사람들

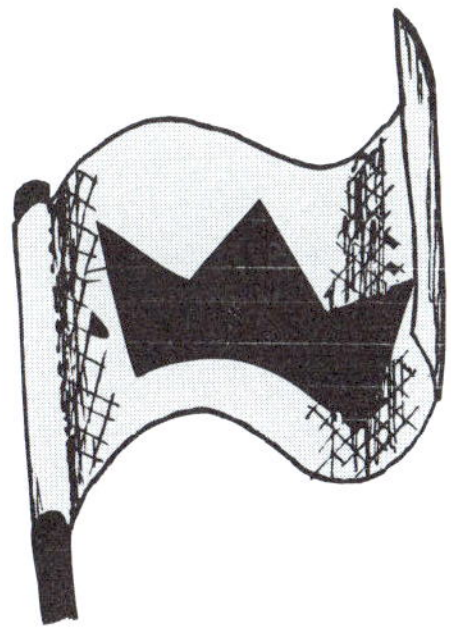

다윗이 아들을 입양하다(사무엘하 9장)

다윗 왕은 종들에게 사울 왕의 가족 중에 살아남은 자가 있는지 알아보라고 시켰습니다. 전장에서 죽은 친구 요나단을 위해 친절을 베풀 사람을 찾으려고 한 것입니다.

사울 왕의 종이었던 시바는 다윗에게 요나단의 아들이 하나 남아 있는데 다리를 전다고 고하였습니다.

다윗이 말했습니다. "그를 여기로 데려오라. 내가 그에게 친절을 베풀리라." 요나단의 아들 므비보셋이 나타나자 다윗이 말했습니다. "무서워하지 말라. 내가 네 아버지 요나단으로 인하여 너에게 친절을 베풀겠다."

"내가 너에게 친절을 베풀리라"

그리고 다윗은 므비보셋에게 그의 할아버지 사울에게 속했던 모든 땅을 돌려주었고, 시바에게 그를 돌보라고 일렀습니다.

므비보셋은 왕의 아들들처럼 왕의 식탁에서 다윗의 가족과 함께 식사하였습니다.

다윗이 죄를 짓다

다윗이 하나님 앞에 죄를 짓다(사무엘하 11장)

봄에 이스라엘이 전쟁 중에 있을 때 다윗은 그의 궁정에 머물러 있었습니다. 지휘관 요압은 이스라엘 군대를 이끌고 있었습니다.

어느 날 저녁, 다윗은 궁전 근처에 사는 한 여인이 씻고 있는 것을 보게 되었습니다. 그녀는 매우 아름다웠습니다. 다윗은 그녀를 불러 그날 밤 동침했습니다. 여인의 이름은 밧세바였습니다. 그녀의 남편 우리아는 군대와 함께 싸우고 있었습니다.

시간이 흘러 밧세바는 다윗에게 임신 소식을 알렸습니다.

하나님은 다윗이 한 일에 대해 기뻐하지 않으셨습니다

그래서 다윗은 전쟁터에 있던 우리아를 집으로 오게 했습니다. 하지만 우리아는 자기 집으로 가서 자는 것이 옳지 않다고 생각했습니다.

그러자 다윗은 요압에게 메시지를 보내 우리아를 싸움이 치열한 전방에 세우라고 말했습니다. 요압은 다윗의 말대로 했고, 얼마 안 가 우리아는 전장에서 죽고 말았습니다. 밧세바는 매우 슬퍼했습니다.

시간이 흐른 후, 다윗은 밧세바를 불러 그녀와 결혼했습니다. 그리고 그녀는 아들을 낳았습니다. 그러나 하나님은 다윗이 한 일을 기뻐하지 않으셨습니다.

다윗이 용서를 구하다(사무엘하 12장)

그때 하나님은 선지자 나단을 다윗에게 보내셨습니다. 나단은 가난한 자에게서 그가 사랑하는 암양 새끼를 빼앗은 부자 이야기를 다윗에게 들려주었습니다. 한 나그네가 집에 왔을 때 부자는 자기 양과 소가 있었음에도 가난한 자의 어린 양을 죽여서 손님을 대접하였습니다.

다윗은 이 이야기를 듣고 매우 화가 나서 그 부자는 암양을 네 배로 갚아 주어야 한다고 주장했습니다.

다윗이 후회하고 회개하다

그런데 나단이 대답했습니다. “왕이 바로 그 사람입니다. 하나님께서 이렇게 말씀하십니다. ‘내가 너를 사울에게서 구하고 이스라엘 왕으로 삼았다. 지금 네가 가진 모든 것을 내가 주었다. 그런데 어째서 그런 일(남의 아내를 취하는 일)을 저질렀느냐?’”

그러자 다윗은 자신이 저지른 일에 대해 후회하며 말했습니다. “제가 하나님께 죄를 지었습니다.”

후에 다윗은 **시편 51편**을 썼습니다.

하나님이여 주의 인자를 따라 내게 은혜를 베푸시며
주의 많은 긍휼을 따라 내 죄악을 지워 주소서(1절)
무릇 나는 내 죄과를 아오니 내 죄가 항상 내 앞에 있나이다(3절)
나의 죄를 씻어 주소서 내가 눈보다 희리이다(7절 후반부)
하나님이여 내 속에 정한 마음을 창조하시고
내 안에 정직한 영을 새롭게 하소서(10절)

다윗은
자신이 저지른 일을
후회했습니다

또 다윗은 **시편 32편**도 썼습니다.

허물의 사함을 받고
자신의 죄가 가려진 자는 복이 있도다(1절)
내가 입을 열지 아니할 때에
종일 신음하므로 내 뼈가 쇠하였도다
주의 손이 주야로 나를 누르시오니 내 진액이 빠져서 ← **끔찍한 죄책감**
여름 가뭄에 마름같이 되었나이다(3-4절)
내가 이르기를 내 허물을 여호와께 자복하리라 하고 ← **죄를 인정하고 사죄함**
주께 내 죄를 아뢰고 내 죄악을 숨기지 아니하였더니
곧 주께서 내 죄악을 사하셨나이다(5절) ← **용서받음**
너희 의인들아 여호와를 기뻐하며 즐거워할지어다
마음이 정직한 너희들아 다 즐거이 외칠지어다(11절) ← **하나님과 바른 관계 가운데 기뻐함**

죄

하나님은 어떤 죄를 더 싫어하실까요?

하나님은 모든 죄를 미워하십니다. 죄는 하나님, 그리고 다른 사람들과의 관계를 망치기 때문입니다. 하지만 성경은 특히 다음과 같은 죄에 대해 경고합니다. 왜냐하면 다음과 같은 죄는 내면에서부터 우리가 생각하고 살아가는 방식을 변화시키기 때문입니다.

- 우상숭배: 우상을 숭배하는 것(신명기 12:31, 16:21-22)
- 교만(잠언 16:5, 이사야 13:11)
- 가난하고 약한 사람들을 힘들게 하는 것(이사야 10:1-2)

신자의 삶에 결코 있어서는 안 되는 죄악들

성경은 다음과 같은 죄를 알려 주고 있습니다.

- **잠언 6:16-19**(여호와께서 미워하시는 것 … 예닐곱 가지이니)
- **갈라디아서 5:19-21**(전에 너희에게 경계한 것같이 경계하노니 이런 일을 하는 자들은 하나님의 나라를 유업으로 받지 못할 것이요)
- **골로새서 3:8-10**(이제는 너희가 이 모든 것을 벗어 버리라…)
- **베드로전서 2:1**(그러므로 … 버리고)

보이지 않는 죄

죄가 눈에 안 보이면(나쁜 생각과 같은 죄) 그렇게 나쁜 것이 아니라고 생각할 수도 있습니다. 하지만 잘못된 태도는 죄악된 행동만큼이나 똑같이 나쁜 것입니다. 성경은 마음의 죄에 대해 다음과 같이 말하고 있습니다.

- "속에서 곧 사람의 마음에서 나오는 것은 악한 생각 곧…"(마가복음 7:21-22)
- "나는 너희에게 이르노니 형제에게 노하는 자마다 심판을 받게 되고"(마태복음 5:21-22)
- "그 형제를 미워하는 자마다 살인하는 자니"(요한일서 3:15)

하나님의 용서

하나님은 가장 최악의 죄도 용서해 주실까요?

십자가에서 죽으셨을 때 예수님은 모든 사람의 모든 죄를 짊어지셨습니다(요한복음 1:29). 우리가 죄를 자백하면 하나님은 우리의 **모든** 죄를 없애 주시고 우리 마음을 깨끗하게 해주십니다(요한일서 1:7, 9). 우리가 무엇을 했는지 그 죄가 얼마나 큰지는 중요하지 않습니다.

하나님께 죄송하다고 하면 충분한가요? 아니면 그 이상 무엇을 더 해야 하나요?

우리는 잘못한 일에 대한 대가를 '지불'해서 구원받는 것이 아니라, 하나님이 우리를 용서해 주신다는 것을 믿음으로써 구원받습니다(에베소서 2:8-9, 시편 51:16-17).

그러나 우리가 죄송하다고 말할 때, 하나님은 우리가 말만 하지 않고 그 안에 진심을 담기 원하십니다. 하나님은 진실로 회개하는 마음을 보기 원하십니다. 그것은 바로 올바른 일을 하겠다는 마음입니다.

우리는 얼마나 자주 용서를 구해야 할까요?

잘못을 깨달을 때마다 우리는 곧바로 용서를 구해야 합니다. 주님이 가르쳐 주신 기도에 나온 것처럼(누가복음 11:4) 우리는 매일 회개 기도를 해야 합니다.

하나님이 용서하지 않으실 때는 언제인가요?

우리가 다른 사람을 용서하지 않을 때 하나님도 우리를 용서하지 않으실 것입니다(마태복음 6:14-15, 마가복음 11:25).

우리가 용서를 구하지 않으면 어떻게 되나요?

죄를 지었다는 것을 알면서도 용서를 구하지 않으면 하나님은 더 이상 우리의 기도를 듣지 않으시고 우리는 그분과 멀어지게 될 것입니다(시편 66:18-20).

다윗 왕의 가족

다윗의 계보는 마태복음 1:6-16과 누가복음 3:23-31에 나와 있습니다.

다윗의 아버지

- 이새에게는 일곱 아들이 있었습니다(사무엘상 16:10).

다윗의 아내들

- 미갈: 사울 왕의 딸로, 그녀에게는 자녀가 없었습니다(사무엘하 6:23).
- 아비가일: 나발의 과부(사무엘상 30:5).
- 밧세바: 우리아의 과부이자 후에 왕이 된 솔로몬의 엄마였습니다(사무엘하 11:26-27, 사무엘하 12:24).
- 다른 아내들(역대상 3:1-3).

다윗의 자녀들

- 암몬: 첫째 아들(장남).
- 다니엘: 아비가일의 아들.
- 압살롬: 막가의 아들, 압살롬은 그의 아버지 다윗에게 반역을 일으켰습니다.
- 다말: 다윗의 외동딸이자 압살롬의 여동생(역대상 3:9).
- 솔로몬: 밧세바의 아들, 나중에 이스라엘의 왕이 된 지혜로운 자(열왕기상 4:29-30).
- 므비보셋: 요나단의 아들로 다윗에게 입양됨(사무엘하 9:11).
- 다른 아들들(역대상 3:1-9).

왜 예수님을 다윗의 자손이라 부르나요?
(마태복음 1:1, 1:7 참조)

솔로몬이 지혜를 구하다

다윗이 솔로몬에게 왕의 자리를 물려주다(열왕기상 2:1-12)

죽음이 임박한 다윗은 아들 솔로몬에게 다음과 같은 명을 내렸습니다. "너는 굳세게 하여 하나님의 뜻에 주의하라. 그분의 길로 행하고 그 계명에 순종하여라. 그러면 하나님이 내게 약속하신 것을 이루실 것이다."

그런 다음 사십 년간 이스라엘을 다스렸던 다윗은 죽었고, 솔로몬이 이스라엘 왕이 되었습니다.

솔로몬이 지혜를 구하다(열왕기상 3:4-15)

어느 날 밤, 솔로몬의 꿈에 하나님이 나타나 말씀하셨습니다. "네가 원하는 것을 무엇이든지 구하라."

솔로몬이 대답했습니다. "하나님은 내 아버지 다윗에게 신실한 사랑을 보여 주셨습니다. 그리고 아버지의 뒤를 이어 저를 왕으로 삼아 주셨습니다. 그러나 저는 아이와 같아서 왕으로서 제게 맡겨진 일을 어떻게 감당해야 할지 모르겠습니다. 이제 제가 구하오니 주의 종에게 주의 백성을 이끌 수 있고 옳고 그름을 분별할 수 있는 마음을 주소서."

하나님은 솔로몬이 백성을 이끌기 위한 지혜를 구한 것에 기뻐하시며 말씀하셨습니다. "네가 장수나 부를 구하지 않고 이것을 구하였으니 내가 그것을 주겠다. 이전에 누구도 갖지 못했던, 그리고 앞으로도 갖지 못할 그런 지혜로운 마음을 주겠다. 그리고 또 네가 구하지 않았던 부와 명예도 주겠다."

솔로몬의 지혜(열왕기상 3:16-28)

어느 날, 두 여인이 와서 솔로몬 앞에 섰습니다. 그중 한 여인이 말했습니다. "우리는 같은 집에 살고 있고 둘 다 아기를 낳았습니다. 그런데 밤에 이 여자의 아들이 죽었습니다. 그러자 그녀는 일어나 제가 자고 있을 때 제 품에 있는 아들을 가져가고 제 옆에 죽은 아기를 두었습니다.

지혜로운 자, 솔로몬

다음 날 아침 아기를 보니 제 아들이 아니었습니다. 그런데 저 여자는 '아니다, 살아있는 아기가 내 아들이고 죽은 아기가 네 아들이다'라고 했습니다." 그들은 왕이 멈추라고 할 때까지 그 앞에서 싸웠습니다. "칼을 가져오라." 왕이 말했습니다. 그리고 왕은 살아있는 아기를 반으로 자르라고 명령했습니다. 아기의 엄마는 자식을 불쌍히 여기는 마음이 가득하여 말했습니다. "제발 아기를 죽이지 마세요. 그 아기를 저 여인에게 주세요." 하지만 다른 여인은 아기를 죽이라고 했습니다.

그때 솔로몬이 말했습니다. "아기를 살려 달라고 하는 여인에게 이 아기를 주어라. 그녀가 아기의 어머니다."

솔로몬의 지혜로운 판결을 들은 이스라엘 백성은 그들의 왕을 존경했습니다. 하나님께서 솔로몬에게 특별한 지혜를 주셨음을 알았기 때문입니다.

스바 여왕이 솔로몬을 방문하다(열왕기상 10장)

스바 여왕은 솔로몬의 명성과 그가 하나님을 경외하는 자임을 듣고, 어려운 질문으로 그를 시험하기 위해 찾아왔습니다. 그녀는 여러 마리의 낙타에 향품과 금과 귀한 보석을 싣고 예루살렘에 도착했습니다.

여왕이 마음속에 있었던 여러 가지 것들을 말하자, 솔로몬은 모든 질문에 대답했습니다. 왕은 어떤 것도 어려워하지 않고 다 설명해 주었습니다.

여왕은 놀라며 정말 기뻐했습니다. 그녀는 솔로몬에게 자신이 가져온 많은 선물을 주었습니다. 그리고 자기 나라로 돌아갔습니다.

지혜의 말씀

잠언에서 뽑은 삶의 지혜

사랑	
인자(사랑)와 진리가 네게서 떠나지 말게 하고	잠언 3:3
사랑은 모든 허물을 가리느니라	잠언 10:12
훈계	
훈계를 좋아하는 자는 지식을 좋아하거니와	잠언 12:1
훈계를 지키는 자는 생명 길로 행하여도	잠언 10:17
일	
모든 수고에는 이익이 있어도	잠언 14:23
자기의 일에 능숙한 사람을 보았느냐 이러한 사람은 왕 앞에 설 것이요	잠언 22:29
친구	
마음의 정결을 사모하는 자의 입술에는 덕이 있으므로 임금이 그의 친구가 되느니라	잠언 22:11
친구의 충성된 권고가 이와 같이 아름다우니라	잠언 27:9
친절	
인자한 자는 자기의 영혼을 이롭게 하고	잠언 11:17
가난한 자를 불쌍히 여기는 것은 … 그에게 갚아 주시리라	잠언 19:17
험담	
말쟁이는 친한 벗을 이간하느니라	잠언 16:28
말쟁이가 없어지면 다툼이 쉬느니라	잠언 26:20
싸움	
교만에서는 다툼만 일어날 뿐이라 권면을 듣는 자는 지혜가 있느니라	잠언 13:10
다툼을 멀리 하는 것이 사람에게 영광이거늘	잠언 20:3
죄	
악인은 자기의 악에 걸리며 그 죄의 줄에 매이나니	잠언 5:22
눈이 높은 것과 마음이 교만한 것과 악인이 형통한 것은 다 죄니라	잠언 21:4
적	
네 원수가 넘어질 때에 즐거워하지 말며	잠언 24:17
네 원수가 배고파하거든 음식을 먹이고	잠언 25:21
부와 재물	
부자 되기에 애쓰지 말고	잠언 23:4
재물은 영원히 있지 못하나니	잠언 27:24

성전을 건축하다

솔로몬이 성전을 짓다(열왕기상 6:1-14)

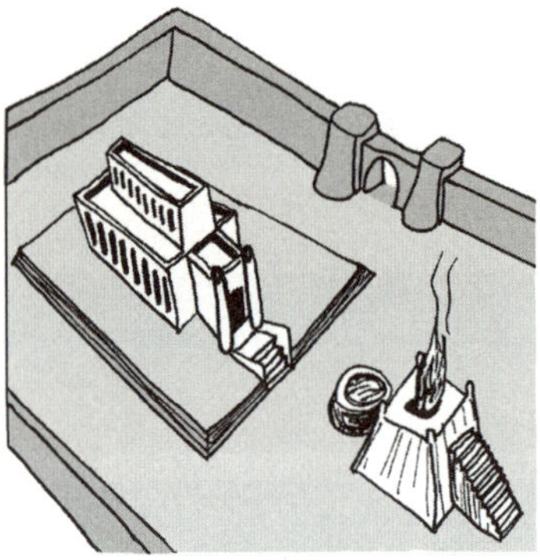

이스라엘 왕이 되고 사 년이 흐른 뒤, 솔로몬은 하나님의 집, 성전을 짓기 시작했습니다.

성전의 벽은 알맞은 형태와 크기로 다듬은 큰 돌덩어리로 지어졌습니다. 돌은 멀리 떨어진 곳에서 다듬었기 때문에 성전에서는 망치나 다른 연장 소리가 들리지 않았습니다.

성전 내부의 벽과 천장은 백향목으로 입혀 돌은 보이지 않았습니다. 언약궤가 놓일 안쪽 방은 순금으로 입혔습니다.

언약궤를 성전으로 옮기다(열왕기상 8장)

성전이 지어지고 나서 솔로몬은 장로들과 각 지파의 지도자들을 불렀습니다. 그리고 제사장들과 레위인들은 성막과 더불어 약속의 땅에 들어가기 전에 사용했던 모든 그릇, 그리고 하나님의 궤를 가지고 왔습니다. 궤는 계명이 적힌 돌판과 함께 안쪽 방에 놓았습니다.

제사장이 성소에서 나오자 하나님의 임재의 구름이 성전을 가득 채웠습니다.

솔로몬은 하나님의 제단 앞에 서서, 기도 가운데 성전을 하나님께 올려 드렸습니다(열왕기상 8:15-53).

성전을 건축하는 데 시간이 얼마나 걸렸나요?
(열왕기상 6:38 참조)

이스라엘 백성이 왕에게 반역하다

솔로몬의 죽음(열왕기상 11:41-43)

솔로몬은 사십 년간 예루살렘에서 온 이스라엘을 다스렸습니다. 그리고 죽어서 그의 아버지 다윗 옆에 묻혔습니다.

솔로몬의 아들 르호보암이 그 뒤를 이어 왕이 되었습니다.

반역: 이스라엘이 분열되다(열왕기상 12장)

솔로몬의 일꾼들을 감독하였던 여로보암은 왕이 되고 싶어 했습니다(열왕기상 11:28). 솔로몬이 이를 알고 그를 죽이려고 하자 그는 이집트로 도망쳤습니다(열왕기상 11:40). 그리고 솔로몬이 죽은 후 그의 아들 르호보암이 왕이 되었다는 소식을 듣고 그는 다시 예루살렘으로 돌아왔습니다.

한편 이스라엘 사람들은 르호보암에게 그의 아버지가 자신들을 혹독하게 대했던 것에 대해 불평했습니다. 장로들은 르호보암에게 백성들의 말을 들어주고 그들을 솔로몬 때보다 잘 대해 줘야 한다고 했지만 르호보암은 그 조언을 듣지 않았습니다. 이에 이스라엘 백성은 르호보함에게 반역하고 여로보암을 이스라엘 왕으로 삼았습니다. 유다 지파만이 르호보암에게 충성하고 배반하지 않았습니다.

한편, 여로보암은 백성들이 르호보암이 다스리는 예루살렘 성전에 가서 제사를 지낸다면 그들의 마음이 바뀌어 다시 르호보암에게 충성을 바칠지 모른다고 생각했습니다. 그래서 여로보암은 금 송아지와 성전을 만들어 벧엘과 단에 하나씩 두었습니다. 그리고 백성들에게 말했습니다. "너희가 예루살렘까지 가는 것은 너무 수고로울 것이다. 자, 여기 너희의 신이 있다." 그렇게 여로보암은 사람들을 하나님으로부터 떠나게 만들었습니다.

그래서 이스라엘은 분열되고 말았습니다. 여로보암은 북쪽에서 열 지파를 다스렸고 르호보암은 남쪽에서 유다와 베냐민 두 지파를 다스렸습니다.

이스라엘의 왕들

다음은 이스라엘과 유다의 왕들입니다. 하나님을 경외하는 왕들도 있었지만 대부분은 하나님 앞에서 악을 행하였습니다.

통일 시대의 이스라엘 왕들(분열 전)				
왕	선악	통치 기간(년)	선지자	관련 성경
사울	악행	40	사무엘	사무엘상 9-31장
다윗	선행	40	나단	사무엘하
솔로몬	혼합	40		열왕기상 2-11장

이스라엘의 왕들(북왕국)				
왕	선악	통치 기간(년)	선지자	관련 성경
여로보암 1세	악행	22		열왕기상 12-14장
나답	악행	2		열왕기상 15장
바아사	악행	24		열왕기상 15-16장
엘라	악행	2		열왕기상 16장
시므리	악행	7일		열왕기상 16장
디브니	악행	7		열왕기상 16장
오므리	악행	12		열왕기상 16장
아합	악행	22	엘리야	열왕기상 16장
아하시야	악행	2	엘리야	열왕기하 8-9, 22장
여호람	악행	12	엘리사	열왕기하 2-8장
예후	혼합	28	엘리사	열왕기하 9-10장
여호아하스	악행	17	엘리사	열왕기하 13장
요아스	악행	16	엘리사	열왕기하 12장
여로보암 2세	악행	41	요나, 아모스	열왕기하 11-15장
스가랴	악행	6개월	호세아	열왕기하 15장
살룸	악행	1개월	호세아	열왕기하 15장
므나헴	악행	10	호세아	열왕기하 15장
브가히야	악행	2	호세아	열왕기하 15장
베가	악행	20	호세아	열왕기하 15장
호세아	악행	9	호세아	열왕기하 15, 17장

유다의 왕들

유다의 왕들(남왕국)				
왕	선악	통치 기간(년)	선지자	관련 성경
르호보암	악행	17		열왕기상 12-14장
아비얌	악행	3		열왕기상 15장
아사	선행	41		열왕기상 15장
여호사밧	선행	25		열왕기상 22장
여호람	악행	8	오바댜	열왕기하 8-9, 11장
아하시야	악행	1		열왕기하 8장
아달랴(여왕)	악행	7		열왕기하 11장
요아스	선행	40	요엘	열왕기하 11-12장
아마샤	선행	29		열왕기하 15:3
웃시야	선행	52	이사야	열왕기하 15장
요담	선행	16	미가, 이사야	열왕기하 15장
아하스	악행	16	미가, 이사야	열왕기하 16장
히스기야	선행	29	미가, 이사야	열왕기하 18-20장
므낫세	악행	55	나훔	열왕기하 21장
아몬	악행	2		열왕기하 21장
요시야	선행	31	스바냐	열왕기하 22-23장
여호아하스	악행	3개월	예레미야	열왕기하 23장
여호야김	악행	11	예레미야	열왕기하 23-24장
여호야긴	악행	3개월	예레미야	열왕기하 24장
시드기야	악행	11	에스겔	열왕기하 24-25장

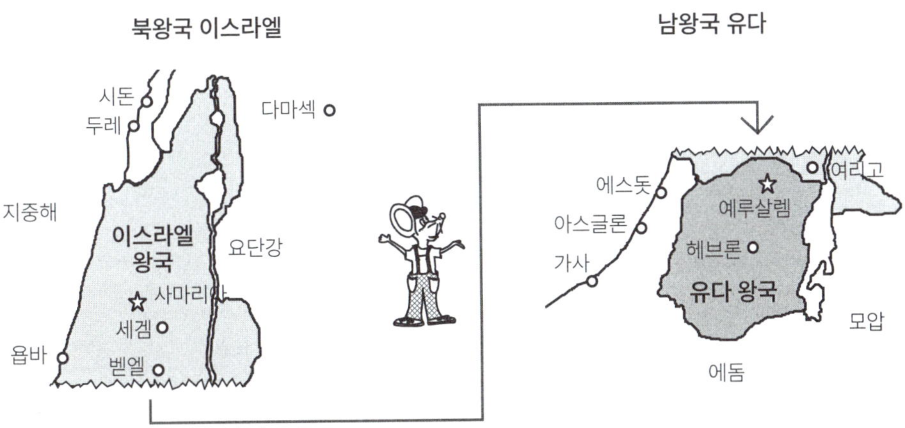

열왕기상 16:29, 17:1-6

하나님의 선지자 엘리야

이스라엘이 북왕국과 남왕국으로 분열되고 여러 해가 흘러 아합이 북왕국의 왕이 되었습니다.

아합은 악한 왕이었습니다. 이방 나라 왕, 엣바알의 딸 이세벨과 결혼한 그는 바알 신을 위한 제단을 세우고 사마리아에 바알 신전을 지었습니다. 아합은 이전의 왕보다 더 악하게 행하며 자신이 세운 우상을 섬기도록 사람들을 부추겼습니다.

그때 선지자 엘리야가 아합에게 가서 말했습니다. "이스라엘의 하나님의 살아계심을 두고 말하노니, 앞으로 이 년 동안 비가 오지 않을 것입니다."

그 후 하나님께서 엘리야에게 말씀하셨습니다. "이곳을 떠나 요단강 저편 동쪽으로 가라. 그곳에서 시냇가를 찾아 물을 마셔라. 내가 까마귀에게 명하여 네게 음식을 가져다주겠다."

그래서 엘리야는 하나님이 말씀하신 대로 하였습니다. 그가 하나님이 말씀하신 곳으로 가자 까마귀가 매일 아침저녁으로 빵과 고기를 가져다주었습니다.

얼마 후, 계속 비가 내리지 않아 시내가 말라 버렸습니다.

그러자 하나님께서 엘리야에게 말씀하셨습니다. "이제 너는 사르밧으로 가서 거기에 머물러라." 엘리야는 일어나 시돈 성 근처, 사르밧이라는 마을로 갔습니다.

엘리야는 아합에게 몇 년 동안 비가 오지 않을 것이라고 말했나요?
(야고보서 5:17 참조)

열왕기상 17:7-24

엘리야와 과부

사르밧에 도착한 엘리야는 마른 나뭇가지를 모으고 있는 한 여인을 보았습니다. 여인의 남편은 죽었고 그녀는 매우 가난했습니다. 엘리야는 여인에게 마실 물을 가져다 달라고 했습니다. 그녀가 물을 가지러 가자 엘리야가 다시 말했습니다. "그리고 빵 한 덩이도 같이 가져다주시오!"

그러자 과부가 대답했습니다. "하나님이 살아계심을 두고 말씀드립니다. 저는 빵이 없습니다. 한 움큼의 밀가루와 기름만 조금 있을 뿐입니다. 아들과 저를 위해 마지막 끼니를 만들려고 불을 피울 나뭇가지들을 줍고 있었던 것입니다."

"두려워 마시오." 엘리야가 대답했습니다. "가서 내 말대로 하시오. 먼저 날 위해 작은 빵 한 덩이를 만들어 오시오. 그리고 남은 것으로 당신과 아들을 위해 음식을 만드시오. 하나님께서 이렇게 말씀하십니다. '여호와가 비를 지면에 내리는 날까지 그 통의 가루가 떨어지지 아니하고 그 병의 기름이 없어지지 아니하리라.'"

여인이 가서 엘리야의 말대로 했더니, 과부의 가족과 엘리야에게는 날마다 먹을 양식이 충분했습니다.

얼마 후, 과부의 아들이 병이 났습니다. 상태는 점점 심각해지더니 결국 죽고 말았습니다.

그러자 여인이 엘리야에게 말했습니다. "저한테 왜 이러십니까? 제 죄를 생각나게 하려고 여기 오셨습니까?"

그러나 엘리야가 대답했습니다. "나에게 아들을 데려오시오." 그는 여인의 품에서 아들을 받아 자신이 머물던 위층 방으로 올라갔습니다. 엘리야는 자기 침대에 아이를 눕히고 그를 살려 달라고 하나님께 부르짖어 기도했습니다.

하나님께서 엘리야의 기도를 들어주셔서 그 아이는 다시 살아났습니다. 엘리야는 아이를 그 어머니에게 데려다주었습니다. 그러자 어머니가 엘리야에게 말했습니다. "이제야 하나님께서 진실로 당신을 통해 말씀하시는 줄 내가 알겠습니다."

열왕기상 18:20-40

하늘로부터 내려온 불

상당한 시간이 흐른 뒤, 엘리야는 아합에게 가서 이렇게 말했습니다. “온 이스라엘 백성을 갈멜산으로 불러 제 앞에 오게 오십시오. 또 바알과 아세라의 선지자들도 그곳으로 꼭 부르십시오.”

이에 아합은 선지자들과 백성들에게 전갈을 보내 산꼭대기로 모이라고 했습니다. 그들이 다 모이자, 엘리야가 백성들에게 말했습니다. “여러분은 언제까지 마음을 정하지 않고 머뭇거리며 살 것입니까? 우리 주님이 하나님이라면 그분을 따르십시오. 그러나 바알이 하나님이라면 바알을 따르십시오.”

사람들은 이에 동의하였습니다. 그리고 그들은 바알에게 불을 보내 달라고 소리치기 시작했습니다. 제단 주변을 돌고 춤을 주며 아침부터 저녁까지 소리 지르고 칼로 자기 몸을 찔렀습니다. 그러나 아무 대답도 없고, 아무 일도 일어나지 않았습니다.

1.

2.

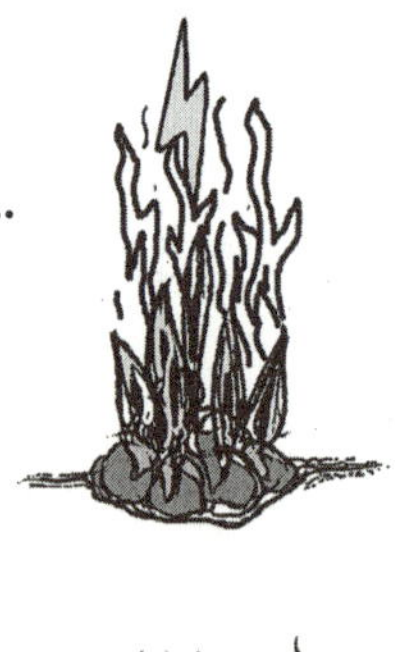

3.

그때 엘리야가 백성들에게 말했습니다. “이리로 나오시오.” 그는 열두 개의 큰 돌로 제단을 쌓고 그 안에 도랑을 팠습니다. 그리고 제단 위에 나무를 쌓고 소를 제물로 올렸습니다.

그는 사람들에게 도랑에 물이 가득할 때까지 제물 위로 물을 부으라고 했습니다.

그리고 엘리야는 기도했습니다. “하나님, 오늘 이곳의 모든 사람이 주님께서 이스라엘의 하나님이심을 알게 하소서.”

엘리야가 기도를 마치자, 불이 내려와 제물과 돌과 흙을 태웠습니다. 사람들은 불을 보고 땅에 엎드려 “주님이 하나님이시다! 주님이 하나님이시다!”라고 부르짖었습니다.

누가 참된 신입니까?

수많은 사람이 각양각색의 신을 믿고 각자의 경전을 가지고 그 인도를 따라갑니다. 어떤 사람들은 어딘가에 신이 있을 것이라고 믿지만 그 신이 누구인지 또 어떤 존재인지 잘 모릅니다. 누구에게 기도하든 큰 상관이 없고 모든 기도는 같은 신에게 도달할 것이라고 말하는 사람들도 있습니다.

이렇게 신에 대한 믿음이 저마다 다른데, 우리는 어떻게 우리가 예배하는 하나님이 참된 신임을 확신할 수 있을까요?

참되고 살아계신 하나님은

- 영원한 하나님이십니다. 시작도 끝도 없으시며 '스스로 있는 분'이십니다(출애굽기 3:13-14, 디모데전서 1:17).
- 우주를 창조하시고 통치하십니다(창세기 1:1).
- 모든 사람에게 생명을 주시는 분입니다(사도행전 17:25).
- 성경에서 말씀하시고 묘사하시는 하나님입니다. 하나님이 성경의 모든 말씀에 영감을 불어 넣으셨습니다(디모데후서 3:16).
- 주 예수 그리스도의 아버지이십니다(베드로전서 1:3).
- 유일하게 온전하고 거룩하신 분이시며 그분의 말씀은 영원토록 진실합니다(시편 77:13, 119:60).
- 모든 통치자와 왕 위에 계신 왕 중의 왕이십니다(디모데전서 6:15).

> **그런즉 너는 오늘 위로 하늘에나**
> **아래로 땅에 오직 여호와는 하나님이시요**
> **다른 신이 없는 줄을 알아 명심하고**
> (신명기 4:39)

열왕기상 18:40, 19:1-10

엘리야가 살고자 달아나다

하나님께서 하늘로부터 불을 내리신 후, 갈멜산에서 엘리야는 모든 바알 선지자를 죽이라고 명하였습니다.

그때 거기 함께 있었던 아합 왕은 궁으로 돌아가 왕비 이세벨에게 엘리야와 하늘로부터 내려온 불에 대해 말했습니다. 엘리야가 바알 선지자들을 다 죽였다는 것도 말했습니다.

이세벨은 엘리야가 한 일을 듣고 매우 분노했습니다! 그녀는 엘리야에게 "네가 바알 선지자들을 죽인 것처럼 너를 죽이지 않는다면 신들이 내게 벌하시길 원하노라!"라는 전갈을 보냈습니다.

엘리야는 왕비의 위협에 두려워서 살려고 도망쳤습니다. 그는 유다까지 계속 달려갔고 광야로 내려갔습니다.

광야에서 하루가 지나고 나무 하나를 발견한 엘리야는 매우 의기소침한 상태로 그 아래에 앉았습니다. 그는 죽고 싶어 이렇게 기도했습니다. "하나님, 저도 이제 지쳤습니다. 제 생명을 가져가소서. 돌아가신 제 선조보다 제가 나은 것이 없습니다." 이윽고 엘리야는 잠이 들었습니다.

그가 자고 있을 때 한 천사가 와서 엘리야를 만지며 말했습니다. "일어나서 먹으라." 엘리야가 돌아보니 옆에 구운 떡과 물 한 병이 놓여 있었습니다. 이에 엘리야는 먹고 마신 뒤 다시 누웠습니다.

천사가 두 번째로 와서 그를 만지며 말했습니다. "일어나서 더 먹으라. 아직 갈 길이 많이 남았다." 그래서 엘리야는 먹고 마신 뒤 호렙산(시내산)에 이를 때까지 사십 일을 걸었습니다. 그곳에서 동굴을 하나 발견한 엘리야는 거기서 하룻밤을 지냈습니다.

그때 하나님께서 엘리야에게 말씀하셨습니다. "엘리야야, 너는 여기에서 무엇을 하고 있느냐?" 엘리야가 대답했습니다. "저는 이제껏 온 힘을 다해 하나님을 섬겼습니다. 그러나 이스라엘 백성은 더 이상 주님의 길을 따르지 않습니다. 그들은 주님의 제단을 허물고 주님의 선지자들을 죽였습니다. 저 혼자만 남았습니다. 그리고 이제 저도 죽이려 하고 있습니다!"

열왕기상 19:10-18

하나님이 엘리야에게 말씀하시다

그러자 하나님께서 엘리야에게 말씀하셨습니다. “가서 산 위에 서라. 나 주가 그곳을 지나갈 것이다.”

1.

엘리야가 서자, 강력한 **바람**이 산을 가로질러 지나갔습니다. 그 바람은 돌을 부수고 산을 쪼갤 만큼 강력했습니다. 그러나 하나님은 그곳에 계시지 않았습니다.

2.

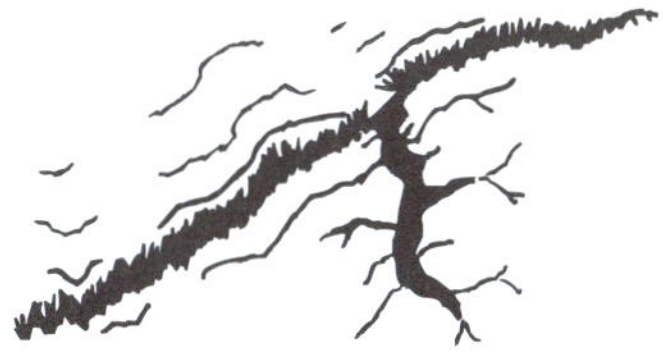

바람이 잦아든 뒤, **지진**이 일어났습니다. 그러나 하나님은 지진 속에도 계시지 않았습니다.

지진 후에는 **불**이 났습니다. 그러나 하나님은 그 불 속에도 계시지 않았습니다.

3.

불이 난 뒤에, 부드럽고 **조용한 음성**이 들렸습니다. 엘리야는 그 소리를 듣고 얼굴을 외투로 감싸고 나가서 동굴 어귀에 섰습니다. 그때에 그에게 한 소리가 들려왔습니다. “엘리야야, 너는 여기에서 무엇을 하고 있느냐?”

4.

엘리야가 대답했습니다. “저는 이제껏 온 힘을 다해 하나님을 섬겼습니다. 그러나 이스라엘 백성은 더 이상 주님의 길을 따르지 않습니다. 그들은 주님의 제단을 허물고 주님의 선지자들을 죽였습니다. 저 혼자만 남았습니다. 그리고 이제 저도 죽이려 합니다!”

그러자 하나님께서 그에게 말씀하셨습니다. “너는 왔던 그 길로 다시 돌아가라. 그리고 예후에게 기름을 부어, 그를 이스라엘 왕으로 세워라. 또 엘리사에게 기름을 붓고, 네 뒤를 이을 선지자로 세워라. 내가 바알에게 무릎을 꿇지 않은 7000명의 사람을 이스라엘에 남겨두었고 그들을 지킬 것이다.”

하나님은 우리에게 어떻게 말씀하시나요?

왜 하나님은 구약의 모세, 사무엘, 엘리야에게 하셨던 것처럼 우리가 들을 수 있는 음성으로 말씀하지 않으실까요?

구약의 사람들이 하나님의 말씀을 항상 들었던 것처럼 보일 수 있지만 사실 하나님은 아주 소수의 사람들에게, 그것도 특별한 때에만 말씀하셨습니다.

놀라운 사실은 하나님은 변하지 않으신다는 것입니다. 그분은 오늘날도 여전히 우리에게 말씀하십니다. 비록 그 방법이 다르긴 하지만요.

성경 시대에 하나님은 때로 천사를 통해 특별한 메시지를 전하셨습니다(사도행전 10:3, 27:23).

또한 하나님은 꿈을 통해서 말씀하시기도 합니다(열왕기상 3:11-15, 마태복음 2:12).

그 당시 사람들은 지금 우리와 같은 성경이 없었습니다. 성경의 많은 부분은 아직 쓰이기도 전이었습니다. 예수님 시대, 즉 신약 성경이 완성되기 전에 살았던 사람들은 모세 율법, 시편, 선지서와 같은 구약 말씀으로 주님의 인도하심을 구했습니다(누가복음 24:44).

이제 우리는 하나님이 우리에게 말씀하시는 것이 무엇인지 정확히 알기 위해 필요한 모든 것을 가지고 있습니다.

- 첫째, 우리에게는 완성된 성경이 있습니다. 그 성경에는 하나님이 우리가 알기 원하시는 모든 것이 들어 있습니다. 비록 사람을 통해 기록되었지만, 성경은 우리를 향하신 하나님의 말씀입니다. "너희가 우리에게 들은 바 하나님의 말씀을 받을 때에 사람의 말로 받지 아니하고 하나님의 말씀으로 받음이니"(데살로니가전서 2:13).

  이 기록된 말씀은 변하지 않습니다. 예수님께서 그분의 말씀은 절대로 변하지 않고 끝이 없다고 말씀하셨으므로 우리는 이를 신뢰할 수 있습니다(누가복음 21:33).

성경을 읽거나 성경낭독을 들을 때, 하나님은 우리 마음에 말씀해 주십니다. 하나님께서 우리 앞에 그분의 메시지를 '살아나게' 하실 때 그분의 **기록된 말씀**은 **살아있는 말씀**이 됩니다. 하나님께서 뭔가 특별하고 개인적인 말씀을 해주신다고 느낄 때 우리 마음은 흥분될 것입니다. 아마도 그것은 우리가 하나님께 우리를 인도해 달라고, 혹은 뭔가에 대해 확신을 갖게 해달라고 구했기 때문에 온 답일 수 있으니까요.

- 둘째, 우리 마음 가운데 하나님의 음성이 있습니다. 예수님이 하늘로 승천하셨을 때, 그분은 모든 믿는 자의 마음에 성령을 보내어 살게 하겠다고 하셨습니다(요한복음 14:26). 성령님은 양심을 통해 역사하시며 우리 삶에 잘못된 것을 말씀해 주십니다. 또한 성령님은 우리가 기도하고 하나님을 묵상할 때 특정한 방향으로 우리 생각을 이끌어 주시기도 합니다.

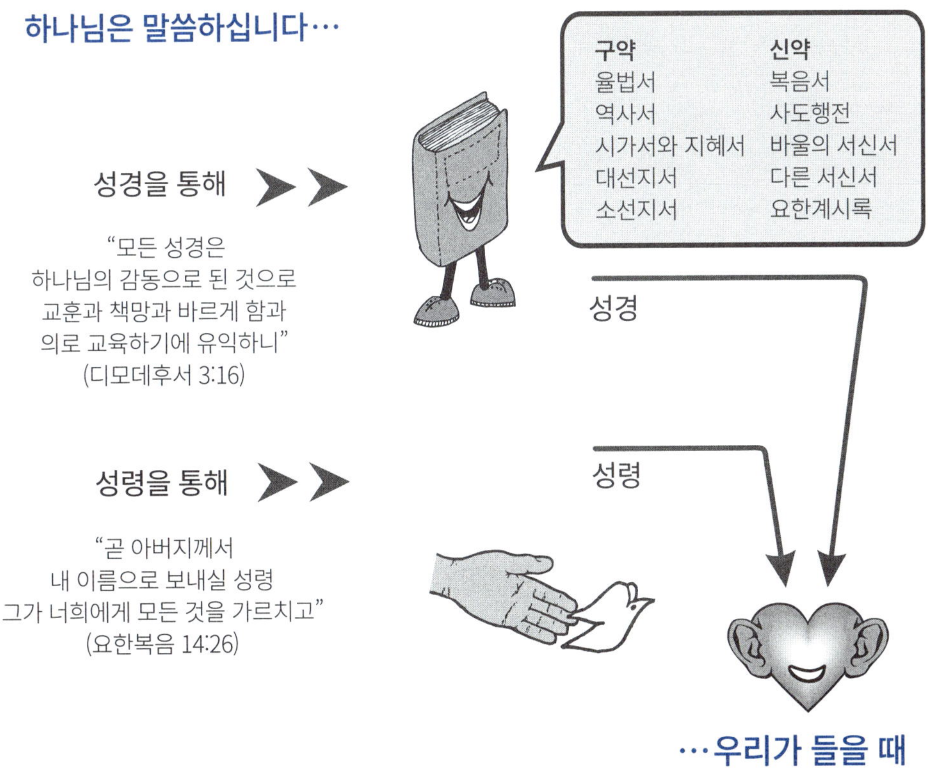

열왕기상 19:19-21, 열왕기하 2:7-14

엘리사가 엘리야의 뒤를 잇다

하나님은 엘리야에게 엘리사를 그의 뒤를 이을 선지자로 삼고 기름을 부으라고 말씀하셨습니다. 그래서 엘리야는 엘리사를 찾으러 갔습니다. 엘리사는 소를 몰며 바쁘게 땅을 갈고 있었습니다.

엘리야는 엘리사에게 다가가 겉옷을 벗어 둘러 주었습니다. 이제 하나님의 축복이 엘리사에게 임했다는 것을 나타내는 표시였습니다. 그 의미를 이해한 엘리사는 말했습니다. "가족과 작별인사를 하고 와서 당신을 따르겠습니다."

"가거라!" 엘리야가 대답했습니다. 이에 엘리사는 사람들을 위해 잔치를 베풀고 작별인사를 했습니다. 그리고 엘리사는 엘리야의 제자가 되었습니다.

하나님이 엘리야를 하늘로 데리고 올라가실 때가 이르자, 엘리야는 엘리사와 함께 여러 마을을 거쳐 요단강에 도착했습니다. 엘리야가 외투를 벗은 다음 말아서 강물을 치자 물이 갈라졌고 두 사람은 마른 땅을 가로질러 갔습니다.

건너편에 이르렀을 때 엘리야가 엘리사에게 말했습니다. "내가 떠나기 전에 네게 해주기 원하는 것이 있으면 말해 보아라."

"스승님이 가지고 계신 능력을 갑절로 받게 해주십시오." 엘리사가 대답했습니다.

엘리야가 말했습니다. "너는 참으로 어려운 것을 요구하는구나. 하나님께서 나를 데려가시는 것을 네가 본다면, 그 소원이 이루어질 것이다. 그렇지 않으면 그것은 이루어지지 않을 것이다."

그들이 이야기를 하며 가고 있는데, 두 사람 사이에 불병거와 불말이 나타나더니 엘리야를 회오리바람에 싣고 하늘로 올라갔습니다.

엘리사는 엘리야가 떨어뜨리고 간 외투를 들고 요단강 가로 돌아왔습니다. 그가 엘리야의 옷으로 강물을 치자 물이 다시 갈라졌습니다. 엘리사는 강바닥을 밟고 건너편까지 걸어갔습니다.

열왕기하 2:19-22, 4:1-7

물이 깨끗해지다

어느 날, 여리고 성의 인도자들이 엘리사에게 와서 말했습니다. “문제가 있습니다. 이 마을은 아름답고 좋은 장소에 지어졌습니다만, 물이 안 좋습니다. 그래서 땅에서 어떤 것도 자라지 못합니다.”

그러자 엘리사가 말했습니다. “새 그릇에 소금을 넣어 내게 가져오시오.” 그들은 그 말대로 했습니다.

엘리사는 안 좋은 물이 있는 샘으로 가서 소금을 던지며 말했습니다. “하나님께서 이렇게 말씀하십니다. ‘내가 이 물을 깨끗하게 하였으니, 다시는 이 물 때문에 사람들이 죽거나 유산하는 일이 없을 것이다.’”

그러자 물이 엘리사가 말한 그대로 깨끗하게 되었습니다.

* * *

선지자의 아내 중 한 명이 엘리사에게 와서 말했습니다. “제 남편이 죽었습니다. 그는 당신의 종이었고 하나님을 경외한 사람이었습니다. 그런데 남편이 빚을 졌던 남자가 와서 제 두 아들을 노예로 데려가려고 합니다.”

엘리사가 물었습니다. “당신 집에 무엇이 있소?”

“작은 기름 한 병 외에는 아무것도 없습니다.” 그녀가 대답했습니다.

“나가서 이웃 사람들에게 빈 그릇들을 빌려 오시오. 되도록 많이 빌려서 모으고 집으로 들어가 문을 닫으시오. 그릇마다 기름을 붓고 채워지면 옆으로 옮겨 놓으시오.” 이에 여인은 엘리사에게 들은 대로 했습니다.

두 아들이 계속 그릇을 가져왔고 그릇마다 차례차례 기름이 찼습니다. 곧이어 모든 그릇이 차자 더 이상 기름은 나오지 않았습니다.

그러자 엘리사는 여인에게 기름을 팔아 그 돈으로 빚을 갚으라고 말했습니다.

열왕기하 4:38-41, 6:1-7

음식의 독이 없어지다

엘리사가 길갈에 갔는데 그때 그곳에 흉년이 들었습니다. 그곳에는 선지자들 여럿이 살고 있었습니다.

그들과 함께 모임을 하던 중 엘리사는 종에게 "큰 솥에 이 사람들을 위한 국을 끓여라"라고 말했습니다.

선지자 중 한 명이 국에 넣을 풀을 가지러 들판으로 나갔습니다. 그는 야생 덩굴 열매를 발견해 가져와서 독성이 있는 줄도 모르고 썰어서 국에 넣었습니다.

국을 내어주니 사람들이 맛을 보고 엘리사에게 말했습니다. "이 국 안에 독이 들어 있습니다!" 그래서 아무도 국을 먹으려 하지 않았습니다.

엘리사가 말했습니다. "밀가루를 가져오라." 그런 다음 밀가루를 솥에 넣고 말했습니다. "이제 괜찮아졌다. 사람들에게 가져다주어라." 음식은 먹기 좋은 상태가 되었고 아무런 해가 없었습니다.

어느 날, 여러 선지자들이 엘리사에게 말했습니다. "보시는 것처럼, 저희가 선지자님과 함께 거하는 이곳이 너무 좁습니다. 요단강에 가서 목재를 구해 저희가 살 수 있는 새 집을 짓도록 하겠습니다."

이에 엘리사와 선지자들은 요단으로 가서 나무를 자르기 시작했습니다. 그런데 한 선지자가 도끼를 쓰던 중 도끼가 손잡이에서 떨어져 나가 물에 빠지고 말았습니다.

"아, 선지자님!" 그가 소리쳤습니다. "그 도끼는 빌려온 것입니다."

"도끼가 어디에 떨어졌느냐?" 엘리사가 물었습니다. 그가 도끼가 떨어진 곳을 알려주자 엘리사는 막대를 하나 잘라서 물 위로 던졌습니다.

그러자 도끼가 즉시 수면 위로 떠올랐고 그는 손을 뻗어 도끼를 잡았습니다.

고침을 받은 나아만 장군

아람 왕의 군대 장관 나아만은 큰 인물이고 존경받는 사람이었지만 나병(피부병)이 있었습니다.

그 당시 아람은 이스라엘을 침략해서 사람들을 노예로 잡아가기도 했습니다. 그들 중에는 나아만 부인의 여종이 된 한 어린 소녀가 있었습니다.

어느 날 그 소녀가 여주인에게 말했습니다. “주인님이 사마리아에 있는 선지자님에게 가면 좋을 것 같아요. 그분이라면 이 병을 고칠 수 있을 거예요.”

나아만은 소녀의 말을 듣고 가서 왕에게 말했습니다. 그리고 아람 왕은 그에게 선지자를 찾아가 보라고 말했습니다. 이에 나아만은 종들을 데리고 여행을 떠났습니다.

그들은 먼저 이스라엘 왕을 만나러 갔지만 그는 나아만을 도울 수 없었습니다. 왕은 아람 왕이 싸움을 걸어온다고 생각하고 마음이 어려워졌습니다 엘리사가 나아만의 소식을 듣고 왕에게 전갈을 보냈습니다. “나아만을 저에게 보내십시오. 이스라엘에 선지자가 있다는 것을 알려 주겠습니다.”

나아만이 엘리사의 집에 도착하자 엘리사가 말했습니다. “가서 요단강에서 일곱 번 몸을 씻으시오. 그러면 나을 것입니다.”

그러자 나아만은 화가 나서 발길을 돌리며 말했습니다. “나는 그가 내 나병에 손을 얹어 주고 빌기를 기대했다. 씻는 것은 다메섹에 있는 강에서도 충분히 할 수 있지 않느냐.”

나아만의 종들이 그를 설득했습니다. “장군님, 선지자가 어려운 일을 시켰더라도 하시지 않았겠습니까? 이 정도는 당연히 하실 수 있지 않습니까?”

그래서 나아만은 종들의 조언을 받아들여 요단강에 일곱 번 몸을 담갔습니다. 물에서 나오자 그의 피부는 어린아이처럼 깨끗하게 나았습니다.

하나님을 섬기는 아이들

성경은 하나님께서 어린아이들을 특별한 방법으로 사용하시고 또 사용하실 수 있다는 것을 보여 줍니다. 아이들은 종종 어른들에게 본이 되기도 합니다. 그들에게 겸손함과 믿음이 있기 때문입니다(마태복음 18:2-4). 몇 가지 예를 살펴보겠습니다.

- **도와줌:** 성전의 사무엘(사무엘상 3:1)

  아주 어릴 때부터 사무엘은 엘리를 도와 성전에서 할 일들을 했습니다. 여러분도 집, 학교, 교회에서 작은 일을 도울 수 있습니다. 부모님과 선생님께 여러분이 도울 일이 있는지 물어보세요.

- **다른 사람들에게 말함:** 여종(열왕기하 5:1-3, 14)

  나아만의 여종에게는 큰 믿음이 있었고 여주인에게 이스라엘의 선지자에 대해 말할 만큼 담대했습니다. 비록 어릴지라도 여러분은 기도에 응답하시는 하나님의 능력과 우리를 향하신 하나님의 사랑을 다른 사람에게 말할 수 있습니다.

- **베풂:** 떡과 물고기를 가진 소년(요한복음 6:5-11)

  어쩌면 여러분은 다른 사람에게 줄 것도 없고 가지고 있는 것이 많지 않을 수도 있습니다. 그러나 그것은 자기가 가진 모든 것(점심 도시락)을 드린 어린 소년도 마찬가지였습니다. 다른 사람들에게 친절을 베풀 때, 그것은 마치 하나님께 친절을 베푸는 것과 같습니다. 또 우리가 무엇을 나눌 때, 그것은 하나님께 드리는 것과 같습니다(마태복음 25:37-40).

- **하나님을 예배함:** 찬양하는 아이들(마태복음 21:15-16)

  예수님께서 성전 근처에 오시자, 아이들은 하나님을 찬양하기 시작했습니다. "호산나, 다윗의 자손이여." 하나님은 그분을 사랑하는 사람들의 찬양을 기뻐하십니다. 기도를 하거나 찬양을 부르거나 성경구절을 말하거나 하나님의 사랑에 신이 나서 그냥 소리를 치는 것도 모두 그분을 예배하는 모습입니다.

요나가 도망가다

요나는 하나님의 선지자였습니다. 어느 날, 하나님께서 요나에게 말씀하셨습니다. "큰 성읍 니느웨로 가라. 그리고 그곳 사람들에게 그들이 악하므로 내가 심판할 것이라고 말하여라."

그러나 요나는 하나님으로부터 달아났습니다. 그는 반대쪽 바다를 향해 가다가 다시스로 가는 배를 발견하게 되었습니다. 그는 하나님으로부터 도망가려고 요금을 내고 그 배에 탔습니다.

하지만 하나님은 강력한 바람을 보내 거대한 물결이 올라오게 하셨습니다. 선원들은 배가 부서질까 걱정하며 각자의 신들에게 도와달라고 부르짖었습니다. 그리고 배를 가볍게 하려고 짐을 버리기 시작했습니다. 한편, 요나는 배 아래쪽 칸에서 깊이 잠들어 있었습니다.

그러자 선장이 요나에게 가서 말했습니다. "지금 같은 때에 어떻게 잠을 잘 수 있소? 일어나서 당신의 신에게 기도하시오. 그 신이 우리를 구할지도 모르잖소!"

그때 선원들은 제비를 뽑아 폭풍의 원인이 누구에게 있는지 알고자 하였습니다. 요나가 제비에 뽑히자 사람들은 그에게 온갖 질문을 했습니다. 요나는 그들에게 자신은 온 땅과 바다를 지으신 살아계신 하나님을 섬기는 사람인데 지금 그분에게서 도망치고 있는 중이라고 말했습니다.

선원들은 크게 걱정하며 물었습니다. "그럼 우리는 어떻게 해야 합니까?"

요나가 말했습니다. "나를 바다에 던지시오. 그러면 바다가 잠잠해질 것이오. 이 폭풍은 내 잘못으로 일어난 것입니다."

선원들은 하나님의 종을 바다에 던지면 무슨 일이 생길까 봐 두려웠지만 폭풍이 더 거세지자 요나를 들어 바다로 던졌습니다. 그러자 즉시 폭풍이 멈추었고 바다도 잠잠해졌습니다.

요나 2-4장

요나가 하나님의 말씀을 전하다

요나는 차갑고 어두운 바닷속으로 한없이 내려갔습니다. 해조류가 그의 머리를 휘감았습니다. 그러나 하나님께서 예비하신 특별한 물고기가 와서 요나를 삼켰습니다. 요나는 삼일 밤낮을 물고기 안에 있었습니다.

그 안에서 요나는 하나님께 기도하며 자비를 베푸시고 자신을 구해 달라고 간구했습니다. 그러자 하나님은 물고기에게 명하시어 요나를 마른 땅으로 뱉어내게 하셨습니다.

하나님은 요나에게 다시 니느웨로 가라고 명하셨고, 이번에는 요나도 가서 말씀을 전했습니다.

첫째 날, 요나가 사람들에게 말했습니다. "사십 일이 지나면 니느웨는 멸망할 것이다."

그곳 사람들은 하나님을 믿고 금식을 시작했으며, 거친 옷을 입고 회개했습니다. 하나님은 그들이 죄에 대해 슬퍼하며 악한 행동을 멈춘 것을 보시고 마음을 돌이켜 그 성읍을 멸망시키지 않으셨습니다.

그러나 요나는 하나님이 이방 나라에 자비를 베푸시는 것을 보고 매우 화가 났습니다. (게다가 하나님의 선지자인 자신의 말이 그대로 이뤄지지 않게 될 상황이었습니다.) 그래서 요나는 시무룩한 상태로 성읍 동쪽 편에 가 있었습니다.

그때 하나님은 요나 위로 덩굴나무를 자라나게 하셨고 요나는 그늘이 생겨 기뻐했습니다. 그런데 다음 날 벌레가 잎을 갉아 먹자 식물은 죽어 버렸습니다. 날씨가 너무 더워서 요나는 쓰러질 지경이었습니다. 그래서 그는 더욱 화가 났습니다. 그때 하나님께서 요나에게 말씀하셨습니다. "너는 화를 낼 권리가 없다. 네가 심지도 않은 이 덩굴나무 때문에 너는 안타까워하는구나. 그런데 좌우를 가릴 줄 모르는 수천 명의 사람들과 아이들이 있는 이 성읍을 내가 어찌 아까워하지 않겠느냐?"

하나님의 사람들이 다시 노예가 되다

하나님이 사랑하셔서 이집트의 종살이에서 구하여내신 백성들이 하나님을 떠나 각자 죄의 길을 따라 살았습니다.

하나님은 여러 선지자들을 보내어 다른 신을 섬기지 말고 하나님께 돌아오라고 경고하셨습니다. 그러나 백성들은 그 말을 듣지 않고 계속해서 이방의 여러 신들을 숭배했습니다.

그로 인해 하나님은 이스라엘에게 크게 진노하셨고, 그들을 그의 앞에서 내쫓으시니 남은 것은 유다 지파뿐이었습니다. 그러나 유다도 그들의 주님이신 하나님의 명령을 지키지 않았습니다(열왕기하 17:18-19). 하나님은 더 이상 그들을 보호하지 않으셨고, 이후 이런 일이 일어났습니다.

이스라엘(북왕국)은 앗수르에게 정복되어 그 나라의 노예로 잡혀갔습니다(열왕기하 17:6, 21-23). 당시 이스라엘의 왕은 호세아였습니다. 그는 이전 왕들처럼 악을 행했으며 결국 이스라엘의 마지막 왕이 되었습니다.

유다(남왕국)는 바벨론에게 정복당했고 유다 백성들은 그 나라의 노예로 끌려갔습니다(열왕기하 25:8-12). 바벨론 사람들은 성전과 예루살렘의 궁과 모든 집을 다 부수었습니다. 또 그들은 예루살렘을 둘러싸고 있는 성벽도 무너뜨렸습니다.

가장 가난한 사람들 일부는 유다에 남아 포도밭과 농장에서 일을 했지만 그들도 바벨론 왕 느부갓네살의 통치를 받았습니다. 당시 유다 왕은 시드기야였습니다. 시드기야는 이전 왕들처럼 악을 행하였고 유다의 마지막 왕이 되었습니다.

그러나 하나님은 자비를 베푸셔서 칠십 년이 지난 후 그 백성들을 다시 그들의 땅으로 불러오겠다고 약속하셨습니다(예레미야 25:11-12, 29:10-11).

바벨론으로 간 하나님의 백성

하나님은 그분의 백성들이 바벨론이라는 먼 나라까지 끌려가게 하셨습니다. 많은 선지자들이 우상과 다른 신들을 예배하는 것과 악행을 멈추라고 경고했었지만 백성들은 그 말을 듣지 않고 하나님께 돌아오지 않았습니다.

바벨론에 있는 동안, 그들의 주인들은 이스라엘 백성을 놀리며 즐거운 노래를 부르라고 말했습니다. 그러나 백성들은 예전에 불렀던 찬양의 노래를 기억하며 슬퍼했습니다. 더 이상 하나님이 주셨던 땅에서 살지 못하고 더 이상 살아계신 하나님의 성전에 갈 수도 없었습니다. 그때 백성들은 이렇게 노래했습니다.

우리가 바벨론의 여러 강변 거기에 앉아서 시온을 기억하며 울었도다.
그중의 버드나무에 우리가 우리의 수금을 걸었나니
이는 우리를 사로잡은 자가 거기서 우리에게 노래를 청하며
우리를 황폐하게 한 자가 기쁨을 청하고
자기들을 위하여 시온의 노래 중 하나를 노래하라 함이로다.
우리가 이방 땅에서 어찌 여호와의 노래를 부를까.
(시편 137:1-4)

하나님이여 이방 나라들이 주의 기업의 땅에 들어와서
주의 성전을 더럽히고 예루살렘이 돌무더기가 되게 하였나이다.
우리 조상들의 죄악을 기억하지 마시고
주의 긍휼로 우리를 속히 영접하소서.
우리가 매우 가련하게 되었나이다.
(시편 79:1, 8)

하나님을 경외한 다니엘

유다 백성들이 바벨론에 노예로 끌려갔을 때, 느부갓네살은 이스라엘에서 용모가 훌륭하고 교육을 잘 받은 소년들을 자신에게 데려왔습니다. 다니엘도 그중 한 명이었습니다.

아스부나스는 그 소년들을 관리하며 바벨론의 언어와 문자를 가르쳤습니다. 그리고 그들에게 왕에게 바치는 최고의 음식을 똑같이 주었습니다. 삼 년의 교육을 받은 후 그들은 느부갓네살 왕을 섬길 예정이었습니다.

유다에서 온 다니엘과 그의 세 친구들은 왕궁의 음식과 포도주를 먹지 않겠다고 결심하고 아스부나스에게 그렇게 말했습니다.

왕의 고위 관리인 아스부나스가 그들에게 말했습니다. "왕께서 직접 너희가 무슨 음식을 먹어야 할지 명하셨다. 너희가 다른 소년들보다 안색이 안 좋아 보이면 어떻게 되겠느냐? 그럼 내가 곤란해질 것이다!"

그때 다니엘이 그들을 돌보는 감독관에게 말했습니다. "저희를 열흘 동안 시험해 보십시오. 저희에게 채소와 물만 주십시오." 이에 그가 허락하고 그들에게 물과 채소만 주도록 했습니다.

열흘이 지난 뒤, 다니엘과 세 친구들은 왕궁의 음식을 먹은 소년들보다 더 건강해 보였습니다. 그래서 그때부터 감독관은 그들에게 채소만 주어 먹게 했습니다. 하나님은 이 네 명의 소년들에게 지식과 지혜를 주셨고 다니엘은 환상과 꿈도 해석할 수 있었습니다.

교육 기간이 끝날 즈음에 그들은 느부갓네살 왕 앞에 섰습니다. 그들과 대화를 나눈 왕은 그 소년들과 같은 자가 없다는 것을 알았습니다. 다니엘과 세 친구들은 왕국 전체의 그 누구보다 더 뛰어났습니다.

다니엘 2장

왕의 꿈

어느 날, 느부갓네살 왕의 장관인 아리옥은 바벨론의 모든 지혜자를 죽이라는 명령을 받았습니다.

다니엘이 그에게 물었습니다. "왕께서 왜 그토록 가혹한 명령을 내리셨습니까?" 아리옥은 왕이 그를 괴롭히는 이상한 꿈을 꾸었다고 말해 주었습니다. 왕이 모든 지혜자를 불러 그 꿈과 꿈의 의미를 설명하라고 했는데 그 누구도 왕에게 꿈의 의미를 설명하지 못했던 것입니다.

다니엘은 이를 듣고 왕에게 가서 꿈의 의미를 알아낼 시간을 달라고 요청했습니다.

나중에 다니엘은 왕 앞에 다시 돌아와 이렇게 말했습니다. "왕께서 물으신 꿈의 비밀은 어떤 지혜자도 알려 드릴 수 없습니다. 비밀을 알려 주실 분은 오직 하늘의 하나님뿐입니다. 왕께서는 어떤 거대하고 찬란한 신상을 보셨습니다. 그 신상의 머리는 금이고, 가슴과 팔은 은이고, 배와 넓적다리는 놋쇠이고, 다리는 쇠이고, 발은 쇠와 흙이 섞여 있었습니다. 왕께서 그 신상을 보고 계실 때, 돌 하나가 날아와 발을 쳤고 그 신상은 산산이 부서졌습니다."

머리(금)
느부갓네살의 왕국

가슴과 팔(은)
더 약한 왕국

배와 넓적다리(놋쇠)
온 땅을 다스릴 왕국

다리(쇠)
쇠와 같이 강력한 왕국

발(흙과 섞인 쇠)
사람들이 분열되는 약한 왕국

그리고 다니엘은 그 꿈을 설명하며 왕이 바로 순금으로 된 머리라고 말했습니다.

그러자 왕은 다니엘에게 많은 선물을 주고 바빌론을 다스리는 자로 삼았습니다.

다니엘의 친구들

어느 날 느부갓네살 왕은 거대한 금 신상을 만들기로 결정했습니다. 그리고 모든 고위 관료들을 신상 제막식에 초청했습니다.

모든 사람이 모였을 때 그들은 다음과 같은 소리를 들었습니다. "음악 소리가 들리면, 너희는 이 금 신상 앞에 엎드려 경배하여라. 누구든지 엎드려서 절을 하지 않는 사람은 불타는 화덕 속에 던져 넣을 것이다."

음악이 연주되기 시작하자 사람들은 엎드려서 그 신상을 경배했습니다. 하지만 세 명은 계속 서 있었고 엎드리지 않았습니다. 그들은 다니엘의 친구들인 사드락, 메삭, 아벳느고였습니다. 왕은 분노하여 그들을 불러들였습니다. 왕이 그들에게 말했습니다. "너희가 내가 세운 금 신상을 섬기지도, 경배하지도 않았다는 것이 사실이냐? 내가 만든 신상을 경배하지 않으면 너희를 불타는 화덕에 던져 넣을 것이다. 그러면 어떤 신이 너희를 구원하겠느냐?"

그러나 다니엘의 친구들은 대답했습니다. "오, 느부갓네살 왕이시여! 저희는 왕의 질문에 대답할 수 없습니다. 저희가 화덕 속에 던져진다면 하나님께서 저희를 구원해 주실 겁니다. 그러나 그렇게 아니하실지라도, 저희는 결코 왕의 신들을 섬기지 않을 것입니다."

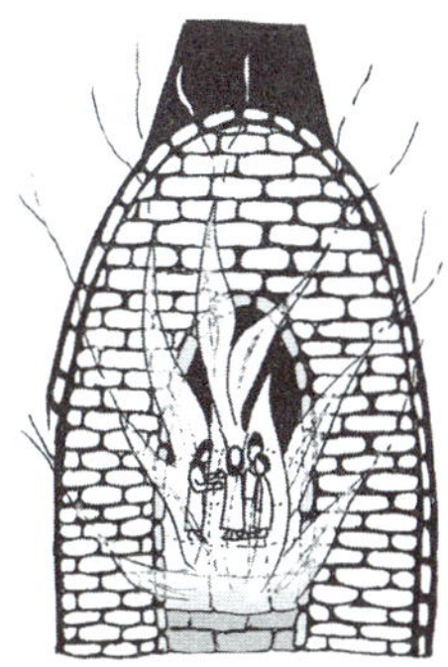

느부갓네살은 더욱 화가 나서 화덕을 일곱 배나 더 뜨겁게 달구라고 명령했습니다. 그리고 다니엘의 친구들은 몸이 묶인 채로 화덕 속으로 던져졌습니다.

그런데 왕은 세 사람이 결박이 풀린 채로 돌아다니며 걷는 것을 보았습니다. 뿐만 아니라, 다른 한 명이 함께 더 있는 것도 보았습니다. 그러자 왕은 화덕으로 가서 소리쳤습니다. "가장 높으신 하나님의 종들이여, 나와라."

그들이 나오니 아무런 해를 입지 않았고 옷에서도 그을린 냄새가 전혀 나지 않았습니다. 느부갓네살은 놀라워하며 하나님을 찬양했습니다. 그리고 다니엘의 세 친구들을 더 높은 자리로 올려 주었습니다.

다니엘 4:28-37, 5장

두 왕들의 교만

시간이 흘러, **느부갓네살** 왕은 바벨론의 큰 도시를 내려다보며 스스로에 대해서, 그리고 자신이 이룬 일에 대해서 자랑스러워했습니다. 그래서 하나님은 느부갓네살에게서 왕국을 빼앗고 그를 겸손하게 하셨습니다.

느부갓네살은 자기 백성들에 의해 쫓겨나 야생에서 풀을 먹으며 동물처럼 살았습니다. 하나님이 정한 시간이 끝날 때에 느부갓네살은 하늘을 우러러보았습니다. 그는 전처럼 정신이 맑아져서 살아계신 하나님을 경배하였습니다. 오래지 않아 느부갓네살은 다시 왕이 되었습니다.

그리고 그는 선포하였습니다. "이제 내가 하늘의 왕을 찬양하며 영광을 돌리노라. 그가 하는 모든 일이 참되시기 때문이다."

이후에, 느부갓네살의 후손인 **벨사살**이 바벨론의 왕이 되었습니다. 그는 성대한 잔치를 열고 수많은 귀족들을 초대했습니다. 포도주를 마시고 있을 때 벨사살은 느부갓네살이 전에 예루살렘 성전에서 가져왔던 금잔과 은잔을 가져오라고 명령했습니다. 그리고 벨사살과 손님들은 그 잔으로 술을 마셨습니다.

그런데 갑자기 한 손이 나타나 궁전의 벽에 글을 쓰기 시작했습니다. 왕은 그 손이 글을 쓰는 것을 보고 얼굴이 창백해졌습니다. 벨사살은 큰 두려움에 사로잡혀 다리에 힘이 빠지고 무릎이 덜덜 부딪혔습니다. 그는 재빨리 모든 지혜자를 불러 그 글의 뜻을 알아내라고 하였습니다. 그러나 아무도 그 글을 읽을 수 없었습니다. 그때 그들은 다니엘을 불렀고 다니엘이 와서 왕에게 말했습니다. "이 글은 '하나님이 왕의 통치 날수를 계산하셔서 끝내게 하셨다'는 뜻입니다."

그날 밤 바벨론의 왕 벨사살은 죽임을 당했고 그의 왕국은 메대 왕 다리오에게 넘어갔습니다.

충성된 다니엘

다리오 왕은 120명의 관리를 세워서 바벨론을 다스리게 하였고, 또 세 명의 관리를 세워 그 120명을 다스리게 하였습니다. 다니엘은 그 셋 중 하나였는데 그중에서도 가장 뛰어나고 유능한 사람이었습니다.

다니엘이 특별히 뛰어났기 때문에 왕은 그를 왕국 전체를 다스리는 자로 삼고자 했습니다. 이를 알게 된 다른 사람들은 다니엘을 시기하며 그의 흠을 잡으려고 했습니다. 그러나 다니엘이 잘못하거나 성의 없이 한 일은 하나도 찾을 수 없었습니다.

그들은 서로 말했습니다. "하나님의 법과 관련된 일이 아니면 그에게서 결코 잘못을 찾을 수 없을 것이오." 그래서 그들은 계획을 세우고 다리오 왕을 만나러 갔습니다.

"다리오 왕이시여, 만수무강 하소서!" 그들이 말했습니다. "모든 신하가 마음을 합해 왕께서 법령을 하나 내려 주시기를 바라고 있습니다. 앞으로 30일 동안 왕을 제외한 다른 사람이나 신에게 기도하는 자가 있다면, 왕이시여, 그 사람을 사자 굴에 넣으소서. 이제 이 법령에 도장을 찍으소서." 다리오 왕은 이를 좋게 생각했습니다. 왕이 인장을 찍자 이제 그 누구도 바꿀 수 없는 엄격한 법이 되었습니다.

다니엘은 그 법이 생겼음을 알았습니다. 그럼에도 그는 집으로 가서 이 층으로 올라가 무릎을 꿇었습니다. 그리고 예루살렘으로 향하는 창문을 열어 놓고 늘 그랬듯이 하루에 세 번 기도하며 하나님께 감사를 드렸습니다.

다니엘의 집을 감시하던 관리들은 그가 기도하는 것을 보았습니다. 그래서 곧장 왕에게 가서 왕이 내린 법을 상기시켰습니다. "왕께서는 왕 외에 다른 신이나 사람에게 기도하는 사람은 누구든지 사자 굴에 던지기로 하지 않으셨습니까?"

다니엘이 사자 굴에 들어가다

“그렇다.” 왕이 대답하였습니다. “그 일은 메대와 페르시아의 공식적인 법이고 바꿀 수 없다.”

그러자 그들이 왕에게 말했습니다. “유다에서 포로로 잡혀 온 다니엘이 지금 왕의 법을 무시하고 있습니다. 그가 여전히 하루에 세 번씩 하나님께 기도하고 있습니다.”

왕은 이것을 듣고 매우 낙담하여 다니엘을 구할 방법을 찾으려고 애썼습니다. 그러나 신하들은 왕에게 나아와 왕이 허락한 법은 결코 바꿀 수 없다고 말했습니다.

그래서 다리오 왕은 다니엘을 사자 굴에 넣으라는 명령을 내릴 수밖에 없었습니다. 왕은 다니엘에게 말했습니다. “네가 신실하게 섬기는 너의 하나님이 너를 구원하시기를 원하노라.”

사자 굴 입구에 큰 돌을 두고 왕의 인장을 찍어 봉인했기 때문에 아무도 다니엘을 구할 수 없었습니다.

천사가 사자의 입을 막다

이후 궁으로 돌아간 왕은 먹지도 않고 밤에 자지도 못했습니다.

이튿날 아침, 왕은 일어나 급히 사자 굴로 향했습니다. 그는 굴 가까이에 이르러 소리 질렀습니다. "다니엘아, 살아계신 하나님의 종아! 네가 신실하게 섬긴 너의 하나님이 너를 사자로부터 구원해 주셨느냐?"

다니엘이 대답했습니다. "오 왕이시여, 만수무강하소서! 하나님이 그분의 천사들을 보내사 사자들의 입을 막으셨나이다. 제가 하나님 앞에서 아무 잘못이 없고 왕께도 죄를 짓지 아니하였으므로 사자들이 저를 해치지 않았습니다."

왕은 매우 기뻐하며 다니엘을 사자 굴에서 꺼내라고 명령했습니다. 다니엘이 나왔을 때 그의 몸에는 상처 하나 없었습니다. 이는 그가 하나님을 신뢰하였기 때문입니다.

그리고 왕은 다니엘을 고소하여 사자 굴에 던지게 한 사람들을 체포하라고 명령했습니다. 그들이 사자 굴 아래에 닿기도 전에 사자들이 뛰어들어 그들의 뼈를 부서뜨렸습니다.

이후 다리오 왕은 다음과 같은 메시지를 모든 나라 백성에게 알렸습니다.

"너희 모두에게 평화가 있을지어다!

나는 나의 왕국의 모든 사람이
다니엘의 하나님을 경외해야 한다는 법령을 공포한다.
그분은 살아계시고 영원한 하나님이시기 때문이다.
하나님의 나라는 결코 멸망하지 않고
그분의 통치는 영원히 끝나지 않을 것이다.

그분은 자기 백성을 구원하기도 하시고 건져내기도 하신다.
그분은 하늘과 땅에서 표적과 기적을 행하시는 분이다.
그분은 다니엘을 사자로부터 구하여 주신 분이다."

역대하 36:22-23, 에스라 1장, 3:1-6, 느헤미야 8:1-12

유다로 돌아온 백성들

고레스가 페르시아 왕이 되던 해에, 하나님은 그의 마음을 움직이셔서 이스라엘 백성들을 그들의 땅으로 돌아가게 하셨습니다. (이스라엘 백성은 70년 전에 느부갓네살 왕에 의해 포로로 잡혀갔습니다.) 고레스 왕은 예루살렘 성전에서 가져온 모든 그릇과 접시들도 다 꺼내서 가져갈 수 있게 해주었습니다.

성전에서 나온 물건은 다음과 같습니다.

30	금 접시
1000	은 접시
29	은 수저
30	금 그릇
410	은 그릇
1000	그 밖의 다른 그릇들

그때 유다와 베냐민 지파의 모든 사람 중에서 고향 유다로 돌아가기 원한 이들은 긴 여행을 떠날 준비를 했습니다.

그들이 예루살렘이 도착했을 때, 가문의 족장들은 무너진 성전을 짓기 위한 선물과 헌물을 드리기로 했습니다.

일단 마을에 정착한 사람들은 예루살렘에 모였습니다. 그들은 제단을 쌓고 하나님께 번제를 드리며 초막절을 기념했습니다.

그때 제사장 에스라는 그곳에 모인 모든 사람에게 율법책을 읽어 주었습니다. 그는 높은 단에 올라 아침부터 정오까지 말씀을 읽었습니다. 모든 사람은 손을 들고 예배하며 얼굴을 땅에 대고 엎드렸습니다. 에스라가 읽을 때, 레위인들은 백성들이 그 내용을 이해할 수 있도록 말씀을 설명해 주었습니다. 백성들은 자신이 저지른 일을 회개하며 울었습니다. 그러나 에스라가 그들에게 말했습니다. "울지 마라. 오늘은 특별하고 거룩한 날이다."

하나님의 말씀을 전한 사람들

하나님이 바벨론에 있는 백성들에게 보내신 사자

바벨론에서 하나님은 선지자 **에스겔**을 통해 그분의 백성들에게 말씀하셨습니다. 때로 하나님은 백성들에게 다음과 같은 격려의 말씀을 보내시기도 했습니다.

"그 잃어버린 자를 내가 찾으며 쫓기는 자를 내가 돌아오게 하며 상한 자를 내가 싸매 주며 병든 자를 내가 강하게 하려니와"(에스겔 34:16).

심지어 에스겔은 이스라엘의 산과 들판을 향한 하나님의 말씀도 받았습니다.

"그러나 너희 이스라엘 산들아, 너희는 가지를 내고 내 백성 이스라엘을 위하여 열매를 맺으리니 그들이 올 때가 가까이 이르렀음이라"(에스겔 36:8).

하나님이 유다에 있는 백성들에게 보내신 사자

백성들이 바벨론에서 고향 땅 유다로 돌아왔을 때 그들은 집을 짓고 땅을 경작하느라 바빴습니다. 그들은 자기 집을 멋지게 짓느라 여전히 황폐한 상태였던 하나님의 집(성전)은 잊어버렸습니다.

이에 하나님은 선지자 **학개**를 통해 백성들에게 다음과 같이 말씀하셨습니다.

"너희가 많은 것을 바랐으나 도리어 적었고 너희가 그것을 집으로 가져갔으나 내가 불어 버렸느니라. 나 만군의 여호와가 말하노라. 이것이 무슨 까닭이냐. 내 집은 황폐하였으되 너희는 각각 자기의 집을 짓기 위하여 빨랐음이라"(학개 1:9).

에스라 3:1-13, 4:1-5

성전에서 공사가 시작되다

일곱째 달이 되고 사람들이 성읍에 정착했을 때, 그들은 한 가지 목적을 위해 모두 예루살렘에 모였습니다. 그때 제사장들은 모세의 율법대로 번제를 드릴 하나님의 제단을 쌓기 시작했습니다. 그들은 전에 있었던 그 장소에 제단을 세우고 매일 아침저녁으로 번제를 드렸습니다.

베냐민과 유다 지파가 돌아온 지 이 년째 되던 해에 성전 공사가 시작되었습니다. 백성들은 성전 재건축을 위해 헌금을 드렸고 그중 일부는 아름다운 백향목을 사는 데 사용되었습니다.

건축가들이 성전의 기초를 놓을 때 제사장들과 레위인들은 악기와 노래로 하나님을 찬양했습니다. “주는 선하시고 이스라엘을 향한 그분의 인자하심은 영원하도다.”

성전의 기초가 놓일 때 모든 백성은 기쁨으로 소리치며 하나님을 찬송했습니다. 그러나 첫 성전을 본 적 있는 나이가 지긋한 어른들은 지금의 성전이 너무나 작은 것을 보고 통곡했습니다. 그래서 기쁨의 함성과 울음소리가 한데 뒤섞여 크고 시끄러운 소리가 났습니다.

한편, 유다와 베냐민의 적들은 그들이 하나님을 위한 성전을 짓고 있음을 알고 와서 말했습니다. “우리가 당신들을 도와주겠소. 우리도 이 일에 참여하고 싶소.”

그러나 건축 임무의 지도자인 스룹바벨이 그들에게 말했습니다. “당신들은 이 일에 참여할 수 없소. 고레스 왕이 명한 대로 우리가 홀로 우리 하나님을 위해 성전을 지을 것이오.”

그때 예루살렘 주변의 적들은 유다 백성들을 낙담시키고 성전 짓는 것을 두려워하게 했습니다. 그들은 고레스 왕의 통치가 끝날 때까지 건축 계획을 계속 방해하였습니다.

에스라 4:6-24

적들이 공사를 중단시키다

수년이 흘러, 아닥사스다가 페르시아의 왕이 되자 유다의 적들이 왕에게 다음과 같은 편지를 보냈습니다.

> 아닥사스다 왕께
>
> 왕께서는 바벨론에서 돌아온 유다 사람들이 그 악하고 반역적인 예루살렘 성을 다시 쌓고 있음을 아셔야 합니다. 성읍과 성벽 쌓는 일이 끝나면, 그들은 왕께 세금 바치는 것을 거부할 것입니다. 그러면 폐하의 왕국에 손해가 있을 것입니다.
>
> 당신의 종, 르훔과 심새

왕은 다음과 같은 답장을 보냈습니다.

> 르훔과 심새는 보아라.
> 너희가 올린 편지를 내 앞에서 읽으라 했다.
> 알아보니 이 성읍은 과연 문제를 일으켰던 역사를 가지고 있었다.
> 이제 너희에게 명령을 내리니 그 성이 재건되지 않도록
> 이 사람들의 공사를 멈추게 하라.
> 그리고 내가 다시 명령을 내릴 때까지 기다리리라.

아닥사스다 왕의 편지가 르훔과 심새에게 도착하자마자, 그들은 예루살렘에 있는 유대인들에게 건축을 멈추라고 강요했습니다. 그래서 성전 공사는 중단되었습니다.

에스라 5장, 6:1-16

성전이 재건되다

성전의 기초가 놓인 지 얼마 안 되어, 공사가 중단되었습니다.

이제 선지자 학개와 스가랴가 성전 건축을 계속하라고 백성들을 격려했습니다(학개 2:1-9, 스가랴 4:8-10). 그들은 하나님으로부터 유다의 총독 스룹바벨이 성전 건축을 마무리해야 한다는 메시지를 받았습니다.

"그러나 여호와가 이르노라. 스룹바벨아 스스로 굳세게 할지어다. 여호사닥의 아들 대제사장 여호수아야 스스로 굳세게 할지어다. 여호와의 말이니라. 이 땅 모든 백성아 스스로 굳세게 하여 일할지어다. 내가 너희와 함께하노라. 만군의 여호와의 말이니라"(학개 2:4).

그래서 스룹바벨은 다른 사람들의 도움을 받아 하나님의 집을 다시 건축하기 시작했습니다.

그러나 또 다른 총독 닷드대가 페르시아의 새 왕이 된 다리오에게 편지를 보냈습니다. 그 편지는 성전 공사에 대한 것이었습니다. 닷드대는 다리오 왕에게 모든 중요한 문서를 찾아서 고레스 왕이 정말로 성전 건축에 대한 명령을 내렸는지 알아봐 달라고 요청하였습니다. 이에 다리오 왕은 모든 문서를 찾아보라고 명령했습니다. 그리고 고레스 왕이 내린 명령이 적힌 두루마리를 발견했습니다. (고레스 왕이 쓴 정확한 내용은 에스라 6:3-5을 찾아보세요.)

그때 다리오 왕은 닷드대에게 거기서 물러나고 성전에서 작업 중인 사람들을 괴롭게 하지 말라고 하였습니다. 왕은 또한 일꾼들에게 돈을 주거나 음식을 사는 데 필요한 돈은 왕의 국고에서 가져가서 쓰라고 했습니다.

닷드대는 왕의 명령을 따를 수밖에 없었습니다. 그래서 그는 성전 건축이 끝날 때까지 그 공사를 도왔습니다. 그때 사람들은 성전을 봉헌하고 큰 잔치를 벌였습니다.

에스라 7:8-28, 8:21-36

에스라가 예루살렘으로 돌아가다

하나님은 세 명의 페르시아 왕들의 마음속에 역사하셔서 유대인들이 유다로 돌아갈 수 있게 해주셨습니다. 그 세 명은 고레스, 다리오, 아닥사스다 왕입니다(에스라 6:14). 유대인들은 칠십 년 전에 느부갓네살이 예루살렘을 정복할 당시 바벨론으로 끌려갔었습니다.

유대인들은 세 번에 걸쳐 세 명의 인도자를 따라 유다로 돌아왔습니다.

인도자	BC(기원전)	관련 구절
1. 스룹바벨	538년	에스라 2:1-2
2. 에스라	458년	에스라 7:1-9
3. 느헤미야	432년	느헤미야 2:1-9

아닥사스다 왕의 통치 시절, 에스라는 많은 유대인들과 함께 예루살렘으로 돌아왔습니다. (그 가족들의 명단은 에스라 2:2-14에 기록되어 있습니다.)

아닥사스다 왕은 유다로 돌아가고자 하는 유대인들은 누구든지 자유롭게 바벨론을 떠날 수 있다는 편지를 에스라에게 주었습니다. (왕의 편지 내용은 에스라 7:12-26에 나와 있습니다.)

에스라와 함께 돌아가기 원한 사람들은 아하와 강가에 모였습니다. 그곳에서 그들은 금식하며 가는 길을 안전하게 지켜주시도록 하나님께 기도했습니다. 에스라는 적으로부터 그들을 보호할 군대를 왕에게 부탁하는 것은 옳지 않다고 생각했습니다. 이전에 그가 왕에게 다음과 같이 말했기 때문입니다. "하나님의 손은 그분을 찾는 모든 사람 위에서 보호하십니다."

하나님은 그들의 기도에 응답하셨습니다. 그들은 성전을 짓기 위한 많은 은과 금을 가지고 있었지만 하나님은 그들을 도적 떼로부터 보호하시고 안전하게 여행하도록 인도하셨습니다.

예루살렘에 도착한 백성들은 삼 일 동안 쉬었습니다. 그리고 그들은 하나님께 번제를 드렸습니다.

에스더 1-2장

고아 소녀 에스더

페르시아 수산에서 왕국을 다스리던 아하수에로 왕은 나라의 귀빈을 모두 불러 큰 잔치를 열었습니다. 자신의 부와 위엄을 과시한 후, 왕은 왕궁의 아름다운 정원에서 칠 일 동안 여는 잔치에 수산 성읍 사람들을 초대했습니다. 흰색과 푸른색 베 실로 대리석 기둥을 장식하고 포도주는 금잔에 담겨 나왔습니다.

왕비 역시 왕궁에서 여인들을 위해 연회를 베풀었습니다. 일곱 째 되던 날, 왕은 와스디 왕후의 아름다움을 자랑하고 싶어 그녀를 불렀습니다. 그러나 왕비는 왕 앞에 나가기를 거부하였습니다. 왕국의 모든 귀빈들 앞에서 창피를 당한 왕은 이로 인해 몹시 화가 났습니다. 그래서 그는 가까운 신하들의 조언을 듣고 왕비를 다시는 자기 앞에 부르지 않겠다고 결정했습니다. 또한 왕후 자리도 더 나은 사람에게 주기로 했습니다.

나중에 화가 가라앉은 왕은 와스디 왕비와 자신이 한 결정에 대해 생각하기 시작했습니다. 그러자 왕의 가까운 신하가 그에게 말했습니다. "저희가 나라에서 가장 아름다운 처녀를 찾아 궁으로 데려오겠습니다."

그 당시 느부갓네살 왕에 의해 바벨론으로 끌려온 이들 중에 모르드개라는 사람이 있었습니다. 그에게는 에스더라고 하는 아름답고 어린 사촌이 있었습니다. 모르드개는 부모님을 잃은 에스더를 자신의 가족으로 입양했습니다.

에스더는 우연히 왕의 궁전에 들어갈 소녀 중 한 명으로 뽑히게 되었습니다. 그러나 에스더는 모르드개의 당부대로 아무에게도 자신이 유대인 출신이라는 것을 말하지 않았습니다.

에스더에게 또 다른 이름이 있었나요?
(에스더 2:7 참조)

왕비가 된 에스더

에스더가 왕 앞으로 나갈 차례가 되었을 때 모든 사람은 그녀의 아름다움과 우아함에 감탄했습니다. 왕은 다른 여자들보다 에스더를 더 사랑하였습니다. 그는 에스더의 머리에 왕관을 씌워 주고 와스디 대신에 왕비로 삼았습니다. 그때 왕은 에스더를 위해 모든 관리와 종들을 불러 큰 잔치를 열었고 그날은 온 나라의 휴일이 되었습니다.

어느 날 에스더의 사촌 모르드개가 궁전 문 앞에 앉아 있었는데, 문을 지키는 왕의 신하 두 명이 아하수에로 왕에게 매우 화가 나서 그를 죽이려고 하였습니다. 모르드개가 그들의 계획을 에스더에게 말해 주자, 에스더는 왕에게 이 사실을 알려 주었습니다. 모르드개의 말은 사실임이 드러났고 두 신하는 매달려 죽임을 당했습니다.

이 모든 일은 왕이 보는 앞에서 큰 책에 기록되었습니다.

얼마 후, 왕은 하만이라는 사람을 높이 올려 주기로 결정했습니다. 하만은 나라에서 가장 막강한 신하가 되었습니다. 모든 왕궁의 관리들은 왕의 명령에 따라 하만에게 존경을 표하며 절을 했습니다. 하지만 모르드개는 하만에게 무릎을 꿇어 절하지 않았습니다. 이로 인해 하만은 매우 분노하였습니다. 모르드개가 유대인임을 알게 된 하만은 화를 내는 데 그치지 않고 왕국의 모든 유대인을 없애 버릴 기회를 엿보았습니다.

어느 날 하만이 왕에게 와서 말했습니다. "이 나라에 왕의 법에 순종하지 않는 특정한 무리가 있습니다. 그들의 관습과 법은 우리와 매우 다릅니다. 그들은 우리와 함께 살지 않는 것이 좋을 듯합니다. 왕께서 좋게 여기시면, 이 민족을 다 없애라는 명령을 내려 주소서. 제가 확실히 책임지고 그 명령을 수행하겠습니다."

왕비가 된 이유

이에 왕은 허락하고 하만에게 중요한 문서와 법에 인장을 찍을 수 있는 특별한 반지를 주었습니다. 하만은 지체하지 않고 정해진 날에 모든 유대인을 죽이라는 명령의 조서를 써서 왕의 인장을 찍어 보냈습니다.

모르드개는 왕의 조서를 듣고 매우 근심하며 옷을 찢고 베옷(사람들이 슬픔을 표현하기 위해 입는 거친 옷)을 입었습니다. 왕의 조서가 붙여진 곳마다 유대인들은 끔찍한 소식을 듣고 크게 통곡하며 음식도 먹지 않았습니다. 또한 베옷을 입은 모르드개는 왕궁에 들어갈 수가 없었습니다.

시녀들이 궁 밖에 있는 모르드개의 소식을 전하자 에스더는 매우 근심했습니다. 그녀는 모르드개에게 옷을 보냈지만 그는 베옷을 벗으려 하지 않았습니다. 그래서 에스더는 종을 보내 무슨 사정이 있는지 알아보라고 시켰습니다.

모르드개는 그 종에게 하만이 행한 모든 일을 말해 주었습니다. 그리고 에스더에게 그 조서도 전달하라고 하며 다음과 같은 메시지를 전달했습니다. “왕께 가서 이 백성에게 자비를 베풀어 달라고 청하십시오.”

그러나 에스더는 다음과 같이 답을 보냈습니다. “왕의 허락 없이 그 앞에 나갈 수 없다는 것은 모두가 아는 사실입니다. 왕께서는 삼십 일간 저를 한 번도 부르시지 않았습니다.”

모르드개는 에스더의 전갈을 받고 이렇게 답했습니다. “왕비께서 궁 안에 있다는 이유로 유대인이 죽임을 당할 때 홀로 피할 수 있을 것이라고 생각하지 마십시오. 왕비가 이번에 침묵을 지키더라도 하나님은 다른 방법을 통해 유대인들을 구하실 것입니다. 당신이 왕비가 된 이유가 바로 이때를 위함인지 누가 알겠습니까?”

에스더의 각오

그러자 에스더는 모르드개에게 다음과 같은 답을 보냈습니다. “수산에 있는 유대인을 모두 모아 저를 위해 금식해 주십시오. 삼 일 동안 먹지도 마시지도 마십시오. 저와 제 시녀들도 똑같이 할 것입니다. 그런 후에 법을 어기더라도 저는 왕을 뵈러 나아가겠습니다. 그것으로 죽게 된다면 죽을 것입니다.”

이에 모르드개는 가서 에스더의 부탁대로 하였습니다.

금식한 지 삼 일째 되는 날, 에스더는 예복을 입고 왕궁의 뜰에 가서 서 있었습니다. 입구를 향하고 있는 왕좌에 앉아 있던 왕은 에스더를 보고 기뻐했습니다. 그는 손에 있는 금 지팡이를 내밀고 왕비를 환영하였습니다. 이에 에스더는 왕 가까이 나아가 지팡이 끝에 손을 대었습니다.

왕이 에스더에게 물었습니다. “무슨 일이오, 에스더 왕비? 무엇이든 원하는 것이 있으면 내가 그대에게 주겠소.”

에스더가 대답했습니다. “왕께서 기뻐하시면, 제가 왕과 하만을 위해 준비한 잔치에 모시고 싶습니다.”

그러자 왕은 사람들에게 “에스더의 요청대로 하만에게 빨리 잔치에 오라고 하라”라고 명했습니다. 왕과 하만은 에스더가 베푼 잔치에 갔습니다.

그곳에서 왕이 다시 물었습니다. “정말로 원하는 것이 무엇인지 말해 보시오. 내가 꼭 주겠소.”

에스더가 대답했습니다. “내일 제가 준비한 잔치에 하만과 다시 오소서. 그때 소원이 무엇인지 말씀드리겠습니다.”

에스더 5-6장

망신을 당한 하만

그날 하만은 좋은 기분으로 나오다가 왕궁 문 앞에 있던 모르드개가 자기를 두려워하지도 않고, 일어서지도 않는 것을 보고 매우 분노했습니다. 하만의 아내와 친구들이 하만이 화내는 것을 보며 말했습니다. “높은 장대를 세우고 아침에 왕에게 가서 모르드개를 거기에 매달으라고 요청하세요.” 하만은 이를 참 좋은 생각이라 여기고 장대를 세우라 했습니다.

한편 왕은 잠이 오지 않아서 시종에게 왕의 이야기를 기록한 책을 가져와 읽으라고 명했습니다. 모르드개가 왕을 죽이려는 자의 음모를 밝혀낸 부분에 이르자, 왕은 그때 모르드개에게 상을 내렸는지 물었습니다.

마침 그때, 하만이 궁 바깥에 도착하여 왕에게 모르드개의 처형에 대해 말하려고 했습니다. 하만이 들어오자 왕이 그에게 물었습니다. “진정으로 나를 기쁘게 한 사람이 있다면 어떤 상을 내리면 좋겠소?”

하만은 왕이 자신에게 상을 내리려 한다고 생각하고 다음과 같이 말했습니다. “그에게 왕께서 입으시는 옷을 입히시고 왕의 말 중 하나에 태우십시오. 그리고 왕의 신하 중 가장 높은 사람이 성읍의 거리를 지나가며 ‘왕께서 높이고자 하는 자는 이 사람에게 한 것같이 대우해 주신다!’라고 외치게 하십시오.”

“훌륭한 생각이군!” 왕이 말했습니다. “의복과 말을 가지고 가서 왕궁 문 앞에 있는 유대인 모르드개에게 그대가 말한 대로 행하시오.”

그래서 하만은 왕의 의복을 가지고 가서 모르드개에게 입혔습니다. 그리고 모르드개를 데리고 거리를 다니며 소리쳤습니다. “왕께서 높이고자 하는 자는 이 사람에게 한 것같이 대우해 주신다!”

이후 모르드개는 왕궁 문 앞으로 돌아왔지만 하만은 창피함에 얼굴을 감싸고 급히 집으로 돌아갔습니다.

하만이 여전히 정신이 없을 때에 에스더의 연회에 오라는 왕의 전갈이 왔습니다.

민족을 구원한 에스더

왕과 하만은 에스더 왕비의 만찬에 갔습니다. 다시 왕이 물었습니다. “그대가 원하는 것이 무엇이오, 왕비?”

에스더가 대답했습니다. “제가 왕에게 은총을 입었다면, 제 생명과 제 민족의 생명을 살려 주시기를 구합니다. 저와 제 민족이 다 죽게 되었습니다.”

“누가 그런 일을 한단 말이오?” 아닥사스다 왕이 물었습니다. “누가 감히 당신에게 손을 대겠소?”

에스더가 대답했습니다. “이 악한 자 하만이 바로 우리의 적입니다!”

하만은 공포에 질렸습니다.

왕은 분노에 차서 일어나 궁전 뜰로 나갔습니다. 다시 돌아와 보니 하만이 에스더 앞에서 살려 달라고 빌고 있었습니다. 그러나 이미 늦었습니다. 시종들이 그의 머리를 덮어 끌고 나갔습니다. 그때 왕은 하만이 모르드개를 매달려고 세운 장대에 하만을 매달도록 명령했습니다.

이후 왕은 하만이 소유한 모든 것을 에스더에게 주었습니다. 또한 하만에게 주었던 왕의 인장 반지를 모르드개에게 주었습니다.

유대인들이 죽임을 당하기로 예정되어 있던 날, 그들은 왕의 허락 하에 자신들을 보호할 준비를 하였고, 누구도 감히 유대인들을 막을 수 없었습니다. 큰 승리를 거둔 유대인들은 매우 기뻐하며 축하하였습니다.

부림절

부림절은 유대인들이 페르시아인에 의해 멸망당할 뻔한 위기에서 구원받은 것을 기억하기 위해 매년 기념하고 있는 절기입니다. 지금까지도 유대인들은 모르드개가 지시한 대로 가난한 자에게 선물을 주고 성대한 잔치를 베풀고 있습니다(에스더 9:20-22, 28).

느헤미야 1:1-2:10

느헤미야의 요청

어느 날, 유다에서 온 사람들이 페르시아 수산 성읍에 가서 느헤미야(아직 유다로 돌아가지 않은 유대인 중 하나)와 이야기를 했습니다. 느헤미야는 왕의 술잔을 담당하는 중요한 임무를 맡았습니다. 그는 왕의 술에 독이 없는지 먼저 맛을 보는 사람이었습니다.

그들이 느헤미야에게 말했습니다. “사로잡혀 오지 않고 유다에 남은 사람들이 큰 어려움에 처해 있습니다. 성벽은 아직도 부서진 상태이고 성문도 불에 탔습니다.”

느헤미야는 이 소식을 듣고 앉아서 울었습니다. 예루살렘 성에 있는 그의 동족들이 위험하고 힘든 상황 가운데 있음을 알고 매우 슬펐기 때문입니다. 그들은 주변 사람들의 괴롭힘으로 인해 힘들어하고 있었습니다. 그때 느헤미야는 하나님께 기도하며 하나님이 이전에 계명을 지키는 자들에게 하셨던 약속을 기억해 달라고 간구했습니다. 그 약속은 하나님께서 그분을 위해 선택한 사람들을 그 땅으로 데려오시겠다는 것입니다.

어느 날 아닥사스다 왕에게 술잔을 올리고 있던 느헤미야의 표정이 매우 슬펐습니다. 왕은 느헤미야가 평소와 다름을 눈치채고 물었습니다. “왜 이렇게 우울해하느냐? 아픈 것이 아니면 마음에 근심이 있느냐?”

느헤미야는 왕이 자신의 슬픔을 눈치챈 것에 두려움을 느꼈지만 용기를 내어 조상이 묻혀 있는 성이 폐허가 되고 성문이 모두 불에 탄 상황에 대해 말씀드렸습니다.

왕이 말했습니다. “네가 원하는 것이 무엇이냐?”

그러자 느헤미야는 성벽을 재건할 수 있도록 자신을 예루살렘으로 보내달라고 요청했습니다. 또한 큰 성문을 만들 수 있도록 왕실 숲에서 나무를 가져가게 해달라고 했습니다.

느헤미야와 성벽

하나님의 손길이 느헤미야와 함께하셔서 왕은 느헤미야가 유다에 가는 것을 허락했습니다. 그래서 느헤미야는 군대 장관, 마병과 함께 예루살렘을 향해 떠났습니다. 그곳에 도착한 느헤미야는 삼 일을 기다렸습니다. 그리고 밤에 몇 사람을 데리고 성읍을 돌며 벽을 다시 건축하려면 무엇이 필요한지 살펴보았습니다.

느헤미야는 그 후 그곳 관리들에게 말했습니다. “여러분은 우리가 처한 어려움을 아실 것입니다. 이제 어서 함께 예루살렘 성벽을 재건합시다. 더 이상 수치와 패배 속에 살지 맙시다.”

관리들과 백성들은 이에 동의하고 곧바로 열심을 내어 일을 시작했습니다.

이에 느헤미야는 각 사람과 족속에게 성벽의 일정 부분을 맡아 건축하도록 임무를 나누어 맡겼습니다. 어떤 이들은 큰 성문을 만들어 세우는 일을 맡았습니다. 기꺼이 도우려는 모든 사람이 각자의 방법으로 도왔습니다. 대장장이들과 상인들도 있었는데 성읍 안에 살고 있는 사람도 있었고 다른 성과 마을에서 온 사람들도 있었습니다. 여자들도 나와서 함께 일했습니다(느헤미야 3:12).

하나님은 바벨론에서 백성들을 다시 불러 모으셨습니다. 하나님은 백성들이 성전을 다시 지을 수 있게 도와주셨고 이제는 성벽이 지어질 참이었습니다. 에스라는 다음과 같이 기도했습니다.

> “우리가 종살이를 하였지만, 하나님께서는 우리를 언제까지나 종살이를 하도록 내버려 두지 않으시고, 오히려 페르시아의 왕들에게 사랑을 받게 하여 주시고, 또 우리에게 용기를 주셔서, 하나님의 성전을 다시 짓고, 무너진 곳을 다시 쌓아 올리게 하시어, 유다와 예루살렘에서 우리가 이처럼 보호를 받으면서 살아갈 수 있게 하셨습니다.”
>
> (에스라 9:9, 새번역)

이사야 58:12, 느헤미야 4장, 6:1-16

적과 장애물들

산발랏이 느헤미야가 성벽을 다시 쌓는다는 말을 듣고 화가 나서 말했습니다. "이 힘없는 유대인들이 도대체 무슨 일을 하고 있는 것이냐?" 옆에 있던 도비야가 덧붙여 말했습니다. "그들이 짓고 있는 것은 여우가 올라가기만 해도 그 돌들이 무너져 내릴 것이다!"

그러나 느헤미야는 하나님께 기도했습니다. 그는 그들의 비웃음과 모욕을 무시하였고, 사람들은 계속해서 벽을 쌓아서 반 정도 완성하였습니다.

그런데 산발랏과 도비야와 다른 사람들이 성벽이 세워지고 틈이 메꾸어져 가고 있다는 말을 듣고 매우 화가 나서 유대인들을 공격하기로 했습니다.

한편, 성벽을 쌓고 있던 사람들은 지치고 낙담하였습니다. 그들은 "아직 돌 더미가 너무 많아서 우리는 성벽을 지을 수 없습니다"라고 불평했습니다. 또 사람들은 가까이 사는 적들이 공격할까 봐 두려워했습니다.

그래서 느헤미야는 적들이 들어올 가능성이 제일 높은 성벽의 낮은 지대에 칼과 창, 활을 든 보초를 두었습니다. 그때부터 반은 성벽을 짓는 일을 하고 나머지 반은 보초를 섰습니다. 보초를 선 사람들은 성벽을 쌓는 사람들 뒤에 서서 적들을 감시하고 일하는 사람들을 지켰습니다. 그리고 누군가 나팔을 불면 모든 사람이 적과 싸우기 위해 모였습니다.

적들은 느헤미야에게 편지를 보내 어느 작은 마을에서 만나자고 했습니다. 그러나 느헤미야는 자신을 해치려는 계획이 있음을 알고 다음과 같이 답했습니다. "내가 어떻게 이 일을 멈추겠느냐? 나는 너희를 만나지 않을 것이다."

그래서 52일이 지난 후, 성벽은 완성되었습니다. 적들은 그 성벽이 하나님의 도우심으로 지어진 것임을 깨닫고 하나님의 백성들에게 대항하는 것을 두려워하였습니다.

살아있는 돌

성경 시대에 성벽의 목적은 하나였습니다. 그것은 적들을 몰아내고 성 안에 있는 사람들의 안전을 지키는 것입니다.

어떤 면에서는 하나님께 속한 사람들도 튼튼한 성벽과 같습니다. 그런데 이것은 사람들을 몰아내기 위한 것이 아니라 악을 몰아내기 위한 것입니다. 그리고 사람들에게 하나님을 알 수 있는 안전하고 행복한 장소를 주는 그런 성벽입니다.

하지만 성벽을 쌓는 데 사용되는 두꺼운 돌과 달리 우리는 살아있는 돌과 같습니다. 우리는 하나님이 우리를 위해 선택하신 장소에 완벽하게 딱 들어맞는 형태가 되어 다른 신자와 함께 영적인 집(성전)을 지어가는 중입니다. "너희도 산 돌 같이 신령한 집으로 세워지고"(베드로전서 2:5).

하나님은 각 사람을 다르고 특별하게 만드셔서 우리가 가진 능력으로 서로를 도울 수 있게 하셨습니다. 이렇게 우리는 모두 서로를 필요로 하고 또 서로에게 의지할 수 있습니다. 우리 각자가 자기 자리를 지키고 사랑이 우리를 단단히 묶어 줄 때 그 벽(건물)은 더 튼튼해집니다. "그의 안에서 건물마다 서로 연결하여 주 안에서 성전이 되어 가고"(에베소서 2:21).

성경에는 느헤미야를 도와 성벽을 고친 사람들의 이름이 나와 있습니다(느헤미야 3장). 하나님은 각 사람을 다 아시고 또 그 각 사람의 이름은 하나님께 특별합니다.

이름의 목록이 또 하나 있습니다. 그것은 하나님을 사랑하고 그분의 성전에서 살아있는 돌이 된 천국 사람들의 목록입니다. 하나님이 나의 이름을 알고 계시다는 것과 여러분이 그분에게 소중한 존재이며 하나님 성전의 살아있는 돌이 되었음을 기억할 수 있도록 아래에 여러분의 이름을 적어 보세요.

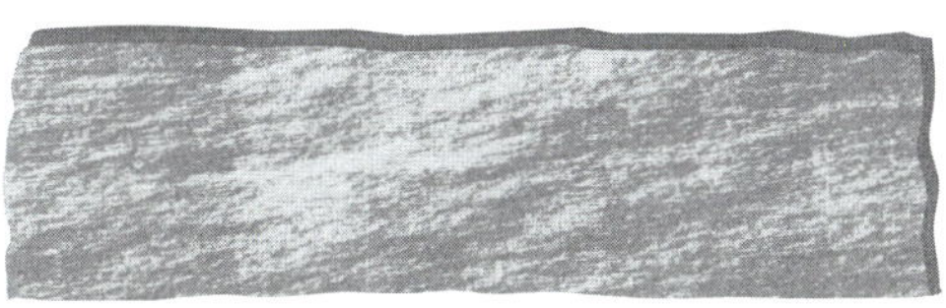

침묵의 시대

유대인들의 포로 시절(유대인들이 바벨론에 있었던 시기), 바벨론과 페르시아 왕들의 이름은 다음과 같습니다.

왕	왕국	주요 사건
느부갓네살	바벨론	이스라엘을 사로잡아감
고레스	페르시아*	에스라와 스룹바벨을 도와줌
다리오	페르시아	(유다에서) 성전 재건을 마침
아하수에로	페르시아	(페르시아에서) 에스더가 왕이 됨
아닥사스다	페르시아	(유다에서) 느헤미야가 예루살렘 성벽을 재건하도록 도와줌

*페르시아는 바벨론을 정복한 뒤, 바벨론 사람들과 포로가 된 이스라엘 사람들을 통치했습니다.

많은 유대인들은 이제 예루살렘으로 돌아왔습니다. 예루살렘 성전은 재건되었고 예루살렘 주변의 성벽도 수리되었습니다.

그러나 이제 더 이상 선지자는 없었습니다. 왕도 없었습니다. 마치 하나님이 그분의 백성에게 말씀하시지도 않고 그들을 인도하시는 것 같지도 않아 보였습니다.

그러나 사람들은 성전을 짓고 그곳에서 하나님께 예배를 드릴 수 있었습니다. 그리고 그들에게는 하나님의 길을 가르쳐 줄 성경 말씀(구약 말씀)이 있었습니다.

오랜 기간 동안 하나님이 보내셨던 선지자들이 필요한 모든 말을 다 했습니다. 그리고 이제는 침묵의 시간이 왔습니다….

여기까지가 구약의 이야기입니다.

옛적에 선지자들을 통하여
여러 부분과 여러 모양으로
우리 조상들에게 말씀하신 하나님이
이 모든 날 마지막에는 아들을 통하여
우리에게 말씀하셨으니
이 아들을 만유의 상속자로 세우시고
또 그로 말미암아 모든 세계를 지으셨느니라
(히브리서 1:1-2)

구약 도서관

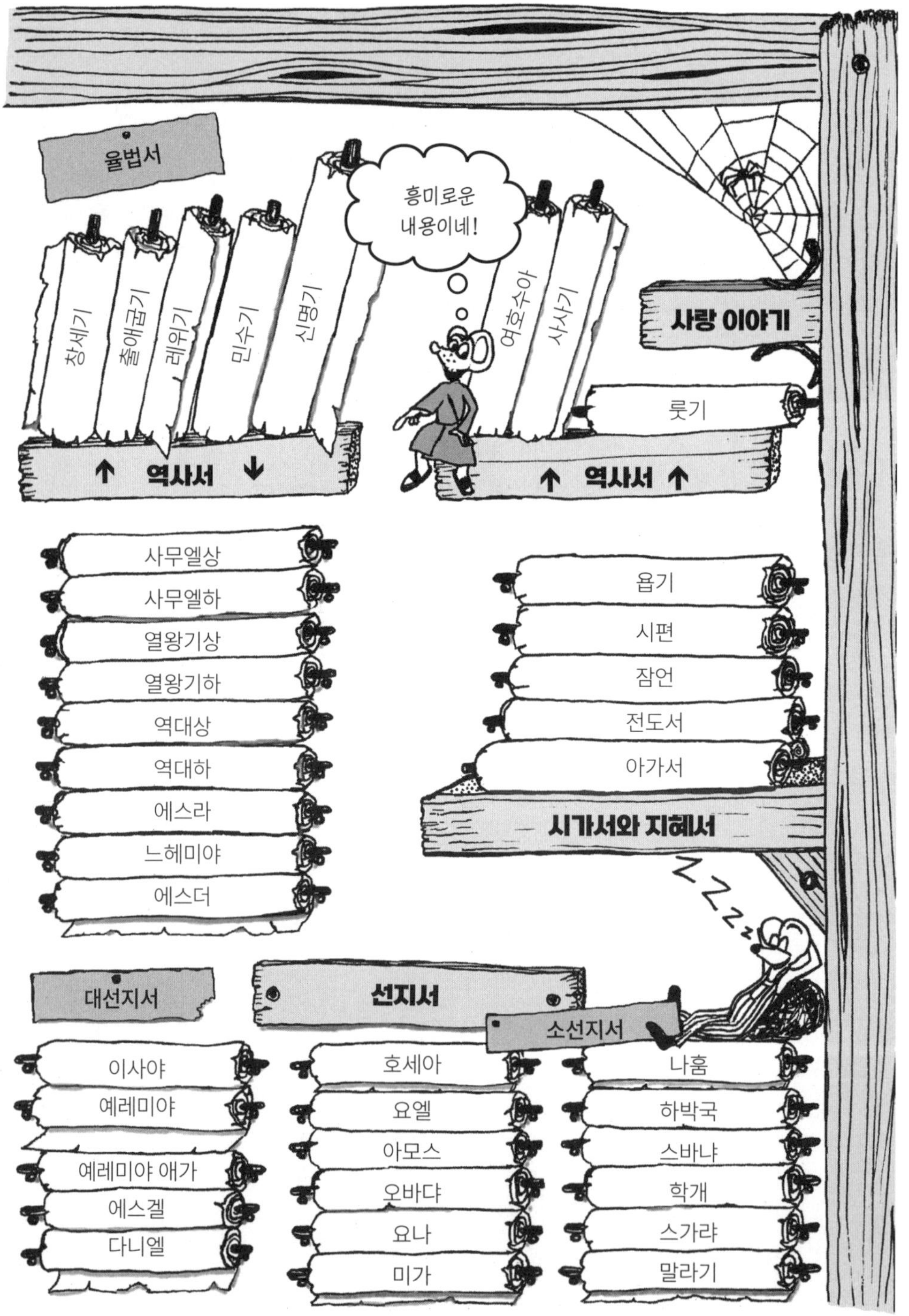
율법서
창세기
출애굽기
레위기
민수기
신명기
흥미로운
내용이네!
여호수아
사사기
사랑 이야기
룻기
↑ 역사서 ↓
↑ 역사서 ↑
사무엘상
사무엘하
열왕기상
열왕기하
역대상
역대하
에스라
느헤미야
에스더
욥기
시편
잠언
전도서
아가서
시가서와 지혜서
Z Z z z
대선지서
선지서
소선지서
이사야
예레미야
예레미야 애가
에스겔
다니엘
호세아
요엘
아모스
오바댜
요나
미가
나훔
하박국
스바냐
학개
스가랴
말라기

신약 도서관

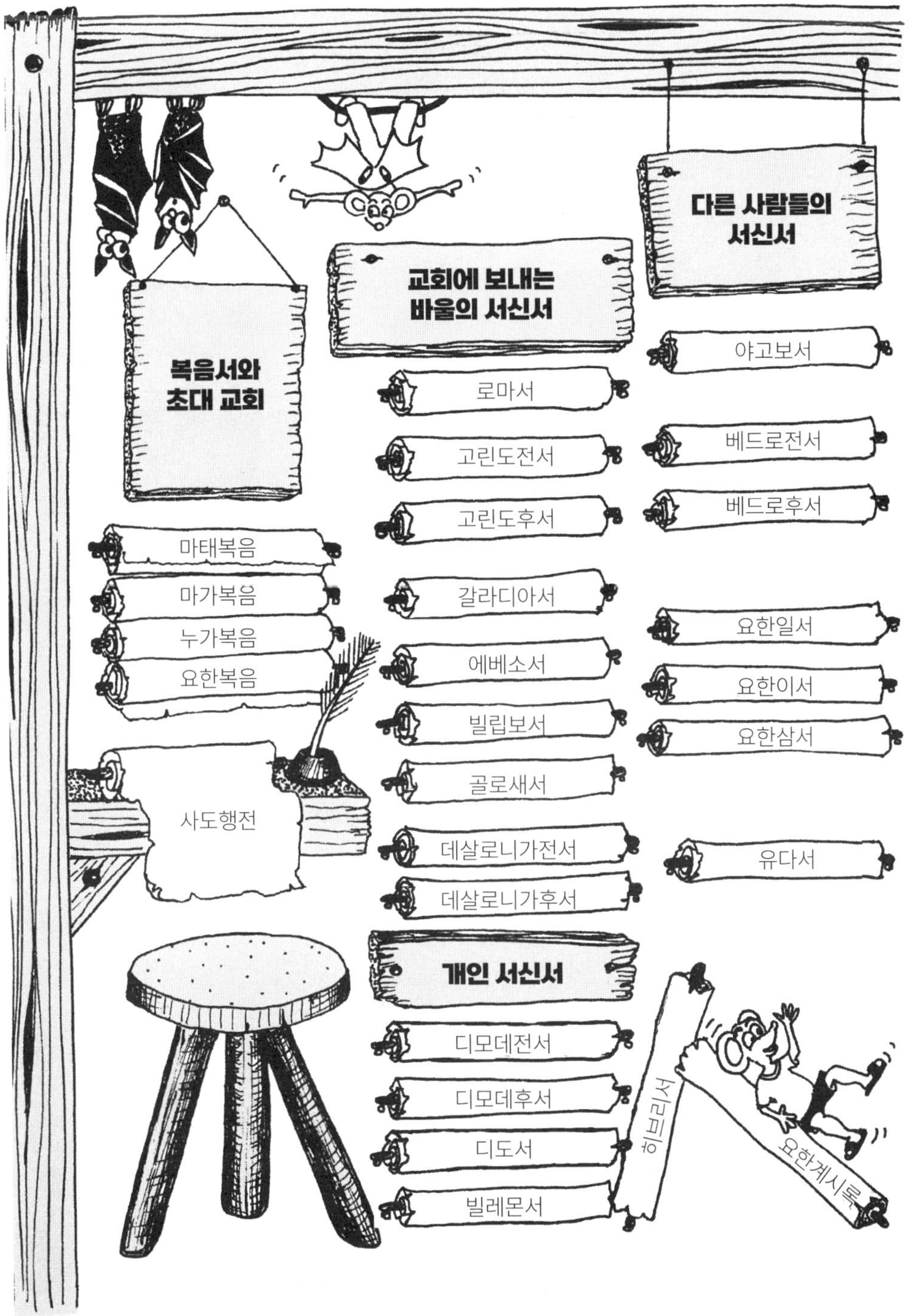
복음서와 초대 교회
마태복음
마가복음
누가복음
요한복음
사도행전
교회에 보내는 바울의 서신서
로마서
고린도전서
고린도후서
갈라디아서
에베소서
빌립보서
골로새서
데살로니가전서
데살로니가후서
개인 서신서
디모데전서
디모데후서
디도서
빌레몬서
다른 사람들의 서신서
야고보서
베드로전서
베드로후서
요한일서
요한이서
요한삼서
유다서
히브리서
요한계시록

예수님께서 무대 중앙에 오르시다

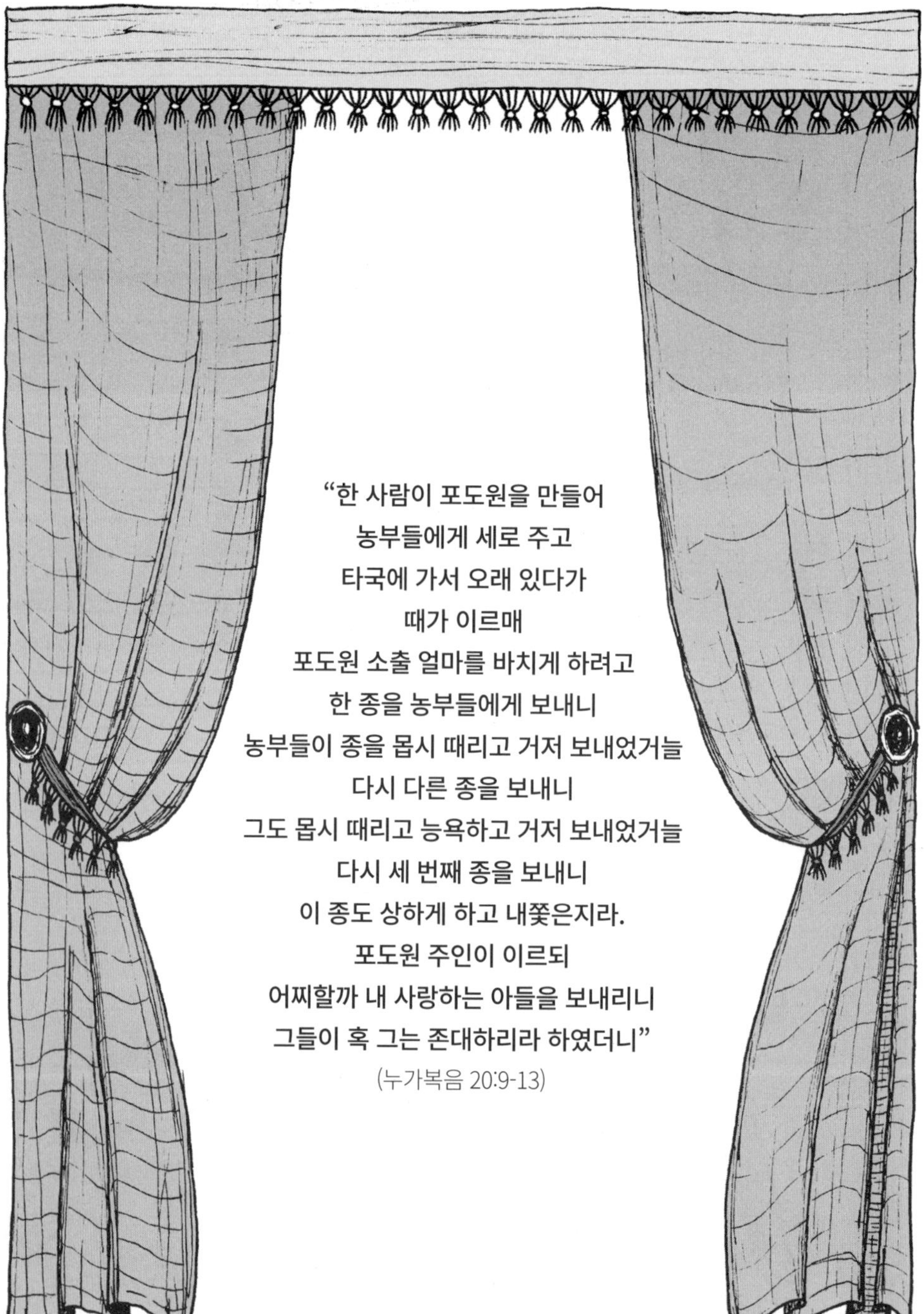

"한 사람이 포도원을 만들어
농부들에게 세로 주고
타국에 가서 오래 있다가
때가 이르매
포도원 소출 얼마를 바치게 하려고
한 종을 농부들에게 보내니
농부들이 종을 몹시 때리고 거저 보내었거늘
다시 다른 종을 보내니
그도 몹시 때리고 능욕하고 거저 보내었거늘
다시 세 번째 종을 보내니
이 종도 상하게 하고 내쫓은지라.
포도원 주인이 이르되
어찌할까 내 사랑하는 아들을 보내리니
그들이 혹 그는 존대하리라 하였더니"
(누가복음 20:9-13)

천사가 전해 준 메시지

유대인들이 유다에 정착한 지 약 400년이 지났습니다. (바벨론이 이전에 그들을 사로잡아 갔다가 고향 땅으로 돌려보낸 것입니다.) 이제 그들은 돌아왔고 한동안 적들로부터 해방된 기쁨을 누렸습니다.

그러나 결국 다른 나라들이 또 유대인들을 정복했습니다. BC 63년에 로마인들이 예루살렘 성을 정복했고 그 지역은 팔레스타인으로 알려지게 되었습니다. 헤롯이 유다의 왕이 되었고 그 위에는 로마의 황제 아우구스투스가 있었습니다.

그때에 사가랴라는 이름의 한 제사장이 살았습니다. 그가 분향하기 위해 성전에 들어갈 차례가 되었습니다. 사가랴는 성전에 들어가고 모든 예배자는 밖에서 기도했습니다.

그가 성전 안에 있을 때, 주님의 천사가 제단 오른편에 나타났습니다. 사가랴는 천사를 보고 크게 놀랐습니다. 그러나 천사가 말했습니다. "두려워하지 마라, 사가랴야! 하나님께서 너의 기도를 들으셨다. 너의 아내 엘리사벳이 곧 아들을 낳을 것이니 그 이름을 요한이라 하라. 그가 큰 기쁨을 가져올 것이요, 많은 사람이 그가 태어남을 기뻐할 것이다. 그가 하나님 앞에서 큰 자가 될 것이다. 그가 태어나기 전부터 성령으로 충만해질 것이다. 그리고 많은 이스라엘 백성의 마음을 하나님께로 돌이킬 것이다."

그때 사가랴가 대답했습니다. "어떻게 이 일이 일어날지 알겠습니까? 저는 늙고 제 아내도 나이가 많습니다."

천사가 대답했습니다. "나는 하나님 앞에 서는 가브리엘이다! 나를 보내셔서 좋은 소식을 전하게 하신 분은 하나님이시다. 그런데 네가 내 말을 믿지 않았으니 아이가 태어날 때까지 너는 말을 할 수 없을 것이다."

한편, 바깥에 있던 사람들은 사가랴를 기다리며 왜 그가 오랫동안 나오지 않고 있는지 궁금해했습니다.

누가복음 1:22-38

마리아에게 나타난 천사

마침내 사가랴가 나왔으나 그는 말을 하지 못했습니다. 사가랴가 손짓으로 설명하려고 애를 쓰자 사람들은 그가 안에서 뭔가 대단한 것을 보았음을 알았습니다.

곧 그의 아내 엘리사벳이 임신을 하였습니다. "하나님이 나를 돌아보셨습니다." 그녀는 말했습니다. "하나님은 내게 은총을 베푸시고 내 부끄러움을 없애 주셨습니다."

여섯 달 후, 하나님은 나사렛에 사는 마리아라는 처녀에게 천사 가브리엘을 보내셨습니다. 그녀는 다윗 왕의 후손인 요셉과 결혼을 약속한 사이였습니다.

가브리엘이 마리아에게 말했습니다. "하나님의 은총을 받은 자여, 그분이 너와 함께하신다!"

너무나 놀란 마리아는 천사의 말이 무슨 뜻인지 어리둥절해했습니다.

"두려워하지 마라, 마리아야!" 천사가 말했습니다. "네가 임신하여 아들을 낳을 것이니 너는 그 이름을 예수라 하라. 그가 위대하게 되고 가장 높으신 분의 아들이라 불릴 것이다."

"어떻게 이런 일이 있을 수 있습니까?" 마리아가 물었습니다. "저는 처녀입니다." (마리아는 아직 결혼하기 전이었습니다.)

천사가 대답했습니다. "성령이 너에게 임하시고 지극히 높으신 분의 능력이 너를 덮으실 것이다. 태어날 아이는 하나님의 아들이라 불릴 것이다. 네 친척 엘리사벳도 나이가 들어서 아이를 임신하였으니, 하나님께는 불가능한 것이 없다."

"저는 주님의 종입니다." 마리아가 대답했습니다. "주께서 말씀하신 대로 모든 것이 이루어지기를 바랍니다."

그때 천사가 마리아를 떠나갔습니다.

누가복음 1:39-66

마리아의 노래

천사가 왔다 간 후, 마리아는 급히 친척 엘리사벳이 사는 곳으로 갔습니다. 그녀는 엘리사벳의 집에 들어가 인사했습니다. 마리아의 인사에 엘리사벳 배 속의 아기가 뛰었고 그녀는 성령으로 충만해졌습니다.

엘리사벳이 외쳤습니다. “너는 모든 여인 중에 가장 복 받은 자이고 너의 아이도 복을 받을 것이다.”

그러자 마리아가 하나님을 찬양하며 말했습니다.

“내 영혼이 하나님을 찬양합니다.
내 영혼이 내 구주 하나님을 기뻐합니다.
그분이 이 천한 여종을 보살펴주시고
이제부터 모든 세대가 저를 복받은 자라 할 것이기 때문입니다”
(누가복음 1:46-55, 마리아의 노래).

마리아는 약 삼 개월간 엘리사벳과 함께 지냈습니다.

엘리사벳은 아이를 낳을 때가 되어 아들을 출산했습니다. 친척들과 이웃은 그녀와 함께 매우 기뻐하였습니다. 그리고 아들의 이름을 아버지를 따라 사가랴라 지을 것이라고 생각했습니다. 그런데 아이의 어머니는 “아닙니다! 이 아이는 요한이라 할 것입니다”라고 말했습니다.

그러나 친척 중에 아무도 요한이라는 이름이 없었기 때문에 모두들 어리둥절해했습니다. 그래서 그들은 사가랴에게 가서 아이 이름을 뭐라고 하면 좋을지 물었습니다. 사가랴는 서판을 달라 하더니 놀랍게도 “아이의 이름은 요한입니다”라고 썼습니다.

쓰기를 마치자 사가랴는 갑자기 말을 시작했고 하나님을 찬양했습니다.

그곳에 모인 이웃 사람들은 모두 깜짝 놀랐고 이 일에 대한 소식은 주변에까지 널리 퍼졌습니다.

누가복음 2:1-12

이 땅에 오신 예수님

하나님이 세상을 이처럼 사랑하사 독생자를 주셨으니
이는 그를 믿는 자마다 멸망하지 않고 영생을 얻게 하려 하심이라.
하나님이 그 아들을 세상에 보내신 것은 세상을 심판하려 하심이 아니요
그로 말미암아 세상이 구원을 받게 하려 하심이라.

(요한복음 3:16-17)

그 당시, 로마제국의 황제 아우구스투스는 모든 백성의 수를 조사하라는 명령을 내렸습니다. 이를 위해 모든 사람은 그들의 가족이 원래 살았던 도시나 마을로 가야 했습니다.

그래서 요셉과 마리아는 나사렛을 떠나 (다윗의 동네라 불리는) 베들레헴으로 갔습니다. 이는 요셉이 다윗의 후손이었기 때문입니다.

그들이 베들레헴에 도착하였는데, 사람들이 많이 모여들어 여관에 방이 없었습니다. 마리아가 아이를 낳을 때가 되어서 그들은 동물에게 먹이를 주는 마구간에 가게 되었습니다. 그곳에서 마리아는 아기를 낳고 포대기에 싸서 구유에 눕혔습니다.

그날 밤, 인근의 들에는 양 떼를 돌보는 목자들이 있었습니다. 갑자기 하나님의 천사가 그들에게 나타났고 주님의 영광이 주변을 밝게 비추었습니다. 목자들은 두려움에 떨었습니다!

그러나 천사가 그들에게 말했습니다. "두려워하지 마라. 내가 온 백성에게 큰 기쁨이 될 소식을 너희에게 전해 주겠다. 오늘 베들레헴에서 구주가 태어나셨으니, 그는 곧 그리스도 주시다. 한 아기가 포대기에 싸여 구유에 뉘어 있는 것을 보면, 바로 그 분이신 줄 너희가 알리라."

누가복음 2:13-38

모두가 깜짝 놀랄 소식

그때 많은 다른 천사들이 와서 하나님을 찬송하며 말했습니다. “지극히 높은 곳에서는 하나님께 영광이요, 땅에서는 하나님이 기뻐하신 사람들 중에 평화로다.” 그리고 천사들은 하늘로 다시 올라갔습니다.

목자들은 서로 말했습니다. “우리가 베들레헴으로 가서 주님이 우리에게 알려 주신 대로 되었는지 봅시다.” 그래서 그들은 급히 마을로 가서 마리아와 요셉, 그리고 천사가 말한 대로 구유에 누워있는 아기를 찾았습니다.

아기를 본 목자들은 아기에 대하여 들은 말을 모든 사람에게 말해 주었고 그 말을 들은 사람들은 다 놀라워했습니다.

일주일 후(팔 일째 되는 날), 요셉과 마리아가 아기를 하나님 앞에 보이고 제사를 드리기 위해 예수님을 데리고 예루살렘으로 갔습니다.

그때 구세주를 기다리고 있었던 시므온이라는 경건한 사람이 성령에 이끌리어 성전으로 갔습니다. 요셉과 마리아와 아기를 본 시므온은 예수님을 품에 안고 하나님을 찬양하며 말했습니다. “이제 하나님, 약속하신 대로 주의 구원을 보게 하시어 주의 종이 평안히 떠나가게 해주시는군요.”

또 여러 해 전에 남편이 죽은 안나라는 여선지자도 있었습니다. 그녀는 나이가 많았는데 대부분의 시간을 성전에서 금식하고 기도하고 예배하며 지냈습니다. 그녀도 요셉과 마리아에게 다가와 하나님께 감사를 드렸습니다. 그리고 하나님의 구원을 기다리는 모든 사람에게 그 아이에 대해 말해 주었습니다.

마태복음 2:1-8

동방 박사들의 여정

예수님이 태어나신 후, 먼 동방의 박사들이 하늘에서 밝은 빛이 움직이는 것을 보고 긴 여행을 떠났습니다. 그들은 별을 따라 유다의 수도인 예루살렘에까지 이르렀습니다.

"유대인의 왕으로 태어나신 아기가 어디 있습니까?" 그들이 물었습니다. "우리는 동쪽에서 그 별을 보고 그분을 경배하러 왔습니다."

헤롯 왕은 왕이 태어났다는 소식을 듣고 매우 언짢아했고 예루살렘의 다른 사람들도 마찬가지였습니다. 헤롯 왕은 대제사장들과 유대인의 율법 교사들을 모아 그리스도*가 어디에서 태어났는지 물었습니다.

"유대 베들레헴입니다." 그들이 대답했습니다. "선지자 미가가 이렇게 써 놓았습니다.

유대 땅 베들레헴아
너는 유대 고을 중에서 가장 작지 아니하도다.
네게서 한 다스리는 자가 나와서
내 백성 이스라엘의 목자가 되리라"
(미가 5:2, 마태복음 2:6).

이에 헤롯 왕은 동방 박사들을 은밀히 불러 그 별이 나타난 정확한 때를 알아냈습니다. 이후 그는 베틀레헴으로 그들을 보내며 말했습니다. "가서 아기를 잘 찾아보시오."

그리고 덧붙여 말했습니다. "그를 찾거든, 나도 가서 경배할 수 있게 알려 주시오."

동방 박사들은 길을 떠났고, 동쪽에서 보았던 그 별은 그들 앞에서 인도하다가 아기가 있는 곳에서 멈추었습니다. 그들은 매우 기뻐했습니다.

***그리스도** 혹은 **메시아**는 기름 부음을 받은 사람을 의미하는 칭호입니다. **예수**는 이름이며, 그 뜻은 '하나님의 구원이시다(하나님 우리의 구원자)'입니다.

헤롯의 명령

동방 박사들이 그 집을 찾아 아기와 그의 어머니 마리아를 보고 엎드려 절하고 아기를 경배했습니다.

그리고 그들은 보물 상자를 열어 황금과 유향과 몰약을 선물로 바쳤습니다.

이후 그들은 꿈에서 헤롯 왕에게 돌아가지 말라는 경고를 받고 다른 길로 돌아갔습니다.

동방 박사들이 떠날 때, 하나님의 천사가 꿈에 요셉에게 나타나 말했습니다. "일어나서 이집트로 피신하여라. 헤롯이 아이를 죽이려고 찾고 있다."

그래서 요셉과 마리아와 아기는 밤에 이집트를 향해 떠났습니다. 헤롯은 동박 박사들에게 속은 것을 알고 분노에 차서 군사들을 보내 베들레헴 안팎에 두 살 이하의 남자 아기를 모두 죽이라고 명령했습니다.

헤롯이 죽은 후, 천사가 또다시 요셉의 꿈에 나타났습니다. "일어나서 고향 땅으로 돌아가라. 아이의 목숨을 찾는 자들이 죽었다."

이에 요셉은 마리아와 아이를 데리고 이집트를 떠나 다시 이스라엘로 돌아왔습니다. 그러나 헤롯 왕의 아들이 유대를 다스리고 있음을 듣고 예루살렘으로 돌아가기를 두려워하여 갈릴리에 있는 동네, 나사렛에 가서 살았습니다.

누가복음 2:41-52

성전에 가신 소년 예수님

예수님이 열두 살이 되셨을 때 마리아와 요셉은 매년 하던 대로 유월절을 기념하러 갔습니다. 유월절이 끝나고 가족들은 다른 여행객들과 나사렛으로 돌아왔습니다. 그런데 예수님은 예루살렘에 그대로 남아 계셨습니다.

예수님의 부모는 처음에 아이가 다른 일행과 같이 걷고 있다고 생각해서 찾지 않았습니다. 그러다 그날 늦게 친구들과 친척들 속에서 예수님을 찾으러 다녔습니다. 그래도 예수님이 안 보이자 그들은 예루살렘까지 다시 갔습니다.

삼 일 후, 부모는 성전 뜰에서 종교지도자들과 앉아서 그들의 말을 듣고 또 질문하고 있는 예수님을 발견했습니다. 예수님의 말을 듣는 모든 사람이 그 지혜와 대답에 깜짝 놀랐습니다. 예수님의 부모는 안심하면서도 혼란스러워했습니다. “어찌하여 이렇게 하였느냐?” 예수님의 어머니가 물었습니다. “네 아버지와 내가 많이 걱정하며 너를 찾아다니고 있었다!”

“왜 저를 찾으셨습니까?” 예수님이 물었습니다. “제가 제 아버지 집에 있어야 하는 줄 모르셨습니까?” 하지만 부모는 예수님의 말의 뜻을 이해하지 못했습니다. 그리고 예수님은 부모와 함께 나사렛으로 돌아와 두 분께 순종했습니다. 마리아는 이 모든 일을 기억하고 마음속에 간직했습니다.

예수님은 자라나면서 점점 지혜로워지셨고 하나님과 사람 앞에 더욱 사랑을 받으셨습니다.

예수님은 이렇게 자라가셨습니다.

- (육체적으로) 키가 크고 튼튼해지셨습니다.
- (정신적으로) 지혜와 지식에서 자라나셨습니다.
- (영적으로) 하나님 아버지와의 관계에서 자라나셨습니다.
- (사회적으로) 주변의 다른 사람들과의 관계 속에서 자라나셨습니다.

누가복음 3:1-22, 마태복음 3:1-17

세례 요한

여러 해가 흘렀고 예수님의 사촌 요한도 성장했습니다. 요한은 광야로 가서 야생 꿀과 메뚜기를 먹고 낙타털로 짠 거친 옷을 입었습니다. 하나님의 말씀이 임하자, 그는 요단강 주변 시골로 가서 사람들에게 하나님께로 돌아오라고 말했습니다. 이것은 선지자 이사야가 예언한 그대로였습니다.

"외치는 자의 소리여 이르되 너희는 광야에서 여호와의 길을 예비하라. 사막에서 우리 하나님의 대로를 평탄하게 하라"(이사야 40:3).

사람들은 요한의 말을 듣고 하나님을 기쁘시게 하려면 어떻게 살아야 하는지 알고자 했습니다. 요한은 그들에게 말했습니다. "네가 가진 것을 가난한 사람들과 나눠라. 정직해라. 그리고 다른 사람을 공평하게 대하여라."

예루살렘과 유대 땅 온 지역에서 사람들이 몰려와 죄를 고백했습니다. 그리고 요한은 요단강에서 그들에게 세례를 주었습니다.

어떤 사람들은 어쩌면 요한이 그들이 기다리던 그리스도(메시아)가 아닐까 궁금해했습니다. 그러나 요한은 말했습니다. "나는 너희를 죄에서 돌이키게 하려고 물로 세례를 베푼다. 하지만 내 뒤에 오시는 분은 나보다 더 능력이 많으신 분이다. 나는 그분의 신발 끈을 푸는 것조차 감당하지 못한다. 그분은 너희에게 성령과 불로 세례를 베푸실 것이다."

그때 예수님께서 갈릴리에서 요단으로 오셔서 요한에게 세례를 받으셨습니다. 예수님이 세례를 받고 물 밖으로 나오시자, 하나님의 성령이 비둘기처럼 예수님 위로 내려왔습니다. 그리고 하늘에서 한 음성이 들렸습니다. "이는 내 사랑하는 아들이요 내가 기뻐하는 자다."

예수님은 착하게 사는 것이 쉬우셨을까요?
(히브리서 5:8, 빌립보서 2:6-7 참조)

마태복음 4:1-11, 누가복음 4:1-13

유혹을 받으신 예수님

예수님은 성령에 이끌려 광야로 가셔서 마귀에게 시험을 받으셨습니다. 그분은 사십 일을 금식하여 매우 배고프신 상태였습니다.

그때 마귀가 예수님께 와서 말했습니다. "네가 만일 하나님의 아들이거든 명하여 이 돌들로 떡덩이가 되게 하라."

그러나 예수님께서 말씀하셨습니다. "성경에 기록하기를 '**사람이 떡으로만 살 것이 아니요 하나님의 입으로부터 나오는 모든 말씀으로 살 것이라**' 하였다"(신명기 8:3 참조).

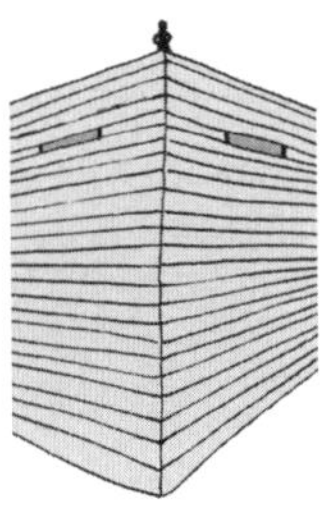

그러자 마귀가 예수님을 거룩한 성(예루살렘)으로 데리고 가 성전 꼭대기에 세우고 말했습니다. "네가 만일 하나님의 아들이거든 뛰어내려 보아라. 성경에 기록하기를 '그가 너를 위하여 그의 사자들을 명하시리니 그들이 손으로 너를 받들어 발이 돌에 부딪치지 않게 할 것이다' 하였다."

예수님께서 대답하셨습니다. "또 성경에 기록하기를 '**주 너의 하나님을 시험하지 말라**' 하였다"(신명기 6:16 참조).

이후에 마귀가 또 예수님을 매우 높은 산으로 데리고 가서 온 세상 왕국을 보여 주었습니다. "만일 내게 엎드려 경배하면 이 모든 것을 네게 주겠다."

예수님께서 대답하셨습니다. "사탄아 물러가라! 성경에 기록하기를 '**주 너의 하나님께 경배하고 다만 그를 섬기라**' 하였다"(신명기 6:13 참조).

이에 마귀는 예수님을 떠나고 천사들이 와서 예수님을 섬겼습니다.

예수님의 제자들

한편, 요한은 계속 제자들에게 말씀을 전하고 하나님께로 돌아오는 사람들에게 세례를 주었습니다.

그때 요한은 예수님께서 자신에게 나아오는 것을 보고 말했습니다. "보아라, 세상 죄를 지고 가는 하나님의 어린 양이다. 내가 전에 말하기를 '내 뒤에 오는 사람이 있는데 그분은 나보다 먼저 계시기에 나보다 앞서신 분이다'라고 한 것이 이 사람을 두고 한 말이다." 요한은 제자들에게 하나님께서 알려 주신 것처럼 하나님의 성령이 예수님께로 내려오는 것을 보았다고 얘기해 주었습니다. 그래서 그는 예수님께서 하나님의 아들, 즉 그분의 성령을 사람들 마음 가운데 보내실 분이라는 것을 알게 된 것입니다.

다음 날 요한은 또 그곳에 있었습니다. 예수님께서 지나가시는 것을 보고 요한이 말했습니다. "보아라, 하나님의 어린 양이다!" 요한의 두 제자가 이 말을 듣고 예수님을 따라갔습니다. 그중 하나는 안드레였습니다. 안드레는 자기 형제 시몬에게 가서 말했습니다. "우리가 메시아를 찾았다!"

예수님께서 시몬을 보고 말씀하셨습니다. "네가 시몬이구나. 앞으로는 너를 게바(베드로)라 부를 것이다."

다음 날 예수님은 갈릴리로 가셨습니다. 거기서 빌립을 보고 말씀하셨습니다. "나를 따르라!" 빌립은 가서 나다나엘을 찾아 말했습니다. "모세와 선지자들이 기록한 그분을 우리가 만났소. 와서 보시오."

그들이 예수님께 나아왔을 때 예수님은 나다나엘에게 말씀하셨습니다. "이 사람은 참된 이스라엘 사람이다."

"어떻게 저를 아십니까?" 나다나엘이 물었습니다.

예수님께서 대답하셨습니다. "빌립이 너를 찾기 전 네가 무화과나무 아래에 있을 때 내가 너를 보았다." 그러자 나다나엘이 소리쳤습니다. "랍비여, 당신은 하나님의 아들이시요 이스라엘의 왕이십니다!"

요한복음 2:1-11

예수님의 첫 번째 기적

예수님과 제자들은 갈릴리 가나에서 열린 결혼식에 초대되었습니다. 예수님의 어머니도 그곳에 계셨습니다.

그런데 잔치가 진행되는 동안 포도주가 떨어지고 말았습니다. 마리아가 예수님께 와서 말했습니다. "포도주가 떨어졌구나."

예수님이 어머니에게 말씀하셨습니다. "왜 저에게 이 말을 하십니까? 아직 제 때가 되지 않았습니다."

그러나 예수님의 어머니는 종들에게 말했습니다. "무엇이든 그가 시키는 대로 하여라."

근처에는 큰 물 항아리 여섯 개가 있었습니다. 예수님께서 종들에게 말씀하셨습니다. "이 항아리에 물을 끝까지 채워라."

그런 다음 다시 말씀하셨습니다. "이제 물을 떠서 잔치를 맡은 사람에게 가져다 주어라."

종들은 예수님의 지시를 따랐습니다. 잔치를 맡은 사람은 포도주로 변한 물을 맛보고 신랑을 불러 말했습니다. "누구든지 좋은 포도주를 먼저 내고 나중에 값싼 포도주를 내오는데, 당신은 지금까지 이렇게 좋은 포도주를 남겨두었군요!"

이렇게 예수님은 그분의 영광과 권능을 나타내셨고 제자들은 예수님을 믿게 되었습니다.

결혼식 후, 예수님은 어머니와 형제들, 제자들과 함께 가버나움으로 가셨습니다. 그리고 그곳에 며칠 머무셨습니다.

예수님은 여자 형제가 있었나요?
(마태복음 13:55-56 참조)

거듭남

어느 날 밤 바리새인 니고데모가 은밀히 예수님께로 와서 말했습니다. "선생님, 우리는 당신이 하나님으로부터 오셨음을 압니다. 선생님이 하신 기적들은 하나님이 함께하신다는 것을 보여 줍니다."

예수님께서 그에게 말씀하셨습니다. "내가 진실로 너에게 말하노니 네가 거듭나지 않으면 하나님 나라를 볼 수 없다."

"사람이 늙었는데 어떻게 다시 태어날 수 있습니까?" 니고데모가 물었습니다.

예수님께서 대답하셨습니다. "누구든지 물과 성령으로 거듭나지 않으면 하나님 나라에 들어갈 수 없다."

"하지만 어떻게 그것이 가능합니까?"

예수님께서 말씀하셨습니다. "모세가 광야에서 뱀을 든 것같이 인자도 들려야 한다. 그것은 그를 믿는 사람마다 영생을 얻게 하려는 것이다.

하나님이 세상을 이처럼 사랑하셔서 외아들을 주셨으니,
이는 그를 믿는 사람마다 멸망하지 않고 영생을 얻게 하려는 것이다.
하나님께서 그 아들을 세상에 보내신 것은 세상을 심판하시려는 것이 아니라,
아들을 통하여 세상을 구원하시려는 것이다"

(요한복음 3:14-17, 새번역).

그리고 계속해서 말씀하셨습니다. "빛이 세상에 들어왔지만, 사람들이 자기들의 행위가 악하므로, 빛보다 어둠을 더 좋아하였다. 악한 일을 저지르는 사람은 누구나 빛을 미워하며 빛으로 나아오지 않는다. 그것은 자기 행위가 드러날까 두려워하기 때문이다. 그러나 진리를 행하는 사람은 빛으로 나아온다. 그것은 자기의 행위가 하나님 안에서 이루어졌음을 드러내려는 것이다."

요한복음 3:3-7

어떻게 거듭날 수 있습니까?

니고데모는 예수님께 어떻게 하면 다시 태어날 수 있을지 물었습니다. 이 질문은 니고데모의 인생 전체를 영원히 바꿀 만한 것이었기에 정말 중요한 질문이었습니다!

이 세상에 태어날 때 우리는 현재의 육체를 가지고 태어납니다. 몸을 통해 우리는 느끼고 볼 수 있습니다. 하지만 우리 안에는 하나님과 연결된 부분인 영도 있습니다. 문제는 우리 죄가 우리와 하나님을 갈라놓았다는 것입니다. 그러나 하나님은 우리를 너무나 사랑하셔서 우리가 용서받고 하나님과 영원히 함께 살 수 있도록 예수님을 보내어 우리 죄를 위해 죽게 하셨습니다.

거듭나고 싶다면, 즉 하나님의 가족으로 다시 태어나고 싶다면 아래 글을 읽으세요. 그리고 여러분 자신의 말로 하나님께 기도하며 마음을 새롭게 해달라고 그분께 간구해 보세요.

- 나는 하나님께 죄를 지었고 예수님이 나를 구원하실 수 있음을 **믿으세요**(로마서 3:22-24).
- 예수님께 나를 용서해 주시고 마음을 깨끗하게 해달라고 **구하세요**(시편 51:2, 로마서 10:9-10).
- 예수님께서 나를 죄의 습관에서 해방시켜 주시고 영원한 새 생명을 주셨음을 **믿으세요**(로마서 6:22-23).
- 예수님께 그분을 따르고 내 삶의 주인으로 모시길 원한다고 **말하세요**(요한복음 12:26).

이렇게 기도해 보세요

주 예수님, 저는 예수님이 저의 죄를 위해 이 땅에 오셨음을 믿습니다. 예수님은 하나님의 아들이시기 때문에 예수님만이 저의 죄를 없애실 수 있습니다. 저를 용서해 주시고 제 마음을 새롭게 해주세요. 제 내면을 변화시켜 주시고 제가 예수님을 따를 수 있게 도와주세요. 오늘부터 예수님이 제 인생의 주인이 되어 주시기를 원합니다. 주님, 사랑합니다! 예수님의 이름으로 기도합니다. 아멘.

요한복음 3:22, 누가복음 3:19-20, 요한복음 4:1-16

우물가의 여인

예수님은 유대의 시골 지역에 가서 제자들과 시간을 보내고 계셨습니다. 한편, 헤롯 왕은 자신의 악한 길을 지적한 세례 요한을 감옥에 가둔 상태였습니다.

그때 예수님과 제자들은 유대를 떠나 갈릴리 지역으로 향했습니다. 사마리아를 통과하여 가는 길에 그들은 수가라는 마을에 이르게 되었습니다. 그곳에는 야곱의 우물이 있었고 여행으로 지친 예수님은 우물가에 앉으셨습니다.

때는 한낮이었는데 제자들은 음식을 사러 마을로 가고 예수님은 우물가에 그대로 계셨습니다.

제자들이 가 있는 동안, 한 여인이 우물에 물을 길으러 왔습니다. 예수님은 여인에게 물 한 잔을 달라고 요청하셨습니다.

"당신은 유대인이고 저는 사마리아인입니다!" 여인이 말했습니다. "어떻게 저에게 물을 달라고 할 수 있습니까?" 그녀가 이렇게 말한 것은 유대인들은 사마리아인들과 전혀 어울리지 않았기 때문입니다.

예수님께서 대답하셨습니다. "네가 하나님의 선물이 무엇인지, 너에게 물을 달라 하는 사람이 누구인지 안다면 네가 나에게 구할 것이고 내가 너에게 생수를 주었을 것이다."

"하지만, 선생님." 그녀가 대답했습니다. "당신은 물을 길을 그릇도 없고 줄도 없는데 우물은 깊습니다. 어떻게 당신이 생수를 주신단 말입니까?"

예수님께서 말씀하셨습니다. "이 물을 마시는 자마다 다시 목마르겠지만 내가 주는 물을 마시는 자는 영원히 목마르지 아니하리니 내가 주는 물은 그 속에서 영생하도록 솟아나는 샘물이 될 것이다."

"저에게 그런 물을 주셔서 목마르지도 않고 또 여기 물 길으러 오지도 않게 하옵소서." 여인이 말했습니다.

그러자 예수님께서 그녀에게 말씀하셨습니다. "가서 네 남편을 불러오라."

참된 예배

“저는 남편이 없습니다.” 여인이 대답했습니다.

“너에게 남편이 없다고 하는 말이 옳다. 지금 너와 함께 살고 있는 그 사람은 네 남편이 아니다.”

“선생님, 제가 보니 선생님은 선지자이시군요.” 여인이 말했습니다. “그런데 왜 우리 조상은 이 산에서 예배를 드렸는데, 유대 사람들은 예배드려야 할 곳이 예루살렘에 있다고 하는지 알려 주십시오.”

예수님께서 대답하셨습니다. “내 말을 믿어라. 너희가 어디에서 예배를 드려야 하는지가 더 이상 중요하지 않을 때가 올 것이다. 참된 예배를 드리는 사람들이 영과 진리로 아버지께 예배를 드릴 때가 온다. 아버지께서는 이렇게 예배를 드리는 사람들을 찾으신다. 하나님은 영이시므로 하나님께 예배를 드리는 사람은 영과 진리로 예배를 드려야 한다.”

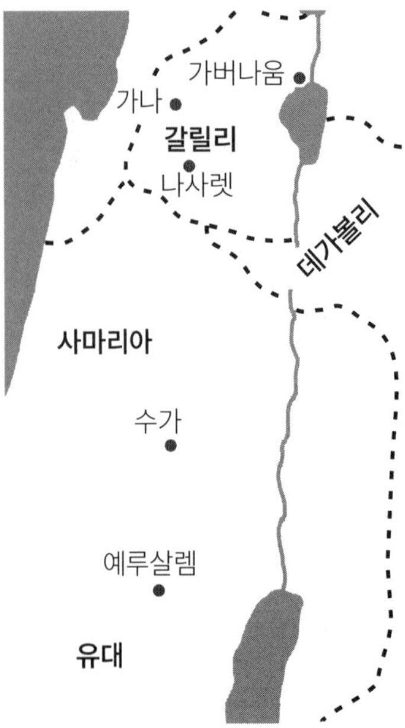

예수님이 계셨던 장소

“저는 그리스도라고 하는 메시아가 오신다는 것을 압니다.” 여인이 말했습니다. “그가 오시면 우리에게 모든 것을 알려 주실 것입니다.”

예수님께서 말씀하셨습니다. “내가 바로 그 메시아다!”

바로 그때 제자들이 마을에서 돌아왔습니다. 여인은 우물가에 물동이를 두고 달려가서 모든 사람에게 예수님에 대해 말했습니다. 그러자 마을 사람들이 예수님을 보러 왔고 많은 이들이 예수님을 믿었습니다.

그때 사마리아 사람들은 예수님께 그곳에 머물러 달라고 간청하였고 그래서 예수님은 이틀을 더 그곳에 계셨습니다. 그리고 사람들은 분명히 말했습니다. “이제 우리는 이분이 진정으로 온 세상의 구주이심을 알았습니다!”

하나님께 어떻게 예배해야 할까요?

하나님은 우리에게 그분을 어떻게 예배해야 하는지 말씀해 주셨습니다.

- 예수님은 우리가 **영**과 **진리**로 예배해야 한다고 말씀하셨습니다(요한복음 4:24). '영으로'라는 말은 우리가 하나님께 마음으로 예배드려야 한다는 뜻입니다. 즉, 사랑과 경배의 마음을 드리라는 것입니다. '진리로'라는 것은 우리가 정직한 마음으로(거짓으로 가장하는 것이 아니라) 하나님 말씀의 진리 안에서 성장하며 예배해야 한다는 뜻입니다.
- 우리는 하나님께 이렇게 예배해야 합니다.
  - 우리가 하는 일로(**행동**): 사람들을 도와주고, 인내하고, 후하게 베풀며, 정직하고, 다정하게 대하는 것입니다.
  - 우리가 하는 말로(**말**): 다른 사람들에게 하나님의 위대하심을 말하고 하나님을 찬양하는 것입니다.
  - 우리의 마음으로(**생각**): 하나님께 기도하고 하나님을 생각하는 것입니다.
- 히브리서 12:28에서는 경건함과 두려움으로 하나님을 예배하라고 말하고 있습니다. 이것은 하나님이 거룩하고 위대하신 분이시므로 **존경**과 **경이로움**으로 그분을 대해야 한다는 뜻입니다. 우리가 얼마나 작고 연약한 존재인지 깨닫고 **겸손**한 태도를 가질 때만이 이렇게 할 수 있습니다.
- 우리는 **깨끗한 마음**으로 하나님을 예배해야 합니다. 즉 용서받지 못한 죄가 없는지 확인해야 합니다(시편 66:18-19, 마태복음 5:23-24).
- 우리를 사랑하시는 살아계신 하나님을 섬길 때 우리 마음은 **기쁨**으로 가득해야 합니다. "기쁨으로 여호와를 섬기며 노래하면서 그의 앞에 나아갈지어다"(시편 100:2).
- 구약에서는 제사를 드리며 하나님을 예배했습니다. 그러나 이제 하나님께서 우리를 예수님의 피로 깨끗하게 해주셨기 때문에 우리는 **우리 자신을 드리며** 예배할 수 있습니다. 이것은 우리의 모든 것, 우리가 가진 모든 것을 하나님께 드린다는 뜻입니다. "너희 몸을 하나님이 기뻐하시는 거룩한 산 제물로 드리라. 이는 너희가 드릴 영적 예배니라"(로마서 12:1).

요한복음 4:43, 누가복음 4:14-15, 요한복음 4:46-54, 마태복음 4:18-22

예수님의 두 번째 기적

예수님과 제자들은 갈릴리를 향한 여정을 계속했습니다. 그리고 다시 예수님은 갈릴리 가나를 방문하셨습니다. 그곳에서 그들은 가버나움에서 온 왕의 신하를 만났습니다. 그 관리는 예수님이 갈릴리로 돌아왔다는 얘기를 듣고 죽어가는 아들을 치료해 달라고 예수님께 간구했습니다. "선생님, 제 아이가 죽기 전에 와 주십시오."

예수님께서 그에게 말씀하셨습니다. "집으로 돌아가라. 네 아들이 살 것이다!"

그 관리는 예수님을 믿고 돌아갔습니다. 집에 이르기 전, 종들이 그를 만나 아들이 살아났고 건강해졌다는 기쁜 소식을 전해 주었습니다. 관리가 아들이 나은 시간을 물어보자 그들이 말했습니다. "어제 오후 한 시에 아드님의 열이 내렸습니다."

그러자 그 아버지는 예수님께서 "네 아들이 살 것이다"라고 말한 때와 정확히 같은 시간임을 깨달았습니다. 그래서 그와 온 집안은 예수님을 믿었습니다.

얼마 후, 예수님은 가버나움으로 가서 사람들을 가르치기 시작하셨습니다.

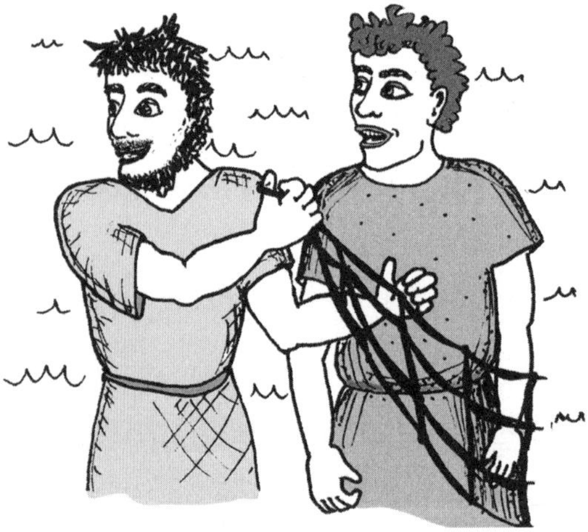

예수님은 갈릴리 해변을 걸으시다가 시몬(베드로)과 그의 형제 안드레가 바다에 그물을 던지고 있는 것을 보셨습니다. "와서 나를 따르라. 내가 너희로 사람을 낚는 어부가 되게 하겠다."

그 두 어부는 곧장 그물을 버려두고 예수님을 따랐습니다.

누가복음 5:1-11, 27-31

제자들이 모든 것을 버려두고 따르다

어느 날, 예수님이 갈릴리 바다에서 설교하고 계실 때 많은 군중이 예수님 말씀을 듣기 위해 모여들었습니다. 예수님은 물가에 있는 빈 배 두 척을 보셨습니다. 그것은 그물을 씻으러 간 어부들이 둔 것이었습니다.

예수님은 그중 한 배에 들어가셔서 배의 주인인 시몬에게 물 쪽으로 배를 밀라고 말씀하셨습니다. 그리고 그곳에 앉아서 사람들을 가르치셨습니다. 예수님은 말씀을 마치시고 시몬에게 말씀하셨습니다. "더 깊은 곳으로 가서 그물을 던져 고기를 잡아라."

그러나 시몬이 예수님께 말했습니다. "주님, 저희가 밤새 수고했지만 한 마리도 잡지 못했습니다. 하지만 주님께서 그렇게 말씀하시니 다시 그물을 던지겠습니다." 그들이 그물을 던지자 그물이 찢어질 정도로 많은 고기가 잡혔습니다.

그들은 다른 배에 있던 동료를 불러 도와달라고 했습니다. 얼마 안 가 양쪽 배 모두 가라앉을 만큼 많은 물고기로 가득 찼습니다. 시몬 베드로가 이를 보고 깜짝 놀라 예수님께 말했습니다. "주님, 저를 떠나소서. 저는 죄인입니다!"

그들이 땅에 닿아 해변 가로 배를 끌고 오자, 예수님께서 말씀하셨습니다. "나를 따르라." 그래서 베드로, 야고보, 요한은 모든 것을 두고 예수님을 따랐습니다.

얼마 후, 예수님은 레위라는 세리가 세관에 앉아 있는 것을 보셨습니다. 예수님이 그에게 말씀하셨습니다. "나를 따르라." 그래서 레위는 일어나 모든 것을 버려두고 그분을 따랐습니다. 후에 레위는 자기 집에서 예수님을 위해 잔치를 열었습니다. 다른 세리들도 잔치에 왔지만 바리새인들은 예수님이 죄 많고 부정직한 사람들과 친구가 되었다며 비난했습니다.

요한복음 5:1-10, 마가복음 3:7-12

연못가에서 병을 고치심

얼마 후, 예수님은 유월절을 지내기 위해 예루살렘으로 올라가셨습니다. 성 안 양문 근처에는 다섯 개의 기둥이 있는 연못이 있었고 그곳에는 많은 병자들이 누워 있었습니다.

특정 시간이 되면 하나님의 천사가 내려와서 물을 휘젓곤 했는데, 그때 누구든지 먼저 물에 들어가면 어떤 병이라도 나을 것이라고 했습니다. 거기 누워 있는 사람 중에는 38년이나 된 병자도 있었습니다.

예수님은 그가 오랫동안 아팠다는 것을 아시고 그에게 물으셨습니다. "네가 낫고자 하느냐?"

"그런데 그럴 수 없습니다, 선생님." 남자가 대답했습니다. "물이 움직일 때 저를 연못에 넣어 줄 사람이 없습니다. 다른 사람이 항상 저보다 먼저 들어갑니다!"

예수님께서 그에게 말씀하셨습니다. "일어나라! 돗자리를 들고 일어나 걸어라."

즉시, 그 남자는 고침을 받았습니다! 그는 돗자리를 말고 일어나 걷기 시작했습니다.

그러나 바리새인들은 예수님이 안식일에 그를 고치셨다는 이유로 불쾌해했습니다. 그들에게는 예수님이 걷지 못하는 사람에게 자비를 베푸신 것보다 안식일에 쉬어야 한다는 것 자체가 더 중요했습니다.

이 후에 예수님과 제자들은 갈릴리 바다로 내려갔습니다. 그리고 많은 사람이 여러 곳에서 병 고침을 받기 위해 왔습니다. 군중이 예수님을 만지려고 몰려들자, 예수님은 무리가 밀려드는 혼잡을 피하기 위해 제자들에게 배 한 척을 마련하라고 말씀하셨습니다.

누가복음 6:12, 마가복음 3:13-19, 누가복음 6:17-19

예수님이 열두 명의 제자를 선택하시다

어느 날 예수님은 기도하러 산에 올라가셨습니다. 그리고 그곳에서 밤새 하나님께 기도하셨습니다.

그런 후 예수님은 그분을 따를 사람들을 부르셨고 그들은 예수님께로 나아왔습니다.

예수님이 사도로 지명하신 열두 명은 다음과 같습니다.

열두 명의 제자들	
시몬	어부. 예수님이 베드로라 부르심
야고보	세베대의 아들이며 요한의 형제
요한	요한복음과 다른 성경을 기록함
안드레	어부 시몬의 형제
빌립	벳세다 출신의 사람
바돌로매	예수님이 제자 중 한 명으로 선택하심
마태	세리. 마태복음을 기록함
도마	쌍둥이로 디두모라고도 불림
야고보	알패오의 아들
다대오	제자들 중 한 명으로 많이 알려진 바는 없음
시몬	유대의 정치적 정당인 열심당(젤롯당)의 일원
유다	나중에 예수님을 배신한 제자

이후 예수님은 열두 명의 제자들과 함께 내려가 그분을 따르는 많은 사람들과 멀리서 온 사람들이 모여서 앉을 수 있는 넓은 평지에 서셨습니다.

많은 사람이 예수님의 말씀을 들으러 왔습니다. 어떤 이들은 병을 치료받기 위해, 또 어떤 이들은 자신을 괴롭히는 악한 영 때문에 그분께로 나아왔습니다.

예수님의 여정에서 특정 시기에 예수님을 따라다닌 또 다른 사람들이 있었나요?
(마태복음 27:55 참조)

마태복음 5:1-16

팔복

예수님께서 무리를 보시고 산에 올라가 앉으셨습니다. 그리고 그분은 사람들에게 여러 가지 것들을 가르치셨습니다. 그분이 가르치신 내용은 다음과 같습니다.

팔복(축복)(마태복음 5:3-13)

예수님은 먼저 하나님이 주시는 복에 대해 가르치셨습니다. 복이 있는 사람은 누구인지, 하나님이 그들을 어떻게 복 주시는지에 대한 내용입니다(36페이지 참조). 예수님은 우리가 가져야 할 태도, 우리 마음의 생각과 감정, 그로 인해 우리가 어떻게 행동하고 반응하게 되는지 말씀하셨습니다.

그리고 예수님은 어떤 환경에 있든지 하나님을 기쁘시게 하는 사람들에 대해서도 말씀하셨습니다. 그들은 이 땅의 상황이 아무리 힘들어도 언젠가 하늘에서는 모든 것이 완전해질 것을 아는 사람들입니다.

하나님을 사랑하는 자들에게 주시는 하나님의 축복은 외부 환경과 상관없이 우리에게 기쁨, 평안, 소망을 주는 하나님의 영원한 은총과 자비를 말합니다.

소금과 빛(마태복음 5:13-16)

예수님은 그분을 따르는 자들에게 말씀하셨습니다. **"너희는 세상의 소금이다."** 아주 약간의 소금만 뿌려도 음식에 맛을 더할 수 있습니다. 온 세상에 흩어진 기독교인들 역시 세상이 전적으로 악해지지 않게 막고, 친절함과 사랑으로 맛을 내는 소금과 같은 존재입니다.

예수님은 또 말씀하셨습니다. **"너희는 세상의 빛이다."** 밤에는 언덕 위 도시에서 나오는 모든 빛이 온 세상을 비춥니다. 그러므로 여러분의 빛을 감추지 말고 모두가 볼 수 있게 비추십시오. 하나님의 선하심이 여러분의 마음에서 등불과 같이 빛나면, 사람들은 여러분의 착한 행실을 보고 하늘에 계신 아버지께 영광을 돌릴 것입니다(요한복음 1:5, 고린도후서 4:6).

원수를 사랑하라

또 예수님은 말씀하셨습니다. "나는 세상의 빛이니 나를 따르는 자는 어둠에 다니지 아니하고 생명의 빛을 얻을 것이다." 우리 안에 예수님의 빛이 있으므로 우리는 어둠 가운데 넘어지지 않을 것입니다. 다시 말해서, 구원받기 전에 우리는 어둠(죄) 가운데 있었지만 이제 예수님이 우리 모든 죄를 없애 주시고 우리 마음을 깨끗하게 해주셨으니 우리는 그분의 거룩한 빛 안에 살아갑니다. "너희가 전에는 어둠이더니 이제는 주 안에서 빛이라. 빛의 자녀들처럼 행하라"(에베소서 5:8).

원수를 사랑하라(마태복음 5:43-48)

예수님은 이렇게 말씀하셨습니다. "네 이웃을 사랑하고 네 원수를 미워하라 하였다는 것을 너희가 들었으나 나는 너희에게 말한다. 너희 원수를 사랑하며 너희를 박해하는 자를 위하여 기도하라. 그래야만 하늘에 계신 너희 아버지의 자녀가 될 것이다. 하나님은 해를 악인과 선인에게 똑같이 비추시며, 비를 의로운 자와 불의한 자에게 똑같이 내려주신다. 너희가 너희를 사랑하는 자를 사랑하면 무슨 상이 있겠느냐. 세리도 이같이 아니하느냐. 또 너희가 너희 형제에게만 문안하면 남보다 더하는 것이 무엇이냐. 이방인들도 이같이 아니하느냐. 그러므로 하늘에 계신 너희 아버지의 온전하심과 같이 너희도 온전하라."

구제할 때의 올바른 자세(마태복음 6:1-4)

"사람에게 보이려고 그들 앞에서 의로운 일을 하지 않도록 주의하여라. 그리하지 아니하면 하늘에 계신 너희 아버지께 상을 받지 못한다. 너는 다른 사람을 도와줄 때에 오른손이 하는 것을 왼손이 모르게 하여라. 그리하면 은밀한 중에 보시는 너의 아버지께서 갚아 주실 것이다."

기도(마태복음 6:5-15)

"너희는 기도할 때에 다른 사람에게 좋은 인상을 주려고 하지 말아라. 너는 기도할 때에 혼자 조용한 곳에 들어가 네 아버지께 기도하여라. 은밀한 중에 보시는 네 아버지께서 갚아 주실 것이다. 또 기도할 때에 아무 생각 없이 같은 말을 반복하지 말아라."

마태복음 6:9-6:33

이렇게 기도하라

“그러므로 너희는 이렇게 기도하라.

하늘에 계신 우리 아버지여 이름이 거룩히 여김을 받으시오며
나라가 임하시오며
뜻이 하늘에서 이루어진 것같이 땅에서도 이루어지이다.
오늘 우리에게 일용할 양식을 주시옵고
우리가 우리에게 죄 지은 자를 사하여 준 것같이
우리 죄를 사하여 주시옵고 우리를 시험에 들게 하지 마시옵고
다만 악에서 구하시옵소서.”

하늘의 보물(마태복음 6:19-24)

“너희를 위하여 보물을 땅에 쌓아 두지 말아라. 거기는 좀이 먹고 녹이 슬며, 도둑이 구멍을 뚫고 훔쳐간다. 오직 너희를 위하여 보물을 하늘에 쌓아 두어라. 네 보물이 있는 그곳에 네 마음도 있을 것이다.”

근심하지 말라(마태복음 6:25-34)

“무엇을 먹을까 무엇을 입을까, 이 모든 것에 대해 근심하지 말아라. 인생은 그게 다가 아니다! 새를 보아라. 씨를 뿌리지도 않고 곳간에 음식을 저장하지도 않는다. 하지만 하늘 아버지께서 그것들을 먹이신다! 너희가 새보다 더 귀하지 않겠느냐? 너희가 아무리 걱정한다 해도 자기 수명을 한 시간이라도 늘일 수 있느냐?

왜 무엇을 입을까 걱정하느냐? 들의 백합화를 보아라. 옷을 만드는 수고를 하지 않아도 영광 중에 있던 솔로몬도 이 꽃과 같이 잘 입지는 못하였다. 하나님께서 잠깐 있다 없어질 이 들꽃도 이렇게 보살피신다면 너희에게 필요한 모든 것도 분명히 주실 것이다. 어찌하여 믿음이 이렇게 적으냐?

너희는 먼저 하나님의 나라와 하나님의 의를 구하여라.
그리하면 이 모든 것을 너희에게 더하여 주시리라.”

구하고 찾고 두드리라

판단하지 말라(마태복음 7:1-5)

“비판을 받지 아니하려거든 남을 비판하지 말아라. 너희가 비판하는 그 비판으로 너희도 비판을 받을 것이다. 왜 형제의 눈 속에 있는 티는 보고 네 눈 속에 있는 들보는 깨닫지 못하느냐. 먼저 네 눈 속에서 들보를 빼어라. 그 후에야 밝히 보고 형제의 눈 속에서 티를 뺄 것이다.”

구하고 찾고 두드리라(마태복음 7:7-11)

“구하라. 그러면 주실 것이요,
찾으라. 그러면 찾을 것이요,
두드리라. 그러면 문이 열릴 것이다.

구하는 자마다 받을 것이요, 찾는 이는 찾을 것이요, 두드리는 이에게 열릴 것이다. 너희 부모 중에 자녀가 빵을 달라고 할 때 돌을 줄 사람이 있느냐? 혹은 물고기를 달라고 하는데 뱀을 줄 사람이 있겠느냐? 너희가 악할지라도 자녀에게 좋은 것을 줄 줄 아는데, 하물며 하늘에 계신 너희 아버지는 구하는 사람에게 얼마나 좋은 것을 주시겠느냐?”

좁은 문, 넓은 문(마태복음 7:13-14)

“하나님 나라는 좁은 문을 통해서만 들어갈 수 있다. 멸망으로 이르는 문과 길은 넓어서 많은 사람들이 그 길로 간다. 하지만 영생으로 이르는 문은 좁고 그 길은 험하다. 그래서 많은 사람들이 그 길로 가지 않는다.”

마태복음 7:15-7:29

반석 위에 지은 집

나무와 열매(마태복음 7:15-23)

"마치 하나님이 자신을 통해 말하는 듯 얘기하는 사람을 조심하여라. 그들은 하나님을 알지도 못한다. 그들은 순한 양의 탈을 쓴 악한 늑대와 같다.

너희는 어떻게 그들을 알아보겠느냐? 그들의 열매, 바로 그들의 행위로 알 수 있다! 가시나무에서 포도를, 엉겅퀴에서 무화과를 따겠느냐? 좋은 나무가 좋은 열매를 맺고 나쁜 나무가 나쁜 열매를 맺는다. 나쁜 나무가 좋은 열매를 맺을 수 없듯, 좋은 나무는 나쁜 열매를 맺을 수 없다. 이렇게 너희는 그들의 행동으로 그들을 알아볼 수 있을 것이다."

지혜로운 건축가, 어리석은 건축가(마태복음 7:24-29)

"내 말을 듣고 그대로 행하는 모든 사람은 반석 위에 집을 짓는 지혜로운 사람과 같다. 비가 오고 홍수가 나며 바람이 불어 그 집에 들이쳐도 그 집은 무너지지 않는다. 그 기초가 반석 위에 있기 때문이다.

그러나 내 말을 듣고도 순종하지 않은 사람은 모래 위에 집을 짓는 어리석은 자와 같다. 비가 오고 홍수가 나며 바람이 불어 그 집에 들이치면 완전히 무너질 것이다!"

예수님이 이 모든 말씀을 마치시니, 무리는 그분의 가르침에 놀랐습니다.

누가복음 7:1-17

백부장의 믿음

무리에게 말씀을 마치신 후에, 예수님은 갈릴리 바다의 어촌 마을 가버나움으로 가셨습니다. 가버나움에는 한 백부장(로마 군대의 장교)이 있었는데 그의 종이 매우 아파 죽게 될 상황이었습니다.

백부장은 예수님에 대해 듣고, 유대 장로 몇 사람을 보내 종을 고쳐 달라고 예수님께 부탁했습니다. 장로들은 다음과 같이 말하며 그 백부장을 도와달라고 간청했습니다. "예수님의 도움을 받을 만한 사람이 있다면 바로 이 사람입니다. 그는 유대 민족을 사랑하여 저희를 위해 회당도 지어 주었습니다."

이에 예수님은 그들과 함께 가셨습니다. 그런데 그 집에 도착하기 전, 백부장이 친구들을 보내 예수님께 이렇게 말했습니다. "주님, 저희 집까지 오는 수고를 하지 않으셔도 됩니다. 저는 주님을 저희 집에 모실 자격이 없습니다. 그래서 제가 직접 주님께 나아가지 않은 것입니다. 그저 있는 곳에서 말씀만 하소서. 그러면 제 종이 나을 것입니다. 저도 병사들에게 명령을 내리는 사람이라 그들에게 '가라!' 하면 가고 '오라!' 하면 옵니다."

예수님은 이를 듣고 놀라셨습니다. 그분은 따라오는 무리를 향해 몸을 돌려 말씀하셨습니다. "내가 너희에게 이르노니 이스라엘 중에서도 이만한 믿음은 만나 보지 못하였다!"

보내었던 사람들이 집으로 돌아가 보니, 그 종은 이미 완전히 나아 있었습니다.

이후에 예수님과 제자들은 나인 성으로 갔습니다. 성문 근처로 갔을 때 장례식이 있었습니다. 한 과부의 외아들이 죽은 것이었습니다. 예수님은 그 어머니를 보시고 불쌍히 여기시며 "울지 마라"라고 말씀하셨습니다.

그리고 관에 손을 대고 말씀하셨습니다. "청년아, 내가 네게 말하노니 일어나라!" 그러자 죽은 청년이 즉시 일어나 말하기 시작했습니다. 예수님은 그를 어머니에게 돌려주셨습니다. 주변에 서 있던 사람들은 놀라서 하나님을 찬양했습니다.

요한복음 21:25

많은 병자를 고치신 예수님

예수님이 이 땅에 계실 때 치유해 주신 사람들	
왕의 신하의 아들	요한복음 4:46-54
시몬의 장모	누가복음 4:38-39
해질 무렵의 온갖 병자들	누가복음 4:40
나병 환자	마태복음 8:2-4
지붕을 뚫고 내린 중풍병자	마가복음 2:1-12
베데스다 연못가의 사람	요한복음 5:2-15
손 마른 사람	마태복음 12:9-14
온 땅에서 온 사람들	마태복음 4:23-24
질병이 있는 모든 사람들	누가복음 6:17-19
백부장의 종	누가복음 7:1-10
아픈 여인(혈루증을 앓는 여인)	누가복음 8:42-48
두 명의 맹인	마태복음 9:27-31
말 못하는 사람	마태복음 9:32-34
큰 무리 가운데 있는 병자들	마태복음 14:14
게네사렛의 병자들	마태복음 14:34-36
듣지 못하는 사람	마가복음 7:31-37
다리 저는 사람, 맹인과 장애인들	마태복음 15:29-31
맹인	마가복음 8:22-26
태어날 때부터 보지 못하는 사람	요한복음 9:1-7
불구가 된 여인(꼬부라진 여인)	누가복음 13:10-13
팔과 다리가 부어오른 사람(수종병 든 사람)	누가복음 14:2-6
열두 명의 나병 환자	누가복음 17:11-19
구걸하던 맹인	누가복음 18:35-43
성전에 있던 맹인과 저는 자들	마태복음 21:14
대제사장의 종	누가복음 22:51

씨 뿌리는 자

예수님께서 이 마을에서 저 마을로 다니실 때 엄청난 무리가 모여들었습니다. 그때 예수님은 그들에게 비유를 말씀해 주셨습니다. 비유는 중요한 진리나 교훈을 가르쳐 주는 이야기를 말합니다.

"어떤 농부가 밭에 씨를 뿌리러 나갔다. 그가 씨를 뿌리는데, 어떤 것은 **길가**에 떨어지니 발에 밟히기도 하고 하늘의 새들이 쪼아 먹기도 하였다.

또 어떤 씨는 **돌밭**에 떨어졌다. 싹이 돋아났지만 바위 때문에 땅에 뿌리를 내리지 못하다가 한낮이 되니 물기가 없어서 말라 버렸다.

또 어떤 씨는 **가시덤불** 속에 떨어졌다. 그러자 가시덤불이 함께 자라서 그 기운을 막았다.

그런데 어떤 씨는 **좋은 땅**에 떨어졌다. 그 씨는 건강하게 잘 자라나서 백배의 열매를 맺었다."

＊＊＊

하나님의 말씀은 사람의 마음속에서 어떻게 자라날까요?

- **들음으로** – 성경 말씀을 듣는 것(읽는 것)을 통해 하나님은 우리 마음속에 진리의 씨앗이 뿌려지게 하십니다. "믿음은 들음에서 나며 들음은 그리스도의 말씀으로 말미암았느니라"(로마서 10:17).
- **이해함으로** – 성령님은 우리가 들은 말씀을 이해할 수 있게 도와주십니다. "우리가 세상의 영을 받지 아니하고 오직 하나님으로부터 온 영을 받았으니 이는 우리로 하여금 하나님께서 우리에게 은혜로 주신 것들을 알게 하려 하심이라"(고린도전서 2:12).
- **순종함으로** – 우리는 듣고 이해한 것을 실천해야 합니다. "너희는 말씀을 행하는 자가 되고 듣기만 하여 자신을 속이는 자가 되지 말라"(야고보서 1:22).

하나님 나라에서 자라남

하나님의 말씀은 그 말씀을 듣는 자의 마음에 씨앗처럼 뿌려집니다. 하지만 그 사람의 마음이 딱딱하면 마귀는 재빨리 와서 그 마음에서 하나님 말씀을 가져가 버립니다. 그러면 그 사람은 진리가 마음을 변화시키기 전에 들은 내용을 잊어버립니다.

돌밭에 있는 마음은 기쁘게 하나님 말씀을 듣지만 들은 것이 그 마음을 변화시키지 못하는 사람과 같습니다. 잠시 동안은 믿지만, 환경이 힘들어지면 진리의 씨가 자라나다가도 시들어 죽고 맙니다.

가시덤불에 있는 마음은 세상일을 걱정하고, 부와 즐거움만 쫓는 사람과 같습니다. 하나님 말씀을 들을 때 마음속에 씨가 자라나지만 곧 다른 생각들로 기운이 막혀 버립니다.

좋은 땅에 있는 마음은 하나님 말씀을 듣고 순종하기 원하는 마음입니다. 진리의 말씀이 생명으로 싹트고 선한 열매를 맺습니다.

하나님 나라의 씨앗

예수님은 제자들이 하나님 나라를 잘 이해할 수 있도록 비유(그림 이야기)를 통해 말씀하셨습니다.

하나님 나라는 자라나는 작은 씨앗과 같습니다. 씨앗은 하나님 말씀(누가복음 8:11)이며, 그 씨는 하나님 말씀을 듣는 사람의 마음속에 떨어집니다. 사람이 믿지 않으면(혹은 말씀을 듣지 않으면) 그의 마음은 딱딱하게 되어 씨앗이 자라나지 않습니다.

그러나 믿는 사람의 마음에 있는 씨는 자라나고 믿음을 통해 뿌리를 내립니다. 비록 우리는 그 자라는 과정을 눈으로 볼 수 없지만 성령님이 그 사람 마음속에서 일하셔서 진리의 말씀이 살아나게 해주십니다. 예수님은 그러한 기적을 씨 뿌리는 농부의 비유로 설명해 주셨습니다. "하나님 나라는 이렇게 비유할 수 있다. 어떤 사람이 땅에 씨를 뿌렸다. 밤낮 자고 일어나고 하는 사이에 그 씨에서 싹이 나고 자라지만, 그 사람은 어떻게 그렇게 되는지를 알지 못한다. 땅이 저절로 열매를 맺게 하는데, 처음에는 싹을 내고, 그 다음에는 이삭을 내고, 또 그다음에는 이삭에 알찬 낟알을 낸다."(마가복음 4:26-28 참조).

하지만 씨가 자라나기 위해서는 물이 필요합니다. 다른 사람들이 새 신자를 격려하고 성경의 진리를 이해할 수 있게 도와줄 때 사람의 마음속에 뿌려진 진리의 씨앗은 계속해서 자라납니다.

어떤 사람은 씨를 뿌리고, 또 어떤 사람은 물을 주며 죄의 잡초를 뽑아 줍니다. 다른 사람들에게 하나님을 전함으로써 씨를 뿌리든, 믿음이 자라나도록 도와주든, 하나님 나라에서 모든 일은 똑같이 중요합니다. "심는 이와 물 주는 이는 한 가지이나 각각 자기가 일한 대로 자기의 상을 받으리라"(고린도전서 3:8).

마태복음 13:1-9

진리의 씨앗을 뿌려요

많은 사람들이 하나님과 성경이 말하는 내용을 알지 못합니다. 더 많은 신자들이 자신의 믿음을 다른 이들에게 전해서 하나님의 진리의 씨앗이 뿌려질 수 있도록 기도하세요.

예수님은 이렇게 말씀하셨습니다. "그러므로 추수하는 주인에게 청하여 추수할 일꾼들을 보내 주소서 하라"(마태복음 9:38).

마태복음 28:19-20

어떻게 다른 사람들에게 복음을 전할까요?

하나님은 이 세상의 한 사람, 한 사람을 모두 사랑하십니다. 그리고 모든 사람이 그분을 알기 원하십니다. 하지만 아직도 하나님 사랑에 대한 소식을 듣지 못한 사람들이 있습니다.

예수님은 제자들에게 세상으로 나아가 복음을 전하라고 명령하셨습니다. 그리고 제자들이 그렇게 했기 때문에 지금 우리가 복음을 듣고 예수님을 믿게 되었습니다. 이제 하나님은 여러분이 계속해서 그 소식을 다른 사람들에게 전해 주기를 원하십니다. 그러나 그 일을 어떻게 해야 할지, 또 무슨 말을 해야 할지 고민되는 사람도 있을 것입니다.

먼저, 여러분 자신이 하나님을 기쁘시게 하는 삶을 사는 것이 중요합니다. 사람들은 여러분이 주님에 대해 말하는 것을 듣기 전에 여러분이 하는 행동을 보게 될 것입니다.

둘째로, 복음을 전할 때 누군가의 잘못을 지적하기보다 하나님의 사랑과 그분의 용서하심에 대해 나누는 것이 훨씬 더 중요합니다.

복음의 기본 개요

- 모든 사람은 죄를 지었습니다(로마서 3:23). **죄**는 우리와 하나님 사이를 갈라놓았습니다. 그래서 우리는 죄로 인해 하나님께 가까이 갈 수 없습니다(이사야 59:2).
- 하나님은 세상 모든 사람을 너무도 사랑하시기 때문에 그분의 아들 **예수님**을 보내어 우리 죄를 위해 죽게 하셨습니다(요한복음 3:16).
- 예수님은 당신을 죄에서 **구원하고** 영원한 생명을 주기 원하십니다(누가복음 19:10).
- 당신이 해야 할 일은 오직 1) 하나님을 **믿고**, 2) 죄를 회개하고, 3) 하나님께 용서를 구하는 것입니다(로마서 10:9-10).
- 하나님은 당신의 내면을 **새롭게** 해주시고 성령이 오셔서 당신 안에 살게 될 것입니다. 당신은 이제 하나님의 가족이 되었습니다(요한일서 1:9, 사도행전 2:38, 요한복음 1:12).
- 당신은 영생을 갖게 될 것입니다. **영생**은 결코 끝나지 않는 삶이며, 언젠가 천국에서 주님과 함께 살게 된다는 뜻입니다(요한복음 5:24, 14:1-3).

누가복음 8:22-35

예수님이 바다를 잔잔케 하시다

어느 날, 예수님께서 제자들에게 말씀하셨습니다. "호수 저편으로 건너가자." 그래서 그들은 배를 타고 출발했습니다. 가는 동안 예수님은 배 안에서 잠이 드셨습니다.

얼마 안 가 강한 바람이 불기 시작했고 파도가 작은 배로 들이쳤습니다. 배에 물이 차자, 제자들은 큰 위험에 처했음을 깨달았습니다.

제자들은 예수님을 깨우며 말했습니다. "주님, 주님! 저희가 물에 빠져 죽게 되었습니다!"

그러자 예수님께서 일어나셔서 바람과 파도에게 멈추라고 명령하셨습니다. "멈추어라! 잔잔하라!" 말씀하시니, 즉시 바람이 멈추고 바다가 완전히 잔잔해졌습니다.

그때 예수님께서 제자들에게 물으셨습니다. "너희 믿음이 어디 있느냐?"

두렵고 놀란 제자들은 서로 말했습니다. "이분이 누구시냐? 바람과 파도에게 명령하시니 예수님께 순종하는구나!"

그들은 호수 저편 거라사 지방으로 갔습니다. 그곳에서 예수님은 마귀의 영에 사로잡인 한 남자를 치유해 주셨습니다. 그는 오랫동안 집도 없이 벗은 채로 지냈는데, 너무 사나워서 마을 사람들이 그를 사슬에 묶어 감시했습니다. 그러나 남자는 힘이 너무 세서 그 사슬도 끊어 버렸습니다.

그때 예수님께서 마귀에게 그 남자에게서 떠나 언덕 위에 있던 돼지 떼로 들어가라고 명령하셨습니다. 돼지들은 가파른 비탈을 내달려서 호수로 돌진해 물에 빠져 죽었습니다. 돼지를 돌보던 사람들은 그 일을 보고 마을로 돌아가 사람들에게 전했습니다.

곧 근처의 모든 사람은 무슨 일인지 보러 왔다가 그 남자가 옷을 입고 완전히 정상으로 돌아와 예수님 발 앞에 얌전히 앉아 있는 것을 발견하였습니다.

마태복음 10:1-16, 누가복음 9:1-6, 9:10-13

제자들이 보냄을 받다

예수님은 제자들에게 사람들에게서 악한 영을 몰아내고 아픈 사람을 고칠 수 있는 권세와 능력을 주셨습니다.

그리고 말씀하셨습니다. "가라, 하나님 나라가 가까이 왔다는 복음을 전파하여라. 병든 자를 고치며 죽은 자를 살리며 나병환자를 깨끗하게 하며 귀신을 쫓아내라.

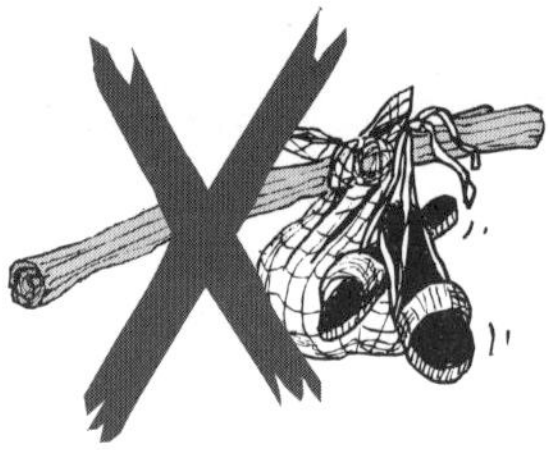

너희가 거저 받았으니 거저 주어라. 가방에 돈이나 여벌 옷을 가지고 가지 마라. 주님을 위해 일하는 자들이 먹을 것을 얻는 것은 마땅하다.

어떤 성이나 마을에 가면 경건한 가족을 찾아서 너희가 떠날 때까지 그곳에 머물러라. 그 집에 복을 빌며 인사하면 너희가 빈 평안이 그 집에 임할 것이다."

이에 제자들은 나가서 마을마다 다니며 복음을 전하고 사람들을 치료해 주었습니다.

제자들은 돌아와서 그들이 한 모든 일을 예수님께 말씀드렸습니다. 그러자 예수님은 제자들을 데리고 벳새다로 가서 따로 시간을 보내며 쉬셨습니다.

하지만 마을 사람들이 알고 예수님을 따라왔습니다. 그래서 예수님은 그들을 맞이하여 하나님 나라에 대해 가르치시고 또 아픈 사람들을 치료해 주셨습니다.

오후 늦게 열두 명의 제자들이 예수님께 나아와 말했습니다. "무리를 보내서 먹을 것을 사고 근처 마을에서 머물 장소도 찾게 하소서. 이곳에는 먹을 음식이 없고 이 근처에는 아무도 살지 않습니다!"

그러나 예수님께서 말씀하셨습니다. "너희가 먹을 것을 주어라."

누가복음 9:13-17, 요한복음 6:1-15

예수님이 오천 명을 먹이시다

제자 중 하나인 안드레가 예수님께 말했습니다. "여기 한 소년에게 다섯 개의 떡과 두 마리 물고기가 있습니다. 하지만 이렇게 많은 사람이 있는데 이게 도움이 될까요?"

예수님께서 말씀하셨습니다. "모두 다 앉게 하여라." 이에 사람들이 앉았습니다. 그 수는 여자와 아이들을 빼고도 5천 명이나 되었습니다.

예수님께서 떡을 들어 하나님께 감사를 드렸습니다. 그런 다음 떡을 떼고, 또 떼셨습니다. 그리고 제자들은 그 떡을 앉아 있는 사람들에게 나누어 주었습니다. 예수님은 물고기를 가지고도 똑같이 하셨고 수천 명의 사람들이 충분히 먹을 수 있었습니다.

모두가 원하는 만큼 충분히 먹고 나자, 예수님은 제자들에게 말씀하셨습니다. "가서 남은 음식을 다 모아 버리는 것이 없도록 하라." 이에 제자들이 남은 조각을 모으니 열두 바구니에 가득히 찼습니다.

예수님의 놀라운 기적을 본 사람들은 말했습니다. "분명 이분은 우리가 기다리던, 이 세상에 오실 선지자다!"

마태복음 14:22-36, 요한복음 6:16-21

예수님께서 물 위를 걸으시다

예수님은 사람들이 자신을 (그들 나라의) 왕으로 삼으려는 줄 아시고 빠져나가 홀로 산으로 가셨습니다.

밤이 되어 배를 타고 호수를 지나가던 제자들이 육지에서 멀리 떠나 있을 때 강한 바람이 불기 시작하여 큰 파도가 배로 들이쳤습니다.

새벽 3시쯤 예수님은 물 위를 걸어 제자들에게로 다가오셨습니다. 제자들은 예수님이 물 위를 걷는 것을 보고 유령이라 생각하여 두려움에 떨었습니다!

그러나 예수님께서 그들에게 말씀하셨습니다. "두려워하지 마라! 용기를 내라. 내가 여기 있다!"

베드로가 대답했습니다. "주님, 정말 주님이시면, 저에게 말씀하사 물 위를 건너오라 하소서."

"오라." 예수님께서 말씀하셨습니다. 이에 베드로가 배에서 나와 예수님을 향해 물 위를 걸었습니다. 그러나 강한 바람과 파도를 보자 그는 무서워하며 가라앉기 시작했습니다. "주님, 저를 구원하소서." 베드로가 소리쳤습니다. "믿음이 적은 자여, 왜 의심했느냐?" 예수님께서 말씀하셨습니다.

예수님과 베드로가 배에 함께 오르니 바람이 멈췄습니다. 제자들은 예수님께 경배하며 말했습니다. "당신은 진정으로 하나님의 아들이십니다!"

마태복음 16:13-18, 마가복음 8:27-30

예수님은 누구신가?

예수님과 제자들은 갈릴리 바다에서 이동하여 빌립보 가이사랴에 이르렀습니다. 이때 예수님께서 제자들에게 물으셨습니다. “사람들은 인자를 누구라고 하느냐?”

그들이 대답했습니다. “어떤 사람들은 세례 요한이라고도 하고, 어떤 사람들은 엘리야라고도 하고, 또 어떤 사람들은 예레미야나 예언자들 가운데에 한 분이라고도 합니다.”

“그러면 너희는 어떠냐?” 예수님께서 물으셨습니다. “너희는 나를 누구라고 하느냐?”

베드로가 대답했습니다. “주는 그리스도시요, 살아계신 하나님의 아들이십니다.”

예수님께서 대답하셨습니다. “시몬아 네가 복이 있도다. 이를 네게 알게 한 이는 사람이 아니요 하늘에 계신 내 아버지시다. 또 내가 네게 이르노니 너는 베드로(반석이라는 뜻)다. 내가 이 반석 위에 내 교회를 세우리니 지옥의 권세가 이기지 못할 것이다.”

예수님께서 말씀하셨습니다. “나는 … 이다”	
생명의 떡	요한복음 6:35
세상의 빛	요한복음 8:12
문(출입문)	요한복음 10:9
선한 목자	요한복음 10:11, 14
하나님의 아들	요한복음 10:36
부활이요 생명	요한복음 11:25
길, 진리, 생명	요한복음 14:6
참 포도나무	요한복음 15:1
시작과 끝	요한계시록 22:13

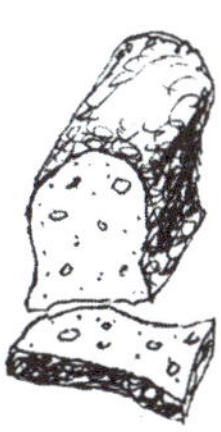

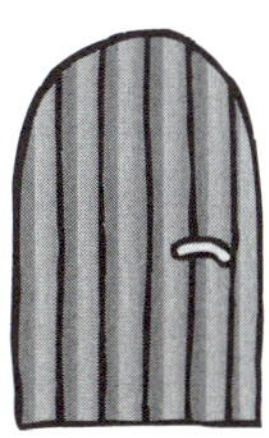

마태복음 16:21, 17:1-8, 누가복음 9:28-36

산 위의 예수님

그때부터 예수님은 제자들에게 예루살렘으로 가서 고난을 받고 죽으셔야 한다는 것과 삼 일째 되는 날 다시 살아나실 것에 대해 말씀하셨습니다.

그리고 베드로와 다른 두 형제, 야고보와 요한을 데리고 따로 높은 산으로 올라가셨습니다.

그 산에서 예수님은 변화되어 그들 앞에서 용모가 바뀌셨습니다. 예수님의 얼굴은 해와 같이 빛나고 그분의 옷은 빛처럼 하얗게 되었습니다.

바로 그때, 모세와 엘리야가 나타나 예수님과 말씀을 나누었습니다. 그들은 예수님이 예루살렘에서 곧 죽으실 것에 대해 이야기를 나누었습니다.

한편, 베드로와 다른 제자들은 졸고 있었습니다. 잠에서 깨었을 때 그들은 예수님의 놀라운 영광을 보았습니다. 또 예수님과 함께 있는 두 사람도 보았습니다.

그때 모세와 엘리야는 사라졌습니다. 베드로는 자신이 무슨 말을 하는지도 모른 채 소리쳤습니다. "주님, 너무 대단합니다. 여기 있을 수 있다면 정말 좋겠습니다. 원하시면 제가 여기에 초막 셋을 지어 하나에는 주님을, 하나에는 모세를, 또 하나에는 엘리야를 모시겠습니다."

베드로가 말하고 있을 때에, 밝은 구름이 그들을 둘러싸고 구름 속에서 음성이 들려왔습니다. "이는 내 사랑하는 아들이고 기뻐하는 자다. 너희는 그의 말을 들어라!"

제자들은 두려워하며 얼굴을 땅에 대고 엎드렸습니다. 하지만 예수님께서 오셔서 그들을 만지며 말씀하셨습니다. "일어나라, 두려워하지 말아라."

그들이 고개를 들었을 때 예수님 외에 다른 사람은 보이지 않았습니다.

산에서 내려오자 예수님은 그들에게 당부하셨습니다. "인자가 죽은 자들 사이에서 살아날 때까지는 너희가 본 것을 누구에게도 말하지 말아라."

마태복음 18:21-35

베드로가 용서에 대해 묻다

얼마 후, 베드로가 예수님께 물었습니다. "주님, 저에게 죄를 지은 사람을 몇 번이나 용서해 주어야 할까요? 일곱 번까지 하면 되겠습니까?"

예수님께서 대답하셨습니다. "네게 이르노니, 일곱 번이 아니라 일곱 번씩 일흔 번까지라도 용서하라!

하늘나라가 어떤 곳인지 예를 들어 주겠다. 한 왕이 셈을 해보고 종들을 불러 빚을 갚으라 하였다. 종을 차례차례 부르는 중, 왕에게 만 달란트의 빚을 진 종 하나가 왕 앞으로 끌려왔다. 그 종은 자신이 진 빚을 갚을 수 없었으므로 왕은 그 사람과 가족들을 노예로 팔라고 명령하였다.

그 종이 주인 앞에 엎드려 간청하였다. '기다려 주십시오. 제가 다 갚겠습니다.'

왕은 그 종을 불쌍히 여겨 그를 놓아 주고 빚도 없애 주었다. 그러나 후에 그 종이 나가서 자기에게 매우 적은 금액을 빚진 사람을 만나자 그를 붙들어 멱살을 잡고 말했다. '내게 빚진 것을 갚아!'

그 사람은 무릎을 꿇고 갚을 시간을 조금만 더 달라고 사정했다. 하지만 그 종은 그 말을 듣지 않고 그가 빚을 다 갚을 때까지 감옥에 가두어 버렸다.

다른 종들이 이 일을 보고 매우 안타까워하며 왕에게 알렸다.

그러자 왕은 그 종을 불러 말했다. '이 악한 종아, 네가 간청하니 나는 너의 빚을 다 없애 주었다. 내가 너에게 자비를 베푼 것처럼 너도 네게 빚진 자를 불쌍히 여겼어야 했다.' 그리고 왕은 그 종이 빚을 다 갚을 때까지 그를 감옥에 가두었다."

에베소서 4:32, 골로새서 3:13

다른 사람을 용서함

때로 사람들은 우리를 화나게 하고 또 **부주의한 말**로 우리에게 상처를 주기도 합니다. 그 상황이나 이유가 어떠하든, 또 그가 누구이든, 성경에서는 그 사람을 **용서하라고** 말합니다. 쉬운 일은 아닙니다. 게다가 **상처 입은** 상태에서 용서하는 것은 거의 **불공평하게** 느껴지기도 하죠. 어쩌면 그 사람은 미안해하지도 않을 수 있으니까요.

예수님은 그분이 우리를 용서하신 것같이 우리도 다른 사람을 용서하라고 말씀하십니다(누가복음 11:4). 우리는 용서받을 자격이 없지만 예수님은 그 큰 **사랑**으로 우리를 용서하기 위해 기꺼이 **죽음**을 택하셨습니다.

예수님은 분명히 말씀하십니다. "너희가 사람의 잘못을 용서하면 너희 하늘 아버지께서도 너희 잘못을 용서하시려니와 너희가 사람의 잘못을 용서하지 아니하면 너희 아버지께서도 너희 잘못을 용서하지 아니하시리라"(마태복음 6:14-15).

용서는 무엇일까요?

- 용서는 감정이 아닙니다. 용서는 결정이고 여러분이 내리는 선택입니다. 만약 여러분이 마음속에서 누군가를 용서한 후에도 여전히 화가 나고 내가 정말 그 사람을 용서한 것일까 의문이 든다면, 그 사람에게 "당신을 용서합니다"라고 말하는 것도 도움이 됩니다.
- 하나님은 여러분이 용서할 수 있게 도와주십니다. 하나님께 여러분의 마음을 그분의 사랑으로 채워 주시고 용서할 용기를 달라고 구해 보세요.
- 상대편은 아무것도 하지 않기 때문에 용서가 불공평해 보일 수 있습니다. 하지만 기억하세요. 우리는 모든 상황을 공정하신 하나님께 맡길 수 있다는 것을요. 그분은 사람들이 지은 죄에 대해 분명히 벌을 받도록 하시는 분입니다(로마서 12:17-19).
- 누군가를 용서해도 일어난 일에 대한 기억이나 상처가 사라지지 않을 수 있습니다. 하지만 용서는 분명히 사람의 마음을 자유롭게 해줍니다.
- 나에게 친절하지 않은 사람에게 친절을 베푸는 것은 오히려 여러분의 상처가 더 빨리 낫는 데 도움이 될 수 있습니다. 또 이것은 여러분이 사랑을 행동으로 실천하는 것입니다.

누가복음 10:25-37

선한 사마리아인의 비유

예수님은 이웃 사랑의 의미를 알려 주기 위해 이 비유를 말씀해 주셨습니다.

"한 남자가 예루살렘에서 여리고로 가던 중 도적 떼가 그를 공격했다. 그들은 그가 입고 있던 옷을 빼앗고 그를 때린 다음 길가에 거의 죽게 내버려 두었다.

우연히 한 제사장이 그 길로 내려가다가 그 남자를 보고 다른 쪽으로 길을 건너 피하여 갔다.

성전에서 일하는 한 레위인도 역시 그를 보았지만 다른 쪽으로 피하여 지나갔다.

그때 (유대인들에게 미움을 받던) 한 사마리아 사람이 그 길을 내려갔다. 그는 남자를 보고 불쌍히 여겼다. 사마리아인은 그의 상처를 깨끗이 닦고 싸매 주었다. 그리고 남자를 자신의 나귀에 태워 여관으로 데려가 그곳에서 그를 돌보아 주었다.

그 다음 날 그는 여관 주인에게 은 동전 둘을 주며 말했다. '그를 보살펴 주시오. 비용이 더 들면 내가 돌아오는 길에 갚아 주겠소.'"

그리고 예수님께서 물으셨습니다. "네 생각에는 이 세 사람 중에 누가 강도 만난 자의 이웃이 되겠느냐?"

예수님께 질문했던 사람이 대답했습니다. "자비를 베푼 사람입니다."

이에 예수님께서 말씀하셨습니다. "이제 너도 가서 이와 같이 하여라!"

준비하는 삶에 대한 비유

어리석은 부자(누가복음 12:15-20)

예수님께서 말씀하셨습니다. "주의하라! 모든 탐심을 물리치라. 사람의 생명은 소유가 많은 것에 있지 않다.

한 부자의 밭에서 소출이 풍성히 났다. '어떻게 해야 할까?' 부자는 속으로 생각했다. '내 곡식을 쌓아둘 공간이 없구나.' 이에 그가 말했다. '내 곳간을 헐고 더 크게 지어 내 모든 곡식과 물건을 거기 쌓아두어야겠다.' 그리고 그는 편안히 쉬면서 자신에게 말할 것이다. '너는 여러 해 쓸 것을 충분히 쌓아두었다. 이제 편안하게 먹고 마시고 즐거워하자!'

하지만 하나님이 그에게 말씀하셨다. '어리석은 자여! 오늘 밤에 네가 죽게 될 것이다. 그러면 네가 애써 수고한 것이 누구의 것이 되겠느냐?'

자기를 위해서는 재물을 쌓아 두면서도, 하나님께 대하여는 부요하지 못한 사람이 이와 같다."

충성된 종(누가복음 12:35-38, 40)

"너희는 옷을 입고 섬길 준비를 하고 있어라." 예수님께서 말씀하셨습니다. "혼인 잔치에서 돌아올 주인을 기다리는 종처럼 등불을 켜 두어라. 주인이 집에 와서 두드릴 때 종들은 그를 위해 문을 열어 주어야 한다. 준비하고 주인을 기다리는 종들은 상을 받을 것이다. 그때 주인이 그들을 식탁에 앉히고 시중들 것이다."

여러분은 예수님이 오실 것을 준비하고 기다리고 있나요? 예수님은 말씀하셨습니다. "너희도 준비하고 있어라. 생각하지도 않은 때에 인자가 올 것이기 때문이다."

열매 맺는 삶에 대한 비유

무화과나무(누가복음 13:6-9)

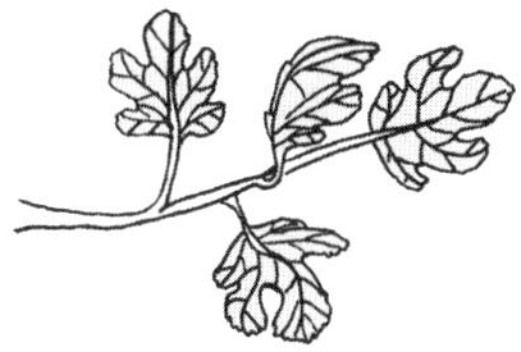

"어떤 사람이 과수원에 무화과나무를 심었다. 그러나 열매가 있나 보러 갔더니 하나도 찾을 수 없었다. 이에 주인은 그 과수원지기에게 말했다. '내가 삼 년째 이 나무에서 무화과 열매를 얻을까 하고 왔는데 하나도 찾지 못하였다. 나무를 잘라 버려라. 여기 땅만 차지하고 있지 않느냐.'

그러자 과수원지기가 대답하였다. '주인님, 기회를 한 번 더 주십시오. 올해만 그냥 두시면, 그 주변에 땅을 파고 거름을 많이 주겠습니다. 내년에 열매를 맺으면 좋을 것이고, 그렇지 못하면 그때 자르십시오.'"

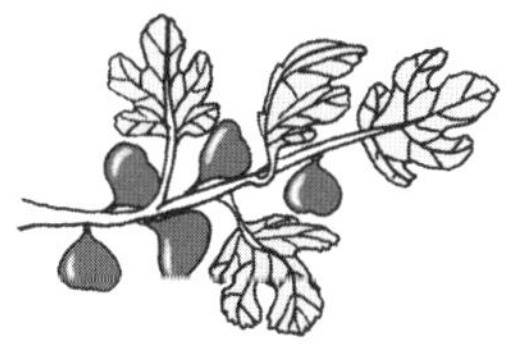

성령님은 사람이 선한 열매를 맺을 수 있도록 그 마음속에서 인내심을 가지고 일하고 계십니다(갈라디아서 5:22-23).

하나님 나라에 대한 비유

겨자씨와 누룩(누가복음 13:18-21)

예수님께서 질문하셨습니다. "하나님 나라는 무엇과 같을까? 내가 어떻게 설명할 수 있을까?

그것은 마치 사람이 자기 정원에 가져가 심은 작은 겨자씨 한 알과 같다. 그것이 자라고 자라 마침내 거대한 나무가 되니 새들이 그 가지에 깃들여 살았다.

또 내가 하나님 나라를 어떻게 설명할까? 그것은 마치 여인이 많은 양의 밀가루 속에 (빵을 만들기 위해) 갖다 넣은 아주 작은 양의 누룩과 같다. 그 누룩이 큰 반죽으로 부풀게 하였다."

하나님 나라는 계속 퍼지고 점점 더 커져서 더 많은 사람들이 하나님을 알게 되는 것입니다.

잔치와 손님에 관한 비유

높은 자리(누가복음 14:7-11)

하루는 예수님께서 저녁 식사에 초청받은 사람들이 높은 자리에 앉으려고 하는 것을 보셨습니다. 이에 주님은 다음과 같은 비유를 말씀하셨습니다.

"네가 누구의 혼인 잔치에 초대받거든 높은 자리에 앉지 마라. 혹 너보다 더 귀한 사람이 초대받았을 경우에 주인이 와서 '일어나서 이분에게 당신 자리를 내주시오'라고 말하면 어떻게 되겠느냐! 그러면 너는 부끄러워하며 어디든 가장 낮은 자리를 찾아 앉게 될 것이다.

차라리 자리에 앉을 때 가장 끝자리에 가서 앉아라. 그러면 주인이 너를 보고 '친구여, 당신을 위한 더 좋은 자리가 있소!'라고 말할 것이다. 그러면 모든 손님 앞에서 네가 영광을 받을 것이다. 누구든지 자기를 높이면 낮아질 것이요, 자기를 낮추면 높아질 것이다."

성경에서는 말합니다. "주 앞에서 낮추라. 그리하면 주께서 너희를 높이시리라"(야고보서 4:10).

손님 목록(누가복음 14:12-14)

예수님은 자신을 저녁에 초대한 사람에게 말씀하셨습니다. "너희는 저녁이나 점심에 사람을 초대할 때, 네 친구나 가족이나 부유한 이웃들만 초대하지 말아라. 그러면 그들은 분명 너를 다시 초대할 것이고 그것이 너의 상이 될 것이다. 그러지 말고 나가서 가난한 사람들, 걷지 못하는 사람들, 다리 저는 사람들, 눈먼 사람들을 초대하여라. 그러면 나중에 하나님께서 의인들을 다시 살리실 때에 갚을 수 없는 사람들을 초대한 너에게 갚아 주실 것이다."

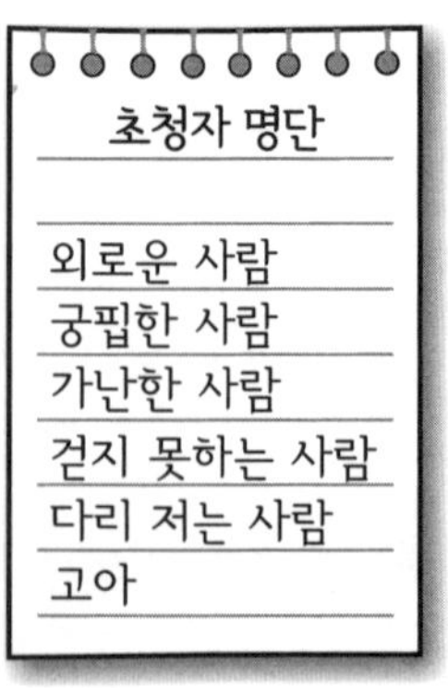

큰 잔치 비유

초대에 오실 수 있는지 응답해 주세요(누가복음 14:15-24)

저녁 식사 자리에서 예수님 근처에 앉아 있던 한 남자가 말했습니다. "하나님 나라의 특별한 잔치에 있게 될 사람은 정말 복될 것입니다."

이에 예수님은 다음과 같은 비유를 말씀하셨습니다. "어떤 사람이 큰 잔치를 준비하고 많은 사람을 초대하였다. 모든 것이 준비되자 그는 종들을 보내 손님들에게 가서 '모든 것이 준비되었으니 잔치에 오십시오'라고 말하게 하였다.

그런데 모두들 핑계를 대기 시작했다. 어떤 사람이 말했다. '방금 밭을 샀으니 가서 보아야 하겠소. 양해해 주시오.'

또 다른 사람은 이렇게 말했다. '다섯 마리 소를 방금 샀는데 시험해 보아야겠소. 양해해 주시오.'

또 다른 이가 말했다. '나는 방금 결혼했으니 갈 수 없소.'

그 종은 주인에게 돌아와 이런 상황을 얘기했다. 주인은 화가 나서 종에게 명하여 거리와 골목으로 나가 가난한 자, 장애가 있는 자, 보지 못하는 자, 저는 자를 불러 오라 명했다. 종은 주인의 명대로 했지만 여전히 자리가 남아 있었다. 그래서 주인이 말했다. '시골 지역으로 가서 더 많은 사람들을 불러 모아 내 집에 사람이 가득하게 하여라. 네게 이르노니 처음에 초대했던 자들은 결코 내가 준비한 것을 맛보지 못하리라.'"

주님은 하나님 나라에 모든 사람을 다 초청하셔서 그분이 준비한 모든 것을 즐길 수 있게 하셨습니다. 여러분도 역시 초대받은 사람입니다!(이사야 55:1-2, 요한계시록 22:17)

잃어버린 양과 동전의 비유

잃어버린 양(누가복음 15:3-7)

어느 날, 어떤 바리새인들과 율법 교사들이 예수님께서 죄인들을 환영하고 그들과 함께 먹는다고 불평했습니다. 이에 예수님은 그들에게 다음과 같은 이야기를 말씀셨습니다.

"너희 가운데 누가 양 백 마리가 있는데 그중 하나를 잃어버렸다고 하자. 그가 아흔아홉 마리의 양을 두고 그 잃어버린 양을 찾으러 가지 않겠느냐? 그리하여 양을 찾으면 기뻐하며 그 양을 어깨에 메고 집으로 올 것이다. 그리고 집으로 돌아와 모든 친구와 이웃을 초청해서 '내가 잃어버린 양을 찾았으니 나와 함께 기뻐하자'라고 말할 것이다.

이와 같이 천국에서는 이미 의인인(혹은 자신이 이미 선하다고 생각하는) 아흔아홉 명의 사람보다 잃어버린 한 사람이 하나님께로 돌아올 때 더 큰 기쁨과 축제가 있을 것이다."

사람이 죄에서 돌이켜 하나님을 따를 때 천국에서는 큰 잔치가 있을 것입니다. 그들의 이름은 생명책에 쓰여 있습니다(요한계시록 3:5).

잃어버린 동전(누가복음 15:8-10)

"또 열 개의 은 동전을 가지고 있는 여인을 생각해 보라." 예수님께서 이어서 말씀하셨습니다. "그런데 그 여인이 그중 한 개의 동전을 잃어버렸다. 그러면 그것을 찾을 때까지 등불을 켜고 방을 쓸고 온갖 곳을 샅샅이 뒤지지 않겠느냐? 그리고 동전을 찾으면 친구와 이웃을 불러 모아 말할 것이다. '내가 잃어버린 동전을 찾았으니 와서 나와 함께 기뻐하자.' 이와 같이 한 명의 죄인이 하나님께 돌아올 때 천국에서는 기쁨이 있을 것이다."

잃어버린 아들의 비유

잃어버린 아들(누가복음 15:11-24)

예수님은 또 다른 이야기를 들려주셨습니다. 이번에는 잃어버린 한 사람에 대한 내용이었습니다.

"어떤 사람에게 아들이 둘 있는데 작은 아들이 아버지에게 말했다. '아버지 재산에서 제게 주실 몫을 주십시오.'

이에 그 아버지는 땅과 재산을 나누어서 두 아들에게 각각 그 몫을 주었다.

얼마 지나지 않아 작은 아들은 짐을 싸서 먼 땅으로 떠나 그곳에서 흥청망청 살며 돈을 다 낭비하였다. 그런데 더 이상 쓸 돈이 없어지고 설상가상으로 그 땅에는 흉년이 들었다.

그는 먹을 음식이 없어 매우 배가 고팠다. 그래서 한 농부에게 의탁하여 그의 돼지를 치면서 살았다. 그 청년은 너무 배가 고파서 심지어 돼지가 먹는 먹이도 맛있어 보일 지경이었다. 하지만 아무도 그에게 음식을 주지 않았다.

마침내 그는 예전 집을 생각하며 혼잣말로 이렇게 말했다.
'내 아버지 집에서는 종이라도 먹을 것이 풍족한데 나는 여기서 굶어 죽어가는구나! 집에 가서 아버지께 이렇게 말씀드려야겠다. 아버지, 제가 하늘과 아버지께 죄를 지었습니다. 더 이상 아버지 아들이라 불릴 자격도 없으니 저를 그저 아버지 집의 종으로 생각해 주십시오.'

이에 그는 일어나 집으로 돌아갔다.

그가 아직도 먼 거리에 있는데, 그의 아버지가 그를 보고 달려 나왔다. 아들을 너무 사랑한 아버지는 그를 불쌍히 여기며 안아 주었다. 그리고 종들에게 말하였다. '어서 서둘러라! 이 아이가 입을 가장 좋은 옷과 신발을 가져와라. 잃어버렸던 내 아들이 집으로 돌아왔으니 함께 축하하자.'"

기도에 관한 비유

불의한 재판관(누가복음 18:1-8)

예수님은 제자들에게 계속 기도하고 포기하지 말아야 할 것을 알려 주시기 위해 다음과 같은 비유를 말씀하셨습니다.

예수님께서 말씀하셨습니다. "어느 마을에 하나님도 두려워하지 않고 사람도 신경 쓰지 않는 한 재판관이 있었다. 그곳에 사는 한 과부가 재판관에게 계속 찾아와서 자기를 힘들게 하는 사람이 있으니 자신의 편을 봐 달라고 요청했다. 그는 한동안 과부를 무시하다가, 결국 혼자 말하였다. '이 과부의 청을 안 들어주면 나를 너무 지치게 할 것이니 원하는 것을 들어줘야겠다.'"

만약 이렇게 불의하고 무관심한 재판관이 여인의 청을 듣고 원하는 것을 들어주었다면, 사랑이 많으신 하늘 아버지는 우리가 계속 나아가 기도할 때 분명히 우리가 구하는 것을 들어주실 것입니다.

교만한 자의 기도와 겸손한 자의 기도(누가복음 18:9-14)

어떤 사람들은 자신이 선하다고 자랑하며 다른 사람을 무시하였습니다. 이에 예수님께서 그들에게 다음과 같은 비유를 말씀하셨습니다.

"두 사람이 성전에 기도하러 올라갔다. 한 사람은 바리새인이고 다른 사람은 세리였다. 바리새인은 서서 이렇게 기도했다. '하나님, 제가 다른 죄인들과 같지 않으니 감사합니다. 저는 훔치지 않고, 죄를 짓지 않으며, 저기 세리와도 같지 않습니다.'

그러나 세리는 한쪽에 서서 기도했다. '주님, 제게 자비를 베푸소서. 저는 죄인입니다.'"

그리고 예수님은 말씀하셨습니다. "내가 너희에게 말한다. 하나님의 용서하심을 받고 집으로 돌아간 사람은 바리새인이 아니라 바로 이 죄인이다."

성전에서 일하는 사람들

대제사장(The high priest)은 성전에서 가장 중요한 직분입니다. 그는 산헤드린의 의장이기도 합니다(마가복음 14:53, 사도행전 5:27).

여러 대제사장들(Chief priests)은 일반 제사장들보다 더 높은 위치에 있으며 대제사장(the high priest)에게 여러 일을 보고합니다(마태복음 20:18).

제사장은 성전에서 제단 불을 붙이는 것과 같은 특정 임무를 맡고 있습니다. 그들은 보통 예루살렘에서 조금 떨어진 곳에 거주했습니다. 또 여러 제사장 일가로 나뉘어 있어, 각 집안이 일주일씩 돌아가며 성전에서 섬겼습니다.

레위인은 성전에서 일하는 사람들 중 가장 낮은 단계의 사람으로 레위 족속에서 나온 사람들입니다.

서기관(**율법교사**)은 성경(구약) 필사본을 만드는 전문 기록관들입니다. 그들은 성경 말씀을 잘 알았고 율법 선생으로서 존경을 받았습니다(마태복음 8:19).

바리새인들은 주로 모세 율법과 자신들의 법을 지키는 것만 중시하는 종교 지도자들이었습니다. 하지만 백성들에게는 거의 관심을 기울이지 않았습니다. 대부분의 바리새인들은 스스로를 자랑스러워하며 그들의 의로움을 자랑했습니다(누가복음 18:10-12).

사두개인들은 부유한 종교인으로 천사나 성령, 죽음 이후의 삶을 믿지 않았습니다(마가복음 12:18).

성전 경비는 성전의 '경찰관'으로 사람들을 체포할 수 있었습니다. 경비 대장은 성전 경비들을 관리했습니다(요한복음 7:32, 사도행전 4:1).

산헤드린은 선택된 집단으로 종교법과 규칙을 관리했습니다. 그들은 바리새인, 사두개인, 대제사장 등 71명의 사람들로 구성되었습니다. 그들은 법을 지키지 않는 사람을 재판할 수 있었습니다(마가복음 14:55).

예수님과 아이들

예수님은 이 세상에 다 큰 성인으로 오시지 않았습니다. 그분도 고향 나사렛의 먼지로 덮인 길거리를 뛰어다니시던 아이였습니다. 예수님도 걷는 법을 배우고 친구를 사귀고 다른 아이들이 하는 평범한 일들을 다 하셔야 했습니다. 예수님은 아이로 산다는 것이 어떤 것인지 잘 아셨으며, 또 아이들을 사랑하셨습니다!

예수님은 아이들을 존중해 주셨습니다

예수님은 말씀하셨습니다. "이 작은 자 중의 하나도 업신여기지 말라. 너희에게 말하노니 그들의 천사들이 하늘에서 하늘에 계신 내 아버지의 얼굴을 항상 뵈옵느니라"(마태복음 18:10).

예수님은 아이들을 위해 시간을 내주셨습니다

예수님은 말씀하셨습니다. "어린아이들이 내게 오는 것을 용납하고 금하지 말라. 하나님의 나라가 이런 자의 것이니라"(마가복음 10:14).

예수님은 어른들에게 아이들의 소중함을 가르치셨습니다

예수님은 말씀하셨습니다. "또 누구든지 내 이름으로 이런 어린아이 하나를 영접하면 곧 나를 영접함이니"(마태복음 18:5).

예수님은 아이들을 축복하셨습니다

예수님은 아이들을 품에 안으시고 그들에게 손을 얹어 축복하셨습니다(마가복음 10:16).

예수님은 아이들을 겸손과 믿음의 본으로 삼으셨습니다

예수님은 말씀하셨습니다. "진실로 너희에게 이르노니 너희가 돌이켜 어린아이들과 같이 되지 아니하면 결단코 천국에 들어가지 못하리라"(마태복음 18:3).

하늘나라

하늘나라는 하나님 나라라고도 불립니다. (마태는 주로 하늘나라에 대해 얘기한 반면, 누가는 하나님 나라에 대해서만 말했습니다.)

하늘나라는 천국에 있는 모든 사람, 그리고 이 땅에서 하나님께 속한 모든 사람을 다 아우르는 영적 나라입니다. 하나님은 그분의 모든 창조물을 다스리는 왕이십니다. 여러분이 거듭났다면 하나님 나라에 속한 것입니다. 즉, 여러분은 하나님 왕국의 왕족이 되었고 또 하늘나라의 시민이 된 것입니다.

예수님은 자신이 이 땅의 왕으로 온 것이 아니라고 분명히 말씀하셨습니다(요한복음 18:36). 그분은 우리가 하늘나라에 들어갈 수 있는 길을 만들어 주기 위해 이 땅에 오셨습니다.

부유하다고 해서, 인기가 많고 힘이 세다고 해서 하나님 나라에 가는 것이 아닙니다. 오직 아이처럼 우리를 구원하시는 예수님을 겸손하게 믿고 신뢰하는 사람들만이 그분의 나라에 갈 수 있습니다(마태복음 18:2-4).

하나님 나라는 …와 같습니다	
밭에 좋은 씨를 뿌리는 사람	마태복음 13:24-30
큰 나무로 자라나는 겨자씨	마태복음 13:31-32
여인이 밀가루에 섞어 넣은 누룩	마태복음 13:33
밭에 숨겨진 보화	마태복음 13:44
좋은 진주를 찾으러 다닌 상인	마태복음 13:45
좋고 나쁜 각종 물고기가 들어있는 그물	마태복음 13:47-50
새것과 헌것을 갖고 있는 주인	마태복음 13:52
종들과 셈을 가리는 왕	마태복음 18:23-35
일꾼을 고용한 포도원 주인	마태복음 20:1-16
혼인 잔치를 준비하는 왕	마태복음 22:2-14
신랑을 만나러 가는 열 명의 처녀들	마태복음 25:1-13

골로새서 1:13

흑암의 권세

하나님은 우리를 흑암의 권세에서 구해 주셨습니다.

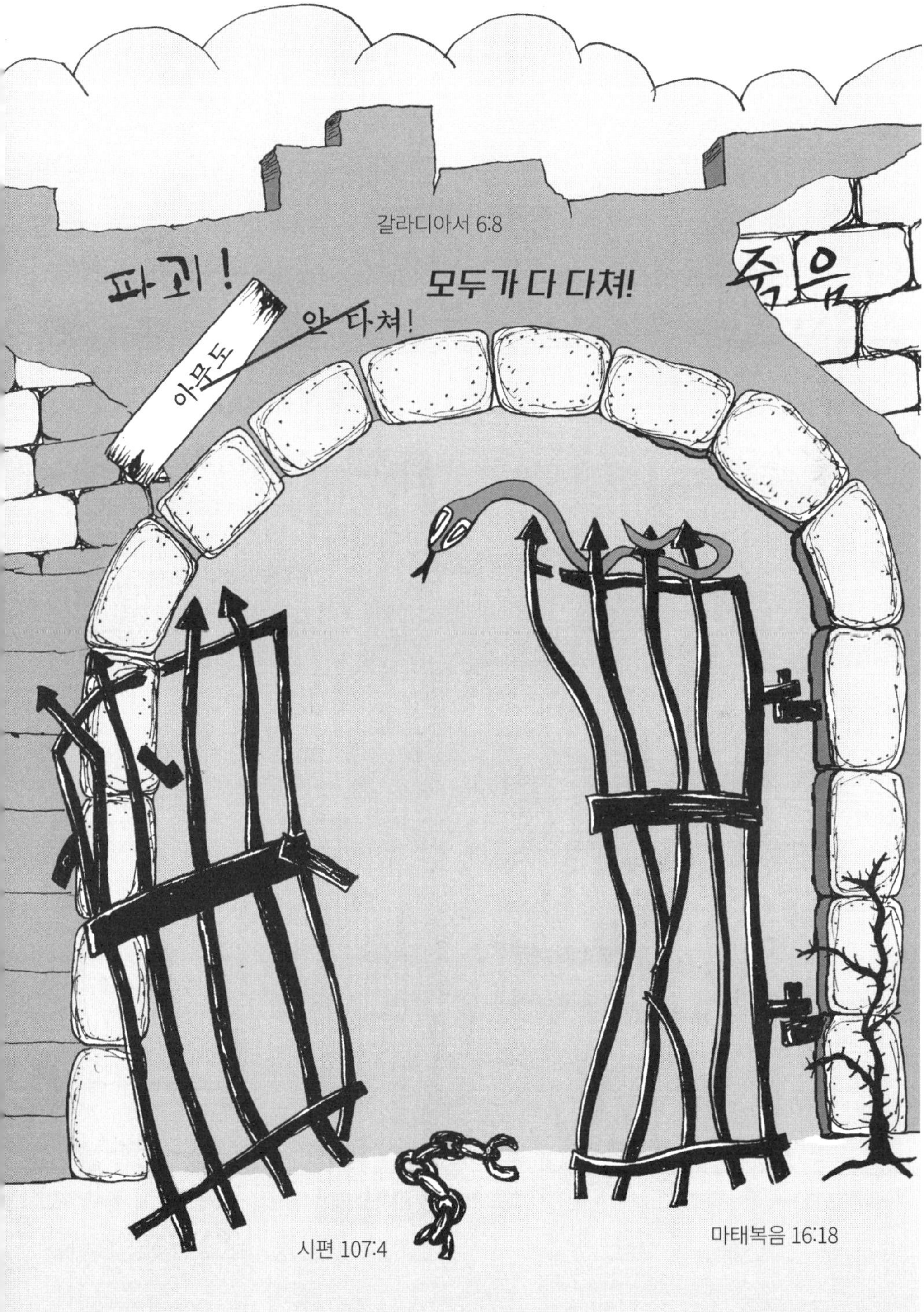
갈라디아서 6:8
파괴 !
아무도
안 다쳐!
모두가 다 다쳐!
죽음
시편 107:4
마태복음 16:18

골로새서 1:12-14

빛의 나라

하나님은 우리를 그분이 사랑하시는 아들의 나라로 데려오셨습니다.

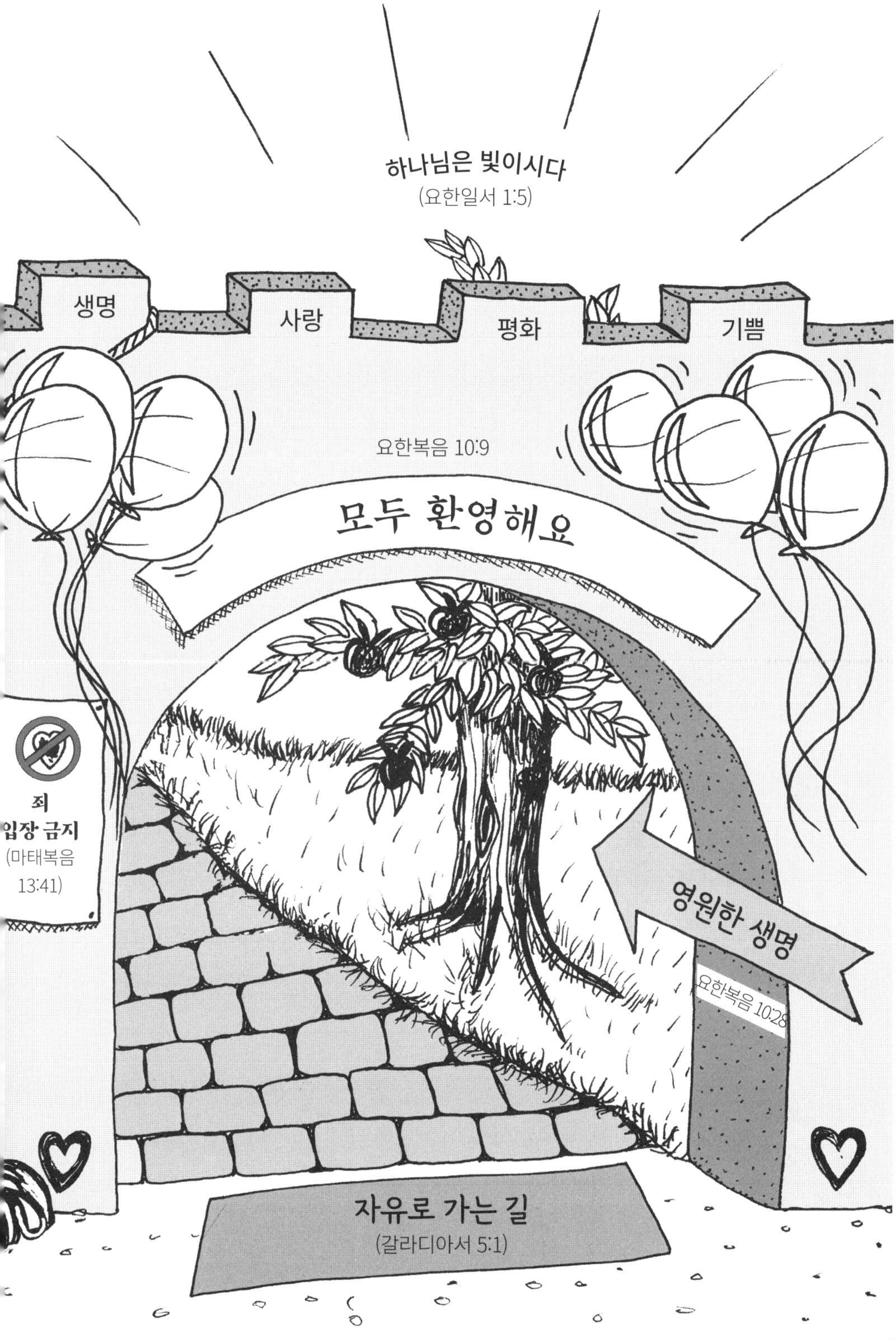
하나님은 빛이시다
(요한일서 1:5)
생명
사랑
평화
기쁨
요한복음 10:9
모두 환영해요
죄
입장 금지
(마태복음
13:41)
영원한 생명
요한복음 10:28
자유로 가는 길
(갈라디아서 5:1)

요한복음 11:1-44

나사로가 다시 살아나다

예수님의 친구 나사로는 예루살렘 근처 베다니 마을에 살았습니다. 어느 날 나사로가 심한 병이 들어, 그의 여동생 마리아와 마르다는 예수님께 "주님, 주님의 친구가 매우 아픕니다"라는 메시지를 전했습니다.

예수님은 나사로의 소식을 듣고 말씀하셨습니다. "이 병은 죽을병이 아니라 오히려 하나님의 영광을 드러낼 병이다. 이것으로 말미암아 하나님의 아들이 영광을 받게 될 것이다." 예수님은 나사로와 그 여동생들을 매우 사랑하셨지만 있던 곳에 이틀을 더 머무셨습니다.

드디어 예수님이 제자들에게 말씀하셨습니다. "자, 유대로 가자." 그러나 예수님은 나사로가 이미 죽었다는 것을 알고 계셨습니다.

그들이 베다니에 갔을 때 나사로는 죽은 지 나흘이나 되었고 무덤에 넣어 둔 상태였습니다.

마르다는 예수님을 뵈러 나와 말했습니다. "주님, 주님이 여기에 계시기만 했어도 제 오빠는 죽지 않았을 것입니다. 하지만 지금이라도 주님이 하나님께 구하시는 것은 무엇이나 하나님께서 다 이루어 주실 줄 압니다."

그리고 마르다는 마리아를 불렀습니다. 예수님은 마리아가 울고 있는 것을 보시고 매우 슬퍼하며 물어보셨습니다. "나사로를 어디에 묻었느냐?"

"와서 보십시오, 주님." 그들이 대답했습니다. 그때 예수님은 눈물을 흘리셨습니다.

무덤에 다다랐을 때 예수님은 그들에게 동굴 입구의 돌을 옮겨놓으라 하셨고 사람들은 돌을 옆으로 굴려 놓았습니다.

예수님은 고개를 들고 말씀하셨습니다. "아버지여, 제 말을 들어주셔서 감사드립니다." 그리고 예수님은 소리치셨습니다. "나사로야, 나오너라!" 그때 나사로가 수의를 감싼 상태에서 살아나 밖으로 나왔습니다! 그래서 사람들은 그를 싸매고 있던 옷을 벗겼습니다.

그날 많은 사람들이 예수님을 믿게 되었습니다.

누가복음 19:1-10

예수님이 삭개오 집을 방문하시다

예수님이 여리고 성을 통과하실 때 많은 사람이 그분을 보러 나왔습니다. 그중에는 삭개오라는 사람도 있었습니다. 그는 예수님이 보고 싶었지만 무리를 뚫고 나갈 수 없었습니다. 그래서 삭개오는 달려 나가 예수님이 지나가시는 길에 있는 한 나무 위로 올라갔습니다.

삭개오는 여리고의 세리장이었습니다. 그는 사람들에게 정해진 것보다 더 많은 세금을 내게 하고 남은 돈은 자기가 취해서 부자가 된 사람이었습니다.

예수님은 삭개오가 있던 곳에 이르시자, 위를 올려다보며 말씀하셨습니다. "삭개오야, 어서 내려와라. 오늘 내가 너의 집에 머물러야 하겠다."

이에 삭개오는 재빨리 나무에서 내려와 매우 기뻐하며 예수님을 자기 집으로 초대했습니다.

그런데 주변에 서 있던 사람들은 이를 보고 언짢아하며 수군댔습니다. "그가 저런 죄인의 집에 손님으로 가다니."

한편, 삭개오는 예수님께 말했습니다. "저는 당장 제가 가진 재산의 반을 가난한 사람에게 주겠습니다. 다른 사람의 세금을 속여서 취한 것이 있으면 네 배로 갚아 주겠습니다."

예수님이 삭개오에게 말씀하셨습니다. "오늘 이 집에 구원이 이르렀다. 인자가 온 것은 잃어버린 자를 찾아 구원하기 위해서다."

여리고 성은 여호수아 시대에 파괴되지 않았나요?
(여호수아 6:26, 열왕기상 16:34 참조)

요한복음 12:1-8, 마태복음 26:13

향유 부은 마리아

유월절이 있기 엿새 전, 예수님은 예루살렘에서 멀지 않은 베다니라는 마을에 도착하셨습니다. 이곳에는 마리아와 마르다, 그리고 죽었다가 예수님에 의해 다시 살아난 나사로가 살고 있었습니다.

저녁이 준비되고 있었는데, 나사로는 예수님과 함께 식탁에 있었고 마르다는 음식을 대접했습니다. 마리아는 나가서 값비싼 향유 한 병을 가지고 와서 예수님의 발에 부었습니다. 집 안 전체에 좋은 향유 냄새가 가득 찼습니다. 그때 마리아는 울면서 자신의 머리로 예수님의 발을 닦았습니다.

그런데 제자 중 하나인 유다가 말했습니다. "이 향유를 팔면 그 돈으로 가난한 사람들에게 줄 수 있었을 텐데." (사실 유다는 가난한 사람을 걱정하지 않았습니다. 그는 오히려 제자들의 돈 가방에서 제 마음대로 돈을 빼내어 쓰곤 했습니다.)

"그녀를 가만두어라." 예수님께서 말씀하셨습니다. "마리아는 내 장례를 준비하기 위해 이렇게 한 것이다. 가난한 사람들은 항상 너희 가운데 있을 것이나 나는 항상 너희와 함께 있지 않을 것이다. 내가 너희에게 분명히 말한다. 복음이 전파되는 곳이면 어디든지 이 여인이 한 일도 함께 전파되어 그녀를 기억하게 될 것이다."

어떻게 하면 우리도 마리아처럼 예수님을 예배할 수 있을까요?

여러분도 마리아처럼 주님에 대한 사랑을 표현하기 위해 뭔가 하고 싶었던 적이 있나요? 예수님은 제자들에게 자신이 항상 그들과 함께 있지 않을 것이라고 말씀하셨습니다. 지금 예수님께서는 하늘에 계십니다.

예수님이 얼마나 놀라운 분인지 고백하며 그분을 예배하는 것은 아름다운 향기와 같습니다. 우리가 드리는 믿음의 기도와 사랑은 금 그릇에 담겨 하늘로 올라가는 향기로운 향과 같습니다(요한계시록 5:8).

예수님이 예루살렘에 나귀를 타고 가시다

예수님과 제자들은 예루살렘에 가던 중에 감람산 근처에 이르렀습니다. 그때 예수님은 제자 두 명을 앞서 보내시며 말씀하셨습니다. "저기 건너편 마을로 가거라. 가면 사람이 탄 적 없는 어린 나귀가 있을 것이다. 그것을 풀어서 여기로 끌고 오너라. 누가 '왜 나귀를 푸는 것이오?'라고 물으면 '주께서 필요로 하십니다'라고 말하여라."

이에 두 제자는 먼저 가서 예수님이 말씀하신 대로 어린 나귀를 찾았습니다. 그리고 아니나 다를까 그들이 나귀의 줄을 풀 때 주인들이 나타나 물었습니다. "왜 나귀를 푸는 것이오?"

제자들이 대답했습니다. "주께서 필요로 하십니다." 그들은 나귀를 끌고 와서 그 위에 겉옷을 씌워 예수님이 타시게 하였습니다. 예수님이 예루살렘을 향하여 가실 때, 사람들은 그 앞에 자신의 옷을 펼쳐 놓았습니다. 어떤 사람들은 종려나무 가지를 꺾어 길가에 뿌렸습니다.

감람산의 내리막길에 이르렀을 때 예수님을 따르는 자들은 소리치며 노래하고 그들이 본 모든 기적을 행하신 하나님을 찬양했습니다. 사람들은 이렇게 소리쳤습니다.

**"찬송하리로다. 주의 이름으로 오시는 왕이여!
하늘에는 평화요 가장 높은 곳에는 영광이로다!"**

그런데 군중 속에 있던 어떤 바리새인들은 예수님께 이렇게 말했습니다. "선생님, 제자들에게 조용히 하라고 하십시오."

그러자 예수님께서 그들에게 말씀하셨습니다. "이들이 잠잠히 있으면, 길가에 있는 돌들이 소리칠 것이다."

예루살렘 가까이에 이르자 예수님은 그 도시를 바라보고 눈물을 흘리며 말씀하셨습니다. "오늘 너도 평화에 이르게 하는 일을 알았더라면 좋았을 텐데. 그러나 이제는 너무 늦었고 숨겨져 있어 너는 그 일을 보지 못하는구나."

성전의 예수님

돈 바꾸는 자들을 쫓아내시다(마태복음 21:12-13)

예수님은 예루살렘 성전으로 올라가셨습니다. 성전 뜰에 이르시자 예수님은 제물로 바칠 동물을 사고파는 사람들을 쫓아내셨습니다. 예수님은 돈 바꾸는 자들의 상과 비둘기 파는 자들의 의자를 엎으셨습니다. 예수님은 그들에게 말씀하셨습니다. "기록된 바, '내 집은 기도하는 집이라 불릴 것이다' 하였거늘 너희는 강도의 소굴을 만들어 버렸다!"

많은 사람들을 고치시다(마태복음 21:14-17)

성전에서 눈먼 자와 저는 자들이 나아오니 주님께서 그들을 고쳐 주셨습니다. 대제사장들과 율법 교사들은 예수님의 놀라운 기적과 아이들이 "호산나! 다윗의 자손이여" 하고 소리치는 것을 보고 분노하였습니다.

그들은 예수님께 말했습니다. "이 아이들이 하는 말을 듣고 있소?"

"그렇다." 예수님이 대답하셨습니다. "너희는 '주님께서 어린아이들과 젖먹이들의 입에서 찬양이 나오게 하셨다'(시편 8:2) 하신 말씀을 읽어 보지 못하였느냐?" 그리고 예수님은 그들을 떠나 베다니로 가서 그곳에 머무셨습니다.

과부의 헌금을 주목하시다(마가복음 12:41-44)

얼마 후, 성전에 다시 오신 예수님은 부자들이 그들의 헌금을 헌금함에 넣는 것을 보셨습니다. 그리고 한 가난한 과부가 동전 두 개를 넣는 것도 보셨습니다.

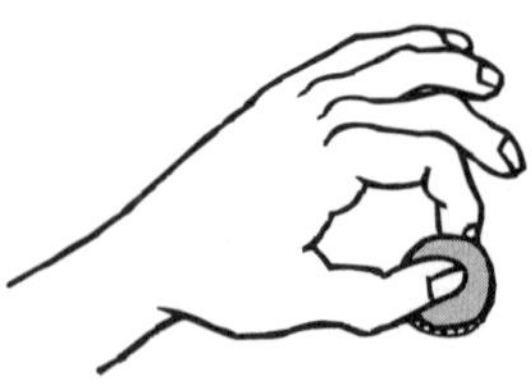

예수님은 제자들을 불러 말씀하셨습니다. "내가 진실로 너희에게 이르노니 헌금함에 돈을 넣은 사람들 가운데, 이 가난한 과부가 어느 누구보다도 더 많이 넣었다. 그들은 다 넉넉한 데서 얼마씩을 떼어 넣었지만, 이 과부는 가난한 중에서 자기의 모든 소유 곧 생활비 전부를 넣었다."

누가복음 22:7-14, 요한복음 13:1-8

유월절 식사

유대인들이 유월절을 기념하는 날이 되었습니다. 이날은 하나님께서 그들을 이집트의 노예 살이에서 구원해 주심을 기억하기 위한 날이었습니다.

예수님은 베드로와 요한을 보내 유월절 음식을 준비하게 하셨습니다.

"유월절을 어디에서 준비할까요?" 제자들이 말했습니다.

예수님은 그들에게 이렇게 말씀하셨습니다. "너희가 성 안(예루살렘)으로 들어가면 물 한 동이를 가지고 가는 사람을 만날 것이다. 그가 들어가는 집으로 따라 들어가서 그 집 주인에게 '선생님께서 당신에게 말씀하시기를, 내가 내 제자들과 함께 유월절 음식을 먹을 그 방이 어디에 있느냐고 하십니다' 하여라. 그리하면 그가 자리를 마련한 큰 다락방을 보여 줄 것이니 너희는 거기에다 준비를 하여라."

두 제자는 나가서 예수님의 말씀대로 유월절을 준비하였습니다.

유월절 식사 시간이 되어 예수님과 열두 제자들은 다락방 식탁에 모였습니다.

그때 예수님께서 일어나셔서 수건을 허리에 두르셨습니다. 그리고 대야에 물을 붓고 제자들의 발을 씻기 시작하셨습니다. 베드로 차례가 되니 베드로가 말했습니다. "주님, 주께서 제 발을 씻으려고 하십니까?"

예수님께서 대답하셨습니다. "내가 하는 행동을 지금은 이해할 수 없겠지만 나중에는 알게 될 것이다."

"아닙니다." 베드로가 말했습니다. "제 발을 절대로 씻으실 수 없습니다!"

요한복음 13:8-15, 누가복음 22:19-20

새로운 언약

그러나 예수님께서 대답하셨습니다. “내가 너를 씻지 않으면, 너는 나와 상관이 없다.”

베드로가 소리쳤습니다. “그러면 발뿐 아니라 손과 머리도 씻어 주소서!”

예수님께서 대답하셨습니다. “이미 목욕한 자는 발밖에 씻을 필요가 없다. 그의 온몸이 깨끗하다. 너희는 깨끗하다. 그러나 다 그런 것은 아니다.” 예수님은 제자 중 하나인 유다가 자신을 배신할 것을 알고 계셨기 때문에 이 말씀을 하셨습니다.

그런 다음 예수님은 자리로 돌아와 제자들에게 물으셨습니다. “내가 너희에게 행한 것을 알겠느냐? 너희가 나를 ‘선생’ 또는 ‘주’라 하니 너희 말이 옳다. 내가 그러하다. 내가 주 또는 선생이 되어 너희 발을 씻었으니 너희도 서로 발을 씻어 주는 것이 옳다.”

예수님은 감사기도를 하시고 떡을 떼어 제자들에게 주시며 말씀하셨습니다. “이것은 너희를 위하여 주는 내 몸이다. 이를 행하여 나를 기억하라.”

저녁 식사 후, 예수님은 포도주 잔을 드시고 말씀하셨습니다. “이 잔은 하나님과 그의 백성 사이에 새로운 언약이다. 이는 너희를 위하여 흘리는 내 피로 세우는 언약이다.”

겟세마네 동산에서 기도하시다

예수님께서 말씀하셨습니다. "친구로 우리와 여기 함께하는 자 중에 나를 배반할 자가 있다."

제자들은 서로 이런 일을 행할 자가 누구일까 묻기 시작했습니다. 그러면서 하나씩 "제가 그 사람인가요?"라고 물었습니다.

예수님께서 대답하셨습니다. "내가 떡 한 조각을 적셔다 주는 사람이 바로 그다." 예수님은 떡을 적셔 유다에게 주셨습니다. 그리고 그에게 말씀하셨습니다. "네가 계획한 일을 가서 속히 하라." 이에 유다는 그 밤에 밖으로 나갔습니다.

예수님과 제자들은 찬양을 하고 감람산으로 갔습니다. 가는 길에 예수님은 제자들에게 말씀하셨습니다. "너희 모두가 나를 버릴 것이다."

그러나 베드로가 말했습니다. "모든 사람이 다 주님을 버린다 해도 저는 결코 그러지 않을 것입니다!"

예수님께서 대답하셨습니다. "베드로야, 내가 진실로 이르노니, 오늘 밤 닭이 두 번 울기 전에 너는 나를 세 번 모른다고 부인할 것이다."

* * *

그들은 겟세마네 동산에 갔고 예수님은 제자들에게 말씀하셨습니다. "내가 가서 기도하는 동안 여기에 있어라." 예수님은 베드로, 야고보, 요한을 데리고 가셨습니다. 그때 예수님은 매우 고통스럽고 괴로워하셨습니다. 그분은 땅에 엎드려 하늘 아버지께 만약 가능하시면 이 끔찍한 일을 겪지 않게 해달라고 기도하셨습니다. 하지만 또 예수님은 말씀하셨습니다. "아버지, 내 뜻대로 하지 마시고 아버지의 뜻대로 하여 주십시오."

마태복음 26:45-50, 누가복음 22:50-51

유다가 예수님을 배신하다

예수님께서 제자들에게 돌아와 그들이 자고 있는 것을 보시고 말씀하셨습니다. "인자가 죄인들의 손에 넘어갈 때가 되었다. 일어나라! 보라, 나를 파는 자가 여기 왔다."

말씀하고 계실 때, 유다가 대제사장들이 보낸 사람들과 함께 나타났습니다. 유다는 예수님이 누구인지 그들에게 알려 주기 위해 예수님께 인사하며 입맞춤을 하기로 미리 정해 놓았습니다. 유다가 예수님께 다가와서 "안녕하십니까, 랍비여"라고 말하며 입을 맞추었습니다. 이에 유다와 함께 있던 사람들이 예수님을 잡고 체포하였습니다. 그런데 베드로가 칼을 뽑아 대제사장의 종을 쳐서 그의 귀를 잘라 버렸습니다. "칼을 치워라." 예수님께서 말씀하셨습니다. "이제 멈추라!" 그리고 그 종의 귀를 만져 치료해 주셨습니다. 그들은 예수님을 대제사장의 집으로 데리고 갔습니다.

베드로는 멀리서 뒤따라갔습니다.

경비들은 뜰 가운데서 불을 피우고 그 주변에 앉아 있었습니다. 베드로도 그들과 함께 앉았습니다. 한 여종이 불빛에 베드로를 알아보고 말했습니다. "이 남자도 예수와 함께 있었어요." 그러나 베드로는 "나는 그 사람을 모릅니다"라고 부인하였습니다.

얼마 후 다른 누군가가 베드로를 보고 말했습니다. "당신도 그들 중 한 명이군." 베드로가 대답했습니다. "나는 아니오!"

조금 뒤에 또 다른 누군가가 말했습니다. "이 사람은 분명 그 일당이오. 이 사람은 갈릴리 출신이오." 베드로가 대답했습니다. "나는 당신이 무슨 말을 하는지 모르겠소!" 베드로가 그 말을 할 때 닭이 울었습니다. 예수님이 돌아서서 베드로를 바라보셨습니다.

그때 베드로는 예수님이 하신 말씀이 생각났습니다. 그는 밖으로 나가 비통하게 울었습니다.

예수님을 심문하다

안나스가 예수님을 심문하다(요한복음 18:19-24)

예수님을 심문한 첫 번째 사람은 대제사장 가야바의 장인 안나스였습니다.

안나스는 이전에 몇 년간 대제사장을 지낸 사람이었고 여전히 성전에서 권력을 행사했습니다. 바로 그 성전에서 예수님은 상인과 돈 바꾸는 자들을 쫓아내셨습니다.

안나스는 예수님을 가야바에게 보냈습니다.

가야바가 예수님을 정죄하다(누가복음 22:66-71)

대제사장 가야바와 다른 사람들이 모두 가야바의 집에 모여 예수님께 물었습니다. "네가 하나님의 아들이냐?"

"그렇다." 예수님이 대답하셨습니다.

그러자 그들이 말했습니다. "이제 무슨 증인이 더 필요하겠소? 우리 모두 직접 그의 말을 들었소."

그래서 모두 자리에서 일어나 예수님을 빌라도에게 넘겼습니다.

빌라도가 예수님을 심문하다(요한복음 18:29-38, 누가복음 23:4-7)

빌라도는 유대를 다스리는 로마정부의 총독이었습니다. 그는 로마 황제 가이사가 임명한 사람이었습니다. 빌라도는 그의 저택 뜰에서 고소하러 온 사람들을 만나 물었습니다. "너희가 이 사람을 무슨 일로 고발하는 것이냐?"

사람들은 예수님을 범죄자라고 했습니다.

이에 빌라도는 유대인들의 법대로 그를 심판하라고 말했습니다. 그러나 사람들은 로마법만이 사람을 처형할(죽일) 수 있다고 말했습니다.

그래서 빌라도는 예수님께 가서 물었습니다. "네가 유대인의 왕이냐?"

예수님에게 형을 선고하다

예수님께서 말씀하셨습니다. "내 왕국은 이 세상에 속한 것이 아니다."

"그러면 네가 왕이 맞느냐?" 빌라도가 물었습니다.

예수님께서 대답하셨습니다. "네가 말한 대로 나는 왕이다. 나는 진리를 증언하기 위하여 태어났으며, 진리를 증언하기 위하여 이 세상에 왔다."

이에 빌라도는 백성들이 있는 곳으로 나가 말했습니다. "그는 아무런 죄가 없다."

빌라도는 예수님이 갈릴리 출신인 것을 듣고 그를 헤롯에게 보냈습니다.

금요일 아침 7시쯤

헤롯이 예수님을 심문하다(누가복음 23:8-10)

헤롯은 갈릴리를 다스리는 자로 마침 그때 예루살렘에 와 있었습니다. 헤롯은 예수님에 대한 소식을 예전부터 듣고 어떤 기적을 볼 수 있을까 하여 그를 만나고 싶어 했습니다. 헤롯은 예수님에게 여러 질문을 던졌지만 예수님은 아무 말도 하지 않으셨습니다. 이에 헤롯과 군인들은 예수님을 모욕하고 그를 빌라도에게 다시 넘겨주었습니다.

빌라도가 예수님에게 형을 선고하다(요한복음 19:1-16)

금요일 아침 8시쯤

빌라도는 예수님을 채찍으로 때리라고 시켰습니다. 군인들은 가시나무로 왕관을 엮어 예수님 머리 위에 씌우고, 왕이 입는 것 같은 자주색 옷을 입혔습니다. 그리고 예수님을 조롱하고 때리며 말했습니다. "유대인의 왕, 만세!"

빌라도는 무리에게 나가서 예수님은 죄가 없다고 공표했습니다. 그러나 무리는 "그를 십자가에 못 박으시오! 십자가에 못 박으시오!"라고 소리쳤습니다. 이에 빌라도는 예수님을 넘겨주고 십자가에 못 박으라고 했습니다. 그래서 그들은 예수님을 데리고 갔습니다.

성경 시대의 시간을 알아봐요!

시간

성경 시대 사람들은 태양이 떠오를 때(약 6시쯤)부터 하루의 시간을 계산하기 시작했습니다. 태양이 뜬 지 세 시간이 지나면 사람들은 그때를 제삼시라고 불렀습니다. 제삼시는 지금 우리가 말하는 오전 9시입니다. 왜냐하면 지금 우리는 밤 12시부터 시간을 계산하기 때문입니다.

성경의 시간과 지금 우리의 시간

성경 시대	우리 시대	말씀 구절
제삼시	오전 9시	마태복음 20:3
제육시	낮 12시	마태복음 20:6
제칠시	오후 1시(13:00)	요한복음 4:52
제구시	오후 3시(15:00)	마태복음 27:45
제십시	오후 4시(16:00)	요한복음 1:39
제십일시	오후 5시(17:00)	마태복음 20:9, 12

경(watches)

밤에 보초들은 진영이나 성벽에서 **경비**를 섰습니다. 경비는 세 시간마다 교대로 바꾸었습니다. 밤에는 세 시간마다 네 번의 경계를 서기 때문에 다음과 같이 말합니다.

일경
(저녁 6시부터 9시)

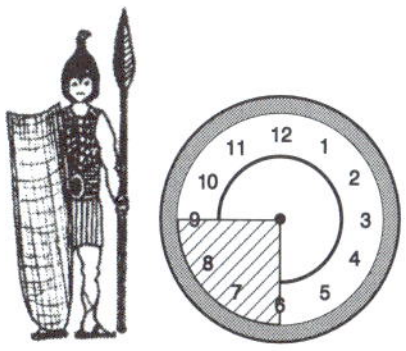

이경
(밤 9시부터 12시)

누가복음 12:38

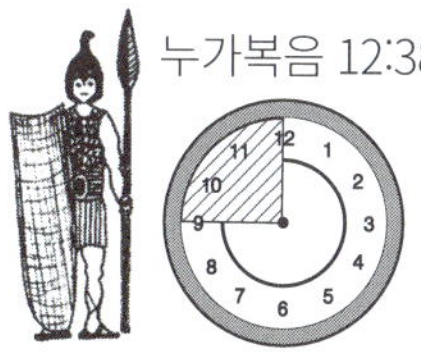

삼경
(밤 12시부터 새벽 3시)

누가복음 12:38

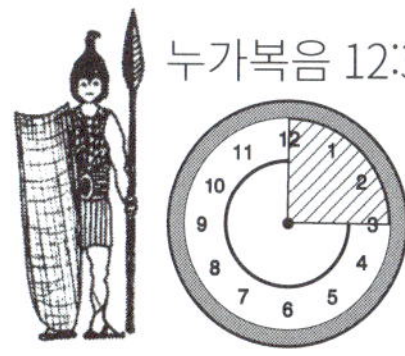

사경
(새벽 3시부터 6시)

마가복음 6:48

예수님이 십자가에 못 박히시다

예수님이 십자가 형장으로 끌려가시다(누가복음 23:26-31)

군인들은 예수님에게 자신의 십자가를 지고 가게 했지만 나중에 구레네 사람 시몬을 끌고 와서 그에게 십자가를 지우고 예수님 뒤를 따라가게 했습니다. 수많은 무리가 그 뒤를 따랐고 많은 여인들이 울고 있었습니다.

예수님은 그 여인들을 향해 이렇게 말씀하셨습니다.

“예루살렘의 딸들아, 나를 위하여 울지 말고
너희와 너희 자녀를 위하여 울라.”

금요일 아침 8시에서 9시 사이

예수님이 십자가에 못 박히시다(누가복음 23:32-43)

그들은 성 밖 언덕에 이르렀고 그곳에서 예수님을 십자가에 못 박았습니다. 다른 두 명의 범죄자들도 함께 십자가에 못 박혔는데, 각각 예수님의 오른편과 왼편에 있었습니다.

십자가에 매달린 예수님께서 말씀하셨습니다.

“아버지, 저 사람들을 용서하여 주소서.
저들은 자기들이 하고 있는 일을 알지 못합니다”(누가복음 23:34, 쉬운성경).

금요일 아침 9시쯤

근처에 있던 군인들은 제비를 뽑아 예수님의 옷을 나누어 가졌습니다. 관리들은 예수님을 조롱하며, “저가 남을 구원하였으니 정말 그가 하나님이 택하신 자 그리스도이면 자신도 구원할 것이다”라고 말했습니다.

예수님 옆에 매달려 있던 죄수 중 한 명도 주님을 모욕하며 말했습니다. “네가 구원자라고? 그럼 너와 우리를 구원해 봐라!”

하지만 다른 죄수는 “너는 곧 죽게 된 상황에서 하나님이 무섭지도 않느냐? 이 사람은 죄가 없는 사람이다”라고 말했습니다. 그리고 이어서 “예수님, 주님의 나라에 들어가실 때 저를 기억해 주소서”라고 말했습니다.

예수님이 돌아가시다

예수님은 그에게 말씀하셨습니다.

"오늘 네가 나와 함께 낙원에 있으리라"(누가복음 23:43).

예수님의 어머니 마리아는 요한과 함께 십자가 옆에 서 있었습니다. 예수님은 어머니를 보시고 이렇게 말씀하셨습니다.

"여자여, 보소서. 아들이니이다"(요한복음 19:26).

그리고 요한에게도 이렇게 말씀하셨습니다.

"네 어머니라"(요한복음 19:27).

어둠이 온 땅을 덮다

때는 낮 열두 시쯤이었는데 온 땅에 어둠이 찾아왔습니다. 그때 예수님은 큰 목소리로 외쳐 말씀하셨습니다.

"나의 하나님, 나의 하나님,
어찌하여 나를 버리셨나이까"(마태복음 27:46).

이후, 예수님은 모든 일을 마치셨음을 아시고 말씀하셨습니다.

"내가 목마르다"(요한복음 19:28).

누군가 신 포도주를 스펀지에 적셔 들어 올려 예수님의 입 가까이 가져갔습니다. 예수님은 맛을 보시고 말씀하셨습니다.

"다 이루었다!"(요한복음 19:30)

그리고 예수님은 말씀하셨습니다.

"아버지, 내 영혼을 아버지 손에 부탁하나이다"(누가복음 23:46).

이 일이 있고 나서 예수님은 고개를 숙이시고 돌아가셨습니다.

그때 지진이 일어나고, 지성소 앞에 걸린 두꺼운 휘장이 위로부터 아래까지 두 조각으로 찢어졌습니다(마태복음 27:51).

예수님이 장사되시다

예수님이 무덤에 묻히시다(요한복음 19:38-42)

아리마대 출신의 요셉이 빌라도에게 가서 예수님을 묻게 해달라고 요청했습니다. 그리고 요셉과 니고데모는 예수님의 시신을 가지고 가서 향유와 삼베로 감쌌습니다.

동산에는 요셉이 소유한 새 무덤이 있었습니다. 그래서 그들은 그곳에 예수님을 묻었습니다.

그들은 무덤 입구에 거대한 돌을 굴려 막아놓고 떠났습니다. 막달라 마리아와 또 다른 마리아가 이를 가까이에서 지켜보았습니다(마태복음 27:57-61).

무덤가의 경비병(마태복음 27:62-66)

이튿날, 대제사장과 바리새인들이 빌라도에게 와서 말했습니다. “그 사람이 살아 있을 때에 삼 일 뒤에 자기가 살아날 것이라고 말한 것을 우리가 기억하고 있습니다. 그러니 삼 일째 될 때까지는 무덤을 봉인하여 지키라고 명령해 주십시오.”

빌라도가 대답했습니다. “경비를 데리고 가서 그대들이 원하는 대로 무덤을 지키시오.”

그래서 그들은 무덤으로 가서 입구를 막은 돌에 인장을 찍고 경비들에게 무덤을 지키라고 하였습니다.

금요일(준비일)

누가복음 23:54

토요일(안식일)

예수님이 죽음에서 부활하시다

부활(누가복음 23:55-24:12)

요셉을 따라 무덤가로 갔던 여인들은 하나님 명령에 따라 안식일을 지켰습니다(신명기 5:13-14).

그러나 일요일 아침 일찍, 여인들은 향유를 준비해서 무덤으로 갔습니다. 그들은 누가 무덤 입구의 돌을 옮겨 놓았을까 궁금해했습니다(마가복음 16:2-3). 그전에 지진이 있었고 하나님의 천사가 내려와 돌을 굴려 놓은 줄 몰랐던 것입니다(마태복음 28:2-4).

여인들은 무덤이 열려 있는 것을 보고 안으로 들어갔습니다. 그런데 예수님의 시신은 그곳에 없었습니다.

무슨 일인지 궁금해하고 있을 때 빛나는 옷을 입은 두 남자가 홀연히 그들 옆에 나타났습니다. 여인들이 두려워하며 고개를 숙이자 그들이 말했습니다. "왜 살아나신 분을 죽은 자들 가운데서 찾느냐? 그분은 여기 계시지 않고 **살아나셨느니라!**"

둘 중 한 천사가 말했습니다. "그분이 배반당하여 십자가에 못 박히고 사흘째 되는 날에 다시 살아날 것이라고 말씀하셨던 것을 기억하여라." 그제야 여인들은 예수님이 전에 하셨던 말씀이 생각났습니다.

이에 여인들은 두려워하면서도 크게 기뻐하며 제자들에게 뛰어가 자신들이 보고 들은 내용을 전했습니다.

매우 이른 일요일 아침

마가복음 16:2-3

일요일(한 주의 첫날)

무덤가의 경비병들은 어떻게 되었나요?
(마태복음 28:4, 11-15 참조)

예수님에 대한 예언들

예수님이 태어나시기 수백 년 전에 구약 시대를 살았던 선지자들은 예수님이 오시면 일어날 일들에 대해 말했습니다. 그들의 모든 예언은 성취되었습니다!

예수님에 대한 구약의 예언들		
예언	구약	신약
예수님의 탄생		
처녀에게서 태어나실 것이다	이사야 7:14	마태복음 1:18-25
베들레헴에서 태어나실 것이다	미가 5:2	마태복음 2:1, 5-6
예수님의 사역		
사람들이 예수님을 믿지 않을 것이다	이사야 6:1-10	요한복음 12:39-41
복음을 전파하시고 병든 자를 고치시고 구원하실 것이다	이사야 61:1-2	누가복음 4:16-21
비유로 말씀하실 것이다	시편 78:2	마태복음 13:34-35
거절당하실 것이다	이사야 53:3	누가복음 9:22
예수님의 죽음		
예수님이 나귀를 타고 예루살렘에 들어가실 것이다	스가랴 9:9	마태복음 21:1-11
은 삼십 전에 팔리실 것이다	스가랴 11:12-13	마태복음 27:3-10
창에 찔리실 것이다 (십자가에 못 박히실 것이다)	스가랴 12:10	요한복음 19:34, 37
예수님 옷을 제비 뽑아 나눌 것이다	시편 22:18	마태복음 27:35
십자가에서 부르짖으실 것이다	시편 22:1	마태복음 27:46
목이 마르실 것이다	시편 69:21	요한복음 19:28-29
그 뼈가 부러지지 않을 것이다	시편 34:20	요한복음 19:30-36
그의 영혼이 지옥에 머물지 않을 것이다	시편 16:10	사도행전 2:24

누가복음 24:9-35

예수님을 처음으로 목격한 사람들

여인들이 전한 소식(누가복음 24:9-12)

빈 무덤을 본 여인들은 열한 제자들을 찾아(9절) 이 모든 일을 전해 주었습니다.

그런데 제자들은 그 이야기가 말이 되지 않는다고 생각하여 믿지 않았습니다. 하지만 베드로와 요한은 무덤으로 뛰어갔습니다. 그곳에 도착한 베드로는 안에 들어가서 삼베 천이 바닥에 놓여 있는 것을 보았습니다. 요한도 그것을 보고 믿었습니다. 그리고 그들은 집으로 다시 돌아왔습니다(요한복음 20:3-10).

엠마오로 가던 두 제자들(누가복음 24:13-35)

한편, 예수님의 두 제자가 예루살렘에서 엠마오 마을로 걸어가고 있었습니다. 예루살렘에서 일어난 끔찍한 사건을 얘기하며 가고 있을 때, 갑자기 예수님이 나타나 그들 옆에서 함께 걷기 시작했습니다. 하지만 두 사람은 예수님을 알아보지 못했습니다.

예수님께서 물으셨습니다. "두 사람은 무슨 얘기를 하고 있소?" 그들은 슬픈 표정을 지으며 멈춰 섰습니다. 그리고 글로바가 대답했습니다. "예루살렘에 있었는데도 지난 며칠 동안 일어난 일을 당신만 모른단 말이오?"

"무슨 일이 있었습니까? 무슨 얘기를 하는 겁니까?" 예수님이 물으셨습니다.

"나사렛 예수에 대한 이야기입니다." 그들이 대답했습니다. "예수님은 십자가에서 돌아가셨습니다. 우리는 그분이 이스라엘을 구원하실 분이기를 바랐습니다. 그런데···

왜 열한 제자만 남게 되었나요?
(마태복음 27:3-5 참조)

누가복음 24:13-49

제자들이 예수님을 다시 만나다

여인들이 오늘 아침 일찍 무덤에 갔더니 주님의 시신이 그곳에 없었다고 합니다. 그리고 천사들이 나타나 예수님이 다시 살아나셨다고 말했다고 합니다."

"정말 어리석군요." 예수님께서 말씀하셨습니다. "당신들은 선지자들이 예언한 것을 이해하고 믿는 것이 참으로 더딥니다. 분명 그리스도께서 영광에 들어가기 전에 이와 같은 고난을 당해야 한다고 했습니다." 계속해서 예수님은 아들을 보내어 백성들을 죄에서 구원하시려는 하나님의 계획에 대해 설명해 주셨습니다. 예수님은 모세와 선지자들이 한 말을 인용하며 구약 말씀을 설명해 주셨습니다.

엠마오에 가까이 왔을 때, 예수님은 더 멀리 갈 것처럼 하셨습니다. 하지만 두 제자는 너무 늦었으니 함께 머물고 가라고 간청했습니다. 그래서 예수님은 그들과 함께 집으로 들어가셨습니다.

그들이 식사를 위해 자리에 앉자 예수님은 떡을 놓고 감사를 드리셨습니다. 그리고 떡을 떼어 두 제자들에게 주셨습니다. 그때 그들은 그분이 바로 예수님이심을 깨달았습니다. 그런데 예수님을 알아본 순간 그분은 사라지셨습니다.

두 제자는 서로 말했습니다. "그분이 길에서 우리와 함께 대화하실 때 가슴이 뜨겁지 아니하더냐?" 그들은 즉시 일어나 급히 예루살렘으로 가서 제자들과 그들과 함께 있던 다른 사람들을 만났습니다. 그리고 말했습니다. "과연 사실이었어! 주님은 다시 살아나셨어!"

예수님이 제자들에게 자신의 모습을 보이시다

제자들이 이런 얘기를 하고 있을 때, 예수님께서 직접 그들 가운데 서서 말씀하셨습니다. "평강이 있을지어다." 그들은 유령을 보는 것으로 생각하고 두려워했습니다.

제자들이 다시 열두 명이 되었을까요?
(사도행전 1:20-24-26 참조)

누가복음 24:13-49, 요한복음 20:24-31

도마도 예수님을 보다

그러나 예수님은 제자들을 진정시키고 말씀하시기를, "어찌하여 두려워하며 어찌하여 마음에 의심이 일어나느냐? 내 손과 발을 보고 나인 줄 알라. 또 나를 만져 보라. 영은 살과 뼈가 없으되 너희가 보는 바와 같이 나는 있느니라"라고 하셨습니다. 그리고 예수님은 그분의 손과 발을 제자들에게 보여 주셨습니다.

그런 다음 예수님은 "무슨 먹을 것이 있느냐?"라고 물으셨습니다. 이에 제자들이 생선을 드리자 그 앞에서 잡수셨습니다. 이후 예수님은 그곳에 모인 사람들에게 성경에 기록된 대로 주님이 죽으시고 다시 부활하셔야 했음을 그들이 이해할 수 있게 말씀해 주셨습니다.

그러고 나서 예수님은 "너희가 이 모든 일의 증인이다"라고 말씀하셨습니다.

제자 중 하나인 도마는 예수님이 나타셨을 때 그곳에 없었습니다. 나중에 제자들이 도마에게 예수님을 본 사실을 전하자 그가 말했습니다. "그 손의 못 자국을 보고 내 손가락을 그 못 자국에 넣으며 내 손을 그 옆구리에 넣어 보지 않고는 믿지 못할 것 같소."

일주일 후, 제자들이 다시 집 안에 모여 있을 때 도마도 그들과 함께 있었습니다. 문이 닫혀 있었지만 예수님이 나타나셔서 그들 가운데 서서 말씀하셨습니다. "너희에게 평강이 있을지어다." 그리고 도마에게 말씀하셨습니다. "네 손가락을 이리 내밀어 내 손을 만져 보고 네 손을 내밀어 내 옆구리에 넣어 보라. 의심하는 자가 되지 말고 믿는 자가 되어라!"

도마가 외쳤습니다. "나의 주님, 나의 하나님!"

그때 예수님께서 말씀하셨습니다. "너는 나를 본 고로 믿느냐. **보지 못하고 믿는 자들은 복되도다**"(요한복음 20:29).

나의 주님,
나의 하나님!

요한복음 21:1-14

디베랴 바닷가의 기적

예수님께서 제자들에게 세 번째로 보이셨을 때 그들은 갈릴리 디베랴 바다에 있었습니다.

그때 일어난 일은 다음과 같습니다.

일곱 제자가 함께 있었는데, 그때 베드로가 말했습니다. "나는 고기를 잡으러 가려고 하네." 다른 제자들도 말했습니다. "우리도 함께 가겠네."

그들은 배를 타고 나가 밤새 노력했지만 물고기를 한 마리도 잡지 못했습니다.

다음 날 아침 일찍 예수님이 해변 가에 서 계셨지만 제자들은 그분이 주님인 줄 몰랐습니다. 예수님이 제자들에게 소리치셨습니다. "자네들, 물고기를 좀 잡았는가?"

"아니요, 못 잡았소." 제자들이 대답했습니다.

"그물을 배 오른편에 던지시오. 그러면 잡을 수 있을 것이오." 예수님이 다시 소리치셨습니다.

제자들이 그 말대로 하자 너무 많은 물고기가 잡혀 그물을 끌어올릴 수 없을 지경이었습니다.

요한이 베드로에게 말했습니다. "저분은 주님이셔." 이 말을 들은 베드로는 물속으로 뛰어 들어갔습니다. 다른 제자들은 그물을 끌고 해변으로 왔습니다. 와 보니 숯불 위에 생선도 놓여 있고 떡도 있었습니다.

그때 예수님께서 그들에게 말씀하셨습니다. "방금 잡은 생선을 가져와 보아라." 이에 베드로가 배로 다시 가서 그물을 땅으로 끌어 내렸습니다. 물고기를 다 세어 보니, 153 마리였습니다. 그렇게 많은 고기가 들어 있는데도 그물은 끊어지지 않았습니다.

그때 예수님께서 그들에게 말씀하셨습니다. "와서 아침을 먹으라." 제자들은 이미 그분이 주님이신 줄 알았기에 아무도 감히 "당신은 누구십니까?"라고 묻는 자가 없었습니다.

요한복음 21:15-19

예수님께서 베드로에게 말씀하시다

먹기를 다 마치자, 예수님께서 베드로에게 말씀하셨습니다.

“**요한의 아들 시몬아, 네가 이 사람들보다 나를 더 사랑하느냐?**” 베드로가 대답했습니다. “네, 주님. 제가 주님을 사랑하는 줄 주님께서 아십니다.” 이에 예수님께서 말씀하셨습니다. “내 어린 양을 먹이라.”

예수님은 두 번째로 물어보셨습니다. “**요한의 아들 시몬아, 네가 나를 사랑하느냐?**” 베드로가 대답했습니다. “네, 주님. 제가 주님을 사랑하는 줄 주님께서 아십니다.” 이에 주님께서 말씀하셨습니다. “내 양을 치라.”

예수님은 세 번째로 물어보셨습니다. “**요한의 아들 시몬아, 네가 나를 사랑하느냐?**” 예수님께서 “네가 나를 사랑하느냐?”라고 세 번째 물어보시자 베드로는 매우 근심하며 말했습니다. “주님은 모든 것을 아시오니, 내가 주님을 사랑하는 줄을 주님께서 아십니다.” 이에 예수님께서 말씀하셨습니다. “내 양을 먹이라.”

내가 실수를 해도 예수님은 여전히 나를 사용하실 수 있을까요?

모세, 삼손, 다윗, 베드로, 그 외에 많은 사람들이 하나님께 크게 쓰임을 받았습니다. 그런데 하나님을 누구보다 더 잘 알았을 그들이 안타깝게도 하나님께 불순종하고 그 뜻을 저버리기도 했습니다. 베드로는 예수님을 세 번 부인했습니다(282페이지 참조).

이제 예수님은 베드로에게 중요한 임무가 있음을 확인시켜 주셨습니다. 그것은 교회의 어린 신자들을 돌보는 것이었습니다. 예수님은 베드로를 믿고 그분의 양 떼를 돌보게 하셨습니다.

이 땅에 사는 동안 우리는 결코 온전할 수 없습니다. 그러나 하나님은 우리의 모습 그대로 우리를 사용하실 수 있고 또 그렇게 하기를 원하십니다. 하지만 우리가 죄를 지었다면, 다시 깨끗한 마음으로 그분을 섬길 수 있도록 반드시 하나님께 용서를 구해야 합니다.

누가복음 24:50-53, 사도행전 1:4-13

예수님께서 하늘로 올라가시다

제자들과 식사하실 때, 예수님은 하나님 아버지께서 약속하신 선물을 보낼 때까지 예루살렘을 떠나지 말라고 말씀하셨습니다. 전에도 예수님은 그분이 하늘로 올라가면 보내실 선물에 대해 얘기하신 적이 있었습니다(요한복음 16:7).

그리고 예수님은 제자들을 데리고 베다니로 가서 말씀하셨습니다. "너희는 예루살렘과 유대와 사마리아에 이르기까지 내 증인이 될 것이다."

이후 예수님은 손을 들어 제자들을 축복하셨습니다. 예수님은 그들을 축복하는 가운데 하늘로 올라 구름 속으로 사라지셨고 제자들은 더 이상 예수님을 볼 수 없었습니다.

제자들이 계속 하늘을 바라보고 있는데, 어느새 흰 옷을 입은 두 남자가 그들 옆에서 있었습니다.

"어찌하여 서서 하늘을 쳐다보고 있느냐?" 그들이 말했습니다. "너희 가운데서 하늘로 올라가신 예수님은 하늘로 가신 것을 너희가 본 그대로 오실 것이다."

이에 제자들은 감람산으로 내려와서 전에 머물던 예루살렘의 다락방으로 돌아갔습니다.

사도행전(Acts)

사도행전은 누가복음의 저자인 '누가'가 쓴 책입니다. 사도행전은 **복음서** 이후의 이야기를 담고 있으며 신약의 나머지 **서신서**들과 연관되어 있습니다. 사도행전은 '사도들의 행전'이라는 말을 줄인 표현입니다. 사도행전은 사도들의 행적과 교회가 어떻게 시작되었는지를 알려 줍니다.

사도행전 1:13-26

새로 뽑힌 제자 맛디아

열한 제자들은 예수님의 어머니 마리아와 그분의 형제들, 그리고 예수님을 따랐던 다른 여인들과 함께 기도하며 시간을 보냈습니다.

그때 베드로가 120명의 믿는 자들에게 이렇게 말했습니다. “예수님이 처음 세례 받으셨던 때부터 하늘로 올라가신 날까지 우리와 늘 함께했던 사람 중에서 한 사람을 뽑아 유다를 대신합시다. 유다는 예수님을 잡았던 악한 자들을 돕고 스스로 목숨을 끊어 버렸습니다. 이제 한 사람을 선택해서 예수님이 죽은 자 가운데서 살아나신 것에 대한 증인으로 삼읍시다.”

요셉과 맛디아 두 사람의 이름이 거론되었습니다. 그들은 이렇게 기도했습니다. “주님, 당신은 모든 사람의 마음을 아십니다. 이 둘 중에서 누구를 뽑아 유다를 대신할지 보여 주십시오.” 그들이 제비를 뽑으니 맛디아가 뽑혀 열한 사도와 함께 사도의 수에 들게 되었습니다.

오순절은 무엇일까요?

오순절은 밀 수확의 시작을 기념하는 유대인의 명절입니다. 오순절은 유월절이 있고 칠 주(49일)가 지난 후입니다. 오순절이라는 말은 바로 “오십 번째 날”이라는 뜻입니다.

오순절은 모든 믿는 자에게 성령이 내려오신 날이기 때문에 그리스도인들에게 중요한 날입니다. 그리고 성령님은 모든 믿는 자 속에서 살아계십니다(사도행전 2장).

예수님의 형제들은 누구였습니까?
(마태복음 13:56 참조)

사도행전 2:1-13

성령이 임하시다

유대인의 명절 오순절이 되었습니다. 전국에서 사람들이 예루살렘으로 모여들었습니다. 예수님께서 성령이 올 때까지 기다리라고 말씀하셨기 때문에 제자들(이제는 사도들이라고 불리는) 또한 예루살렘에 있었습니다.

그들이 한 방에 같이 있을 때, 홀연히 하늘에서 강력한 바람이 부는 듯한 소리가 나더니 그들이 있던 방을 가득 채웠습니다. 그리고 불의 혀와 같은 것이 각 사람에게 내려와 앉았습니다. 모든 사람은 성령으로 충만하게 되어 방언으로 말하기 시작했습니다.

명절로 인해 먼 곳에서 온 유대인들도 많았습니다. 시끄러운 소리를 듣고 많은 사람들이 달려와 그 집 주변에 모여들었습니다. 그곳에서 믿는 자들이 각 지방의 언어로 얘기하는 것을 듣고 사람들은 매우 놀랐습니다. 그들은 말했습니다. "어떻게 이런 일이 있을 수 있지? 이 사람들은 갈릴리 출신이 아닌가? 어떻게 이 모든 언어를 다 말할 수 있단 말인가?"

그곳에는 바대 사람, 메대 사람, 엘람 사람, 그레데 사람, 아라비아 사람들이 있었습니다. 또 메소보다미아, 유대, 갑바도기아, 본도, 아시아, 브루기아, 밤빌리아, 애굽, 리비야, 로마에서 온 사람들도 있었습니다.

이들 모두가 그들의 언어로 복음을 듣게 되었습니다.

성령님

성령님은 누구인가요?

- 성령님은 삼일위체(세 인격 안에 계신 하나의 하나님)에서 제삼의 위격(인격)을 말합니다. 성령님은 모든 면에서 하나님과 같으십니다.
- 성령님은 어떤 강력한 힘이 아니라 하나의 인격이십니다. 그래서 우리는 성령님을 '그것'이라 부르지 않고 '그분'이라고 부릅니다.
- 성령님은 천지가 창조될 때 그곳에 계셨습니다. 성령님은 예수님이 세례 받으신 후 예수님께 임하셨고 지금은 우리 안에 거하십니다.

성령님은 어떤 일을 하시나요?

- 성령님은 죄인들이 죄를 깨닫고 하나님께 돌이켜서 용서받을 수 있게 해주십니다(요한복음 16:8).
- 성령님은 모든 믿는 자 안에 거하십니다(요한일서 3:24).
- 성령님은 율법을 지키지 못한 우리를 죄와 사망에서 해방시켜 주십니다(로마서 8:2).
- 성령님은 우리가 예수님을 닮아갈 수 있게 도와주십니다(고린도후서 3:18).
- 성령님은 우리가 연약하여 뭐라고 말해야 할지 모를 때 우리를 대신하여 아버지께 기도해 주십니다(로마서 8:26-27).
- 성령님은 우리가 하나님의 진리 안에 살 수 있도록 바른 길로 인도해 주십니다(요한복음 16:13).
- 성령님은 모든 신자에게 하나 이상의 영적 은사를 주십니다(고린도전서 12:7-11).
- 성령님은 우리가 무슨 말을 해야 할지 알려 주십니다(누가복음 12:11-12).
- 성령님은 우리가 하나님에 대해 이해할 수 있도록 도와주십니다(요한복음 16:15).
- 성령님은 우리가 하나님을 예배할 수 있게 도와주십니다(빌립보서 3:3).
- 성령님은 우리에게 권능을 주십니다(에베소서 3:16).
- 성령님은 우리 마음 안에 거하십니다. 그분은 우리에게 구원과 영생이 있음을 확실히 알려 주는 표징이 되십니다(고린도후서 1:22, 5:5).

사도행전 2:14-47

교회의 탄생

많은 사람들이 믿는 자들이 머물고 있는 집으로 모여들었습니다. 베드로가 그들에게 말했습니다. "오늘 일어난 일은 선지자 요엘이 예언한 것과 같습니다.

'하나님이 말씀하시기를 말세에
내가 내 영을 모든 육체에 부어 주리니
너희의 자녀들은 예언할 것이요
너희의 젊은이들은 환상을 보고
너희의 늙은이들은 꿈을 꾸리라'"
(사도행전 2:17, 요엘 2:28).

이어서 베드로는 무리에게 담대하게 복음을 전했습니다. "누구든지 주의 이름을 부르는 자는 구원을 받을 것입니다."

베드로가 십자가에 못 박히신 예수님이 사람을 죄에서 구원하기 위해 오신 하나님의 아들이심을 얘기하자 그들이 말했습니다. "형제님들, 우리가 어떻게 해야 하겠소?"

베드로가 대답했습니다. "여러분 모두 죄를 회개하고 하나님께로 돌아와 예수 그리스도의 이름으로 세례를 받으십시오. 그러면 성령을 선물로 받게 될 것입니다. 이 약속은 여기 모인 모든 사람과 여러분의 자녀들을 향한 약속입니다."

베드로는 죄에 젖어든 매일의 삶에서 그들을 구원해 달라고 간구했습니다. 많은 사람들이 베드로의 설교를 듣고 세례를 받았는데, 그날 믿은 사람의 수는 3000명이나 되었습니다.

* * *

믿게 된 자들은 날마다 사도들의 가르침을 듣고 함께 기도하며 시간을 보냈습니다. 사도들은 여러 가지 놀라운 기적을 행하였고 사람들은 하나님에 대한 두려운 경외감으로 가득 차 있었습니다. 그들은 모든 것을 함께 나누었고 심지어 자기 것을 팔아 가난한 사람들을 돕기도 했습니다. 그들은 성전과 집에서 함께 모였습니다. 사람들은 신자들에게 호의적이었고 날마다 더 많은 사람들이 믿게 되었습니다.

사도행전 3:1-26

못 걷는 사람이 치유를 받다

어느 날, 베드로와 요한이 기도하러 성전으로 올라가고 있었습니다. 때는 오후 세 시쯤 되었습니다.

베드로와 요한이 성전으로 막 들어가려던 때에 걷지 못하는 한 남자가 바깥에서 돈을 구걸하고 있었습니다. 베드로는 멈추어서 그에게 말했습니다. "우리를 보라, 은과 금은 내게 없거니와 내게 있는 이것을 네게 주노니 나사렛 예수 그리스도의 이름으로 일어나 걸으라."

베드로는 그 남자를 손으로 잡아 일으켰습니다. 그러자 즉시 그의 발목에 힘이 생겼습니다. 태어날 때부터 걷지 못했던 그 거지는 뛰면서 걷기 시작했습니다. 그리고 베드로, 요한과 함께 성전에 들어가며 걷고 뛰면서 하나님을 찬양했습니다.

사람들은 걸으며 찬양하는 남자를 보고 그가 성전 문에서 구걸하던 사람임을 알아보았습니다. 그리고 그에게 일어난 일을 놀라워했습니다. 많은 사람들이 이 기적을 보려고 몰려들자 베드로가 말했습니다.

"이스라엘 사람들이여, 왜 이 일을 이상하게 여깁니까? 어찌하여 우리가 우리의 능력이나 경건으로 이 사람을 걷게 하기나 한 것처럼 우리를 바라봅니까? 하나님은 여러분이 십자가에 못 박은 그분의 종 예수님을 영광스럽게 하셨습니다. 여러분은 회개하고 하나님께 돌아와서 죄 씻음을 받으십시오. 그러면 영적으로 새롭게 되는 날이 여러분에게 이를 것입니다."

사도행전 4:1-22

위험에 처한 베드로

베드로와 요한이 무리에게 말씀을 전하고 있을 때 제사장들과 성전의 다른 관리들이 그들에게 다가왔습니다. 그들은 베드로와 요한이 예수를 통해 영생을 얻는다고 전하는 것에 대해 매우 불쾌해했습니다.

그들은 하루가 끝날 무렵에 베드로와 요한을 체포하였고 아침까지 감옥에 가두어 놓았습니다. 하지만 베드로의 말씀을 듣고 수많은 사람들이 믿었습니다. 여자와 아이들을 빼고도 5000명이나 되는 수였습니다.

다음 날 종교 지도자들과 장로들과 선생들은 예루살렘에서 회의를 했습니다. 그들은 두 제자를 불러 질문했습니다. "당신들은 무슨 권세와 누구의 이름으로 이런 일을 하였소?"

그때 베드로는 성령이 충만하여 그들에게 말했습니다. "백성의 지도자들과 장로 여러분, 우리가 오늘 신문을 받는 것이 그 병자에게 행한 선한 일 때문입니까? 그가 어떻게 낫게 되었는지 정말로 알고 싶으십니까? 제가 말씀드리겠습니다. 다리를 못 쓰던 그가 여러분 앞에 서 있게 된 것은 바로 여러분이 십자가에 못 박아 죽였으나 하나님이 죽은 사람들 가운데서 살리신 나사렛 예수 그리스도의 이름을 힘입어서 된 것입니다. 예수님 외에는, 다른 아무에게도 구원은 없습니다. 하나님은 온 천하에 구원을 받을 만한 다른 이름을 우리에게 주신 일이 없습니다."

그들은 베드로와 요한이 특별한 교육을 받지 않은 평범한 사람들인 줄 알았는데, 이렇게 담대하게 말하는 것을 보고 놀랐습니다. 그들은 그 두 사람이 예수와 함께 다녔다는 사실을 알았지만, 병 고침을 받은 사람이 그들 곁에 서 있었기 때문에 아무 말도 할 수 없었습니다. 그들은 베드로와 요한에게 예수에 대해 가르치지 말라고 명령했습니다.

하지만 베드로가 대답했습니다. "하나님의 말씀을 듣는 것보다 당신들의 말을 듣는 것이 하나님 보시기에 옳은 일인가를 판단해 보십시오." 결국 그들은 베드로와 요한에게 경고만 하고 풀어주었습니다.

사도행전 4:23-35

믿는 자들이 기도하고 함께 나누다

베드로와 요한은 다른 형제들에게 가서 종교 지도자들이 했던 말을 전해 주었습니다. 신자들은 그들의 위협을 듣고 하나님께 다음과 같이 기도드렸습니다.

> "전능하신 하나님, 모든 것을 다스리시는 주님, 주님은 하늘과 땅과 바다와 그 안에 있는 모든 것을 지으셨습니다. 주님께서는 주님의 종 우리의 조상 다윗을 통해 성령으로 이렇게 말씀하셨습니다. '어찌하여 이방 나라들이 분노하며, 여러 민족이 헛된 일을 꾀하였는가? 세상 왕들이 들고 일어나고, 통치자들이 함께 모여 주님과 그의 그리스도(예수님)에게 대적하였다'(시편 2:1-2 참조).
>
> 주님의 종들이 참으로 담대하게 주님의 말씀을 전하게 도와주십시오. 그리고 능력의 손을 뻗치시어 병을 낫게 해주시고, 기적과 놀라운 일들이 예수님의 이름으로 일어나게 해주십시오."

기도를 마치자 그들이 모인 곳이 진동했습니다. 신자들은 성령으로 충만하여 담대하게 하나님 말씀을 전파했습니다.

모든 믿는 자들이 한마음과 한뜻이 되었습니다(그들은 마치 한 가족처럼 연합되었습니다.) 그들은 자기 소유를 자기 것이라 주장하지 않고 모든 것을 함께 사용하였습니다. 한편 사도들은 예수님이 죽은 자 가운데서 살아나신 것과 그들이 실제로 예수님의 살아계심을 보았다는 것을 계속 사람들에게 증언했습니다.

하나님의 축복이 모든 믿는 자들에게 임하였고 그들 중에 궁핍한 사람이 하나도 없었습니다. 그것은 땅이나 집을 가진 사람들이 그것을 판 돈을 사도들 앞에 가져왔고 사도들이 그것을 각 사람에게 필요에 따라 나누어 주었기 때문입니다.

교회

교회란 무엇인가요?

교회는 주님을 믿고 그분의 길을 따르는 자들이 모인 곳입니다(로마서 3:22-24). 교회는 우리 눈에 보이는 건물이 아닙니다. 그것은 영적인 건물입니다. 우리는 **성령님이 거하시는 성전**이며, 우리 각 사람은 하나님의 아름다운 거처에 있는 살아있는 돌과 같습니다(에베소서 2:22).

교회는 또한 **그리스도의 몸**입니다(고린도전서 12:27 참조, 에베소서 5:23). 그리스도의 몸의 일부분을 담당하는 우리 각 사람은 주님께 영광을 돌리고 서로를 섬길 수 있도록 영적 은사뿐 아니라 특별한 능력을 받았습니다. 몸의 각 부분이 특별하고 중요한 일을 담당하듯 우리도 그리스도의 몸에서 각각 특별한 임무를 부여받았습니다.

지역 교회에 속하는 것은 왜 중요할까요?

다른 믿는 사람들과 만나는 것은 중요합니다. 그 이유는 무엇일까요?

- 함께 주님을 예배할 수 있습니다(골로새서 3:16).
- 성경에 대해 배우며 영적으로 성장해갈 수 있습니다(골로새서 1:28).
- 우리의 헌물을 하나님께 가져올 수 있습니다(고린도전서 16:2).
- 서로를 위해 기도할 수 있습니다(마태복음 18:19-20).
- 우리의 영적 은사로 서로를 도와줄 수 있습니다(고린도전서 1:4-7).
- 서로 돕고 격려할 수 있습니다(히브리서 10:25).
- 성찬식에 참여하여 예수님의 죽으심을 기억할 수 있습니다(사도행전2:46).
- 팀으로 함께 다른 사람들에게 예수님을 전할 수 있습니다(고린도전서 3:8-9).

사도행전 5:1-11

아나니아와 삽비라

아나니아라는 한 남자가 그의 아내 삽비라와 함께 재산을 팔았습니다. 아나니아는 사도들 앞에 재산을 판 돈을 가져왔는데 나머지 일부는 자신이 챙겼습니다. 아내도 그 사실을 알았습니다.

베드로가 그에게 말했습니다. "아나니아, 어찌하여 당신의 마음이 사탄에게 홀리게 했소? 당신은 성령을 속이고 자기를 위해 돈을 챙겨 두었소. 땅을 팔고 난 돈은 당신 것이기에 당신 마음대로 할 수 있었소. 그런데 당신은 마치 이 돈이 땅을 판 전부인 양 가지고 왔소. 당신은 사람에게 거짓말한 것이 아니라 하나님께 거짓말한 것이오." 아나니아는 이 말을 듣고 그 자리에서 쓰러져 죽었습니다.

세 시간쯤 지나, 그의 아내 삽비라가 들어왔습니다. 그녀는 남편에게 무슨 일이 일어났는지는 모르고 있었습니다.

베드로가 그녀에게 물었습니다. "당신과 남편이 땅을 판 값이 이것이었소?"

"네, 그만큼입니다." 그녀가 대답했습니다.

그러자 베드로가 말했습니다. "왜 당신들은 이런 일을 벌였소? 성령을 속일 수 있다고 생각했소? 당신 남편을 묻은 사람들이 이제 문 앞에 왔으니 그들이 당신도 메고 나갈 것이오." 그 순간 삽비라도 엎드러져 죽었습니다. 그러자 젊은이들이 와서 그녀를 메고 나가 남편 옆에 묻었습니다. 교회 사람들과 이 소식을 들은 사람들은 모두 매우 두려워했습니다.

하나님은 죄가 들어와 하나님의 심오한 계획을 망치게 할 수 없으셨습니다. 하나님은 죄가 교회의 토대를 약화시키고 파괴하게 하실 수 없으셨습니다. 왜냐하면 교회는 **진리의 기둥이며 터**이기 때문입니다(디모데전서 3:15).

스데반

일곱 일꾼 중 한 사람(사도행전 6:1-7)

교회는 가난한 과부들에게 매일 음식을 나눠 주는 일을 시작했습니다. 그런데 헬라파 유대인들은 히브리파 유대인들만 편애를 받고 자기네 헬라파 과부들은 음식을 제대로 받지 못하고 있다고 불평했습니다.

제자들은 그 문제를 논의하기 위해 만났습니다. 그들은 하나님 말씀을 가르칠 수 있는 시간을 음식 나누는 문제에 다 쓰는 것은 좋지 않다고 생각했습니다. 그래서 믿음과 성령이 충만한 스데반과 다른 여섯 사람들을 뽑아 음식을 공정하게 나눠 주도록 했습니다.

스데반의 설교(사도행전 6:8-7:53)

스데반은 주님의 이름으로 많은 기적을 행했습니다. 그러나 회당의 어떤 사람들은 스데반과 논쟁을 벌였습니다. 그리고 스데반에 대한 거짓말을 만들어 그를 체포시켰습니다.

대제사장이 그 지도자들의 말이 맞는지 묻자, 스데반은 자기 백성을 향한 하나님의 계획에 대해 말하기 시작했습니다. 아브라함에게 하신 하나님의 약속과 하나님께서 어떻게 모세를 통해 그분의 백성을 해방시키셨는지를 이야기했습니다. 또한 그들에게 여호수아가 어떻게 그들의 선조들을 약속의 땅으로 인도했는지 생각나게 했습니다. 그러나 그들도 그들의 조상들처럼 완고하여 성령을 거역했다고 말했습니다.

스데반이 돌에 맞다(사도행전 7:54-60)

사람들은 스데반의 말을 듣고 몹시 화가 났습니다. 하지만 스데반은 성령으로 충만하여 하늘을 올려다보았고 하나님의 영광과 예수님이 하나님의 오른편에 서 계신 것을 보았습니다. 그때 그들은 스데반을 성 밖으로 끌어내서 그에게 돌을 던지기 시작했습니다.

스데반은 "주님, 저들을 용서해 주소서"라고 기도하고 죽음을 맞이했습니다.

사도행전 8:4-8, 8:26-40, 이사야 53:7-8

에디오피아에서 온 사람

제자 중 하나인 빌립은 사마리아에 복음을 전하러 갔습니다. 무리는 빌립의 설교를 듣고 또 다리 저는 자가 고침 받는 것을 보고 그의 말을 열심히 경청했습니다.

그때 천사가 빌립에게 말했습니다. "일어나서 남쪽으로 향하여 예루살렘에서 가사로 내려가는 길까지 가라."

빌립은 순종하였습니다. 그리고 가는 길에 마차를 타고 가던 에디오피아의 관리를 만났습니다. 그 에디오피아인은 예배를 드리러 예루살렘에 갔다가 집으로 돌아가는 길이었습니다. 그때 그는 이사야서를 읽고 있었습니다.

빌립은 마차를 향해 달려가서 그가 이사야 53장 7-8절을 읽는 것을 들었습니다. "지금 읽는 내용을 이해하십니까?" 빌립이 물었습니다.

"누가 나에게 설명을 해주지 않는데 어떻게 이해할 수 있겠소?" 그가 대답했습니다. 그리고 그는 빌립을 청해 마차에 함께 앉게 하고 물었습니다. "이 선지자는 무엇에 대해 말하고 있는 것입니까?"

이에 빌립은 이사야가 우리를 위해 죽으러 오신 예수님에 대해 말하고 있다고 설명해 주었습니다.

그렇게 가던 중에 그 관리가 빌립에게 말했습니다. "보십시오, 저기 물이 있습니다. 제가 세례를 받아도 되지 않겠습니까?" 그래서 그들은 마차를 멈추고 물가로 내려갔고 빌립은 그에게 세례를 주었습니다.

물에서 나오자 주님의 성령이 빌립을 데리고 떠나 그는 아소도라는 마을로 가게 되었습니다. 그곳에서도 빌립은 계속 말씀을 전했습니다. 에디오피아에서 온 사람은 빌립을 다시 만나지 못했습니다. 그는 크게 기뻐하며 자기의 길을 갔습니다.

사도행전 8:1-3, 9:1-9

예수님께서 사울에게 나타나시다

흩어진 교회(사도행전 8:1-3)

스데반이 돌에 맞아 죽은 날, 악한 자들이 예루살렘 교회를 크게 박해하기 시작했습니다. 수많은 신자들이 보다 안전한 먼 곳으로 떠나 살게 되었습니다.

사울은 교회를 없애려고 노력하는 무리의 지도자였습니다. 그는 믿는 사람의 집을 다니며 남자와 여자를 끌고 와 감옥에 가두었습니다.

사울은 다마섹 회당의 신자들을 잡기 위해 그 일을 허락하는 대제사장의 편지를 받아 두었습니다.

사울이 길을 떠나 다마섹 가까이에 이르렀을 때 환한 빛이 그를 둘러 비추었습니다. 그가 땅에 주저앉자 한 음성이 들려왔습니다. "사울아, 사울아, 네가 어찌하여 나를 핍박하느냐?"

"주여, 누구십니까?" 사울이 물었습니다.

그 음성이 대답했습니다. "나는 네가 핍박하는 예수다. 이제 일어나서 시내로 가라. 거기 가면 네가 할 일을 알려 줄 사람이 있을 것이다."

그와 함께 여행하던 사람들은 소리는 들었으나 아무도 보지 못하여 말도 못하고 가만히 서 있었습니다.

그때 사울이 일어났는데 눈이 보이지 않았습니다. 그래서 사람들이 그의 손을 이끌고 다메섹으로 데려갔습니다.

사울은 삼 일 동안 먹지도 마시지도 않았습니다.

다메섹의 사울

다메섹에는 아나니아라는 이름의 제자가 살았습니다. 그런데 주님께서 환상 가운데 그에게 나타나 사울이 머물고 있는 집으로 가서 그가 다시 볼 수 있도록 안수하라고 말씀하셨습니다. 아나니아는 사울이 누구인지, 또 그가 주님을 따르는 사람들에게 무슨 일을 했는지 알고 있었기에 처음에는 두려워했습니다.

그러나 주님께서 아나니아에게 말씀하셨습니다. "이 사람은 이방인들과 왕들과 이스라엘 백성들에게 말씀을 전하도록 내가 선택한 그릇이다!"

이에 아나니아는 그 집으로 가서 사울에게 안수하며 말했습니다. "사울 형제, 당신에게 나타나셨던 예수님께서 나를 보내셔서 당신이 다시 볼 수 있도록, 또 성령으로 충만해지도록 하셨습니다."

즉시 사울의 눈에서 비늘 같은 것이 벗겨져 다시 볼 수 있게 되었습니다. 그리고 그는 일어나 세례를 받았습니다.

예수님은 박해받는 것에 대해서 뭐라고 말씀하셨나요?

마태복음 5:10-12

"의를 위하여 박해를 받은 자는 복이 있나니 천국이 그들의 것임이라. 나로 말미암아 너희를 욕하고 박해하고 거짓으로 너희를 거슬러 모든 악한 말을 할 때에는 너희에게 복이 있나니 기뻐하고 즐거워하라. 하늘에서 너희의 상이 큼이라. 너희 전에 있던 선지자들도 이같이 박해하였느니라."

마태복음 10:19

"너희를 넘겨 줄 때에 어떻게 또는 무엇을 말할까 염려하지 말라. 그때에 너희에게 할 말을 주시리니."

요한복음 15:20

"내가 너희에게 종이 주인보다 더 크지 못하다 한 말을 기억하라. 사람들이 나를 박해하였은즉 너희도 박해할 것이요."

사도행전 10:1-16

고넬료와 베드로의 환상

고넬료는 로마 군대의 장교였습니다. 고넬료와 그의 가족은 하나님을 믿는 선한 사람들이었습니다. 그는 기도도 많이 하며 가난한 사람들을 잘 도와주었습니다.

어느 날 오후 세 시쯤 고넬료는 환상을 보았습니다. 천사가 그에게 다가와 "네 기도와 자선을 하나님께서 다 알고 기억하고 계신다. 욥바로 사람들을 보내어 베드로라고 하는 시몬을 데려와라. 그는 무두장이 시몬의 집에 머물고 있으며 그 집은 바닷가에 있다."

천사가 떠나자 고넬료는 하인 두 명과 군인 한 명을 욥바로 보냈습니다.

다음 날, 그들이 길을 가고 있을 그때에 베드로는 머물던 집 지붕에 올라가 기도하고 있었습니다. 때는 한낮이었고 베드로는 점심을 기다리고 있었는데 그때 그는 어떤 환상을 보았습니다. 하늘이 열리더니 큰 보자기 같은 것이 네 귀퉁이가 끈에 매달려서 내려왔습니다. 그리고 그 안에는 기어 다니는 짐승들과 새들과 온갖 동물들이 있었습니다. 그리고 한 음성이 들려왔습니다. "베드로야, 일어나서 그것을 잡아먹어라."

"안 됩니다, 주님!" 베드로가 대답했습니다. "저는 속되고 부정한 것은 한 번도 먹은 일이 없습니다."

두 번째로 음성이 들려왔습니다. "하나님께서 깨끗하게 하신 것을 속되다고 하지 말라."

이런 일이 세 번 일어나더니 그 보자기는 하늘로 다시 올라갔습니다.

베드로가 그 환상의 의미를 생각하고 있을 때 고넬료의 하인들이 시몬의 집을 찾아 그 문 앞에 서 있었습니다.

사도행전 10:17-48

베드로가 고넬료를 방문하다

베드로를 찾으러 온 세 사람이 그가 묵고 있는 집에 왔습니다. 한편, 성령께서 베드로에게 말씀하셨습니다. "세 사람이 너를 찾고 있다. 일어나서 아래층으로 내려가라. 그들은 내가 보낸 사람들이니 그들과 함께 가라."

그래서 베드로는 내려가서 자신을 소개했습니다. 그들이 베드로에게 온 이유를 설명하자 베드로는 그들을 집 안으로 초청했습니다.

이튿날, 베드로와 그 사람들은 가이사랴로 떠났습니다. 그곳에 도착하니 고넬료는 다른 친구들과 친척들을 초청해서 그들을 기다리고 있었습니다.

고넬료는 천사가 자신에게 나타나 베드로를 불러오라고 했다는 이야기를 들려주었습니다.

이에 베드로는 모인 사람들에게 이렇게 말하기 시작했습니다. "이제 저는 하나님께서 사람을 편애하지 않으신다는 것을 깨달았습니다." (베드로는 유대인이었고 그 사람들은 이방인들이었는데 유대인은 결코 이방인과 어울리지 않았습니다.)

"하나님은 각 나라에서 그분을 경외하고 의를 행하는 사람을 다 받아 주십니다." 이어서 베드로는 하나님이 예수님께 성령과 능력으로 기름 부으셨는데, 그분은 두루 다니며 선한 일을 행하시고 마귀에게 눌린 모든 사람을 고치셨다는 기쁜 소식을 전했습니다.

"우리(사도들)가 예수님께서 유대와 예루살렘에서 하신 모든 일의 증인입니다." 그가 말했습니다. "사람들은 예수님을 십자가에 매달아 죽였지만 하나님께서 그분을 삼 일 만에 다시 살리셨습니다. 그리고 선택하신 사람들 가운데 나타나게 하셨습니다. 이후 예수님은 우리에게 하나님의 사랑과 용서의 복음을 온 땅에 전하라고 명령하셨습니다."

베드로가 이 말을 전할 때에 성령님이 말씀을 듣는 모든 사람에게 임했고 그들은 예수 그리스도의 이름으로 세례를 받았습니다.

세례란 무엇인가요?

예수님께서 하나님 사랑을 전하는 사역을 시작하시기 전에 주님의 길을 예비했던 세례 요한은 사람들에게 죄를 회개하라고 말했습니다. 지은 죄를 슬퍼하며 용서를 구한 사람들은 세례를 받았습니다. 그리고 이것은 요한의 세례라고 알려졌습니다(마태복음 3:11, 사도행전 1:22).

요한은 사람들에게 진정으로 사람의 마음을 바꿀 수 있는 분은 예수님이라고 말했습니다. "나는 너희를 회개시키려고 물로 세례를 준다. 하지만 내 뒤에 오시는 분은 나보다 더 능력이 많으신 분이시다. 나는 그의 신발을 들고 다닐 자격조차 없다. 그분은 너희에게 성령과 불로 세례를 주실 것이다"(마태복음 3:11 참조). 예수님은 하늘로 올라가신 후 성령을 보내어 그분을 따르는 사람들의 마음에 거하게 하셨습니다.

다시 말해서 세례는 우리의 거듭남, 즉 예수님께서 우리의 속사람을 새롭게 하시고 성령께서 우리 안에 살아계신다는 것을 알려 주는 표시와 같습니다. 그것은 우리의 내면이 변화했음을 다른 사람들에게 보여 주는, 밖으로 드러나는 표시라고 할 수 있습니다.

세례를 받는 사람은 죄를 지었던 옛 삶이 이제는 그리스도와 함께 죽었음을 보여 주기 위해 물속으로 들어갑니다. 그리고 예수님 안에서 영원하고 새로운 삶으로 부활했음을 보여 주기 위해 다시 물 밖으로 나오게 됩니다(로마서 6:4, 골로새서 2:12).

주님을 알고 세례 받은 사람들

- 삼천 명의 사람들(사도행전 2:41)
- 에디오피아 관리(사도행전 8:38)
- 나중에 바울로 불린 사울(사도행전 9:18)
- 고넬료(이방인)와 다른 사람들(사도행전 10:48)
- 여자 사업가 리디아(사도행전 16:15)
- 간수와 그의 가족(사도행전 16:33)
- 에베소의 첫 제자들(사도행전 19:9)

감옥에서 도망친 베드로

이 시기에 헤롯 왕은 교회에 속한 몇 사람들을 체포했습니다. 그리고 믿는 자들을 아주 심하게 박해했습니다. 유대 지도자들이 이를 보고 기뻐하자 헤롯은 베드로도 잡아서 감옥에 넣고 네 명의 군인들로 하여금 그곳을 지키게 했습니다.

헤롯은 유월절 이후 모든 사람 앞에서 베드로를 재판할 계획을 세웠습니다. 그가 감옥에 갇히자 친구들은 그를 위해 기도했습니다.

재판 전날, 베드로는 두 명의 군인과 문을 지키는 두 명의 경비 사이에서 자고 있었습니다.

그런데 갑자기 주님의 천사가 나타나 감옥은 빛으로 환해졌습니다. 천사가 베드로의 옆구리를 치며 그를 깨웠습니다. "어서! 일어나라!" 천사가 말했습니다.

두꺼운 사슬이 베드로의 손목에서 풀려 떨어졌습니다. "이제 겉옷을 입고 나를 따르라." 천사가 그에게 말했습니다.

그래서 베드로는 감옥에서 나와 천사를 따라갔습니다. 하지만 베드로는 자신이 환상을 보고 있다고 생각했습니다. 그들은 첫 번째, 두 번째 초소를 지나 시내로 나가는 철문에 이르렀습니다. 문이 저절로 열리고 그들은 그곳을 통과해 걸어갔습니다. 그때 천사가 사라지고 베드로는 이 일이 실제 일어난 것임을 깨달았습니다.

베드로는 요한 마가의 어머니 마리아의 집으로 갔는데 그곳에서는 많은 사람들이 모여서 기도하고 있었습니다. 베드로가 문을 두드렸습니다. 처음에 그들은 그가 베드로임을 믿지 못했습니다. 하지만 베드로는 계속 문을 두드렸고, 문을 열어 그를 본 사람들은 매우 놀랐습니다. 특히 베드로가 주님께서 어떻게 그를 감옥에서 나오게 하셨는지를 얘기하자 사람들은 크게 놀랐습니다.

사도행전 9:20-30

바나바와 사울

사울이 다메섹에서 도망치다(사도행전 9:22-25)

한편, 사울은 다메섹의 회당에서 말씀을 전하기 시작했습니다. 그의 말을 들은 모든 사람은 크게 놀라며 물었습니다. "이 사람은 예루살렘에서 믿는 자들을 잡고 심지어 그들을 죽였던 자가 아닌가?" 하지만 시간이 흐르면서 사울은 사람들 사이에서 명성을 얻게 되었습니다. 그가 매우 힘 있게 복음을 전하였기 때문입니다.

얼마 후, 유대 지도자들이 함께 모여 사울을 죽일 계획을 꾸몄습니다. 그들은 밤낮으로 성문을 지키며 사울을 잡아 죽이려고 했습니다.

하지만 사울은 그 계획을 알게 되었습니다. 그래서 밤에 믿는 자 몇 사람이 사울을 큰 바구니에 담아서 성벽 밖으로 줄을 달아 내려주었습니다.

바나바가 사울과 친구가 되다(사도행전 9:26-30)

예루살렘에 도착했을 때 사울은 신자들과 만나려고 했지만 그들은 사울을 두려워했습니다. 그들은 사울이 진실로 믿는 자가 되었다는 것을 믿으려 하지 않았습니다.

그때 바나바가 사울을 사도들에게 데리고 가서 그가 다메섹에서 주님을 만난 경위와 예수님의 이름으로 담대히 복음을 전한 사실을 말해 주었습니다.

그때부터 그들은 사울을 받아들였고 사울은 사도들과 함께 지냈습니다. 그리고 함께 다니며 사람들에게 예수님을 전했습니다.

그러나 또다시 사울을 죽이려는 유대인들이 있었고 신자들이 그것을 알게 되었습니다. 그들은 사울을 해안가 도시 가이사랴로 데리고 가서 다소로 보냈습니다.

사도행전 11:19-26, 13:1-13

첫 전도여행

스데반의 순교 후 환난으로 인해 흩어진 신자들이 베니게와 구브로와 안디옥까지 이르게 되었습니다. 그들은 하나님 말씀을 유대인에게만 전했습니다.

그런데 구브로와 구레네 사람들 몇몇이 안디옥에 가서 이방인들에게도 예수님을 전했습니다. 주님의 권능이 그들과 함께하시니 수많은 이방인들이 믿고 주님께 돌아왔습니다.

예루살렘 교회는 새로운 신자가 많이 생겼다는 얘기를 듣고 바나바를 안디옥으로 보냈습니다. 바나바는 그곳에 가서 일어난 일을 보고 기뻐했습니다. 그리고 계속해서 주님께 신실하도록 그들을 격려했습니다.

그리고 바나바는 사울을 찾으러 다소로 갔습니다.

바나바는 사울을 만나 안디옥으로 그를 데리고 왔습니다. 두 사람은 그곳에서 일 년을 머무르며 사람들을 가르쳤습니다.

어느 날 믿는 자들이 주님을 예배하며 금식하고 있을 때 성령께서 말씀하셨습니다. "바나바와 사울을 따로 세우라. 내가 특별히 그들에게 맡길 일이 있다."

그래서 그들은 더 금식하고 기도한 후에 바나바와 사울을 안수하고 보냈습니다. 두 사람은 실루기아로 내려가서 거기서 배를 타고 구브로에 갔습니다.

그곳 살라미라는 마을에서 그들은 유대인 회당으로 가 하나님 말씀을 전했습니다. 요한이 돕는 자로 그들과 함께했습니다. 그들은 온 섬을 통과하여 바보에 이르렀고 바보에서 버가까지 배를 타고 갔습니다.

믿는 자들이 최초로 그리스도인이라 불린 곳은 어디인가요?
(사도행전 11:26 참조)

사도행전 13:13-43

바울의 설교

사울(이제는 바울)과 바나바가 버가에 갔을 때 그들을 도왔던 요한은 두 사람과 헤어져 예루살렘으로 돌아갔습니다.

버가에서 바울과 바나바는 비시디아 안디옥으로 갔습니다. 그들은 토요일(안식일)에 회당으로 갔습니다. 모세와 선지서의 가르침을 읽고 나서, 장로들은 바울과 바나바에게 말했습니다. "형제님들, 사람들에게 권할 말씀이 있으면 나와서 말씀해 주시오."

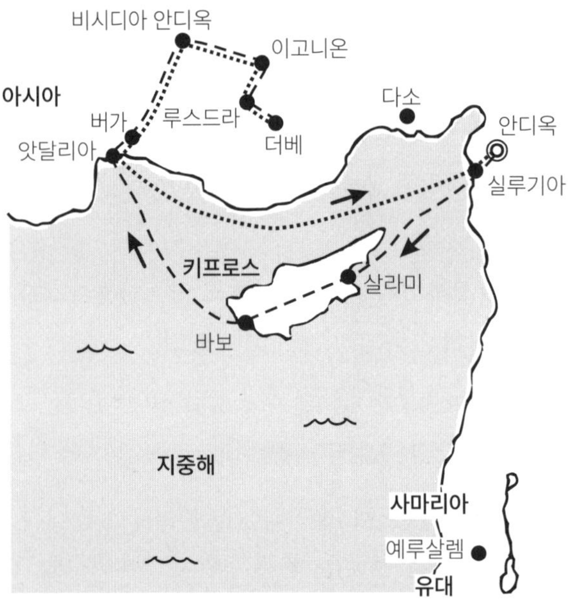

그래서 바울은 일어나 그곳에 모인 사람들에게 말씀을 전했습니다. 하나님이 어떻게 이스라엘 백성을 이집트에서 구원하셨고 가나안 땅으로 인도하셨는지 말했습니다. 그리고 바울은 말했습니다. "하나님께서 사사와 선지자들을 보내 백성들을 인도하셨습니다. 그 후 이스라엘 백성은 왕을 원했습니다. 하나님께서 사울을 첫 번째 왕으로 허락하셨지만 곧 다윗을 그다음 왕으로 선택하셨습니다. 그리고 약속대로 다윗의 후손에서 구세주이신 예수님을 보내신 것입니다."

바울은 계속해서 예수님이 예루살렘 지도자들에 의해 죽임을 당하시고 다시 살아나셨음을 말했습니다. "우리는 그분의 증인입니다." 바울이 말했습니다. "예수님을 통해 모든 믿는 자는 용서받을 수 있습니다."

바울과 바나바가 회당을 떠날 때, 사람들은 다음 주에도 말씀을 전해 달라고 부탁했습니다. 그리고 많은 사람들이 말씀을 더 들으려고 그들을 따라갔습니다.

이방인들에게도 전해진 복음

그다음 안식일에 성읍의 거의 모든 사람이 하나님 말씀을 듣기 위해 모였습니다. 그런데 어떤 유대인들은 무리를 보고 시기하여 바울을 모욕하고 그의 말에 반박했습니다.

이에 바울은 그들에게 담대하게 말했습니다. "우리는 하나님의 말씀을 유대인인 당신들에게 먼저 전해야 했습니다. 그러나 당신들이 하나님이 주신 영원한 생명을 거절하였으니 이제 그 말씀을 이방인들(유대인이 아닌 사람들)에게 전할 것입니다. 주님께서 이렇게 말씀하셨기 때문입니다. '**내가 너를 이방의 빛으로 삼아 너로 땅 끝까지 구원하게 하리라.**'"

이방인들은 이 말을 듣고 매우 기뻐하며 말씀을 주신 하나님께 감사드렸습니다. 그리고 영생을 얻기로 선택된 사람들은 다 믿었습니다. 이렇게 주님의 말씀은 온 지역에 전파되었습니다. 그러나 유대 지도자들은 두 사람을 억지로 그 성에서 쫓아냈습니다.

그래서 바울과 바나바는 이고니온으로 가 회당에서 가르쳤고 많은 사람들이 믿었습니다. 그런데 또 어떤 유대인들이 사람들을 선동하여 이방인들로 하여금 바울의 말을 의심하게 만들었습니다. 그래서 그 시내의 무리가 나뉘어 어떤 사람들은 유대인 편을 들고 어떤 사람들은 사도들 편을 들었습니다. 그때 바울과 바나바는 자신들을 돌로 쳐서 죽이려는 계획을 알고 그곳을 빠져나갔습니다. 그리고 루스드라와 더베로 가서 그곳에서 계속 복음을 전했습니다.

무리가 열심히 바울과 바나바를 따르고 있었는데 후에 안디옥과 이고니온 출신의 유대인들이 그곳에 와서 무리를 자기편으로 만들었습니다.

루스드라에서 유대인들은 바울을 돌로 치고 그가 죽었다고 생각하여 성 밖으로 끌고 나갔습니다. 하지만 신자들이 그를 둘러서자 바울이 일어나서 다시 성 안으로 들어갔습니다.

사도행전 14:21-28, 15:36-41, 16:1-10

두 번째 전도여행

바울과 바나바는 이고니온을 떠나 더베로 가서 복음을 전파했습니다. 많은 사람들이 믿고 또 제자가 되었습니다.

그때 바울과 바나바는 더베에서 나와 다시 루스드라와 이고니온과 안디옥으로 되돌아가 그곳의 제자들을 격려해 주었습니다. 그리고 해변에 있는 앗달리아로 가서 배를 타고 안디옥으로 갔습니다(316페이지 지도 참조).

바울과 바나바가 다투다(사도행전 15:36-41)

안디옥으로 돌아온 뒤 시간이 흘러, 바울은 바나바에게 말했습니다. "우리가 주님의 말씀을 전한 곳들로 다시 가서 신자들이 어떻게 지내고 있는지 봅시다."

바나바는 마가라고도 하는 요한을 데리고 가고 싶어 했습니다. 그러나 바울은 이전 여행에서 요한이 그들을 두고 떠났기 때문에 그것을 원하지 않았습니다. 바울과 바나바는 이 일로 서로 의견이 너무 달라서 결국 각자의 길을 떠났습니다. 바나바는 마가를 데리고 배를 타고 구브로로 갔고, 바울은 실라를 택하여 더베에 갔다가 이어서 루스드라로 갔습니다.

디모데가 바울과 실라와 함께하다(사도행전 16:1-5)

루스드라에서 그들은 디모데라는 제자를 만났습니다. 루스드라와 이고니온의 신자들은 디모데를 칭찬하였고 바울은 그에게 함께하자고 했습니다.

바울의 환상(사도행전 16:6-10)

바울과 그의 일행이 아시아를 여행할 때, 성령님이 그곳에서 말씀을 전하는 것을 막으셨습니다. 그들은 무시아를 지나 드로아로 갔습니다. 밤에 바울은 한 마게도냐 사람이 서서 "마게도냐로 와서 우리를 도와주시오"라고 간청하는 환상을 보았습니다.

그래서 그들은 마게도냐를 향해 출발했습니다. 그리고 그곳에서 다시 빌립보라는 성으로 가서 복음을 전했습니다.

사도행전 16:16-30

감옥에 갇힌 바울과 실라

어느 날 기도하러 가던 바울과 실라는 귀신에 들려 점을 치던 여종을 보게 되었습니다. 그녀는 그 일을 통해 주인에게 많은 돈을 벌어다 주었습니다.

여종은 바울과 그 일행을 따라다니며, "이 사람들은 지극히 높으신 하나님의 종들로 구원의 길을 전하러 왔습니다"라고 크게 소리쳤습니다. 그녀가 매일 이렇게 하니 바울이 괴로워하며 돌아서서 그 사람 안에 있는 마귀에게 말했습니다. "예수 그리스도의 이름으로 내가 너에게 명하노니 그 여자에게서 나오라." 그 순간 악한 영이 그녀에게서 떠났습니다.

여종의 주인은 그녀가 더 이상 점을 쳐서 돈을 벌 수 없음을 보고 바울과 실라를 로마 관리들 앞에 끌고 갔습니다. 치안관은 두 사람을 매질하여 옥에 가두라고 명령했습니다. 간수는 깊은 지하 감옥에 그들을 가두고 발에 차꼬를 단단히 채웠습니다.

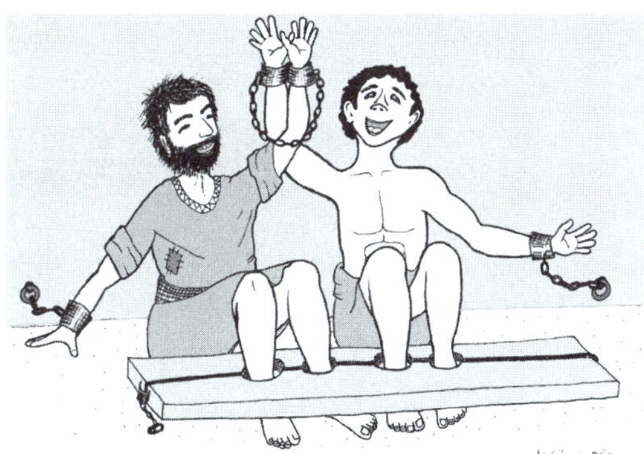

밤 열두 시쯤 되어 바울과 실라가 기도하며 노래하고 있을 때 다른 죄수들은 그 소리를 듣고 있었습니다. 그런데 갑자기 큰 지진이 일어나 옥문이 열리고 죄수들의 사슬이 다 풀려 버렸습니다.

간수는 잠에서 깨어 감옥 문이 열린 것을 보았습니다. 그는 죄수들이 다 도망간 줄 알고 칼을 꺼내 자살하려고 했습니다(죄수가 도망가면 간수는 끔찍한 사형의 벌을 받게 되기 때문입니다). 하지만 바울이 그에게 소리쳤습니다. "멈추시오! 스스로를 해치지 마시오! 우리 모두 여기 있습니다."

사도행전 16:30-36, 40

어떻게 해야 구원을 얻을 수 있습니까?

간수는 등불을 달라고 해서 바울과 실라가 있는 곳으로 뛰어 들어가 엎드렸습니다. 간수는 떨면서 물었습니다. "선생님들, 제가 어떻게 해야 구원을 얻을 수 있겠습니까?"

그들이 대답했습니다. "**주 예수를 믿으십시오.** 그러면 당신과 당신 집안이 구원을 얻을 것입니다."

그리고 바울과 실라는 예수님의 복음을 그에게 전해 주었습니다. 간수와 그의 온 가족은 하나님을 믿고 세례를 받았습니다.

그 후 간수는 그들을 자기 집으로 데리고 가서 음식을 대접했습니다. 간수는 하나님을 믿고 기쁨으로 가득 찼습니다.

이튿날 아침, 바울과 실라를 감옥으로 보낸 로마 관리들이 부하를 보내 두 사람을 풀어주라고 했습니다. 그래서 그들은 감옥에서 나와 루디아의 집으로 갔습니다.

신자들은 왜 세례를 받습니까?

세례는 믿지 않은 사람들에게 보여 주는 표징이 됩니다
세례는 새로운 신자가 자신이 예수님을 따르기로 결심했음을 보여 주는 한 방법입니다. 세례는 믿는 자의 영혼에 일어난 일을 겉으로 보여 주는 표징입니다.

세례는 명령입니다
예수님은 제자들에게 말씀하셨습니다. "그러므로 너희는 가서 모든 민족을 제자로 삼아 아버지와 아들과 성령의 이름으로 세례를 베풀고"(마태복음 28:19).
베드로는 사람들에게 말했습니다. "너희가 회개하여 각각 예수 그리스도의 이름으로 세례를 받고 죄 사함을 받으라. 그리하면 성령의 선물을 받으리니"(사도행전 2:38).

예수님께서 우리에게 본을 보이셨습니다
예수님도 세례를 받으셨습니다. 그리고 그것은 예수님이 하셔야 할 일이었습니다. 그렇다면 죄인이었던 우리가 믿음을 갖게 되었을 때 세례 받는 것은 얼마나 더 중요한 일이겠습니까?(마태복음 3:13-15)

바울이 마게도냐에서 말씀을 전하다

데살로니가(사도행전 17:1-9)

이후 바울과 실라는 빌립보를 떠나 데살로니가로 갔습니다. 바울이 말씀을 전하자 유대인들뿐 아니라 많은 헬라인들이 그들을 따랐습니다. 하지만 어떤 유대인들은 폭동을 일으켜 그날 저녁 신자들은 바울과 실라를 베뢰아로 보냈습니다.

베뢰아(사도행전 17:10-15)

두 사람은 베뢰아에 도착해서 회당으로 갔습니다. 베뢰아 사람들은 바울의 메시지를 간절한 마음으로 들었습니다. 그들은 날마다 성경을 찾아보며 바울과 실라의 가르침이 진리인지 살펴보았습니다.

데살로니가에 있는 유대인들은 바울이 베뢰아에서 전도하고 있다는 것을 듣고, 그곳으로 와서 또 문제를 일으켰습니다. 그러나 신자들은 즉시 바울을 해안가로 보냈습니다. 한편 실라와 디모데는 그곳에 남아 있었습니다.

바울이 빠져나가도록 도와준 사람들은 그와 함께 가서 아덴까지 이르렀습니다. 그리고 최대한 빨리 실라와 디모데를 데리고 오라는 지시를 받고 돌아갔습니다.

아덴(사도행전 17:16-34)

아덴에서 그들을 기다리던 바울은 성 곳곳에 가득한 우상을 보고 몹시 화가 났습니다. 그는 회당에 가서 유대인들과 경건한 이방인들과 토론했습니다. 또 매일 광장에서 그곳에 온 사람들에게 말씀을 전했습니다.

바울은 사람들에게 말했습니다. "아덴 시민 여러분, 여러분은 모든 면에서 종교심이 많습니다. 길을 걸으며 당신들이 예배하는 대상들을 잘 살펴보니, 심지어 **'알지 못하는 신에게'**라고 새긴 제단도 있었습니다. 당신들이 알지도 못하고 섬기는 그 신이 바로 내가 말하는 하나님이십니다. 그분은 온 세상과 그 안에 있는 모든 것을 지으신 분입니다.

사도행전 17:22-34, 18:1-22

바울이 아가야에서 말씀을 전하다

하나님은 하늘과 땅의 주인이시므로 인간이 만든 신전에 거하시지 않습니다. 그리고 사람들을 통해 필요를 채움 받는 분도 아닙니다. 오히려 하나님은 직접 모든 이에게 생명과 호흡과 모든 것을 주시는 분입니다."

바울은 하나님이 아담을 창조하신 분이고, 모든 사람이 지구상에 언제 어디에서 살아야 할지 정확하게 계획하셨다고 말했습니다. 바울이 죽은 자 가운데서 살아나신 예수님에 대해 얘기하자 어떤 사람들은 믿었지만 어떤 이들은 바울을 비웃고 조롱했습니다.

고린도(사도행전 18:1-17)

이후에 바울은 아덴을 떠나 고린도로 갔습니다. 고린도에 있는 동안, 드디어 실라와 디모데도 마게도냐에서 고린도로 왔습니다. 어느 날 밤, 주님께서 환상 속에서 바울에게 말씀하셨습니다. "두려워하지 말아라. 잠자코 있지 말고 끊임없이 말하여라. 내가 너와 함께 있으니 아무도 너를 해치지 못할 것이다."

그래서 바울은 그곳에서 일 년 육 개월을 머물며 사람들에게 하나님 말씀을 가르쳤습니다.

에베소(사도행전 18:18-22)

시간이 흘러, 바울은 고린도를 떠나 브리스길라와 아굴라와 함께 배를 타고 수리아로 갔습니다. 브리스길라와 아굴라는 고린도에서 바울과 함께 지냈던 친구들이었습니다(사도행전 18:1-3, 18). 에베소에 도착한 후 바울은 두 사람과 헤어졌습니다. 바울은 배를 타고 에베소를 떠나 가이사랴에 도착했습니다.

예루살렘 교회를 방문한 후, 드디어 바울은 다시 안디옥으로 돌아갔습니다.

바울의 세 번째 전도여행

안디옥에서 어느 정도 시간을 보낸 후, 바울은 세 번째 전도여행을 떠났습니다. 그는 갈라디아와 브루기아를 두루 다니며 그곳 신자들을 격려하였습니다.

그리고 바울은 전에 약속했던 대로 마침내 에베소로 돌아갔습니다(사도행전 18:19-21). 그는 그곳에서 거의 삼 년간 머물렀습니다.

하나님은 바울을 통해 여러 놀라운 기적을 행하셨고 많은 사람들이 병 고침을 받았습니다. 믿게 된 많은 사람들이 자신이 잘못을 고백하기 시작했고, 악한 마술에 참여했던 사람들은 그 책을 모두 불태웠습니다. 하지만 그리스 여신 아데미 신전을 만들던 한 은장이는 사람들이 신전을 사지 않아 사업이 어려워졌습니다. 그래서 그는 동료 일꾼들을 모아 군중을 동요시켰습니다. 그리고 얼마 안 있어 큰 소동이 일어났습니다.

상황이 진정되자, 바울은 에베소를 떠나 마게도냐로 갔습니다.

마게도냐와 그리스(사도행전 20:1-6)

바울은 마게도냐 지역을 여행하며 그곳 사람들을 만났습니다. 그리고 그리스로 가서 삼 개월을 머물렀습니다. 거기서 바울과 그의 동료들은 왔던 길로 다시 천천히 돌아갔습니다.

바울이 예루살렘에 도착하다(사도행전 21:1-17)

예루살렘으로 가던 길에 그들이 탄 배가 가이사랴에 도착했습니다. 그곳에서 바울은 전도자 빌립과 함께 머물렀습니다. 빌립의 딸들은 바울이 결박을 당하고 예루살렘 감옥으로 가게 될 것을 예언했습니다. 모든 사람이 바울에게 예루살렘으로 가지 말 것을 간청했지만 바울은 말했습니다. "나는 주 예수님을 위해 예루살렘에서 결박을 당하는 것뿐만 아니라 죽는 것까지도 각오하였습니다." 그리하여 그들은 여행을 계속하여 예루살렘에 도착했습니다.

사도행전 21:27-40, 22장

바울이 체포되다

얼마 후 아시아에서 온 유대인들이 바울이 예루살렘 성전에 있는 것을 보았습니다. 그들은 바울을 잡아 주변 사람들을 향해 소리쳤습니다. "이스라엘 사람들, 우리를 좀 도우시오. 이 사람은 어디에서나 우리 민족을 거스르고 사람들에게 율법을 지키지 말라고 합니다. 심지어 헬라 사람들(유대인이 아닌 사람들)을 성전에 데리고 들어와서 이 거룩한 곳을 더럽혔습니다."

이에 사람들은 바울을 성전에서 끌어내 죽이려고 하였습니다. 하지만 로마 군인들이 무리를 진정시키려고 달려왔습니다. 그들의 지휘관인 천부장이 와서 바울을 체포하고 사슬로 묶으라고 명령했습니다. 그러나 무리가 그들을 따라왔고 바울을 죽이기 원했습니다. 이때 바울은 천부장에게 "제 동포들에게 말하게 해주십시오"라고 청했고 천부장은 허락해 주었습니다.

바울이 말을 시작하자 무리가 잠잠해졌고 곧이어 조용해졌습니다. 그는 사람들에게 자신이 유대 율법과 관습을 가르친 유대인이었음을 말했습니다. 또 처음에는 그리스도인들을 박해했는데 다메섹에서 자신에게 말씀하시는 주님을 만났다고 했습니다.

바울이 주님께서 그를 이방인의 전도를 위해 부르셨다고 말하자 무리는 다시 소리치기 시작했습니다. 그래서 천부장은 바울을 병영 안으로 데려가라고 명령했습니다. 그리고 군중이 왜 그렇게 화가 났는지 채찍질하며 알아내라고 하였습니다.

그런데 그들이 바울을 결박하려고 할 때, 바울이 천부장에게 말했습니다. "재판도 하지 않은 로마 시민을 채찍질하는 법이 어디 있습니까?" 백부장이 이 말을 듣고 천부장에게 가서 말했습니다. "어떻게 하시겠습니까? 이 사람은 로마 시민입니다." 천부장은 매우 두려워졌습니다. 명령을 내린 사람은 자신이었고 군인들이 바울을 심문하지도 않고 해를 가했기 때문입니다.

그때 유대인들은 바울을 죽이기로 맹세하고 계획을 세웠습니다.

사도행전 24-25장

재판을 받게 된 바울

그러나 바울의 조카가 그 계획을 듣고 바울이 갇힌 병영으로 갔습니다. 천부장은 그 얘기를 듣고 바울을 은밀하게 가이사랴로 데리고 가라는 명령을 내렸습니다. 그래서 그날 밤 9시에 바울은 이백 명의 군인, 이백 명의 창병, 칠십 명의 기병들에 의해 안전하게 호송되었습니다. 또한 천부장은 벨릭스 총독에게 편지를 써서 바울이 사형을 당하거나 감옥에 갇힐 만한 잘못을 하지 않았다는 사실을 말했습니다.

벨릭스 앞에 선 바울(사도행전 24:1-27)

며칠 뒤, 대제사장 아나니아가 총독 앞에서 바울에 대한 고소를 하려고 가이사랴에 왔습니다.

그는 바울이 유대인들 사이에서 소요를 일으킨 악한 사람이라고 고발했습니다.

그러나 바울은 벨릭스 총독에게 고소한 사람들은 성전에서 자신과 논쟁을 한 적도 없고, 자신은 성내 거리나 회당에서 소요를 일으킨 적이 없다고 스스로를 변호했습니다.

바울이 변호를 마치자 벨릭스 총독은 그를 지키라고 명령하고 바울의 친구들이 방문할 수 있도록 그에게 충분한 자유를 주라고 했습니다.

이 년이 지나고 보르기오 베스도가 벨릭스의 뒤를 이어 새로운 총독이 되었습니다. 그러나 벨릭스는 유대인들의 마음을 사고 싶어서 바울을 풀어주지 않았습니다.

베스도 앞에 선 바울(사도행전 25:1-22)

베스도는 가이사랴에 와서 임무를 맡은 지 삼 일 후 예루살렘으로 갔습니다. 그리고 그곳에서 대제사장과 유대 지도자들을 만났습니다. 그들은 베스도에게 바울을 예루살렘으로 이송해 달라고 특별히 부탁했는데 그것은 가는 길에 매복하였다가 바울을 죽이려고 했기 때문이었습니다. 하지만 베스도는 바울이 가이사랴에 있으며 자신도 그곳으로 곧 돌아갈 예정이라고 말했습니다.

사도행전 25-26장

아그립바 왕 앞에 선 바울

열흘 후, 베스도는 가이사랴로 돌아가서 바울을 자기 앞에 세웠습니다. 예루살렘에서 온 유대인들은 그를 여러 가지 일로 고소하였습니다. 하지만 바울은 자신이 유대 법이나 로마 황제를 거스르는 어떤 잘못도 하지 않았다고 분명히 말했습니다.

베스도는 유대인들을 기쁘게 하려고 바울에게 예루살렘에서 재판을 받을 생각이 있는지 물었습니다. 그러나 바울은 자신은 결백하며 공정한 판결을 받을 수 있도록 로마 황제 가이사에게 상소하겠다고 요청했습니다.

아그립바 앞에 선 바울(사도행전 25:23-27, 26장)

며칠 후, 아그립바 왕과 버니게가 베스도를 만나러 왔습니다. 아그립바는 바울 사건을 듣고 직접 그의 말을 들어보고 싶어 했습니다. 그래서 바울은 아그립바 앞에 서서 말할 기회를 얻게 되었습니다.

바울은 왕에게 자신의 삶에 대해 그리고 그가 겪었던 모든 일에 대해 말했습니다. 그에게 예수님이 나타셨던 것과 이방인들에게 복음을 전하도록 보내신 과정을 이야기했습니다. 그리고 바울은 아그립바 왕에게 말했습니다. “왕이시여, 선지자들을 믿으십니까? 믿으시는 줄 압니다.”

그러나 아그립바가 답했습니다. “그토록 짧은 시간에 나를 설득하여 그리스도인이 되게 할 수 있다고 생각하는가?” 그때 왕과 그곳에 모인 다른 사람들이 일어나서 방을 나갔습니다. 그들은 나가면서 서로 이야기했습니다. “이 사람은 사형을 당하거나 갇힐 만한 일은 전혀 하지 않았소.”

그때 아그립바 왕이 베스도에게 말했습니다. “그가 황제에게 상소하지 않았으면 석방될 수 있었을 것이오.”

바울이 배를 타고 로마를 향해 가다

바울이 가이사에게 상소하였기 때문에 그와 다른 죄수들은 이달리야로 향하는 배에 타게 되었습니다. 바울은 율리오라는 이름의 백부장에게 넘겨졌고 배를 타고 시돈 항구로 향했습니다.

역풍으로 인해 배는 천천히 갔습니다. 배는 그레데 해안을 따라 항해하다가 '아름다운 항구'라는 곳에 닿았습니다.

시간이 많이 흘렀고 항해하기에는 위험했습니다. 바울은 그곳에서 더 항해하지 말라고 경고했습니다. 하지만 백부장은 바울보다는 선장의 말을 들었습니다. 잔잔한 바람이 불기 시작하자 그들은 그레데 섬 해안을 따라 나아가기 시작했습니다.

그러나 곧 강력한 바람이 섬에서 불어왔습니다. 선원들은 바람을 뚫고 나갈 수 없어서 포기하고 배는 폭풍에 떠밀려 내려갔습니다. 그때 선원들은 밧줄을 선체에 둘러 단단히 동여매었습니다. 그리고 아프리카 해안가 스르디스의 모래톱에 걸릴까 두려워서 속도를 낮추기 위해 닻을 내렸습니다. 다음 날 강한 바람이 계속 배를 강타하자 사람들은 짐을 배 밖으로 던지기 시작했습니다. 끔찍한 폭풍이 여러 날 계속되었고 태양과 별도 보이지 않았습니다. 마침내 사람들은 구원의 소망도 포기하였습니다.

사람들은 오랫동안 아무것도 먹지 못하고 있었습니다. 마침내 바울이 선원들을 모아 말했습니다. "제 말을 듣고 그레데에서 출발하지 않았어야 했습니다. 그랬다면 이런 피해와 손실은 당하지 않았을 것입니다. 그러나 힘을 내십시오! 배는 가라앉을지라도 여러분 중 한 사람도 목숨을 잃지 않을 것입니다. 제가 이것을 아는 이유는 지난밤에 나의 주님이시요 내가 섬기는 분이신 하나님의 천사가 내 곁에 서서 이렇게 말씀하셨기 때문입니다. '바울아, 두려워하지 말아라. 너는 반드시 가이사 앞에 서야 한다! 뿐만 아니라 선하신 하나님께서는 너와 함께 항해하는 다른 모든 사람도 안전하게 지켜주기로 하셨다.' 그러니 힘을 내십시오. 저는 하나님을 믿습니다. 그분이 제게 말씀하신 그대로 될 것입니다. 하지만 우리는 어떤 섬에 난파될 것입니다."

사도행전 27:27-44

파선

폭풍우가 시작되고 십사 일째 밤에, 선원들은 육지가 가까이 있음을 느끼고 배 뒤편에 닻을 내린 다음 날이 밝기를 기도했습니다.

그런데 선원들은 배를 버리고 달아날 궁리를 하고 있었습니다. 그들은 배 앞에서 닻을 내리는 척하면서 바다에 거룻배를 풀어 내렸습니다. 그러나 바울이 백부장과 군인들에게 말했습니다. “선원들이 배에 남아 있지 않으면 여러분 모두 죽게 될 것입니다.” 그래서 군인들은 배를 내리는 밧줄을 끊어서 배가 떠내려가게 했습니다.

동이 트기 직전, 바울은 모두에게 음식을 먹으라고 권면했습니다. 배에는 276명의 사람들이 타고 있었습니다.

날이 밝아오자 모래밭이 있는 항만이 보였습니다. 그래서 그들은 할 수 있는 만큼 배를 돌리기로 했습니다. 그러나 배는 모래톱에 걸려 부서지기 시작했습니다. 군인들은 죄수들이 헤엄쳐서 도망갈까 봐 그들을 죽이려고 했습니다. 그러나 백부장은 바울을 살리려고 그들의 계획을 막았습니다. 대신 수영할 수 있는 사람은 먼저 배에서 뛰어내려 육지까지 가라고 명령했습니다. 또 다른 사람들은 부서진 배에서 나온 널빤지를 타고 갔습니다. 이렇게 해서 모든 사람이 안전하게 해변에 도착했습니다.

섬에 좌초되다

해변에 안전하게 도착하자, 그들은 말타 섬에 좌초되었다는 것을 알게 되었습니다. 섬에 사는 사람들은 매우 친절했습니다. 날씨가 춥고 비가 오자 섬사람들은 그들을 환영하고 몸을 녹일 수 있게 불을 피워 주었습니다. 바울은 나뭇가지를 모으면서 사람들을 돕기 시작했습니다. 그런데 나무를 불에 넣을 때 독이 있는 뱀이 열에 못 이겨 나와서 바울의 손을 물었습니다.

섬사람들은 바울이 악한 사람이라 난파되는 배에서는 살아남았어도 결국 이렇게 심판을 받는다고 생각했습니다. 그러나 바울은 뱀을 불 속으로 떨쳐냈습니다. 사람들은 그가 부어올라 갑작스레 죽을 것이라고 생각하고 기다렸습니다. 그러나 시간이 흘러도 아무런 일이 일어나지 않자 그들은 마음을 바꿔 바울이 신이라고 생각했습니다.

섬을 다스리는 보블리오라는 사람의 집이 가까이에 있었습니다. 보블리오는 그들을 반갑게 맞이하고 친절하게 대해 주었습니다. 그들은 삼 일 동안 그곳에서 손님으로 지냈습니다. 그런데 보블리오의 아버지가 병이 났습니다. 바울이 가서 기도하고 안수하니 그가 나았습니다. 이에 섬에서 아픈 사람들이 모두 와서 치유를 받았습니다. 이 일로 인해 섬사람들은 항해를 떠나는 그들에게 여행에 필요한 모든 것을 다 챙겨 주었습니다.

석 달 후, 그들은 로마를 향해 나아갔습니다.

로마에 들어갔을 때에, 바울은 그를 지키는 병사 한 사람과 함께 따로 지내도 된다는 허락을 받았습니다.

마침내 로마에 간 바울

바울은 로마에서 세 든 집에 이 년 동안 머물면서 그에게 오는 모든 사람을 환영했습니다. 그는 하나님 나라의 복음을 전했고 아무도 바울을 막지 않았습니다.

바울의 고난

(고린도후서 11:23-28)

고린도에 두 번째 편지를 보낸 시기에 바울이 그동안 겪었던 고난은 다음과 같습니다. 바울은 다음과 같이 말했습니다.

- 유대인들에게 사십에서 하나 뺀 **매**를 다섯 번 맞고(39번의 매질)
- 세 번 **채찍**으로 맞고
- 한 번 **돌**로 맞고
- 세 번 **파선**하고
- 밤낮 하루를 깊은 **바다에서** 지냈고
- 강의 **위험**과 강도의 **위험**과 동족의 **위험**과 이방인의 **위험**과 도시의 **위험**과 광야의 **위험**과 바다의 **위험**과 거짓 형제 중의 **위험**을 당하고
- **수고하며** 애쓰고 여러 번 **자지 못하고**
- **주리며 목마르고** 여러 번 굶고 **추위에 떨고 헐벗었습니다.**
- 그 밖의 것은 제쳐놓고서라도, 모든 교회를 향한 염려가 날마다 내 마음을 **누르고** 있습니다.

그럼에도 불구하고 바울은 말했습니다. “그리스도의 능력이 내게 머무르게 하기 위하여 나는 더욱더 기쁜 마음으로 내 약점들을 자랑하려고 합니다. 그러므로 나는 그리스도를 위하여 병약함과 모욕과 궁핍과 박해와 곤란을 겪는 것을 기뻐합니다. 내가 약할 그때에, 오히려 내가 강하기 때문입니다”(고린도후서 12:9-10, 새번역).

서신서 소개

사도행전 다음에 나오는 편지들은 여러 사람들이 다양한 사람들을 대상으로 쓴 것입니다. 서신서는 비록 편지로 쓰였지만, 그것을 기록한 사람들이 성령의 영감을 받아서 썼기 때문에 성경에 포함되었습니다. 다시 말해서, 편지를 쓴 저자들은 정확하게 하나님이 원하시는 것을 썼으며 그 내용은 지금 우리에게도 여러 가지 진리를 알려 주고 있습니다.

서신서의 제목

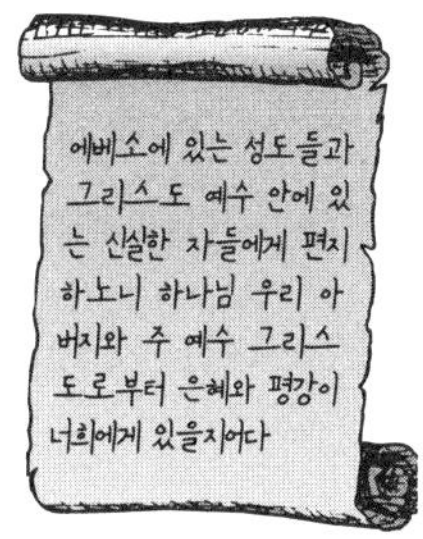

어떤 서신서는 편지를 쓴 사람, 즉 야고보, 베드로, 요한의 이름을 붙였습니다.

어떤 서신서는 그 편지를 보낸 대상, 즉 디모데, 디도, 빌레몬과 같은 사람의 이름을 붙였습니다.

또 다른 서신서는 신자들이 살고 있던 도시나 지역의 이름을 붙이기도 했습니다. 예를 들면, 에베소(에베소의 신자들), 빌립보(빌립보의 신자들)와 같은 곳이 그렇습니다.

편지와 숫자

때로는 같은 사람이 한 사람, 혹은 여러 사람들에게 편지를 쓰면서 두 번 혹은 세 번까지 보내기도 했습니다. 그래서 편지를 보낸 순서를 알려 주기 위한 표시나 숫자가 붙어 있습니다. 예를 들어, 고린도전서와 고린도후서, 디모데전서와 디모데후서, 요한일서, 요한이서, 요한삼서가 그런 경우입니다.

편지는 왜 썼고 어떻게 전달했나요?

어떤 편지는 베드로, 야고보 요한, 바울과 같은 제자들(사도들)이 썼습니다. 이 편지들은 손으로 쓰여졌으며 보통 다른 신자가 직접 전달했습니다. 그리고 나중에는 손으로 써서 복사하여 주변 교회에 전달했습니다.

바울의 대부분의 편지는 그가 감옥에 있을 때 기록되었습니다. 그 편지는 바울이 전도 여행을 통해 세운 교회와 지속적으로 연락하기 위한 방법이었습니다.

로마인들에게 보낸 바울의 편지
로마서

로마서는 어떤 책인가요?

- 바울은 이 편지를 고린도에 있을 때 썼습니다.
- AD 55-57년 무렵에 쓰였습니다.
- 로마에 사는 그리스도인들, 유대인과 이방인 모두에게 쓴 것입니다.

로마서의 주제

바울은 예수님의 죽음을 통해 그분을 믿는 모든 사람이 구원을 받는다는 것을 기록했습니다. 복음은 하나님께서 그분을 믿는 모든 사람을 구원하신다는 것입니다. 사람은 구약의 율법을 지키고 최대한 착하게 살려고 노력하는 것으로 자신을 구원할 수 없습니다.

또한 바울은 유대인과 이방인(즉 모든 사람들)이 다 하나님 앞에서 같다고 썼습니다(로마서 10:12).

구원의 의미 올바로 이해하기

- **모든 사람이 죄를 지었습니다.**
  "모든 사람이 죄를 범하였으매 하나님의 영광에 이르지 못하더니"(로마서 3:23).
- **죄의 형벌은 사망입니다.**
  "죄의 삯은 사망이요 하나님의 은사는 그리스도 예수 우리 주 안에 있는 영생이니라"(로마서 6:23).
- **예수님께서 우리 죄를 위해 죽으셨습니다.**
  "우리가 아직 죄인 되었을 때에 그리스도께서 우리를 위하여 죽으심으로 하나님께서 우리에 대한 자기의 사랑을 확증하셨느니라"(로마서 5:8).
- **구원받기 위해서 우리는 예수님이 주인이심을 믿고 고백해야 합니다.**
  "네가 만일 네 입으로 예수를 주로 시인하며 또 하나님께서 그를 죽은 자 가운데서 살리신 것을 네 마음에 믿으면 구원을 받으리라. 사람이 마음으로 믿어 의에 이르고 입으로 시인하여 구원에 이르느니라"(로마서 10:9-10).

• **일단 구원받으면 우리는 하나님과 화평하게 됩니다.**

"그러므로 우리가 믿음으로 의롭다 하심을 받았으니 우리 주 예수 그리스도로 말미암아 하나님과 화평을 누리자"(로마서 5:1).

몸의 지체

"우리가 한 몸에 많은 지체를 가졌으나 모든 지체가 같은 기능을 가진 것이 아니니 이와 같이 우리 많은 사람이 그리스도 안에서 한 몸이 되어 서로 지체가 되었느니라"(로마서 12:4-5). 우리는 모두 똑같이 중요한 사람이며 우리 각자는 서로를 필요로 합니다.

고린도전서 12:12-27을 읽어 보세요. 그리고 그리스도의 몸의 각자 다른 부분으로서 우리가 어떻게 서로 협력할 수 있을지 생각해 보세요.

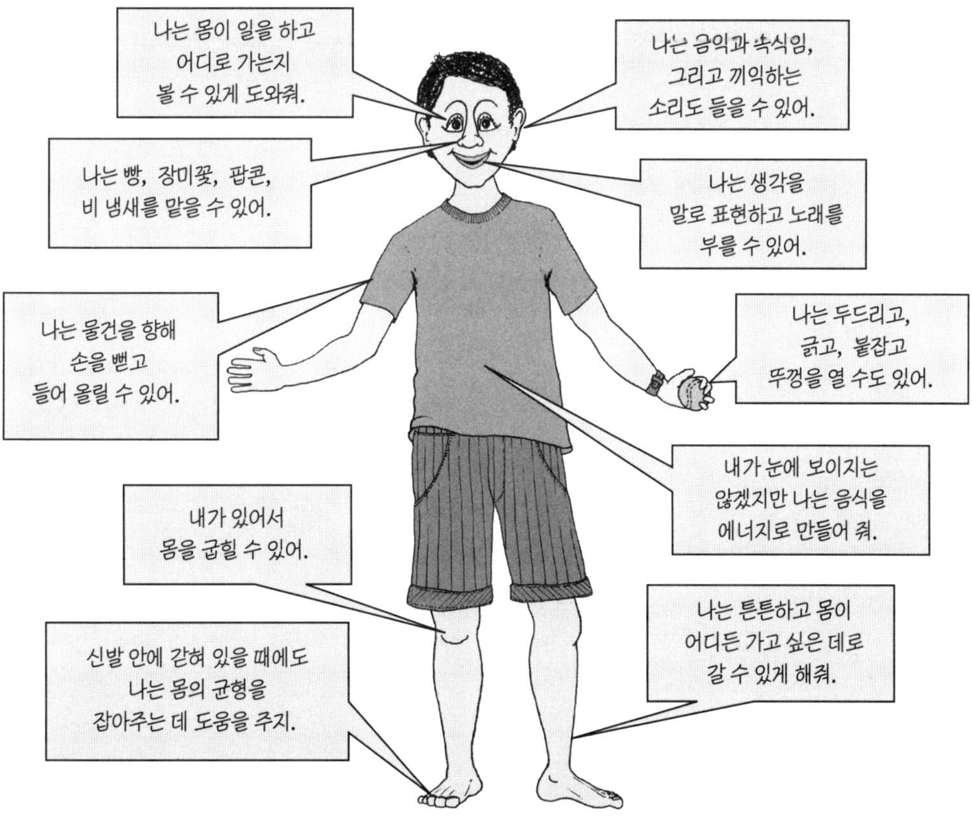

고린도인들에게 보내는 바울의 첫 번째 편지
고린도전서

고린도전서는 어떤 책인가요?

- 바울은 에베소에 있을 때 이 편지를 썼습니다.
- AD 55년 무렵에 쓰였습니다.
- 고린도에 살고 있는 그리스도인들에게 보낸 편지입니다.

고린도전서의 주제

고린도의 새 신자들은 이전의 악한 행동을 멈추고 그리스도인의 삶에 대한 중요한 진리를 이해할 필요가 있었습니다.

교만함과 사랑의 부족에서 여러 문제가 발생했습니다. 바울은 하나님께서 평범한 그들을 선택하셨으니 자신에 대해 결코 자랑해서는 안 된다고 말했습니다(고린도전서 1:26-31). 대신 각자의 은사로 서로 사랑하고 섬겨야 한다고 했습니다(고린도전서 12:27-13:13).

이 편지에서 바울은 고린도 성도들이 전에 쓴 편지에서 질문한 내용에 대해서도 대답해 주었습니다(고린도전서 7:1).

바울이 편지에서 다룬 문제들

- **교회의 분열**(고린도전서 1:10-4:21)
  교회 안의 신자들은 어떤 문제에 대해 동의하지 못했고 이로 인해 분열이 일어났습니다.

- **훈련 부족과 순결의 문제**(고린도전서 5-6장)
  교회의 어떤 이들은 몸으로 주님을 모욕했고, 어떤 이들은 시비를 가리기 위해 다른 신자들을 법정으로 끌고 가기도 했습니다.

• **결혼**(고린도전서 7장)

바울은 미혼으로 지내는 것이 좋을지, 결혼하는 것이 좋을지에 대해서도 이야기했습니다. 또 신자들에게 배우자와 이혼하는 것은 옳지 않다고 말했습니다.

• **우상에게 바쳐진 음식**(고린도전서 8장, 10:23-33)

그리스도인으로서 우리는 하나님께서 주신 모든 좋은 것을 즐길 자유가 있습니다. 심지어 우상에게 바쳐진 음식도 마찬가지입니다(어차피 우상은 죽은 것과 같으니까요.) 하지만 우리가 하는 행동으로 인해 기분이 상할 다른 사람들의 믿음도 배려해야 합니다.

• **성찬식**(고린도전서 11:17-34)

고린도 사람들은 주님의 죽으심을 기념할 때 충분한 경의를 표하지 않았습니다. 그들은 떡과 포도주를 기념으로 삼지 않고 그저 많이 먹고 마실 핑곗거리로 삼았습니다.

• **영적 은사**(고린도전서 12:1-11)

성령님은 모든 신자에게 다른 사람을 섬길 영적 은사를 주셨습니다(338-339페이지 참조).

• **그리스도의 몸**(고린도전서 12:12-31)

우리는 한 몸, 즉 그리스도의 몸의 지체입니다. 몸의 각각 다른 부분처럼 우리 각자는 특별하고 중요한 역할을 맡고 있습니다.

• **사랑**(고린도전서 13장)

바울은 진정한 사랑이 무엇인지 알려 줍니다(118페이지 참조).

• **죽음에서의 부활**(고린도전서 15:12-58)

죽은 신자들은 (예수님처럼) 다시 살아날 것이고 영원히 계속될 새로운 몸을 갖게 됩니다.

고린도인들에게 보내는 바울의 두 번째 편지

고린도후서

고린도후서는 어떤 책인가요?

- 바울은 마게도냐에 머무는 동안 고린도에 보내는 두 번째 편지를 썼습니다.
- AD 55-57년 무렵에 쓰였습니다.

편지를 쓴 이유는 무엇인가요?

바울이 첫 번째 편지를 보낸 후, 고린도 교회의 많은 성도들이 자신의 삶을 돌이켰습니다. 하지만 어떤 사람들은 바울의 말을 받아들이지 않고 그가 가르칠 권리가 있는지에 대해 의문을 제기했습니다.

고린도후서의 핵심 내용

- **고난의 때에 우리의 위로가 되신 하나님**(고린도후서 1:3-11)
  주님은 고난의 때에 우리를 위로하셔서 우리가 받은 위로로 다른 사람들을 위로할 수 있게 하십니다.

- **후하게 베푸는 삶**(고린도후서 8-9장)
  바울은 성도들에게 그들이 할 수 있는 만큼 드리고 또 기쁨으로 하라고 격려했습니다.

- **바울의 사역과 부르심**(고린도후서 10장)
  고린도후서에서 바울은 자신의 가르침을 받아들이지 않는 사람들에게 그리스도께서 자신에게 주신 사도로서의 권위를 가지고 말합니다(7-11절).

하나님의 영광의 빛을 비춤

(고린도후서 3:7-18)

모세가 십계명을 가지고 산에서 내려왔을 때 그의 얼굴이 밝게 빛나 천으로 가려야 했습니다. (이는 모세가 산에서 하나님과 만났고 하나님의 영광의 빛이 그의 얼굴에 반사되었기 때문입니다.)

이제 성령님이 우리 안에 계시므로 우리 마음에는 하나님의 법이 새겨졌으며 우리도 역시 하나님의 영광을 비추게 되었습니다. "우리가 다 수건을 벗은 얼굴로 거울을 보는 것같이 주의 영광을 보매 그와 같은 형상으로 변화하여 영광에서 영광에 이르니 곧 주의 영으로 말미암음이니라"(고린도후서 3:18).

성령님이 우리를 변화시키도록 함으로써 우리는 점점 더 예수님과 같이 되고, 주변 사람들은 우리 안에서 예수님의 빛이 반사된 모습, 즉 예수님과 닮은 모습을 볼 것입니다.

기억해야 할 구절: 고린도후서 4:6-7

"어두운 데에 빛이 비치라 말씀하셨던 그 하나님께서 예수 그리스도의 얼굴에 있는 하나님의 영광을 아는 빛을 우리 마음에 비추셨느니라. 우리가(우리 몸이) 이 보배를 질그릇에 가졌으니 이는 심히 큰 능력은 하나님께 있고 우리에게 있지 아니함을 알게 하려 함이라."

이 땅의 몸과 하늘의 몸

(고린도후서 5:1-10)

바울은 조잡한 장막과 같은 우리 몸이 병들고 약해져서 결국 없어질지라도, 믿는 우리는 완벽한 하늘의 몸을 기대할 수 있음을 기억하게 해줍니다.

"만일 땅에 있는 우리의 장막 집이 무너지면 하나님께서 지으신 집 곧 손으로 지은 것이 아니요 하늘에 있는 영원한 집이 우리에게 있는 줄 아느니라"(고린도후서 5:1).

성령의 은사

우리가 예수님을 믿으면 그분은 성령님을 보내 우리 마음속에 살게 하십니다. 성령님의 일 중 하나는 우리에게 특별한 선물을 하나씩(어쩌면 하나 이상) 주시는 것입니다.

이 선물은 '영적인 은사'와 같습니다. 그것은 하나님을 따르기로 결정한 사람에게 주님께서 주시는 하나의 능력입니다. 은사는 당신이 받은 것이지만 그것은 다른 사람을 섬기고 하나님께 영광 돌리는 데 사용됩니다. 주님은 우리 삶에서 그분의 목적에 가장 잘 맞는 은사(혹은 은사들)가 무엇일지 결정하십니다. 그러므로 우리는 받은 은사가 무엇이든 그것에 감사하고 겸손한 마음과 사랑으로 사용해야 합니다(베드로전서 4:10).

성령의 은사들	
로마서 12:6-8	
위로	낙담한 사람들을 세워 주고 슬픈 사람을 위로해 줌
구제	자유롭고 기쁜 마음으로 다른 사람들에게 나누어 줌
다스림	여러 사람들을 주님의 이름으로 함께 모이게 함
긍휼	궁핍하고 도움이 필요한 사람들을 보살핌
고린도전서 12:8-10	
지혜	어려운 상황에서 가장 최선의 결정을 내림
지식	하나님이 인도하시는 길을 앎
믿음	하나님과 그분의 능력을 믿는 특별한 믿음
치유	하나님의 능력으로 사람들을 치유함
기적	하나님이 당신을 통해 초자연적인 일을 하게 하심
예언	적절한 때에 하나님의 메시지를 전달해 줌
분별	어떤 것이 선한 것이고 악한 것인지 앎
방언	특별한 하늘의 언어로 기도함
통역	방언으로 주어진 메시지를 통역함

고린도전서 12:28	
사도	다른 사람들에게 예수님을 전함으로 그리스도인 공동체와 사역을 시작함
교사	하나님의 말씀을 다른 사람들이 이해할 수 있게 설명하고 나눔
돕는 것	하나님의 일을 실질적으로 도와줌
다스리는 것	여러 일들을 계획하고 잘 진행되도록 함
에베소서 4:11	
전도	믿지 않는 사람들에게 예수님의 복음을 전함
목회	신자들을 보살피고 인도함
베드로전서 4:9-10	
대접	다른 사람들을 환영하고 편안히 거할 수 있게 해줌

하나님을 사랑하고 그분을 섬기고 있다면 여러분에게는 이미 은사가 있습니다. 어쩌면 지금 주님께서 여러분을 준비시키고 있어서 아직 자신의 은사를 깨닫거나 발견하지 못했을 수도 있습니다. 주님은 여러분이 은사를 행하고 그 안에서 성장하도록 시간을 주십니다.

우리는 보통 여러 가지 방식으로 주님을 섬기다가 은사를 발견하게 됩니다. 어떤 순간에 어떤 일을 함으로써 다른 사람에게도 도움이 되고 또 우리 마음에도 기쁨이 되는 그런 일을 발견할지 모릅니다. 우리는 문득 마음속 깊은 곳에서 주님께서 그분이 주신 은사를 통해 나를 특별한 방법으로 사용하고 계심을 깨닫게 됩니다.

위에 제시된 목록을 보고 여러분이 이미 사용하고 있거나 혹은 여러분의 마음을 신나게 하는 특별한 은사가 있는지 찾아보세요.

갈라디아인들에게 보내는 바울의 편지

갈라디아서

갈라디아서는 어떤 책인가요?

- 바울은 안디옥에 머무는 동안 이 편지를 썼습니다.
- AD 49-50년 무렵에 쓰였습니다.
- 이고니온, 루스드라, 더베와 같은 도시가 있는 갈라디아 남부 지방 교회에 쓴 편지입니다.

갈라디아서의 핵심 내용

- **구원의 길은 오직 하나입니다**(갈라디아서 1:6-10)
  죄에서 구원받을 수 있는 오직 한 길은 예수님, 곧 그분을 믿는 것입니다(사도행전 16:31).

- **믿음과 율법**(갈라디아서 3:1-14)
  하나님의 계명(율법)을 지키는 것으로는 구원받을 수 없습니다. 우리는 하나님을 믿을 때(하나님께 믿음을 둘 때) 구원받습니다. 오직 하나님만이 우리를 구원하실 수 있습니다. 그 이유는 하나님께서 우리 죄를 위해 예수님을 보내셨기 때문입니다.

- **우리는 하나님의 아들과 딸입니다**(갈라디아서 3:26-4:7)
  예수님께 우리를 구원해 달라고 기도할 때 우리는 하나님의 집안에 태어나 그분의 자녀가 됩니다. 그래서 다른 신자들은 우리의 형제, 자매가 되는 것입니다. 비록 여러 가지 면에서 서로 다르다 하더라도 말이죠.

- **그리스도 안에서 누리는 자유**(갈라디아서 5:1-6, 13-15)
  예수님은 우리를 율법의 노예에서 해방시켜 주셨습니다. 우리가 지킬 수 없는 모든 율법을 다 지켜야 한다는 걱정에 매이지 않고 그분을 위해서 살 수 있도록 우리를 해방시켜 주신 것입니다.

- **지속적으로 선을 행함**(갈라디아서 6:2, 9-10)
  우리는 서로의 짐을 져야 합니다. 즉, 다른 사람들을 보살피고 그들이 힘들 때 도와주어야 합니다. 언젠가 하나님께서 우리에게 보상해 주실 것을 알기에 우리는 결코 선을 행하는 것을 멈추어서는 안 됩니다.

성령님이 우리 안에 계실 때 우리는 마치 나무처럼 자라고 열매를 맺습니다. 나무는 우리 안에 있는 생명을 뜻합니다. 그리고 열매는 사람들이 우리 삶에서 보는 선함을 나타냅니다.

사람들이 우리 삶에서(우리가 살아가는 방식에서) 성령의 열매를 볼 때 그들은 우리가 그리스도인임을 알게 될 것입니다(마태복음 7:16-20).

성령의 열매

사랑

희락(기쁨)

화평

오래 참음

자비

양선

충성

온유

절제

갈라디아서 5:22-23

신약의 용어들

거룩하게 하다	거룩하고 깨끗하게(죄가 없는 상태로) 만들다
구유	보통 건초가 담긴 양이나 소들이 먹는 먹이 통
교리	성경에서 가르치는 진리, 그리스도인들이 믿는 중요한 사실들
교제	두 사람 이상의 사람들 사이에 친밀한 우정
구속하다	누군가의 소유를 다시 사는 것, 그 사람이 자유롭게 되도록 값을 지불하는 것
구원	죄와 영원한 형벌에서 구함을 받음
구원받은	하나님의 자녀가 되어 영생을 갖게 된
금식	하나님께 감사하거나 하나님께 어떤 필요를 구하기 위해 일정 기간 음식을 먹지 않는 것
나병 환자	끔찍한 피부 질병이 있는 사람
마귀	악마를 섬기는 악한 영
멸망하다	하나님으로부터 영원히 분리되어 죽다
목사	교회의 지도자. 하나님 백성들의 목자
무덤	죽은 사람의 시체를 눕혀두는 장소
박해받다	믿음으로 인해 조롱받고 고문당하고 죽임을 당하는 것
복음	예수님이 우리를 죄에서 구원하셨다는 기쁜 소식
복음 전도자	다른 사람에게 예수님에 대한 복음을 전하는 사람
비유	중요한 진리를 가르쳐 주는 짧은 이야기
거룩히 여기다	크게 경외하고 존경하는 것
사도	예수님을 보고 그분의 말씀을 들었던 초대 교회의 지도자들
설교하다	사람들에게 주님에 대해 이야기하고 성경을 더 잘 이해하도록 도와주는 것
성경	하나님의 기록된 말씀
성도	하나님에 의해 거룩하게 되고 하나님을 섬기도록 선택된 사람. 모든 믿는 자는 성도임

성전	하나님의 집, 예배의 장소
십자가형에 처하다	누군가를 나무 십자가에 못 박아 죽이는 것
영	하나님과 연결되어 있는, 영원히 존재하는 우리 안의 보이지 않는 부분
영원한	오래 계속되는, 끝이 없는
예배하다	하나님을 찬양하고 경배하고 그분께 영광 돌리는 것
육신	우리 육신의 몸과 우리 안에 있는 죄의 본성
은혜	받을 자격이 없는 사람에게 공짜로 주어지는 용서와 은총
의로운	완전히 올바른, 선하고 죄가 없는
의롭다 하다	죄가 있는 사람을 무죄라고 선언하는 것. 그가 받을 형벌에서 풀어주는 것
이방인	유대인이 아닌 사람
자백하다(고백하다)	우리가 잘못한 일을 인정하고 미안하다고 말하는 것
장로	교회에서 지혜롭고 경험이 많은 지도자
정죄하다	누군가의 죄와 범죄에 대해 유죄를 선포하는 것
제자	예수님을 따르는 사람
중보하다	다른 사람을 대신해서 그가 간구하는 것처럼 기도해 주는 것
증언하다	사람들에게 내가 예수님을 따른다는 것을 알리고 그들에게 하나님의 사랑을 전하는 것
집사	교회에서 섬기는 자이면서 인도하는 사람
찬양하다	마음에서 우러나오는 기도와 노래로 하나님을 높이는 것
할렐루야	"주님을 찬양하라"라는 뜻의 히브리어
호산나	"지금 우리를 구원하소서"라는 뜻의 히브리어
혼	옳고 그른 것을 선택하고 감정을 느끼며 생각하는 우리 안의 한 부분
화해하다	관계를 올바르게 하다, 누군가와 화평하다
회개하다	용서를 구하고 죄에서 돌이키는 것
회당	유대인들이 모여 하나님을 예배하는 장소

에베소인들에게 보내는 바울의 편지

에베소서

에베소서는 어떤 책인가요?

- 바울은 로마 감옥에서 이 편지를 썼습니다.
- AD 60년 무렵에 쓰였습니다.
- 이 편지는 에베소 교회에 쓴 것이지만 다른 교회들도 함께 읽었을 것으로 추정됩니다.

에베소서의 주제

에베소서는 신자들의 믿음을 굳세게 하고 그들을 격려하기 위해 쓰였습니다.

에베소서의 핵심 내용

- **우리가 그리스도 안에서 얻게 된 신분과 소유**(에베소서 1:3-14)
  - 우리는 복을 받았고, 선택되었으며, 흠이 없는 입양된 자입니다.
  - 우리는 용서, 성령님, 유산을 받았습니다.
- **우리는 하나님의 은혜로 구원받았습니다**(에베소서 2:8-9)
  우리는 행위가 아니라, 자격이 없는데도 베풀어주시는 하나님의 자비로 구원받았습니다.
- **그리스도의 몸 안에서 사랑과 연합**(에베소서 4:1-16)
  믿는 자들은 믿음과 이해에서 자라가며 서로를 섬기고 세워 주어야 합니다.
- **옛 길과 새 길**(에베소서 4:17-32)
  우리는 옛 삶의 악한 습관을 멈추고 하나님을 따라 지음 받은 새 사람을 입어야 합니다(24절).
- **교회 안에서의 관계**
  - 아내와 남편(에베소서 5:22-33)
  - 자녀와 부모(에베소서 6:1-4)
  - 노예와 주인(에베소서 6:5-9)

• **하나님의 갑옷**(에베소서 6:10-18)

우리는 자신을 지키고 악에 대항해 싸울 수 있는 영적 갑옷을 받았습니다(90-94 페이지 참조). 우리의 무기는 다음과 같습니다.

- 진리의 허리띠
- 의의 호심경(가슴막이)
- 평안의 복음의 신
- 믿음의 방패
- 구원의 투구
- 성령의 검

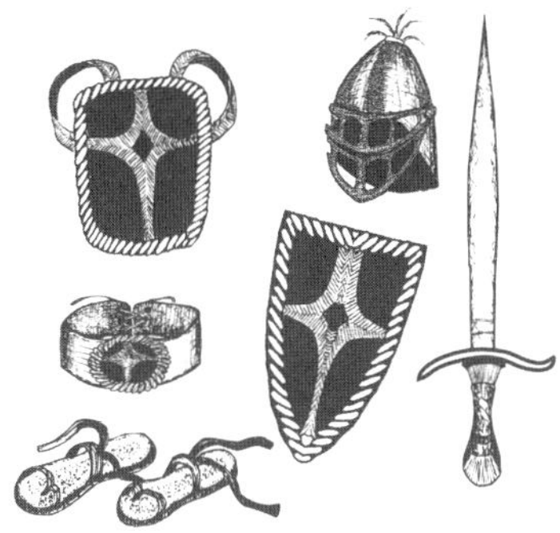

빛의 자녀들

죄는 세상에 어둠을 가져왔습니다. 그리고 이런 세상에 태어난 우리에게는 이미 어두운 죄가 있습니다(시편 51:5). 따라서 우리 삶에 예수님이 없다면 우리는 하나님의 선하신 빛을 비출 수 없습니다(요한일서 1:5). 그러나 예수님이 우리 안에 살아계시면 그분의 선하심이 우리를 통해 빛나게 됩니다.

"너희가 전에는 어둠이더니 이제는 주 안에서 빛이라. 빛의 자녀들처럼 행하라. 빛의 열매는 모든 착함과 의로움과 진실함에 있느니라"(에베소서 5:8-9).

여기에서 성경이 말하는 빛은 우리가 하는 선한 일, 즉 주님을 기쁘시게 하는 일들을 말합니다. 이렇게 할 때 다른 사람들이 우리의 빛을 볼 수 있습니다.

바울은 우리가 어떻게 살아가고 지혜롭게 행할지에 대해 정말 주의해야 한다고 말합니다. 그러니 일어나 빛을 비추세요!(이사야 60:1)

주님의 빛이 당신을 통해 빛나게 하세요!

빌립보인들에게 보낸 바울의 편지
빌립보서

빌립보서는 어떤 책인가요?

- 바울이 로마의 감옥에서 쓴 것으로 추정됩니다.
- AD 60-61년 무렵에 쓰였습니다.
- 빌립보 교회에 쓴 편지입니다.

빌립보서의 주제

빌립보서는 기본적으로 교회가 바울에게 보내준 돈에 대해 감사하는 편지입니다. 또한 빌립보서는 신자들의 믿음을 굳세게 하기 위해 쓰였습니다.

빌립보서의 핵심 내용

- **무슨 일이 일어나든 우리는 승리합니다!**(빌립보서 1:21-24)
  우리가 살면 이 땅에서 그리스도를 섬길 수 있고, 우리가 죽는다면 그리스도와 함께 살게 될 것입니다.
- **그리스도의 겸손함 갖기**(빌립보서 2:3-5)
  우리는 이기적으로 행하거나 다른 사람에게 좋은 인상을 주려고 행동해서는 안 됩니다. 오히려 겸손하게 행하며 우리보다 다른 사람을 낫게 여겨야 합니다. 다시 말해서 우리를 돌아볼 뿐 아니라 다른 사람의 일도 돌아보아야 합니다. 이렇게 우리는 예수님과 같이 겸손한 자세를 가질 수 있습니다.
- **우주의 별처럼 빛나는 삶**(빌립보서 2:14-15)
  우리는 모든 일을 불평이나 논쟁 없이 해야 합니다. 그러면 죄인인 사람들 사이에서 하나님의 자녀로서 흠 없고 순결한 자로 어두운 하늘에 밝게 빛나는 별과 같이 될 것입니다.

- **그리스도의 겸손과 영광**(빌립보서 2:5-11)
  - 비록 예수님은 하나님과 동등한 분이시지만, 그분은 기꺼이 종과 같이 되어 인간의 몸으로 태어나셨습니다.
  - 그리고 자신을 낮추시고 우리를 위해 십자가에서 죽기까지 하나님 아버지께 복종하셨습니다.
  - 이로 인해 하나님은 예수님을 가장 큰 영광의 자리로 높여 주시고 모든 이름 위에 뛰어난 이름을 주셨습니다.
  - 모든 무릎이 주님 앞에 무릎 꿇고 모든 입이 예수 그리스도가 주님이시라고 말할 것입니다.

- **우리의 모든 소유는 가치가 없음**(빌립보서 3:7-9)

- **목표를 향해 나아감**(빌립보서 3:12-21)

  과거에 있었던 일들은 잊고 믿음의 경주를 끝낼 때까지 나아가야 합니다.

- **주 안에서 항상 기뻐하라!**(빌립보서 4:4)

  항상 주님이 주시는 기쁨으로 살아가고 여러분의 관용을 모든 사람이 알게 하십시오.

- **무엇이든…**(빌립보서 4:8)

  무엇이든지 **참된 것**, 무엇이든지 **경건한 것**, 무엇이든지 **옳은 것**, 무엇이든지 **순전한 것**, 무엇이든지 **사랑스러운 것**, 무엇이든지 항상 **좋은 것**, 무엇이든지 **멋지고 칭찬받을 만한 것**이 있다면 이러한 것들로 여러분 마음을 채우십시오.

골로새에 보내는 바울의 편지
골로새서

골로새서는 어떤 책인가요?

- 바울은 골로새에 있는 그리스도인들에게 이 편지를 썼습니다.
- AD 60-61년 무렵에 쓰였습니다.
- 바울은 로마의 감옥에서 이 편지를 썼습니다.

골로새서의 주제

골로새서는 골로새인들이 그리스도에 대해 잘못 생각하는 부분을 바로잡기 위해 쓰였습니다.

골로새서의 핵심 내용

- **그리스도의 위대함**(골로새서 1:15-20)
  - 그리스도는 하나님과 똑같은 분이십니다(15절).
  - 예수님은 모든 만물의 창조주이십니다(16절).
  - 예수님은 모든 것이 창조되기 전부터 계신 분이십니다(17절).
  - 예수님은 교회 몸의 머리가 되십니다(18절).
- **그리스도 안에 뿌리를 내림**(골로새서 2:6-7)

  뿌리가 땅 밑으로 자라나면서 나무를 닻과 같이 붙들어 주고 물을 끌어당기듯이, 우리도 예수님께 뿌리를 내리고 있어야 합니다. 우리 영혼은 그분의 선하심을 우리 삶으로 끌어당깁니다. 예수님을 향한 믿음은 인생의 폭풍 속에서 닻과 같이 우리를 붙들어 줍니다.

  - 하나님은 해와 같이 그분의 사랑과 은혜를 우리에게 비추십니다(고린도후서 4:6, 요한일서 1:5).
  - 예수님은 토양과 같습니다. 우리는 그 안에 뿌리를 내립니다(골로새서 2:6-7, 예레미야 17:7-8).
  - 성령님은 생명을 주는 물과 같습니다(요한복음 4:13-14, 로마서 5:5, 요한복음 7:38-39).
  - 우리 삶의 선행은 그 열매입니다(누가복음 6:44-45, 갈라디아서 5:22).

• **거룩한 삶을 위한 지침서**(골로새서 3:1-2)

우리 **마음**의 소원은 영원한 가치를 지닌 것에 있어야 합니다. 우리 **마음**은 하늘나라에 초점을 두어야 합니다.

믿음과 사랑 안에서 자라기 위해서 우리는 어떻게 해야 할까요?

자주 기도해야 합니다 – 언제든지, 무엇에 대해서든지 우리는 하나님께 이야기할 수 있습니다(요한복음 14:13-14, 빌립보서 4:6, 골로새서 4:2).

성경을 읽어야 합니다 – 성경은 생명을 위한 지침서입니다(로마서 15:4, 디모데후서 3:14-15, 시편 119:11).

교회에 모여야 합니다 – 믿음의 가족과 함께 하나님의 자녀로 자라가야 합니다(고린도전서 12:12, 히브리서 10:25, 사도행전 2:43-44).

다른 사람에게 하나님을 전해야 합니다 – 그들에게도 복음이 필요합니다(마가복음 16:15, 디모데후서 1:7-8, 4:2).

모든 사람에게 선을 행해야 합니다 – 격려하고 돕고 나누십시오(갈라디아서 6:9, 데살로니가전서 5:11, 히브리서 13:16).

• **새로운 옷으로 갈아입기**(골로새서 3:8-12)

데살로니가에 보내는 첫 번째 편지

데살로니가전서

데살로니가전서는 어떤 책인가요?

• 바울은 데살로니가에 있는 신자들에게 이 편지를 썼습니다.
• 고린도에서 AD 50-51년 무렵에 쓰였습니다.

데살로니가전서의 주제

바울은 박해받고 있는 신자들을 격려하기 위해 이 편지를 썼습니다. 바울은 주님의 재림에 대해 얘기하고, 또 하나님을 기쁘시게 하는 삶에 대한 실제적인 조언을 해 주고 있습니다.

매일의 삶을 위한 점검 리스트(데살로니가전서 5:12-22)

☐ 우리를 주님의 길로 가르치고 인도하는 사람들을 존중하라.
☐ 다른 사람과 화평하게 지내라.
☐ 두려워하는 사람들을 격려해 주어라.
☐ 약한 자를 돕고 격려하라.
☐ 모든 사람에 대하여 참으라.
☐ 악을 악으로 갚지 말라.
☐ 친절히 대하라.
☐ 기뻐하라.
☐ 기도하라.
☐ 모든 상황에서 기뻐하라.
☐ 네 마음에 있는 하나님의 성령의 불을 지켜라.
☐ 하나님의 말씀을 가볍게 여기지 말라.
☐ 믿는 내용이 하나님의 말씀과 일치하는지 확인하라.
☐ 좋은 것은 굳게 잡으라.
☐ 악은 어떤 모양이라도 멀리하라.

데살로니가에 보내는 바울의 두 번째 편지
데살로니가후서

데살로니가후서는 어떤 책인가요?

- 바울은 데살로니가에 있는 신자들에게 두 번째 편지를 보냈습니다.
- 고린도에서 AD 51-52년 무렵에 쓰였습니다.

데살로니가후서의 주제

예수님은 제자들에게 다시 와서 그들을 데리고 가겠다고 말씀하셨습니다. 바울의 시대에는 주님이 언제 다시 오시느냐에 대해서 혼란스러운 얘기가 많았습니다. 어떤 사람들은 예수님이 이미 오셨다고 믿었습니다(데살로니가후서 2:1-2). 바울은 사람들에게 항상 준비되어 있어야 하지만 평소와 같이 계속 살아가고 일해야 한다고 썼습니다.

우리는 주님이 언제 오실 것이라고 기대해야 하나요?

주님은 어느 때든지 오실 수 있습니다. 사실, 예수님은 이렇게 말씀하셨습니다. "내가 곧 오겠다"(마태복음 24:44, 요한계시록 22:12).

주님이 다시 오실 때 어떤 일들이 일어날까요?

1. 주님은 하늘로부터 오실 것입니다(데살로니가전서 4:16, 사도행전 1:11)
2. 큰 호령과 하나님의 나팔소리가 있을 것입니다(데살로니가전서 4:16).
3. 이미 죽은 신자들이 무덤에서 일어날 것입니다(데살로니가전서 4장).
4. 그때 살아있는 신자들도 들어 올려져 구름 속에서 예수님을 만나게 될 것입니다(데살로니가전서 4:17, 마가복음 13:26).
5. 우리는 새롭고 완벽한 몸을 갖게 될 것입니다(고린도전서 15:51-54).
6. 우리는 죄로 인한 심판을 받지 않지만 행한 일에 대해 검증받을 것입니다(고린도전서 3:13-15).
7. 우리는 하늘에서 주님과 함께 영원히 살게 될 것입니다(데살로니가전서 4장, 요한복음 6:47).

디모데에게 보내는 바울의 첫 번째 편지

디모데전서

디모데전서는 어떤 책인가요?

- 바울은 이 편지를 믿음의 친구이자 동료인 디모데에게 썼습니다.
- AD 64년 무렵에 로마에서 쓰인 것으로 추정됩니다.

디모데전서의 주제

디모데전서는 바울이 에베소 교회의 젊은 목회자인 디모데를 격려하고 인도하기 위해 쓴 개인적인 편지입니다.

디모데를 향한 바울의 권면(디모데전서 4:11-16)

- 네가 어리다고 다른 사람이 업신여기지 못하게 하고 오직 말과 행실과 사랑과 믿음과 정절에 있어서 믿는 자에게 본이 되라(12절).
- 사람들 앞에서 성경을 읽고 가르치고 권면하는 일을 하라(13절).
- 성령님이 주신 영적 은사를 소홀히(부주의하게) 여기지 말라(14절).
- (부르심에 합당한 사람이 되도록) 부지런하고 힘써 행하라(15절).
- 너의 삶과 가르침을 주의 깊게 살피라(16절).
- 모든 악에서 떠나 믿음과 사랑과 인내와 온유를 따르며 경건한 삶을 살도록 노력하라. 믿음의 선한 싸움을 싸우라!(디모데전서 6:11-12)

돈을 사랑함(디모데전서 6:6-10)

가진 것에 만족하고 경건하게 사는 것은 우리가 상상하는 모든 부요함보다 더 가치 있는 것입니다. 우리는 아무것도 가지지 않은 채 태어났고 죽을 때 어떤 것도 가져갈 수 없습니다. 하지만 부자가 되고 싶어 하는 사람들은 유혹에 빠져 그들을 망하게 하는 어리석고 해로운 욕망에 붙잡히게 됩니다. 돈을 사랑하는 것은 모든 악의 뿌리가 되기 때문입니다.

바울이 디모데에게 보내는 두 번째 편지

디모데후서

디모데후서는 어떤 책인가요?

- 바울이 디모데에게 보낸 두 번째 편지입니다.
- AD 66-67년 무렵 네로 황제가 통치하던 시절에 로마 감옥에서 쓰인 것으로 추정됩니다.

디모데후서의 주제

이 편지는 디모데에게 마지막으로 권면과 교훈을 주기 위해 쓴 것입니다. 바울은 디모데에게 다음과 같이 말했습니다.

- **군사와 같이 되어라**(디모데후서 2:3-4)
  충성된 군인처럼 고난을 견디고 우리의 지휘관이신 주 예수 그리스도를 기쁘게 하는 데 집중하라.
- **운동선수와 같이 되어라**(디모데후서 2:5)
  운동선수가 경기의 규칙에 따라 경쟁하듯이 하나님의 규칙에 따라 살아가라. 그러면 하나님으로부터 왕관을 받게 될 것이다.
- **농부와 같이 되어라**(디모데후서 2:6)
  농부처럼 열심히 일하라. 그러면 그 상급을 받게 될 것이다.

마지막 때에 보이는 불경건함(악함)(디모데후서 3:1-5)

예수님이 다시 오시기 전 마지막 때에 사람들은 다음과 같이 될 것입니다.

- 자기를 사랑함
- 돈을 사랑함
- 자랑함
- 교만함
- 비방함
- 거역함
- 사나움
- 감사하지 않음
- 거룩하지 않음
- 무정함
- 원통함을 풀지 않음
- 절제하지 못함
- 선한 것을 좋아하지 않음
- 하나님을 사랑하지 않음
- 경건의 모양은 있으나 경건의 능력으로 변화되는 것은 거부함

바울이 디도에게 보내는 편지

디도서

디도서는 어떤 책인가요?

- 바울은 그의 친구 디도에게 이 편지를 썼습니다.
- AD 62-64년 무렵에 그리스에서 쓰인 것으로 추정됩니다.

디도서의 주제

바울이 디도에게 이 편지를 쓴 것은 그레데 섬의 교회를 믿음 안에서 준비하여 잘 세우도록 권면하기 위해서였습니다. 특히 다음 사항에 대해 확인하도록 했습니다.

교회 장로들(디도서 1:7-9)

흠 잡을 데가 없고, 대접을 잘 하며, 절제하며, 의롭고 거룩하며, 신중하며, 선행을 좋아하며, 진리의 말씀을 그대로 지켜야 합니다.

신자들(디도서 3:1-2)

복종하며, 선한 일을 할 준비가 되어 있으며, 겸손하며, 모든 사람과 화평하며, 다른 사람을 생각해야 합니다.

그 이유는

우리도 전에는 어리석고 순종하지 않았습니다. 그러나…

> "우리의 구주이신 하나님께서 그 인자하심과 사랑하심을 나타내셔서 우리를 구원하셨습니다.
> 그분이 그렇게 하신 것은, 우리가 행한 의로운 일 때문이 아니라, 그분의 자비하심을 따라 거듭나게 씻어주심과 성령으로 새롭게 해주심으로 말미암은 것입니다.
> 하나님께서는 이 성령을 우리의 구주이신 예수 그리스도로 말미암아 우리에게 풍성하게 부어 주셨습니다.
> 그래서 우리는 그분의 은혜로 의롭게 되어서, 영원한 생명의 소망을 따라 상속자가 되었습니다"(디도서 3:4-7, 새번역).

빌레몬에게 보낸 바울의 편지

빌레몬서

빌레몬서는 어떤 책인가요?

• 바울은 그의 친구 빌레몬에게 AD 60년 무렵에 이 편지를 썼습니다.

빌레몬서의 주제

바울은 빌레몬에게, 도망쳤던 그의 노예 오네시모가 지금은 바울과 머물고 있음을 알렸습니다. 이 편지의 내용은 다음과 같습니다.

친애하는 빌레몬에게,

그대를 위해 기도할 때마다 그대의 믿음과 사랑으로 인해 하나님께 감사드립니다. 그대의 사랑은 항상 나에게 힘이 되고 큰 기쁨을 줍니다!

그대에게 부탁하고 싶은 것이 있어 편지를 씁니다. 도망친 당신의 노예가 벌을 받아야 마땅함을 저도 알고 있습니다. 그러나 하나님이 그분의 자비하심 가운데 그를 구원하셨고 이제 그는 우리와 같은 그리스도인이 되었습니다.

그는 지금 나와 함께 있습니다. 그가 여기에서 내게 도움을 주고 있고 나도 그를 여기에 두고 싶으나 이제 돌려보내려고 합니다.

부디 그리스도께서 그대를 용서해 주신 것처럼 그를 용서해 주고 받아 주십시오. 이제는 노예로서가 아니라 같은 믿음의 형제로서 말입니다.

나를 환영해 주듯 그를 환영해 주십시오. 혹시 그가 그대에게 빚진 것이 있다면 내가 개인적으로 갚겠습니다. 주 예수 그리스도의 은혜가 그대와 함께하길 빕니다.

바울 드림

히브리인들에게 보내는 편지
히브리서

히브리서는 어떤 책인가요?

- 히브리서의 저자는 알려지지 않았습니다.
- AD 70년 전에 쓰인 것으로 추정됩니다.

히브리서의 주제

히브리서는 예수님을 믿지 않고 구약의 율법을 따라 살면서 하나님의 은혜를 얻으려는 유대 그리스도인들을 향해 쓴 편지로 보입니다.

그리스도가 전부입니다

그리스도는…

- **하나님의 아들이시며 만물의 창조주이십니다**(히브리서 1:1-3, 10)
  이 땅의 모든 것은 예수님을 통해 창조되었으며 그분이 온 우주를 운영하십니다(골로새서 1:15-17).
- **천사보다 위에 계신 분입니다**(히브리서 1:4-8)
  예수님은 하나님이시며(요한복음 10:30) 천사들은 피조물입니다. 예수님은 천사들보다 훨씬 더 위에 계신 분입니다!
- **모세보다 뛰어나신 분입니다**(히브리서 3:3-5)
  모세는 하나님이 특별히 쓰신 사람입니다. 하지만 모세도 인간이었고 죄인이었습니다. 예수님은 완전하신 분입니다!
- **모든 대제사장보다 뛰어나신 분입니다**(히브리서 4:14-5:10)
  예수님은 하나님 앞에 친히 우리를 대신하여 서 계신 대제사장이십니다. 그러나 그분은 인간 대제사장처럼 속죄의 제사를 드릴 필요가 없습니다. 왜냐하면 예수님 자신이 온전한 희생제물이 되셨기 때문입니다(히브리서 7:27).

믿음의 삶

믿음은…

바라는 것들의 **실상**이요 보지 못하는 것들의 **증거**입니다(히브리서 11:1).

믿음으로(히브리서 11장)

하나님을 신뢰한 믿음의 사람들

사람들	히브리서 관련 구절	구약 관련 구절
아벨	히브리서 11:4	창세기 4:4
에녹	히브리서 11:5	창세기 5:21-24
노아	히브리서 11:7	창세기 6:13-22
아브라함	히브리서 11:8, 17	창세기 12:1-4
이삭	히브리서 11:20	창세기 27:27-29
야곱	히브리서 11:21	창세기 48:8-22
요셉	히브리서 11:22	창세기 50:24-25
모세	히브리서 11:23	출애굽기 2:10-11
이스라엘 백성들	히브리서 11:29-30	출애굽기 14:21-31
라합	히브리서 11:31	여호수아 6:12-20
기드온	히브리서 11:32	사사기 7:15-25
바락	히브리서 11:32	사사기 4:14-16
삼손	히브리서 11:32	사사기 18:28-30
입다	히브리서 11:32	사사기 11:32-33
다윗	히브리서 11:32	사무엘상 17:20-50
사무엘	히브리서 11:32	사무엘상 7:15-17
선지자들	히브리서 11:32	다니엘 6:22

야고보의 편지

야고보서

야고보서는 어떤 책인가요?

- 예수님의 형제인 야고보가 이 편지를 썼습니다.
- AD 50년 전에 쓰인 것으로 추정됩니다.

야고보서의 주제

야고보는 그리스도인들에게 하나님을 기쁘시게 하는 삶에 대해 가르치기 위해 이 편지를 썼습니다.

야고보서의 핵심 내용

- **시련과 유혹**(야고보서 1:2-15)

"시험을 참는 자는 복이 있나니 이는 시련을 견디어 낸 자가 주께서 자기를 사랑하는 자들에게 약속하신 생명의 면류관을 얻을 것이기 때문이라"(야고보서 1:12).

- **듣고 행하기**(야고보서 1:19-27)

"너희는 말씀을 행하는 자가 되고 듣기만 하여 자신을 속이는 자가 되지 말라. 누구든지 말씀을 듣고 행하지 아니하면 그는 거울로 자기의 생긴 얼굴을 보는 사람과 같아서 제 자신을 보고 가서 그 모습이 어떠했는지를 곧 잊어버리거니와"(야고보서 1:22-24).

- **편애**(야고보서 2:1-10)

"너희가 만일 성경에 기록된 대로 네 이웃 사랑하기를 네 몸과 같이 하라 하신 최고의 법을 지키면 잘하는 것이거니와 만일 너희가 사람을 차별하여 대하면 죄를 짓는 것이니 율법이 너희를 범법자로 정죄하리라"(야고보서 2:8-9).

- **믿음과 행함**(야고보서 2:14-28)

"영혼 없는 몸이 죽은 것같이 행함이 없는 믿음은 죽은 것이니라"(야고보서 2:26).

• **혀**(야고보서 3:1-12)

"우리가 말들의 입에 재갈 물리는 것은 우리에게 순종하게 하려고 그 온 몸을 제어하는 것이라. … 여러 종류의 짐승과 새와 벌레와 바다의 생물은 다 사람이 길들일 수 있고 길들여 왔거니와 혀는 능히 길들일 사람이 없나니 쉬지 아니하는 악이요 죽이는 독이 가득한 것이라"(야고보서 3:3, 7-8).

• **지혜**(야고보서 3:13-18)

"오직 위로부터 난 지혜는 첫째 성결하고 다음에 화평하고 관용하고 양순하며 긍휼과 선한 열매가 가득하고 편견과 거짓이 없나니"(야고보서 3:17).

• **하나님께 순복함**(야고보서 4:1-12)

"그런즉 너희는 하나님께 복종할지어다. 마귀를 대적하라. 그리하면 너희를 피하리라. 하나님을 가까이하라. 그리하면 너희를 가까이하시리라"(야고보서 4:7-8).

• **고난 가운데 인내함**(야고보서 5:7-11)

"그러므로 형제들아 주께서 강림하시기까지 길이 참으라. 보라 농부가 땅에서 나는 귀한 열매를 바라고 길이 참아 이른 비와 늦은 비를 기다리나니 너희도 길이 참고 마음을 굳건하게 하라. 주의 강림이 가까우니라"(야고보서 5:7-8).

• **믿음의 기도**(야고보서 5:13-20)

"너희 중에 고난 당하는 자가 있느냐 그는 기도할 것이요, 즐거워하는 자가 있느냐 그는 찬송할지니라"(야고보서 5:13).

"의인의 간구는 역사하는 힘이 큼이니라"(야고보서 5:16).

베드로의 첫 번째 편지

베드로전서

베드로전서는 어떤 책인가요?

- (제자이자 사도인) 베드로는 실라의 도움으로 이 편지를 썼습니다(베드로전서 5:12).
- AD 63-35년 무렵에 로마에서 쓰였습니다.

베드로전서의 주제

이 편지는 박해받고 있는 신자들을 격려하기 위해 쓰였습니다.

베드로전서의 핵심 내용

- **시련**

  "너희 믿음의 확실함은 불로 연단하여도 없어질 금보다 더 귀하여 예수 그리스도께서 나타나실 때에 칭찬과 영광과 존귀를 얻게 할 것이니라"(베드로전서 1:7).

- **거룩**

  "오직 너희를 부르신 거룩한 이처럼 너희도 모든 행실에 거룩한 자가 되라"(베드로전서 1:15).

- **선을 행함**

  "너희가 다 마음을 같이하여 동정하며 형제를 사랑하며 불쌍히 여기며 겸손하며"(베드로전서 3:8).

- **하나님을 위해 살아감**

  "각각 은사를 받은 대로 하나님의 여러 가지 은혜를 맡은 선한 청지기같이 서로 봉사하라" (베드로전서 4:10).

- **그리스도인으로서 고난을 받음**

  "오히려 너희가 그리스도의 고난에 참여하는 것으로 즐거워하라. 이는 그의 영광을 나타내실 때에 너희로 즐거워하고 기뻐하게 하려 함이라"(베드로전서 4:13).

베드로의 두 번째 편지

베드로후서

베드로후서는 어떤 책인가요?

- 베드로는 두 번째 편지를 모든 믿는 자를 대상으로 썼습니다.
- AD 67-70년 무렵에 로마에서 쓰인 것으로 추정됩니다.

베드로후서의 주제

삶의 마지막에 이른 베드로는 신자들에게 거짓 교사의 말을 듣지 말고 믿는 바를 확고히 하라고 경고합니다.

복음은 그냥 지어낸 이야기가 아닙니다(베드로후서 1:16-21)

복음은 사실입니다! 우리는 그분의 영광의 증인입니다. 우리는 예수님과 함께 산에 있을 때 직접 하늘로부터 오는 음성을 들었습니다(마태복음 17:1-8). 우리에게는 또한 (예수님이 오신 후 그 말씀이 확증된) 선지자의 말씀이 있습니다. 그러므로 어두운 곳에 빛을 비추는 등불처럼 말씀에 주의를 기울이는 것이 옳은 일입니다(290페이지 참조).

주님의 날(주님이 다시 오시는 날)(베드로후서 3:3-14)

마지막 날에는 조롱하는 사람들이 와서 "너의 주님은 그가 말한 것처럼 언제 다시 오시는 거냐?"라고 말할 것입니다.

그들은 다음과 같은 사실을 깨닫지 못하고 있습니다.

- 그들은 홍수가 나기 전, 하나님을 믿지 않고 죽음을 맞이했던 노아 시대의 사람들과 같습니다(마태복음 24:37-39).
- 주님께는 하루가 천 년과 같고 천 년이 하루와 같습니다(시편 94편).
- 주님은 더 많은 사람들이 주님께 나아오기를 오래 참으며 기다리고 계십니다. 그래서 그들이 주님과 분리되어 멸망하지 않기를 원하십니다.
- 우리는 주님이 다시 오실 그날을 전혀 예상할 수 없습니다. 그분은 도적과 같이 오실 것입니다(마태복음 24:42-44).

주님 앞에 흠 없고 정결한 자로 평안한 가운데 나타날 수 있도록 힘쓰십시오(14절).

요한의 첫 번째 편지

요한일서

요한일서는 어떤 책인가요?

- (제자이자 사도인) 요한이 이 편지를 썼습니다.
- AD 90-95년 무렵에 쓰였습니다.

요한일서의 주제

요한은 신자들에게 그들의 믿음을 확신시키고 또 거짓 가르침이 잘못되었음을 깨닫게 해주려고 이 편지를 썼습니다.

이 땅에서 예수님과 동행했던 요한은 편지에 쓴 내용이 지어낸 이야기가 아니라고 말합니다. 그는 예수님과 그분이 하신 모든 일의 증인입니다(요한일서 1-4장).

빛 가운데 걸어가라(요한일서 1:5-10)

우리가 빛 가운데 걸어가면 그분이 빛 가운데 계신 것같이, 하나님의 아들 예수님의 피가 우리를 모든 죄에서 깨끗하게 해주십니다(7절).

우리가 정말로 구원받았다는 것을 어떻게 알 수 있나요?

- 하나님의 명령에 순종할 때(요한일서 2:3-5)
- 옳은 일을 할 때(요한일서 2:29)
- 다른 사람을 사랑할 때(요한일서 3:14)
- 우리 안에 성령이 있을 때(요한일서 3:24, 4:23)
- 더 이상 죄를 짓기 원하지 않을 때(요한일서 5:18)

또한 우리는 다음의 사실을 압니다

- 예수님이 오실 때 우리도 그와 같아질 것(요한일서 3:2)
- 예수님이 우리의 죄를 없애 주시리라는 것(요한일서 3:5)
- 사랑이 무엇인지(요한일서 3:16)
- 예수님이 우리 기도를 들으시고 응답하신다는 것(요한일서 5:14-15)
- 예수님이 오셔서 우리가 참 하나님을 알 수 있게 해주신다는 것(요한일서 5:20)

요한의 두 번째 편지
요한이서

요한이서는 어떤 책인가요?

- 요한은 '한 자매와 그녀의 자녀들'에게 이 두 번째 편지를 썼습니다.
- AD 90-95년 무렵에 쓰였습니다.

요한이서의 주제

이 편지는 신자들에게 사탄의 거짓말에 대항하라고 경고하고 있습니다.

진리의 적(요한이서 7-11)

믿는 자를 향한 마귀의 가장 큰 무기는 진리를 의심하게 하는 것입니다. 그리고 마치 진리인 것처럼 보이는 것으로 우리를 혼란스럽게 하는 것입니다(베드로후서 2:1-3). 마귀는 하나님의 사람들을 속이기 위해 거짓 교사들을 이용합니다.

그런데 누가 진실을 말하고 있는지 우리는 어떻게 알 수 있을까요? 예수님은 말씀하셨습니다. "거짓 선지자들을 삼가라. 양의 옷을 입고 너희에게 나아오나 속에는 노략질하는 이리라. 그들의 열매로 그들을 알지니"(마태복음 7:15-16).

우리는 진리이신 분(예수님)을 믿고, 진리의 말씀을 앎으로 진리를 알 수 있습니다(요한복음 14:6).

마귀의 거짓말	진리
한 분 하나님보다 많은 신이 있다	이사야 43:11
세상은 우연히 진화한 것이다	창세기 1:1
예수님은 하나님의 아들이 아니다	마태복음 26:63-64
예수님은 부활하지 않았다	고린도전서 6:14
성경은 신뢰할 수 없다	요한복음 17:17
천국으로 가는 길은 여러 가지가 있다	사도행전 4:12
하나님은 특별한 사람들만 구원하신다	디모데전서 2:4
어떤 죄는 하나님이 용서하지 않으신다	요한일서 1:7
우리는 선행으로 구원받을 수 있다	에베소서 2:8-9
예수님은 다시 오시지 않을 것이다	베드로후서 3:5-9

요한의 세 번째 편지

요한삼서

요한삼서는 어떤 책인가요?

- 요한은 친구 가이오에게 이 세 번째 편지를 썼습니다.
- AD 90-95년 무렵에 쓰였습니다.

요한이서의 주제

이 편지에서 요한은 그리스도를 따르는 자로서 각각 안 좋은 예와 좋은 예를 보여 주는 두 사람에 대해 쓰고 있습니다.

자신이 으뜸이 되고자 했던 디오드레베는 **안 좋은 예**였습니다. 그는 요한과 교제하려고도 하지 않고 그에 대해 잘못된 이야기를 퍼뜨렸습니다. 또 신자들을 교회로 맞아들이지 않고 그들을 친절히 대하려고 하는 사람들조차 내쫓았습니다.

데메드리오는 **좋은 본**이 되었습니다. 그가 살아가는 모습은 모든 이에게 좋은 평을 받았습니다.

요한은 다음과 같이 말했습니다. "사랑하는 자여 악한 것을 본받지 말고 선한 것을 본받으라. 선을 행하는 자는 하나님께 속하고 악을 행하는 자는 하나님을 뵈옵지 못하였느니라"(요한삼서 11절).

좋은 본	나쁜 본
다른 사람을 사랑함	다른 사람에게 악하게 행함
정직함	부정직함
후하게 베풂	이기적임
만족할 줄 앎	만족할 줄 모름
다른 사람을 격려함	다른 사람을 낙담시킴
겸손함	교만함
순종함	불순종함

"누구든지 네 연소함을 업신여기지 못하게 하고 오직 **말**과 **행실**과 **사랑**과 **믿음**과 **정절**에 있어서 믿는 자에게 본이 되어"(디모데전서 4:12).

유다의 편지

유다서

유다서는 어떤 책인가요?

- (야고보의 형제인) 유다는 모든 믿는 자들에게 이 편지를 썼습니다.
- AD 55-65년 무렵에 쓰였습니다.

유다서의 주제

유다는 신자들이 믿음 안에서 계속 굳게 서 있도록 격려하기 위해 이 편지를 썼습니다. 또한 진리를 왜곡하는 사람들에 대해 경고하고자 했습니다.

믿음 안에서 서로를 세워 주는 것

"사랑하는 자들아 너희는 너희의 지극히 거룩한 믿음 위에 자신을 세우며 성령으로 기도하며"(유다서 1:20).

성령 안에서 하는 기도란 어떤 것입니까?

모든 믿는 자 안에 계신 성령님은 우리가 마음으로 주님을 예배할 수 있게 도와주십니다. 우리에게 하나님을 향한 사랑을 부어 주시고 그분이 어떤 분인지 깨닫게 해주심으로써 말이죠. 성령님은 기도할 내용을 떠올려 주시고 평소 생각하지 못했을 것에 대해서도 기도할 수 있게 우리 생각을 이끌어 주십니다.

그렇더라도 기도제목을 적어 놓은 기도목록이 있으면 도움이 됩니다. 또 아래 그림처럼 기도나무를 그리며 항상 새로운 기도제목을 더하거나 바꿀 수도 있습니다.

이 그림에서 나무의 한 가지는 '예배'입니다. 그리고 그 가지에서 더 작은 나뭇가지가 뻗어 나올 수 있습니다. 그 가지에 연필로 써도 좋고 마치 잎사귀처럼 포스트잇을 붙여도 좋습니다.

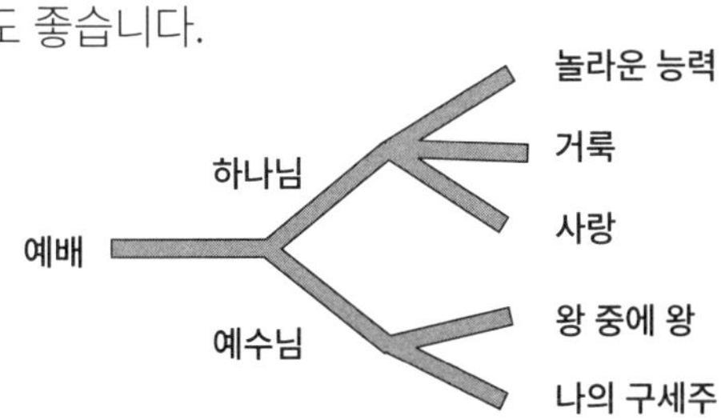

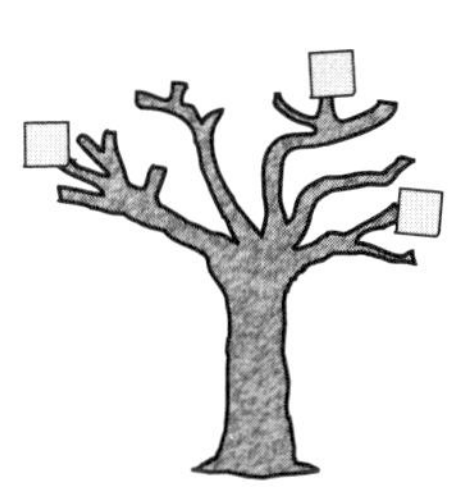

요한계시록

요한계시록은 어떤 책인가요?

- 사도 요한은 환상 속에서 본 것들을 기록했습니다. 그리고 그는 모든 믿는 자들을 위해 이 글을 아시아의 교회에 보냈습니다.
- AD 95년 무렵 밧모섬에서 쓰였습니다.

요한계시록의 주제

요한계시록은 장차 일어날 일을 보여 주기 위해 예수 그리스도를 통해 요한에게 전달된 메시지입니다.

계시록에 나오는 사람들과 나라

교회: 하늘로 들어 올려지기 전 모든 신자들(요한계시록 2장과 3장에서 주로 언급됨)
신부: 신랑이신 예수님과 함께 하늘에 거하게 될 모든 구원받은 사람들(요한계시록 19:7)
지파: 대환난의 때에 이 땅에 있는 믿는 유대인들(요한계시록 7:4-17, 로마서 11:25-29)
만국: (천 년 왕국이 있기 전) 이 땅의 모든 불신자들(요한계시록 19:15)

* * *

교회들에게 전하는 메시지(요한계시록 1:4-20)

예수님은 "에베소 교회의 사자에게 편지하라. 오른손에 있는 일곱 별을 붙잡고 일곱 금 촛대 사이를 거니시는 이가 이르시되"(요한계시록 2:1)라고 말씀하셨습니다.

요한이 자기 뒤에서 들리는 음성을 듣고 돌아보니 인자와 같이 생긴 사람이 긴 옷을 입고 있었습니다. 그의 머리와 머리카락은 흰 양털 같고, 그의 눈은 불꽃과 같으며, 그의 목소리는 많은 물소리와 같았습니다.

여러 교회에 쓴 편지

이 편지들은 요한의 시대에 실제 있었던 교회들에게 보낸 것이지만, 그 내용은 오늘날 교회에 있는 여러 종류의 사람들에 대해 가르쳐 줍니다. 예수님은 우리 마음의 선한 것과 악한 것을 다 보고 계시며 우리가 무엇을 해야 할지 알려 주십니다.

다음은 주님께서 요한을 통해 여러 교회에 하신 말씀입니다.

에베소 교회(요한계시록 2:1-7)

- **칭찬**: 너의 모든 선행과 수고, 그리고 네가 나를 위해 고난을 견딘 것을 알고 있다. 또 너희는 악한 자를 허용하지 않았다.
- **책망**: 이전과 같이 나를 사랑하지 않는다.
- **바르게 함**: 나에게 돌아와라. 그리고 처음에 나를 사랑했을 때와 같이 하라.
- **상급**: 네가 회개하면, 천국에서 생명나무의 열매를 먹게 될 것이다.

서머나 교회(요한계시록 2:8-11)

- **칭찬**: 네가 어려운 시기를 겪고 있고 궁핍한 것도 알고 있다. 하지만 실제 너는 (믿음 안에서) 부요하다.
- **격려**: 앞으로 있을 고난을 두려워하지 말고 포기하지 말라!
- **상급**: 충성하라. 그러면 생명의 면류관을 네게 줄 것이다.

버가모 교회(요한계시록 2:12-17)

- **칭찬**: 너희가 사탄이 다스리는 곳에 있으나 나에게 충성되며 나에 대한 믿음을 저버리지 않았음을 안다.
- **책망**: 거짓된 가르침, 사탄의 거짓말을 믿고 따르고 있다.
- **바르게 함**: 회개하라. 그렇지 않으면 내가 가서 칼로 싸울 것이다.
- **상급**: 승리한 자들에게는 감추었던 만나를 줄 것이다. 또한 다른 사람은 모르는 이름이 적힌 흰 돌을 그에게 줄 것이다.

두아디라 교회(요한계시록 2:18-19)

- **칭찬**: 네 사랑과 믿음, 섬김의 수고를 보았다. 처음보다 지금 더 많이 하고 있음도 안다.
- **책망**: 사람들을 잘못된 길로 유혹하는 이세벨이라는 여성을 용납하고 있다.
- **격려**: 내가 갈 때까지 네게 있는 것을 끝까지 붙잡으라.
- **상급**: 이기는 자에게는 여러 나라를 다스릴 권세를 줄 것이다. 또 그에게 새벽별을 줄 것이다.

사데 교회(요한계시록 3:1-6)

- **칭찬**: 죄로 자신을 더럽히지 않는 몇몇 사람들이 있다.
- **책망**: 행위로는 영적으로 살아있는 것처럼 보이지만 네 마음은 죽어있다.
- **바르게 함**: 깨어 있어라! 그렇지만 않으면 너희가 전혀 예상하지 못할 때에 내가 도적같이 임할 것이다.
- **상급**: 자신을 깨끗하고 정결하게 지킨 자는 흰 옷을 입고 나와 함께 걸을 것이다. 이기는 자는 역시 흰 옷을 입을 것이요, 내가 그의 이름을 생명책에서 지우지 않겠다.

빌라델비아 교회(요한계시록 3:7-13)

- **칭찬**: 네 힘이 적었음에도, 내 말을 지키고 내 이름을 부인하지 않았다.
- **격려**: 네게 있는 것을 끝까지 붙들어라.
- **상급**: 이기는 자에게는 하나님의 성전에 기둥이 되게 해주겠다. 그리고 하나님의 이름, 하나님 도성의 이름, 나의 새 이름을 그에게 써 주겠다.

라오디게아 교회(요한계시록 3:14-22)

- **책망**: 네 행위를 내가 안다. 네가 차갑지도 뜨겁지도 않아서 네가 어느 편에 서 있는지 알 수가 없다.
- **바르게 함**: 네 길을 돌이켜라! 마음의 문을 열어라.
- **상급**: 이기는 자에게는 나의 보좌에 함께 앉게 해줄 것이다.

하늘의 보좌(요한계시록 4장)

이후, 요한이 보니 하늘에 열린 문이 있었습니다. 한 음성이 그에게 말했습니다. "이리로 올라오라. 이 후에 마땅히 일어날 일들을 내가 네게 보이리라." 즉시 요한은 성령에 사로잡혔습니다.

[요한처럼 교회도 하늘로 들어 올려질 것입니다. 하지만 우리는 영원히 하늘에서 살 수 있는 흠 없는 새로운 몸을 받게 될 것입니다(351페이지 참조). 신자들은 다가올 하나님의 진노에서 구원받게 될 것입니다(데살로니가전서 1:10, 요한계시록 3:10).]

요한은 하늘에 한 보좌가 있는 것을 보았습니다. 아름다운 무지개가 그 보좌를 두르고 있었고 보좌 주변에는 흰 옷을 입고 머리에 금관을 쓴 스물네 명의 장로들이 있었습니다.

보좌로부터 번개가 치고 천둥소리가 흘러나왔는데, 그 보좌 앞에는 수정과 같이 맑은 유리 바다가 있었습니다. 네 생물이 다음과 같이 말하며 보좌에 앉으신 분에게 영광을 돌렸습니다.

"거룩하다. 거룩하다. 거룩하다. 주 하나님 곧 전능하신 이여,
전에도 계셨고 이제도 계시고 장차 오실 이시라."

두루마리 책과 어린 양(요한계시록 5장)

보좌에 앉으신 분의 오른손에는 두루마리가 있었습니다. 그러나 하늘과 땅에서는 그 두루마리의 봉인을 뜯고 열어 볼 수 있는 사람이 아무도 없었습니다.

요한은 어린 양(예수님)이 보좌의 중앙에 서 있는 것을 보았습니다. 그리고 그 어린 양은 보좌에 앉으신 분의 오른손에서 두루마리를 가져갔습니다. 그때 요한은 수천, 수만의 천사들이 큰 소리로 노래하는 것을 들었습니다.

"죽임을 당하신 어린 양은 능력과 부와 지혜와 힘과 존귀와 영광과 찬송을 받으시기에 합당하도다!"

봉인(요한계시록 6장)

이때 요한은 어린 양이 일곱 개의 봉인을 떼는 것을 보았습니다. 각 봉인이 열리자…

1. 말을 탄 사람이 면류관을 받았습니다(2절).
2. 화평을 없애고 서로 죽이게 하였습니다(4절).
3. 기근이 들었고 가난한 자가 고통받았습니다(6절).
4. 땅의 사분의 일이 전쟁, 배고픔, 질병, 짐승으로 인해 죽었습니다(8절).
5. 하나님의 자녀들에 대한 박해가 일어났습니다(11절).
6. 큰 지진이 일어나고 해가 어두워졌습니다(12절).
7. 요한계시록 8장을 보세요.

144,000명이 인치심을 받다(요한계시록 7장)

그 후에, 요한은 네 천사가 바람을 멈출 준비를 하는 것을 보았습니다. 또 다른 천사가 와서 큰소리로 외쳤습니다. "우리가 우리 하나님의 종들의 이마에 인치기까지(도장을 찍을 때까지) 땅이나 바다나 나무들을 해하지 말라."

그때 요한은 이스라엘 지파에서 나온 144,000명이 인침을 받는다는 것을 들었습니다. 각 지파에서 12,000명씩 나왔습니다.

유다	납다리	잇사갈
르우벤	므낫세	스불론
갓	시므온	요셉
아셀	레위	베냐민

그리고 요한은 셀 수 없이 많은 엄청난 무리가 보좌 앞과 어린 양 앞에 서 있는 것을 보았습니다. 그들은 흰 옷을 입고 큰 소리로 외쳤습니다.

"구원하심이 보좌에 앉으신
우리 하나님과 어린 양에게 있도다."

나팔 소리와 심판(요한계시록 8-9장)

일곱 번째 인을 뗄 때 하늘에는 삼십 분쯤 침묵이 흘렀습니다.

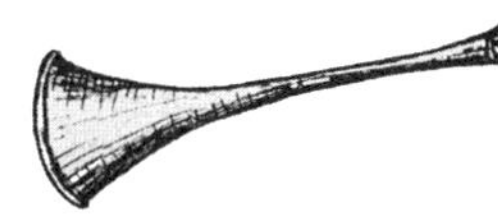

하나님 앞에 서는 일곱 천사가 일곱 개의 나팔을 받았습니다. 그리고 천사들이 하나씩 나팔을 불 때마다 다음과 같은 일이 일어났습니다.

1. 피가 섞인 우박과 불이 나와 땅에 떨어져, 이 땅에 있는 삼분의 일의 나무가 타고 모든 푸른 풀밭도 다 타버렸습니다(요한계시록 8:7).
2. 불이 붙은 큰 산과 같은 것이 바다로 던져져 바다 생물과 배들의 삼분의 일이 없어졌습니다. 바다의 삼분의 일은 피가 되었습니다(요한계시록 8:8-9).
3. 큰 별이 땅으로 떨어져 강과 샘의 삼분의 일이 독으로 오염되었습니다. 그 쓴 물을 마신 많은 사람들이 죽었습니다(요한계시록 8:10-11).
4. 해, 달, 별들에게서 나오는 빛의 삼분의 일이 어두워졌습니다(요한계시록 8:12).
5. 전갈처럼 쏘는 메뚜기들이 그 이마에 하나님의 인이 없는 사람들은 누구든지 해하라는 명령을 받았습니다(요한계시록 9:1-12).
6. 네 천사가 2억 명의 기마병에게 명령을 내렸습니다. 말들의 입에서 불과 연기와 유황이 나와 삼분의 일의 사람들이 죽임을 당했습니다(요한계시록 9:13-21).
7. 그런 다음 하늘에 있는 하나님의 성전이 열렸습니다. 번개와 큰 천둥이 치고 지진이 일어나고 엄청난 우박이 내렸습니다(요한계시록 11:15-19).

칠 년 환난의 중간에, 적그리스도인 짐승이 모습을 드러냈습니다(요한계시록 13장).

일곱 천사(요한계시록 15장)

하늘의 성전에서 일곱 천사가 나왔습니다. 네 생물 중 하나가 각 천사에게 하나님의 분노로 가득 찬 금 대접을 주고 그렇게 대환난이 시작되었습니다(마태복음 24:21).

하나님의 심판의 일곱 대접(요한계시록 16장)

성전에서 나오는 큰 음성이 일곱 천사에게 말했습니다. "너희는 가서 하나님의 진노의 일곱 대접을 땅에 쏟으라."

일곱 천사는 각자 대접을 쏟았습니다. 그러자 다음과 같은 일이 일어났습니다.

1. 짐승의 표를 받고 그 우상에게 경배한 사람들에게 고통스러운 종기가 났습니다(2절).
2. 바다가 피로 변하고 바다에 있는 모든 생물이 죽었습니다(3절).
3. 강과 샘이 피로 변했습니다(4절).
4. 해가 불로 사람을 태웠습니다(8절).
5. 어둠이 짐승의 왕국에 드리웠습니다(10절).
6. 유브라데 강물이 말랐습니다(12절).
7. 하나님의 진노가 지진과 우박을 통해 나타났습니다(18절).

할렐루야, 하나님께 영광!(요한계시록 19장)

그때 요한은 많은 무리의 음성과 같은 소리가 외치는 것을 들었습니다.

"할렐루야! 주 우리 하나님 곧 전능하신 이가 통치하시도다.
우리가 즐거워하고 크게 기뻐하며 그에게 영광을 돌리세.
어린 양의 혼인 기약이 이르렀고 그의 아내가 자신을 준비하였다."

요한은 하나님께 대항하여 큰 전쟁(아마겟돈 전쟁)을 벌이기 위해 모인 모든 왕들과 장군들을 보았습니다. 하지만 하나님은 적그리스도를 멸망시키십니다(요한계시록 19:17-21, 마태복음 24:29-31).

천 년 왕국(요한계시록 20:1-16)

그 후에 요한은 한 천사가 하늘에서 내려오는 것을 보았습니다. 천사는 끝이 없이 깊은 곳을 여는 열쇠와 큰 쇠사슬을 가지고 있었습니다. 천사는 사탄을 제압하여 그가 사람들을 잘못된 길로 유혹하지 못하도록 천 년 동안 결박해 놓았습니다.

그런 다음 예수님께서 내려오셔서 이 땅을 천 년 동안 다스릴 것입니다. 그리고 이 땅에 평화가 찾아올 것입니다(이사야 2:1-4을 읽어 보세요). 그리고 이사야 65:19-25, 스가랴 8:3-13, 스가랴 14:1-4도 읽어 보세요.

사탄이 영원토록 멸망하다!(요한계시록 20:7-10)

천 년이 끝날 때, 사탄은 감옥에서 풀려나고 사람들은 그때 하나님을 따르지 아니면 사탄을 따르지 결정하게 됩니다.

사탄은 전 세계를 두루 다니며 사람들을 속이고, 많은 사람들이 또다시 하나님께 반역을 하게 될 것입니다. 그들은 하나님이 사랑하시는 도성(예루살렘)에 있는 하나님의 사람들에 대항해 군대를 만들게 될 것입니다.

하지만 하나님은 하늘에서 불을 보내 그들을 멸망시키실 것입니다. 그러면 사탄은 불타는 유황의 샘에 던져져 그곳에서 영원토록 밤낮 고통을 당할 것입니다!

크고 흰 보좌에서 심판을 내리시다(요한계시록 20:11-15)

그때 요한은 크고 흰 보좌와 그곳에 앉으신 이를 보았습니다. 큰 자나 작은 자나 모든 죽은 자들이 그 보좌 앞에 서 있었습니다. 그리고 책들이 펼쳐져 있는데 그중에는 생명책도 있었습니다. 모든 사람은 그들이 한 일에 따라 심판을 받았으며 그 이름이 생명책에 기록되지 않은 사람은 불바다(지옥)에 던져졌습니다.

새로운 예루살렘(요한계시록 21장)

하늘과 땅이 없어지고 하나님은 새 하늘과 새 땅을 창조하실 것입니다(베드로후서 3:3-13).

그때 요한은 거룩한 성이 하늘에서 내려오는 것을 보았습니다. 그리고 보좌로부터 큰 음성이 흘러나왔습니다. “이제 하나님의 장막이 사람들과 함께 있다. 하나님이 그들과 함께 계시리니 그들은 하나님의 백성이 되고 하나님은 친히 그들과 함께 계실 것이다.”

그리고 보좌에 앉으신 이가 말씀하셨습니다.

“이루었도다.
나는 알파와 오메가요, 처음과 마지막이라,
내가 생명수 샘물을 목마른 자에게 값없이 주리니
이기는 자는 이것들을 상속으로 받으리라.
나는 그의 하나님이 되고 그는 내 아들이 되리라”
(요한계시록 21:6-7).

생명수 강(요한계시록 22:1-6)

그때 천사가 요한에게 생명수 강을 보여 주었습니다. 그 강은 수정같이 맑고 하나님과 어린 양의 보좌로부터 흘러나왔습니다. 강의 양쪽에는 생명나무가 있어 매달 신선한 열매가 맺혔습니다. 다시는 저주받을 일이 없을 것입니다. 이는 하나님과 어린 양의 보좌가 그곳에 있고 그분의 종들이 그분을 예배할 것이기 때문입니다.

천국에는 무엇이 있나요?	
하늘의 보물	마태복음 6:20
많은 방	요한복음 14:2
노래	요한계시록 15:3
기쁨	요한계시록 19:17
생명나무	요한계시록 22:2
생명수 강	요한계시록 22:1

천국에는 무엇이 없나요?	
세상의 보물	디모데전서 6:7
죄	요한복음 21:27
눈물	요한계시록 21:4
고통	요한계시록 21:4
밤	요한계시록 22:5
해	요한계시록 22:5

예수님께서 곧 오십니다(요한계시록 22:7-21)

예수님께서 말씀하셨습니다.

"보라, 내가 속히 오리니
내가 줄 상이 내게 있어
각 사람에게 그가 행한 대로 갚아 주리라.
나는 알파와 오메가요
처음과 마지막이요 시작과 마침이라"
(12-13절).

"성령과 신부가 말씀하시기를 오라 하시는도다. 듣는 자도 오라 할 것이요, 목마른 자도 올 것이요, 또 원하는 자는 값없이 생명수를 받으라 하시더라"(17절).

"이제 후로는 나를 위하여 의의 면류관이 예비되었으므로
주 곧 의로우신 재판장이 그 날에 내게 주실 것이며
내게만 아니라 주의 나타나심을 사모하는 모든 자에게도니라"
(디모데후서 4:8).

"시험을 참는 자는 복이 있나니 이는 시련을 견디어 낸 자가
주께서 자기를 사랑하는 자들에게 약속하신
생명의 면류관을 얻을 것이기 때문이라"
(야고보서 1:12).

주 예수의 은혜가 모든 자들에게 있을지어다. 아멘.

요한계시록 22:21

색인

도표와 목록

성경 시대의 동물: 129
성경의 책들: 214-215
제자들: 237
성령의 열매: 341
하늘나라: 269
이스라엘과 유다의 왕들: 170-171
노아의 후손: 25, 43
성경에서 장수한 사람들: 37
예수님이 치유해 주신 사람들: 244
하나님의 약속: 21-22
예수님에 대한 예언: 290
지혜의 말씀: 167

지도

가나안 전쟁: 102
가나안의 이방나라: 83
광야의 이스라엘 백성: 80
가나안의 이스라엘 지파: 103
(예수님 시대의) 팔레스타인: 232
바울의 첫 번째 전도여행: 316
오순절에 각국에서 온 사람들: 298

정의와 설명

하나님의 전신갑주: 90-94, 345
신약의 용어들: 342-343
구약의 용어들: 77-78
바로와 이스라엘 백성에 대한 질문: 55-56
성령의 은사: 338-339
성전에서 일하는 사람들: 267
성경 시대의 시간: 285

장소

바벨론: 187-188
사막: 59-62, 80-83
에덴: 6-8
이집트: 51-54
약속의 땅: 88, 95-100, 102-106, 108-113

사람들

아담과 하와: 6-8, 10-13
아브라함과 이삭: 26-27
다니엘과 친구들: 189-191, 193-195
다윗: 138-141, 143-147, 149-152, 155, 158-161, 164
제자들: 234-235, 237, 252, 297
엘리야: 172-174, 176-177, 180
엘리사: 180-183
에스더: 202-207
에디오피아 관리: 307
에스라: 201
기드온: 105-106, 108-110
한나: 124
이스라엘 백성: 57-62, 66, 169, 187-188, 196
야곱과 에서: 32-33, 38-40
욥: 119-121
세례 요한: 225
요나: 185-186
요셉: 44-46
여호수아: 84-85, 95-100, 102-103
사사들: 104
마리아와 요셉: 218-221
모세: 48-49, 51
느헤미야: 208-210

니고데모: 229-230
노아: 15, 18-19
바울(사울): 308-309, 314-319, 321-330
베드로: 300-303, 310-311, 313
선지자들: 170-171, 197
라합: 87, 96
룻: 114, 116-117
삼손: 111-113
사무엘: 124, 126-127, 130-133
사울: 132-134, 136-137, 139, 146-147, 152, 154
솔로몬: 164-166, 168-170
스데반: 306
이스라엘 지파: 98, 103
동방 박사: 222-223
우물가의 여인: 231-232
삭개오: 275
스가랴: 217-219

하나님, 예수님, 성령님
창조주 하나님: 4-9
성령님: 298-299
예수님과 아이들: 268
예수님이 병자를 고치심: 236, 243-244
예수님의 생애: 220-224, 226-229, 256, 276-284, 286-296
예수님의 설교: 238-242
왕 중의 왕이신 예수님: 135
하나님의 아들 예수님: 213, 216, 255, 356
하나님의 이름: 24
하나님은 어떤 분이신가: 50
누가 참 하나님이신가: 175

인간, 죄, 구원
하나님의 용서: 163
어떻게 거듭날 수(구원받을 수) 있나: 230
우리의 적: 89
구원: 14, 332
죄: 11-13, 97, 162
다른 사람들에게 하나님을 전함: 250
유혹: 10

비유
하나님 나라: 269-273
예수님의 비유: 259-266
하나님 나라의 씨앗: 245-249

기적
걷지 못하는 자의 치유: 301
폭풍을 잔잔하게 하신 예수님: 251
오천 명을 먹이심: 253
많은 병자를 치유하심: 244
나사로를 살리신 예수님: 274
물 위를 걸으신 예수님: 254

그리스도인의 삶
세례: 312, 320
두려움과 근심: 153
성경 – 우리에게 교훈해 주시는 하나님: 86
주님의 축복: 34-36
하나님을 섬기는 아이들: 184
원수 – 성경이 원수에 대해 알려 주는 말: 148
믿음: 28-30, 357
다른 사람을 용서함: 258
우리 인생을 향한 하나님의 계획: 47

믿음 안에서 자라감: 349
하나님은 우리에게 어떻게 말씀하시는가?: 178-179
살아있는 돌: 211
사랑: 115, 118
올바른 결정: 107
기도: 125, 365
하나님을 경외함: 157
규칙 – 우리에게 규칙이 필요한 이유: 69
미안하다고 말하기: 41-42
일이 잘못될 때: 122-123
예배: 233

다른 주제

언약궤: 75-76, 127-128, 156
교회: 300, 304
계명과 규율: 61-69
유월절: 54
시편: 139-142
희생제사: 137
성막: 70-76, 79
성전: 168, 198-200
때와 절기: 101

서신서

소개: 331
고린도전후서: 334-337
데살로니가전후서: 350-351
디모데전후서: 352-353
골로새서: 348-349
에베소서: 344-345
갈라디아서: 340-341
빌레몬서: 355
빌립보서: 346-347
로마서: 332-333
디도서: 354
야고보서: 358-359
요한일서, 요한이서, 요한삼서: 362-364
유다서: 365
베드로전후서: 360-361
히브리서: 356-367

요한계시록: 366-376

쏙쏙 이해되는 성경 이야기

1판 1쇄 인쇄 2024년 3월 11일
1판 1쇄 발행 2024년 3월 15일

지은이 데이브 스트렐러
옮긴이 전나리
발행인 조애신
편집 이소연
디자인 임은미
마케팅 전필영, 권희정
경영지원 전두표

발행처 도서출판 토기장이
주소 서울시 마포구 동교로 71-1 2F
출판등록 1998년 5월 29일 제1998-000070호
전화 02-3143-0400
팩스 0505-300-0646
이메일 tletter77@naver.com
인스타그램 togijangi_books_

ISBN 978-89-7782-515-4

도서출판 토기장이는 생명 있는 책만 만듭니다.
"우리는 진흙이요 주는 토기장이시니 우리는 다 주의 손으로 지으신 것이니이다" (이사야 64:8)